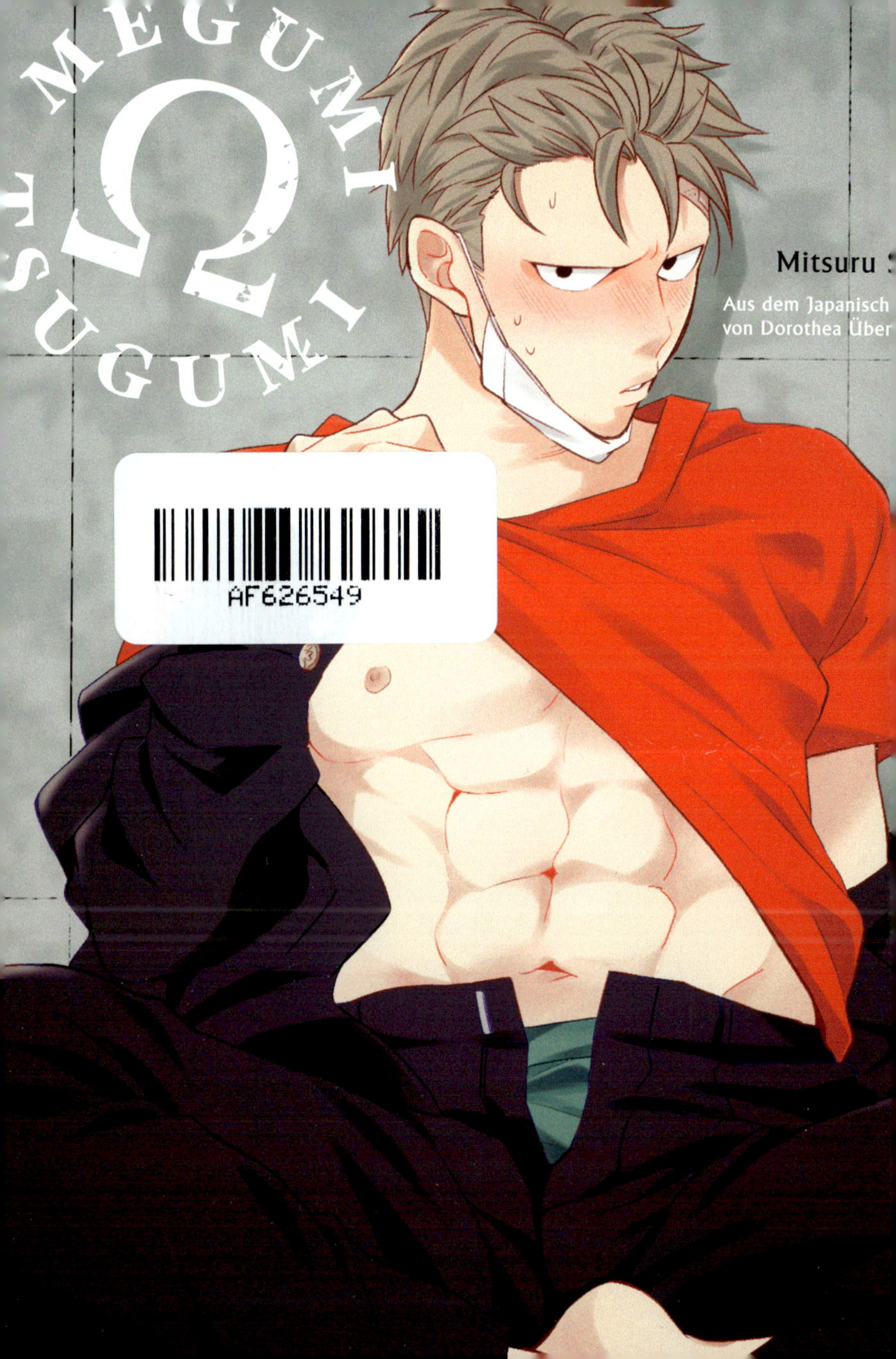
MEGUMI
TSUGUMI
Mitsuru S
Aus dem Japanisch
von Dorothea Über

INHALT

MEGUMI & TSUGUMI

ALPHATIER VS. HITZKOPF

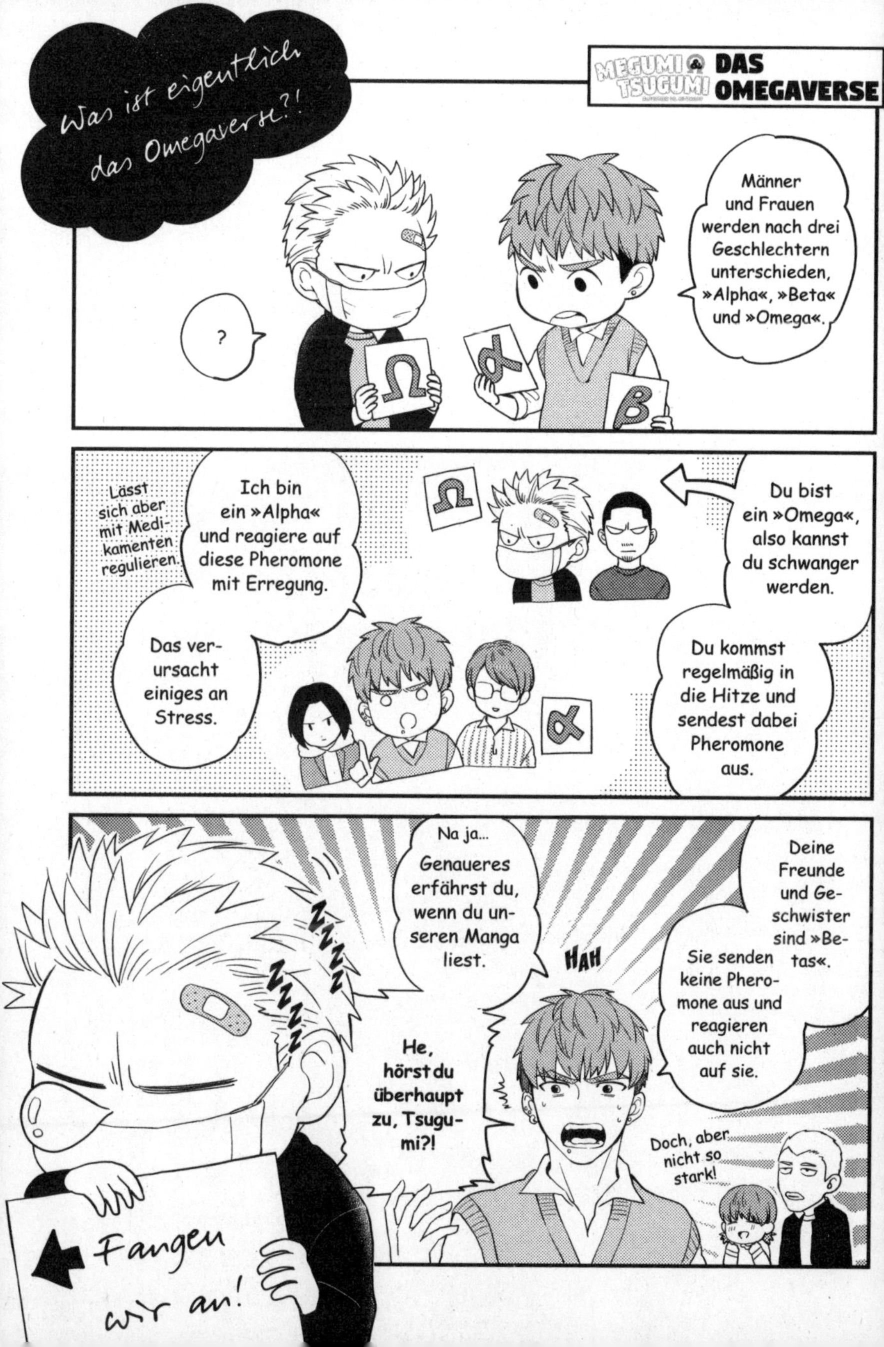

MEGUMI & TSUGUMI
DAS OMEGAVERSE
Was ist eigentlich das Omegaverse?!
Männer und Frauen werden nach drei Geschlechtern unterschieden, »Alpha«, »Beta« und »Omega«.
?
Du bist ein »Omega«, also kannst du schwanger werden.
Du kommst regelmäßig in die Hitze und sendest dabei Pheromone aus.
Ich bin ein »Alpha« und reagiere auf diese Pheromone mit Erregung.
Lässt sich aber mit Medikamenten regulieren.
Das verursacht einiges an Stress.
Deine Freunde und Geschwister sind »Betas«.
Sie senden keine Pheromone aus und reagieren auch nicht auf sie.
Doch, aber nicht so stark!
HAH
He, hörst du überhaupt zu, Tsugumi?!
Na ja… Genaueres erfährst du, wenn du unseren Manga liest.
ZZZ
Fangen wir an!

MEGUMI & TSUGUMI

ALPHATIER VS. HITZKOPF

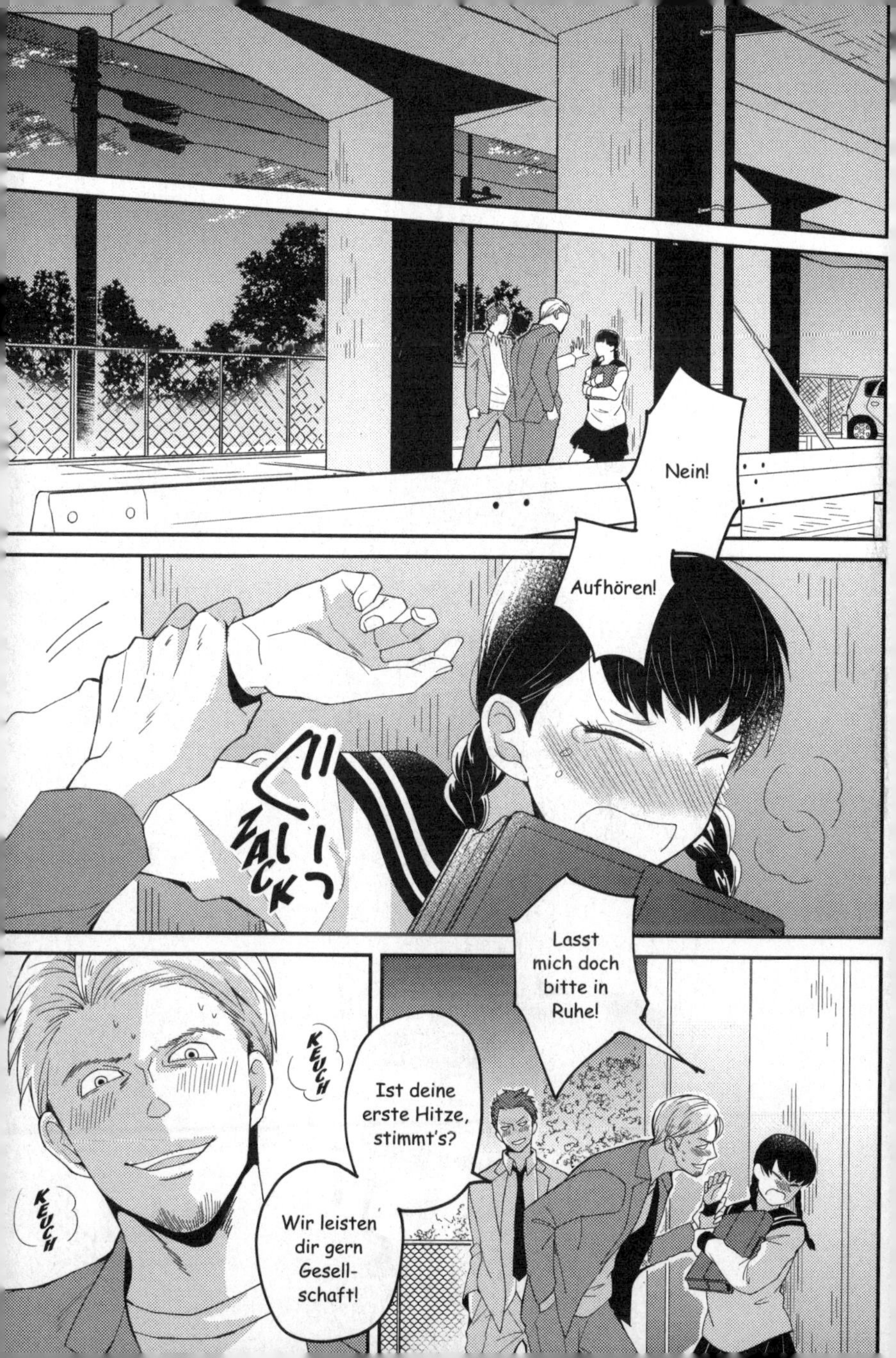
Nein!
Aufhören!
ZACK
Lasst mich doch bitte in Ruhe!
Ist deine erste Hitze, stimmt's?
KEUCH
Wir leisten dir gern Gesell-schaft!
KEUCH

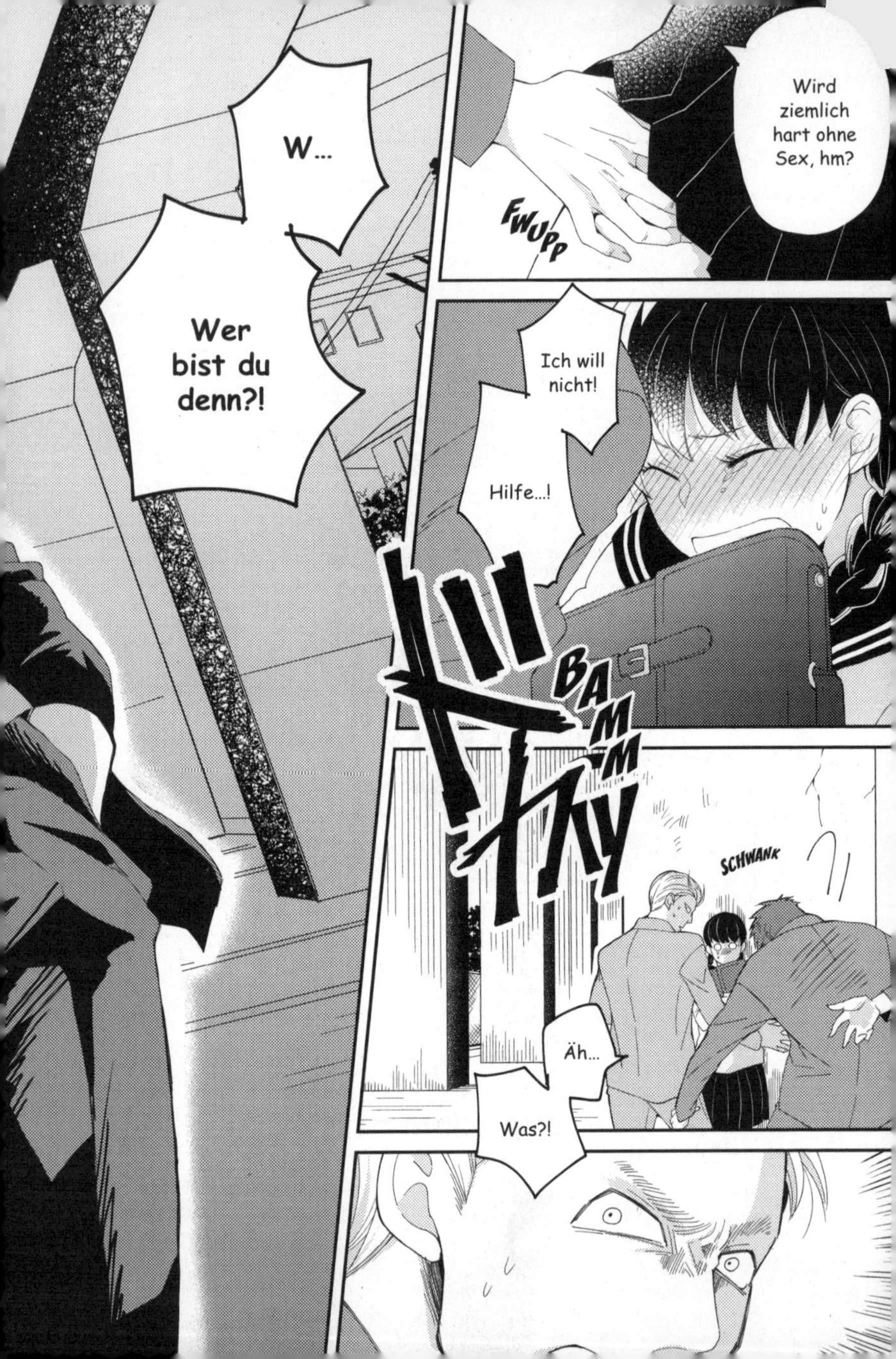

Wird ziemlich hart ohne Sex, hm?
FWUPP
W...
Wer bist du denn?!
Ich will nicht!
Hilfe...!
BAMM
SCHWANK
Äh...
Was?!

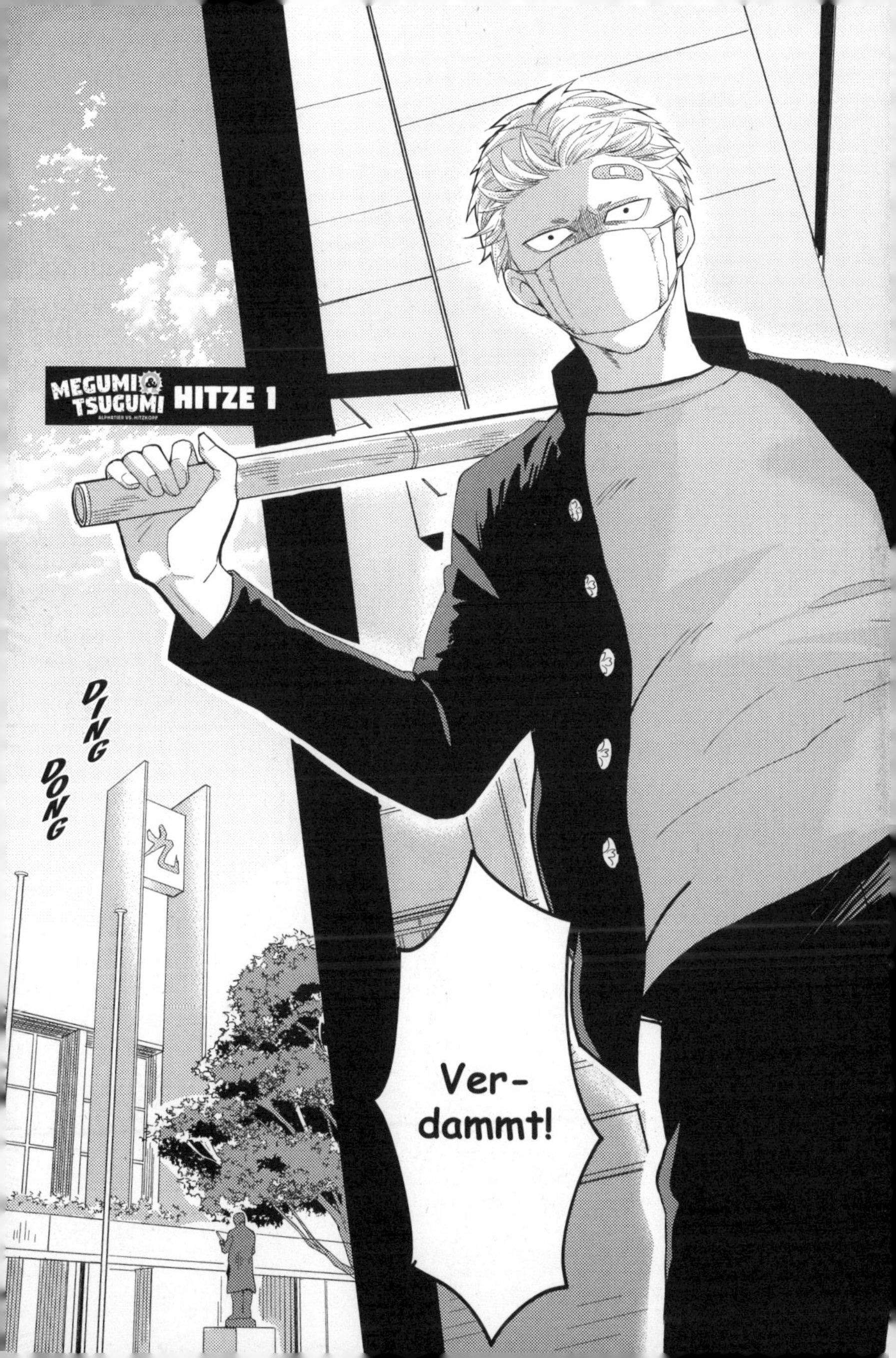
MEGUMI & TSUGUMI
ALPHATIER VS. HITZKOPF
HITZE 1
DING DONG
Ver-
dammt!

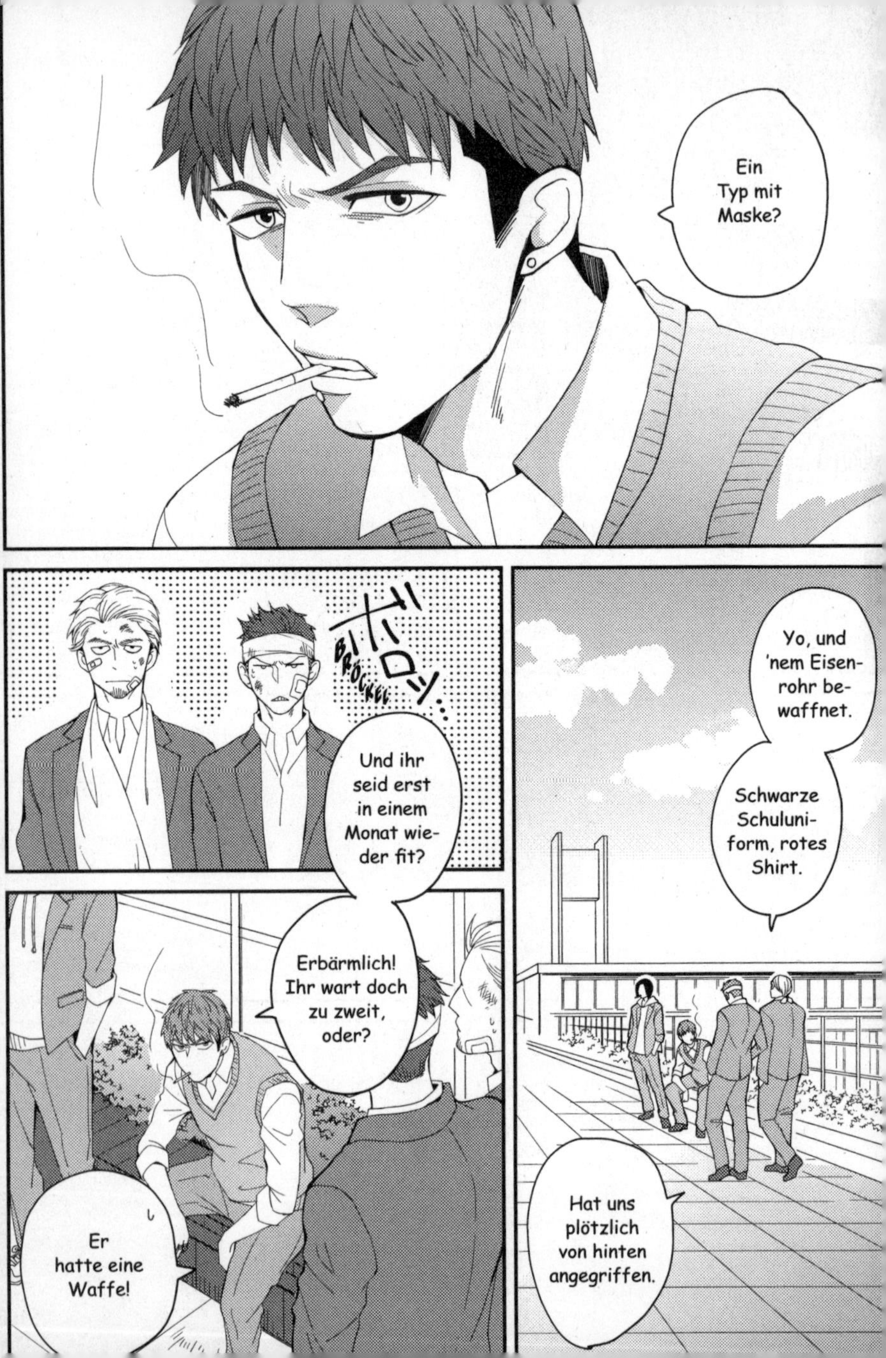
Ein Typ mit Maske?
Yo, und 'nem Eisenrohr bewaffnet.
Schwarze Schuluniform, rotes Shirt.
Hat uns plötzlich von hinten angegriffen.
BRÖCKEL
Und ihr seid erst in einem Monat wieder fit?
Erbärmlich! Ihr wart doch zu zweit, oder?
Er hatte eine Waffe!

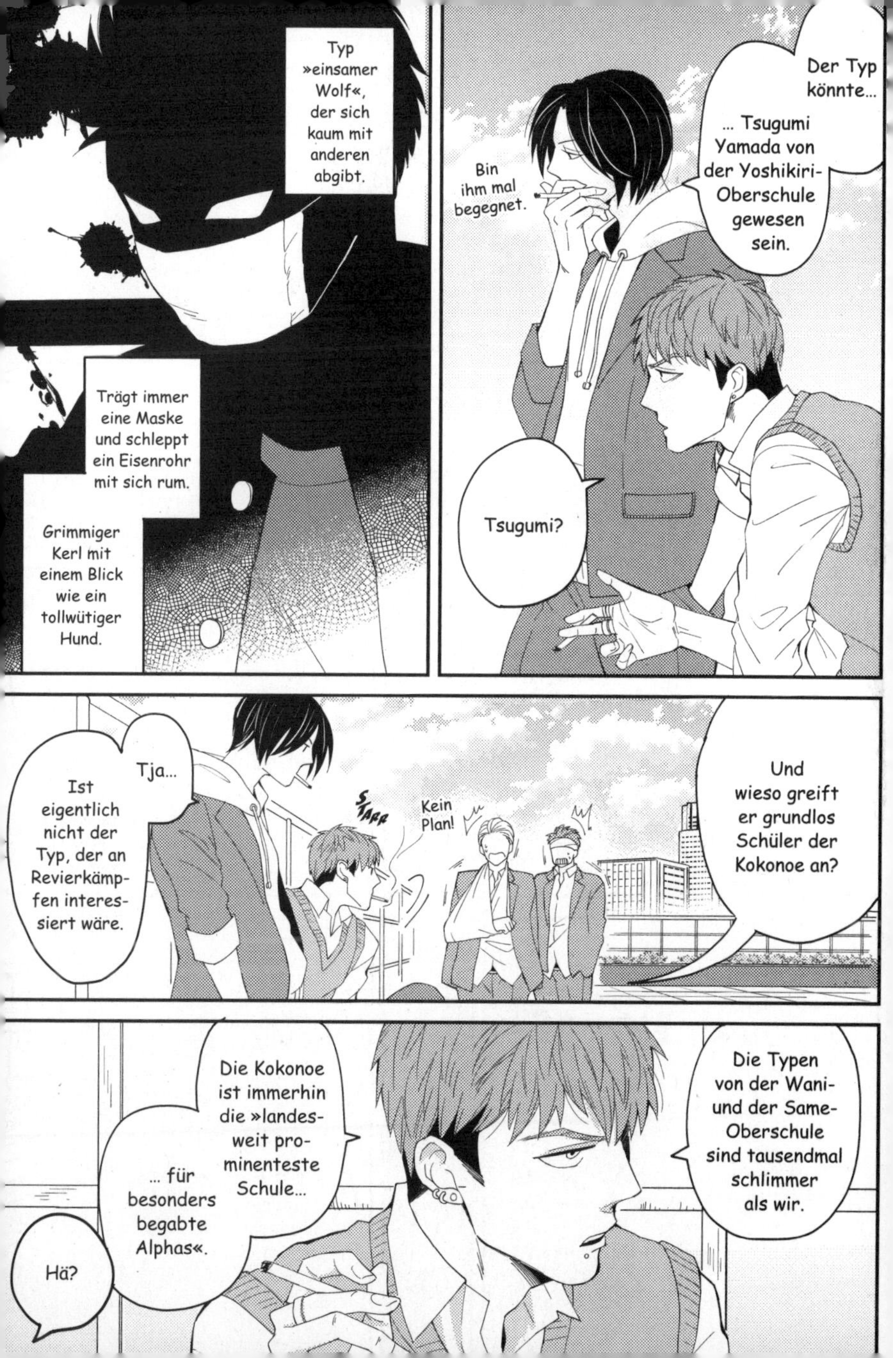
Der Typ könnte...
... Tsugumi Yamada von der Yoshikiri-Oberschule gewesen sein.
Bin ihm mal begegnet.
Tsugumi?
Typ »einsamer Wolf«, der sich kaum mit anderen abgibt.
Trägt immer eine Maske und schleppt ein Eisenrohr mit sich rum.
Grimmiger Kerl mit einem Blick wie ein tollwütiger Hund.
Und wieso greift er grundlos Schüler der Kokonoe an?
Kein Plan!
Tja...
Ist eigentlich nicht der Typ, der an Revierkämpfen interessiert wäre.
Die Typen von der Wani- und der Same-Oberschule sind tausendmal schlimmer als wir.
Die Kokonoe ist immerhin die »landesweit prominenteste Schule...
... für besonders begabte Alphas«.
Hä?

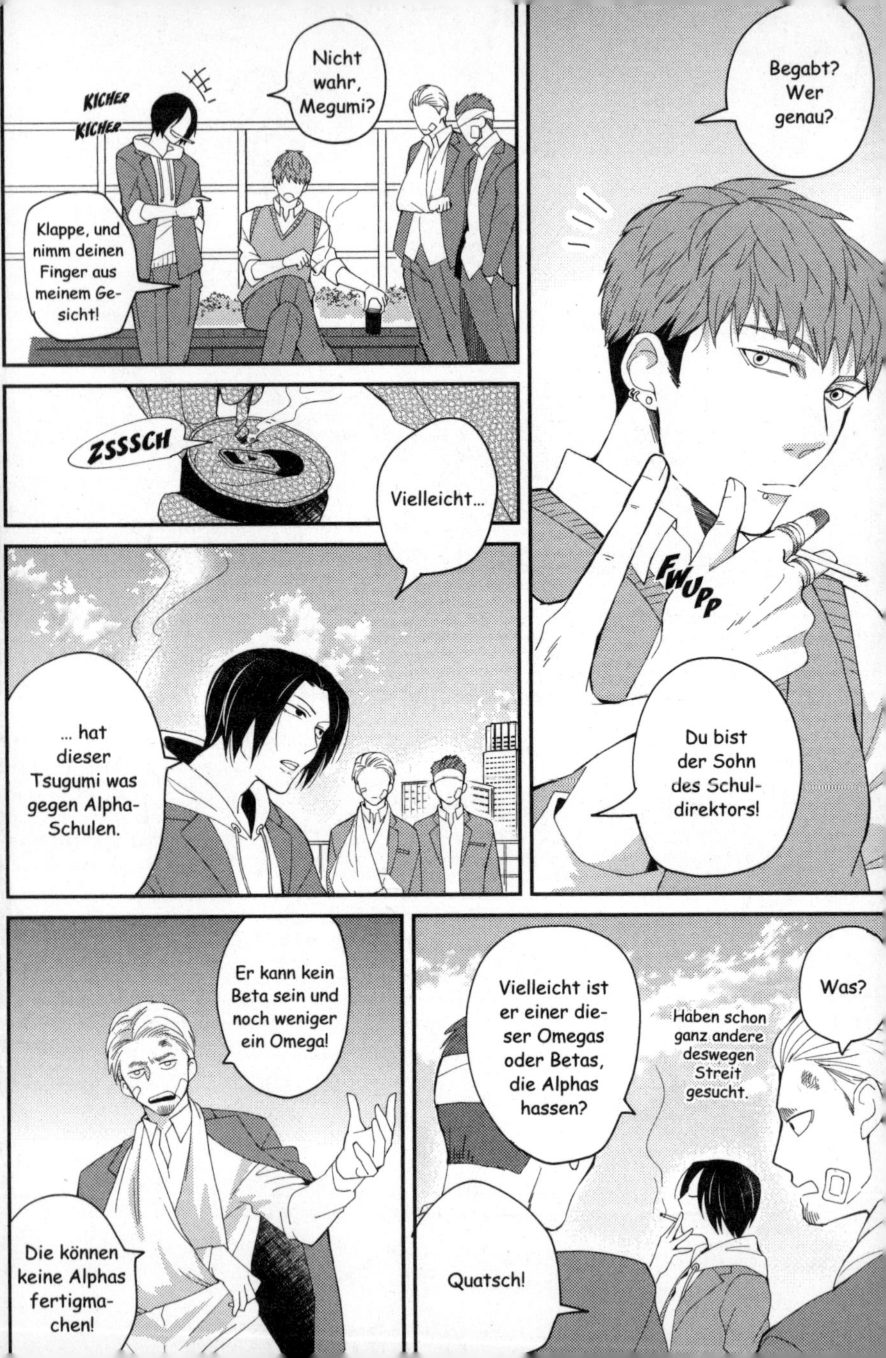
Begabt? Wer genau?
FWUPP
Du bist der Sohn des Schuldirektors!
Nicht wahr, Megumi?
KICHER
KICHER
Klappe, und nimm deinen Finger aus meinem Gesicht!
ZSSSCH
Vielleicht…
… hat dieser Tsugumi was gegen Alpha-Schulen.
Was?
Haben schon ganz andere deswegen Streit gesucht.
Vielleicht ist er einer dieser Omegas oder Betas, die Alphas hassen?
Quatsch!
Er kann kein Beta sein und noch weniger ein Omega!
Die können keine Alphas fertigmachen!

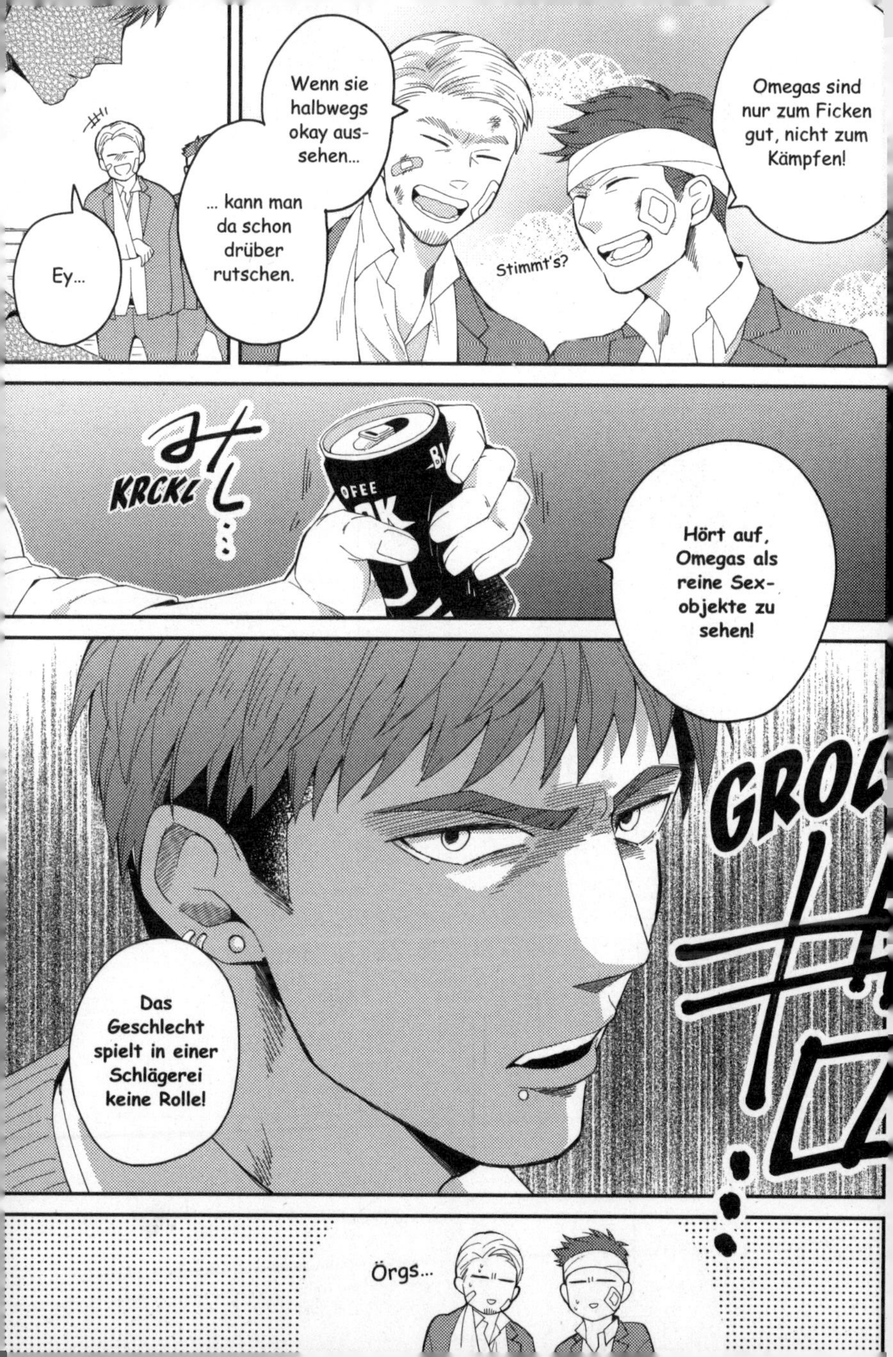
Omegas sind nur zum Ficken gut, nicht zum Kämpfen!
Stimmt's?
Wenn sie halbwegs okay aus-sehen...
... kann man da schon drüber rutschen.
Ey...
KRCKL
Hört auf, Omegas als reine Sex-objekte zu sehen!
Das Geschlecht spielt in einer Schlägerei keine Rolle!
Örgs...

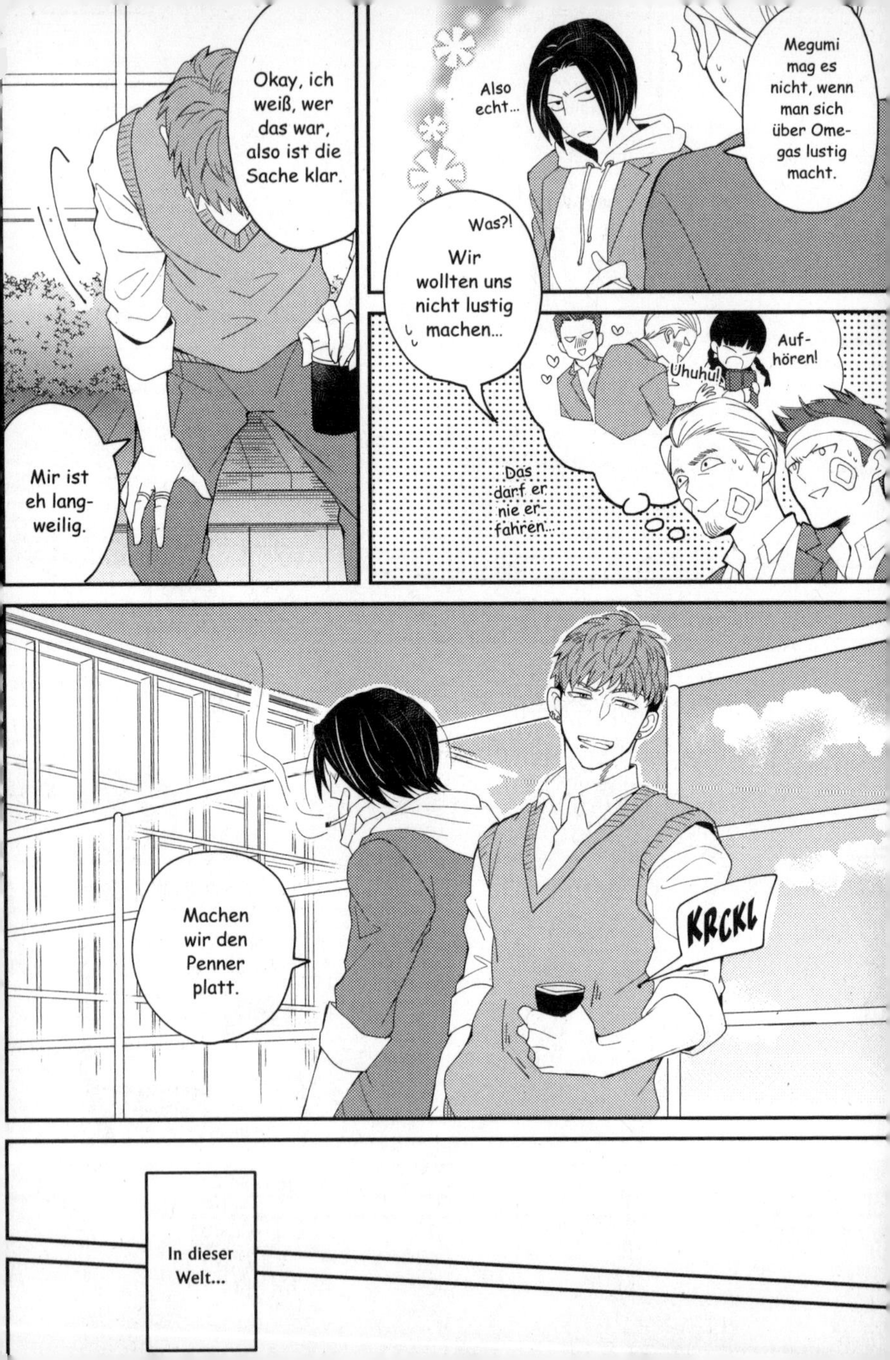

Megumi mag es nicht, wenn man sich über Omegas lustig macht.
Also echt...
Was?! Wir wollten uns nicht lustig machen...
Auf-hören!
Uhuhu!
Das darf er nie erfahren...
Okay, ich weiß, wer das war, also ist die Sache klar.
Mir ist eh langweilig.
Machen wir den Penner platt.
KRCKL
In dieser Welt...

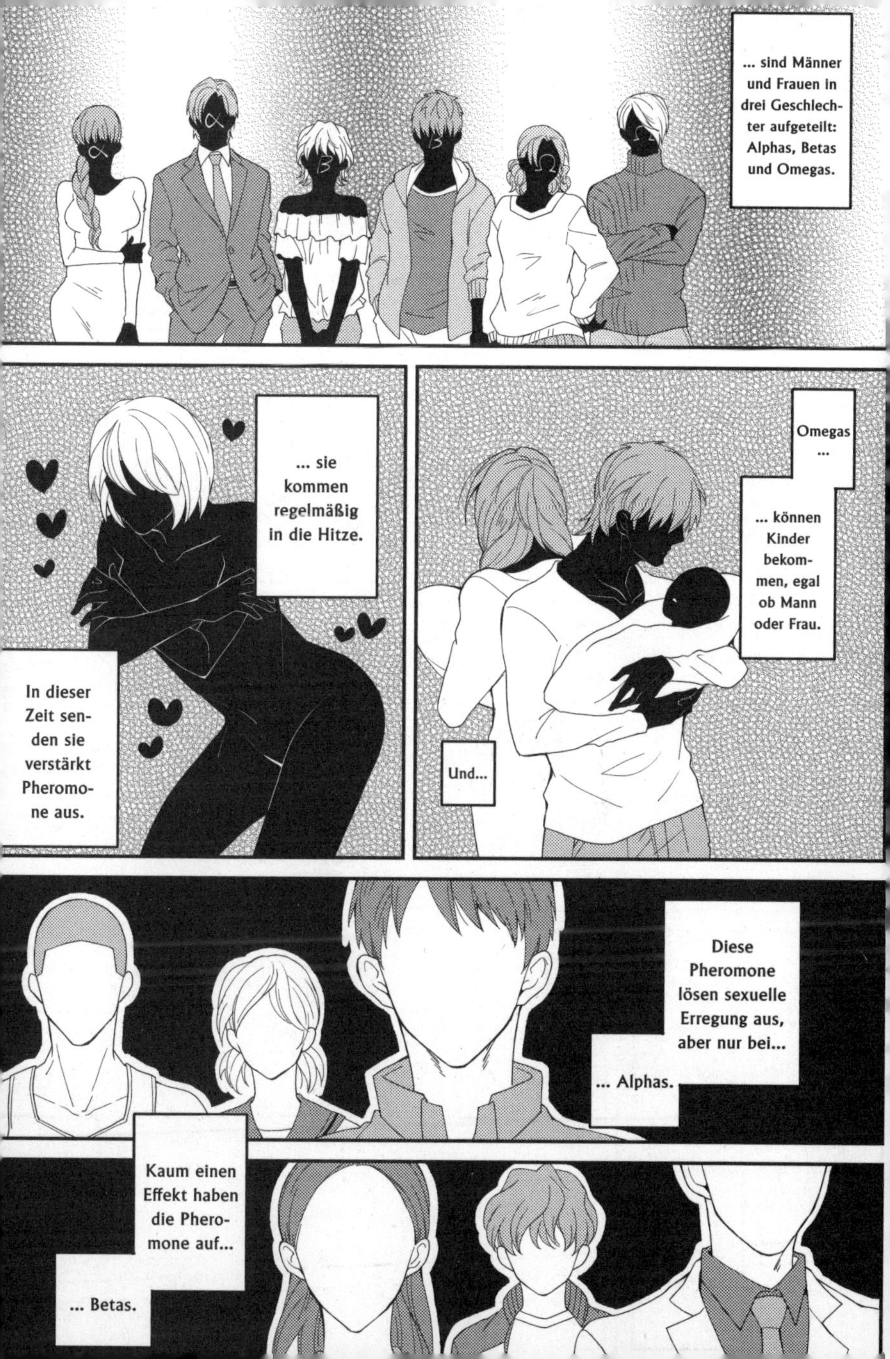
... sind Männer und Frauen in drei Geschlechter aufgeteilt: Alphas, Betas und Omegas.
Omegas ...
... können Kinder bekommen, egal ob Mann oder Frau.
Und...
... sie kommen regelmäßig in die Hitze.
In dieser Zeit senden sie verstärkt Pheromone aus.
Diese Pheromone lösen sexuelle Erregung aus, aber nur bei...
... Alphas.
Kaum einen Effekt haben die Pheromone auf...
... Betas.

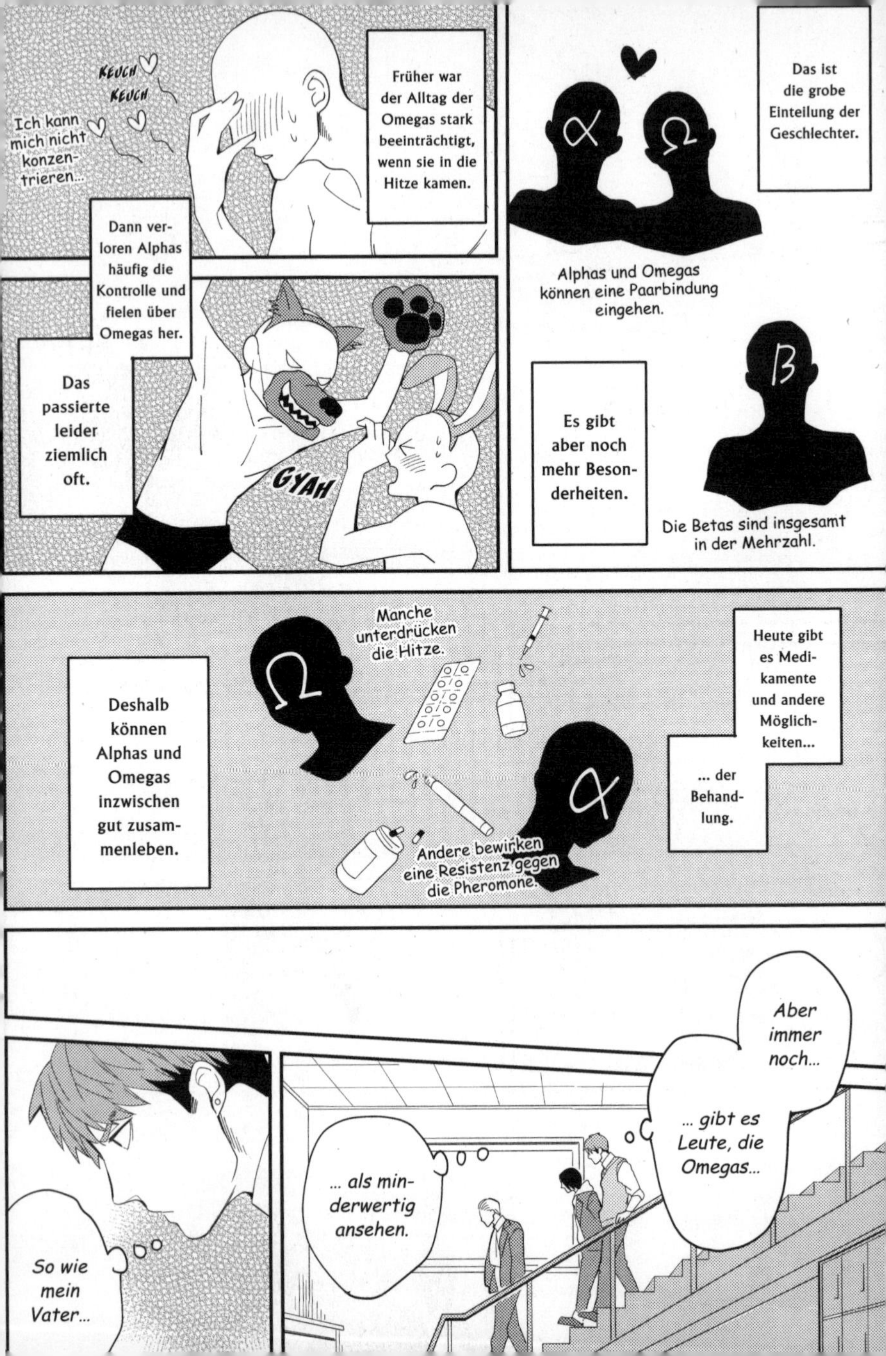

Das ist die grobe Einteilung der Geschlechter.
Alphas und Omegas können eine Paarbindung eingehen.
Es gibt aber noch mehr Besonderheiten.
Die Betas sind insgesamt in der Mehrzahl.
Früher war der Alltag der Omegas stark beeinträchtigt, wenn sie in die Hitze kamen.
KEUCH KEUCH
Ich kann mich nicht konzentrieren...
Dann verloren Alphas häufig die Kontrolle und fielen über Omegas her.
GYAH
Das passierte leider ziemlich oft.
Heute gibt es Medikamente und andere Möglichkeiten...
... der Behandlung.
Manche unterdrücken die Hitze.
Andere bewirken eine Resistenz gegen die Pheromone.
Deshalb können Alphas und Omegas inzwischen gut zusammenleben.
Aber immer noch...
... gibt es Leute, die Omegas...
... als minderwertig ansehen.
So wie mein Vater...

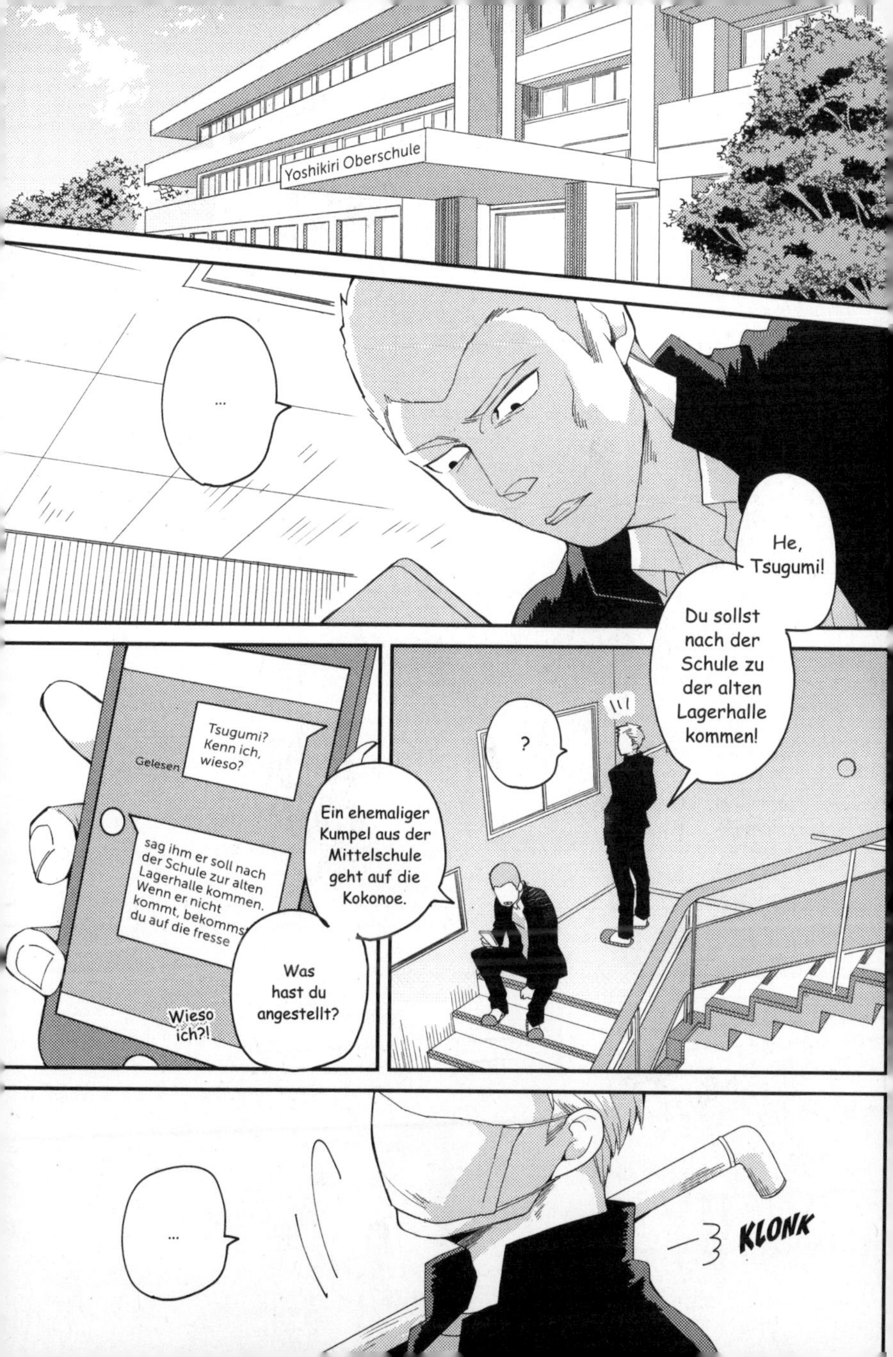
Yoshikiri Oberschule
...
He, Tsugumi!
Du sollst nach der Schule zu der alten Lagerhalle kommen!
?
Ein ehemaliger Kumpel aus der Mittelschule geht auf die Kokonoe.
Tsugumi? Kenn ich, wieso?
Gelesen
sag ihm er soll nach der Schule zur alten Lagerhalle kommen. Wenn er nicht kommt, bekommst du auf die fresse
Was hast du angestellt?
Wieso ich?!
...
KLONK

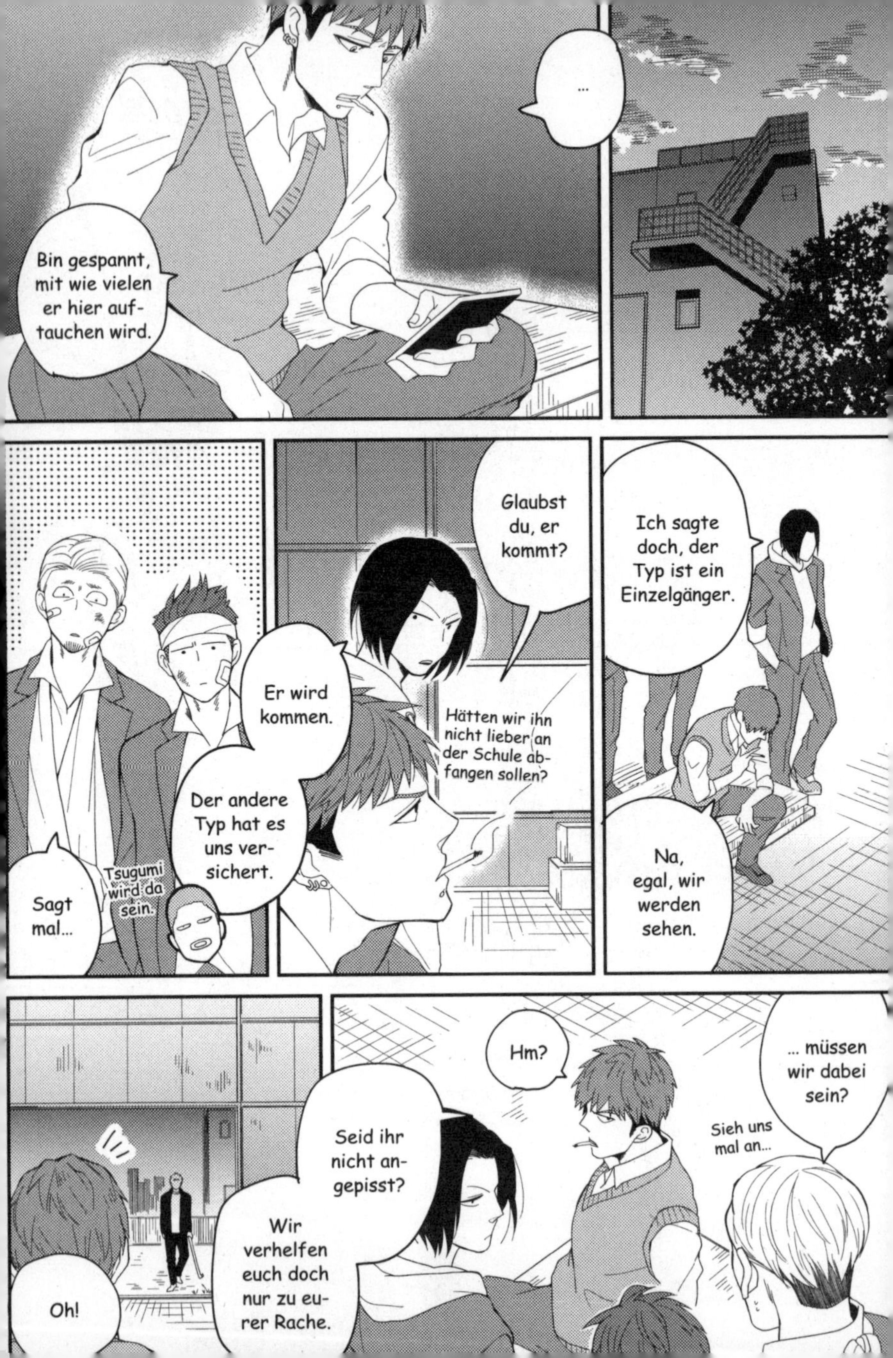
...
Bin gespannt, mit wie vielen er hier auftauchen wird.
Ich sagte doch, der Typ ist ein Einzelgänger.
Na, egal, wir werden sehen.
Glaubst du, er kommt?
Hätten wir ihn nicht lieber an der Schule abfangen sollen?
Er wird kommen.
Der andere Typ hat es uns versichert.
Tsugumi wird da sein.
Sagt mal...
... müssen wir dabei sein?
Sieh uns mal an...
Hm?
Seid ihr nicht angepisst?
Wir verhelfen euch doch nur zu eurer Rache.
Oh!

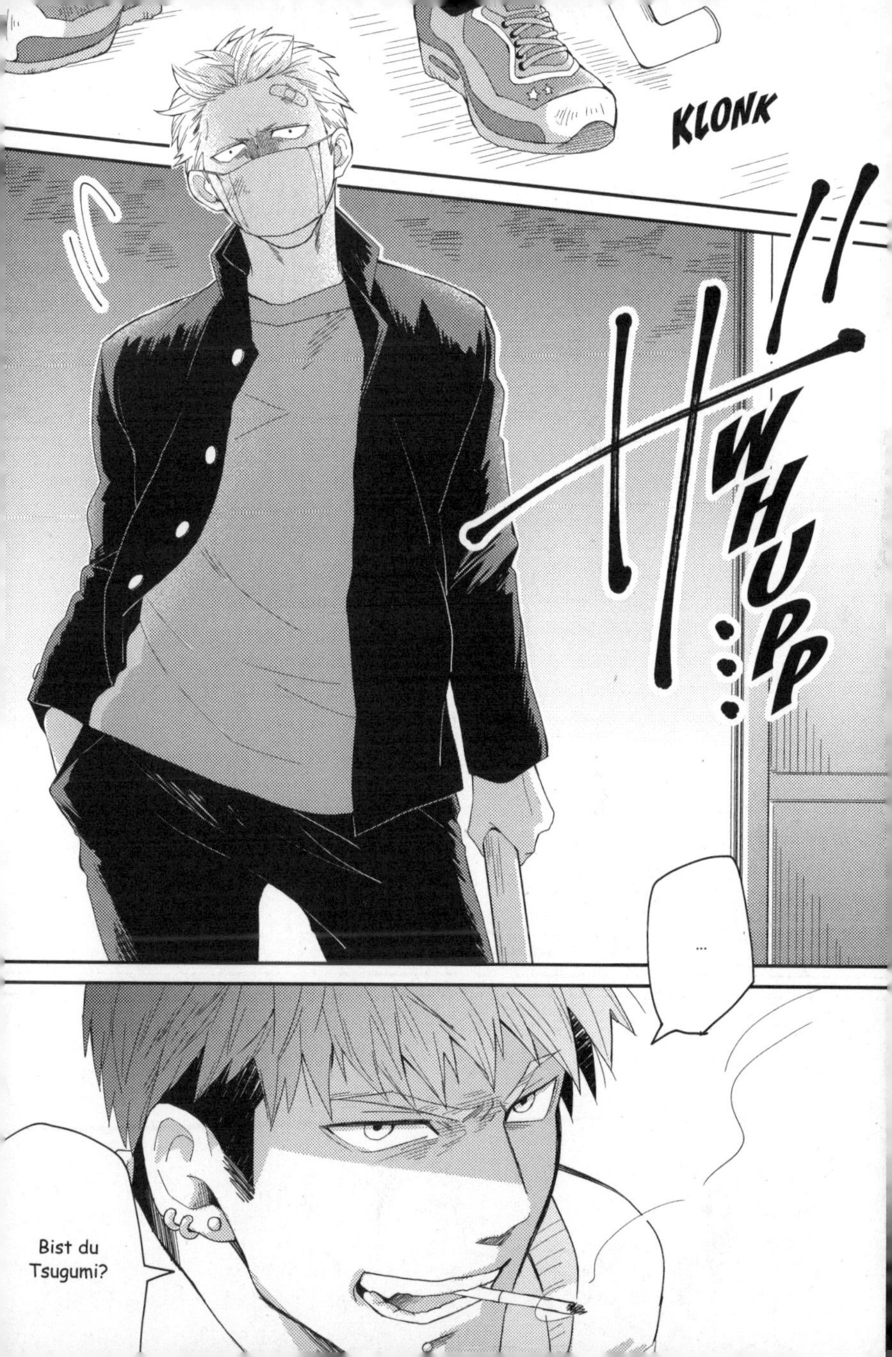
KLONK
WHUPP...
...
Bist du Tsugumi?

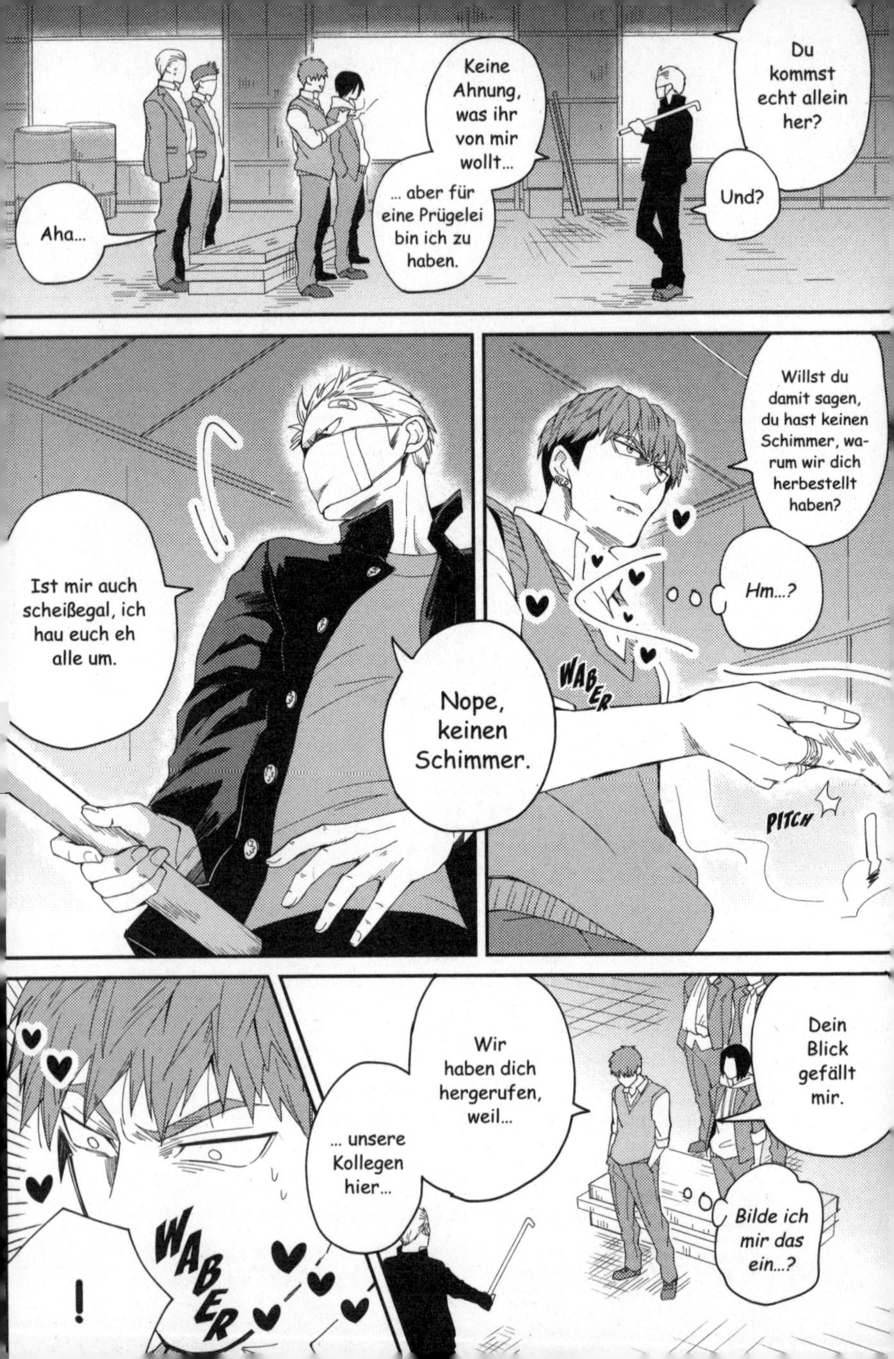
Du kommst echt allein her?
Und?
Keine Ahnung, was ihr von mir wollt…
… aber für eine Prügelei bin ich zu haben.
Aha…
Willst du damit sagen, du hast keinen Schimmer, warum wir dich herbestellt haben?
Hm…?
WABER
PITCH
Nope, keinen Schimmer.
Ist mir auch scheißegal, ich hau euch eh alle um.
Dein Blick gefällt mir.
Bilde ich mir das ein…?
Wir haben dich hergerufen, weil…
… unsere Kollegen hier…
WABER
!

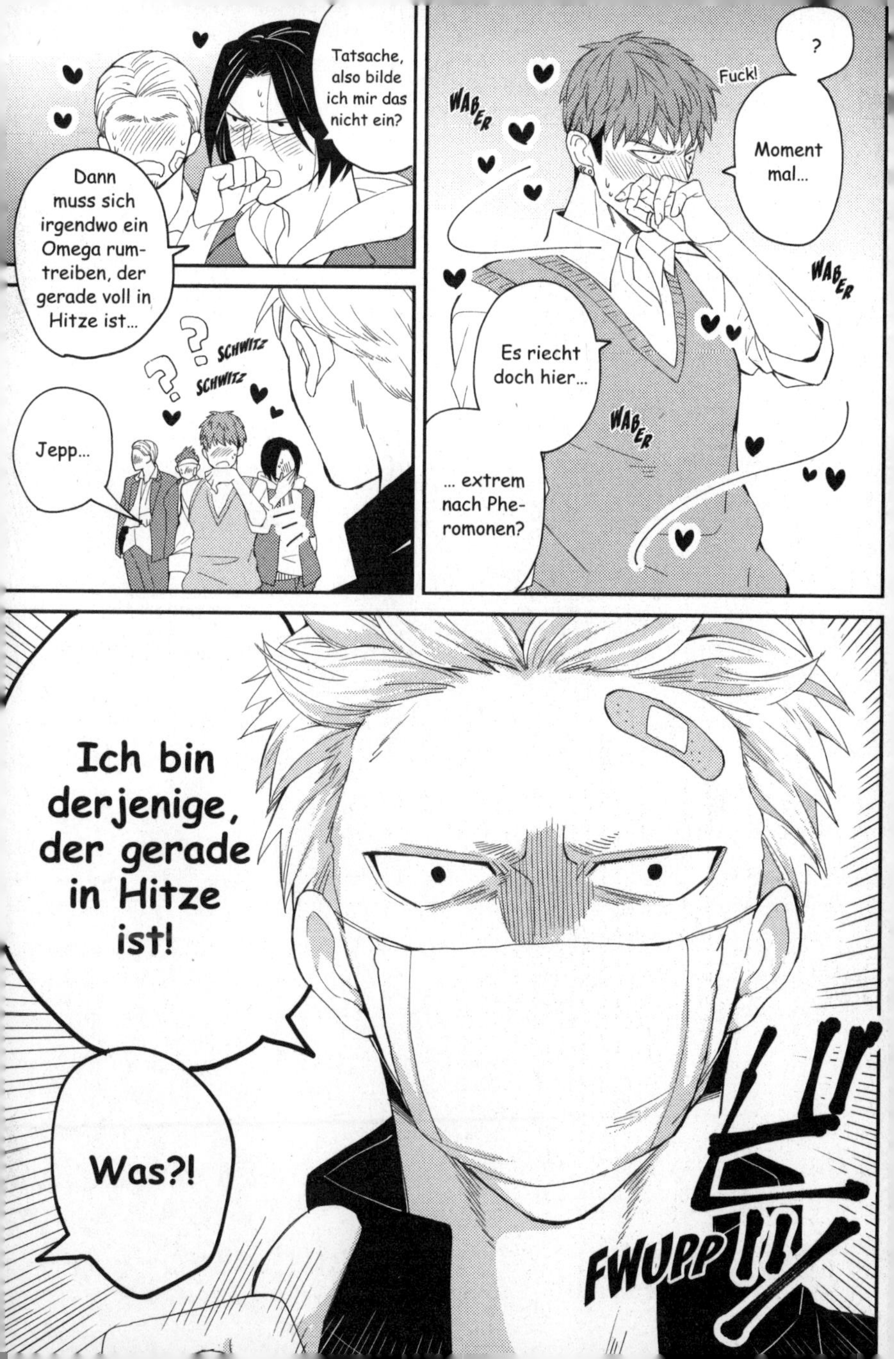
?
Fuck!
Moment mal...
WABER
WABER
Es riecht doch hier...
WABER
... extrem nach Pheromonen?
Tatsache, also bilde ich mir das nicht ein?
Dann muss sich irgendwo ein Omega rumtreiben, der gerade voll in Hitze ist...
SCHWITZ
SCHWITZ
Jepp...
Ich bin derjenige, der gerade in Hitze ist!
Was?!
FWUPP

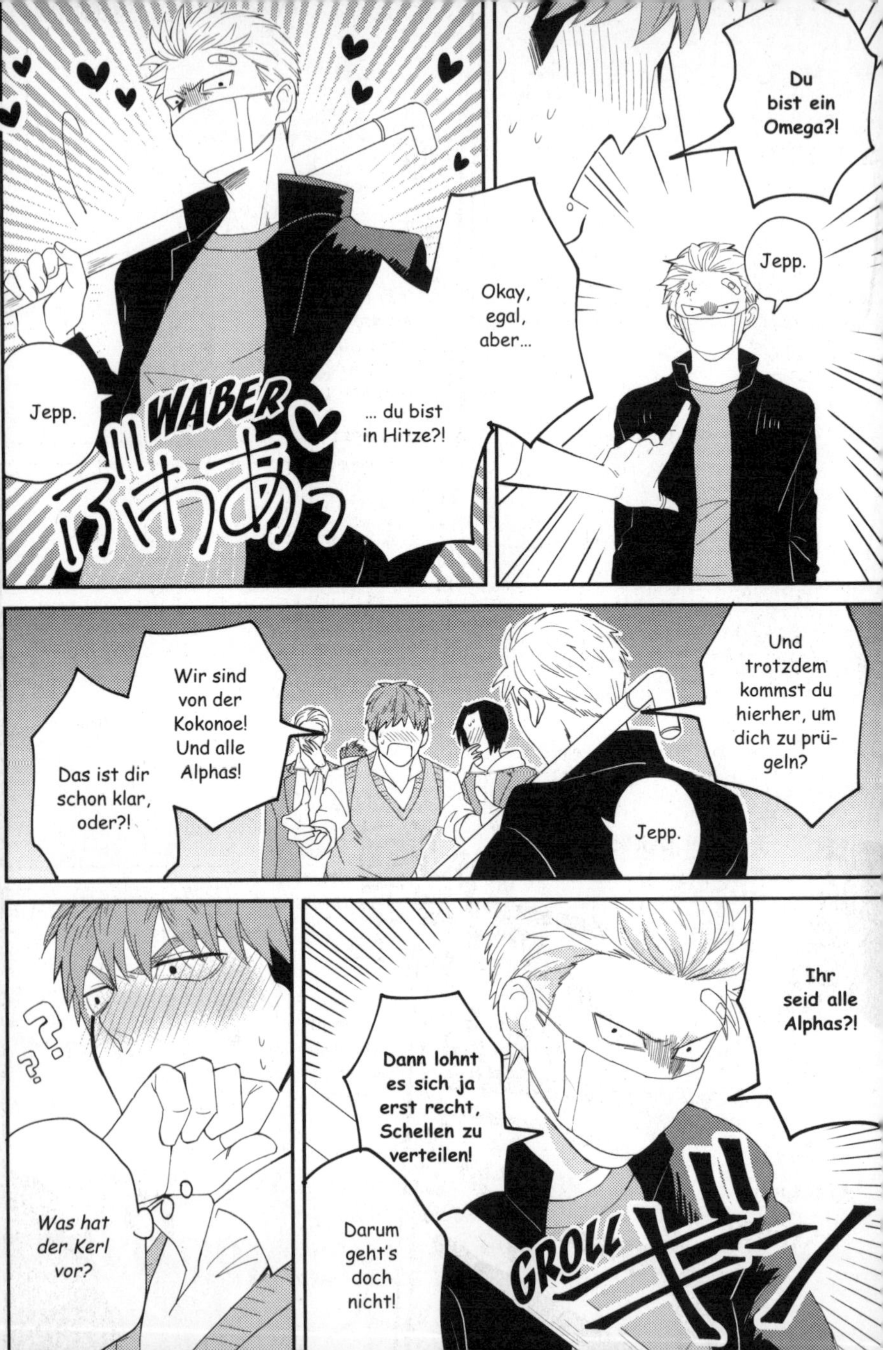
Du bist ein Omega?!
Jepp.
Okay, egal, aber...
... du bist in Hitze?!
Jepp.
WABER
ぶわあっ
Und trotzdem kommst du hierher, um dich zu prügeln?
Jepp.
Wir sind von der Kokonoe! Und alle Alphas!
Das ist dir schon klar, oder?!
Ihr seid alle Alphas?!
Dann lohnt es sich ja erst recht, Schellen zu verteilen!
Darum geht's doch nicht!
GROLL
Was hat der Kerl vor?

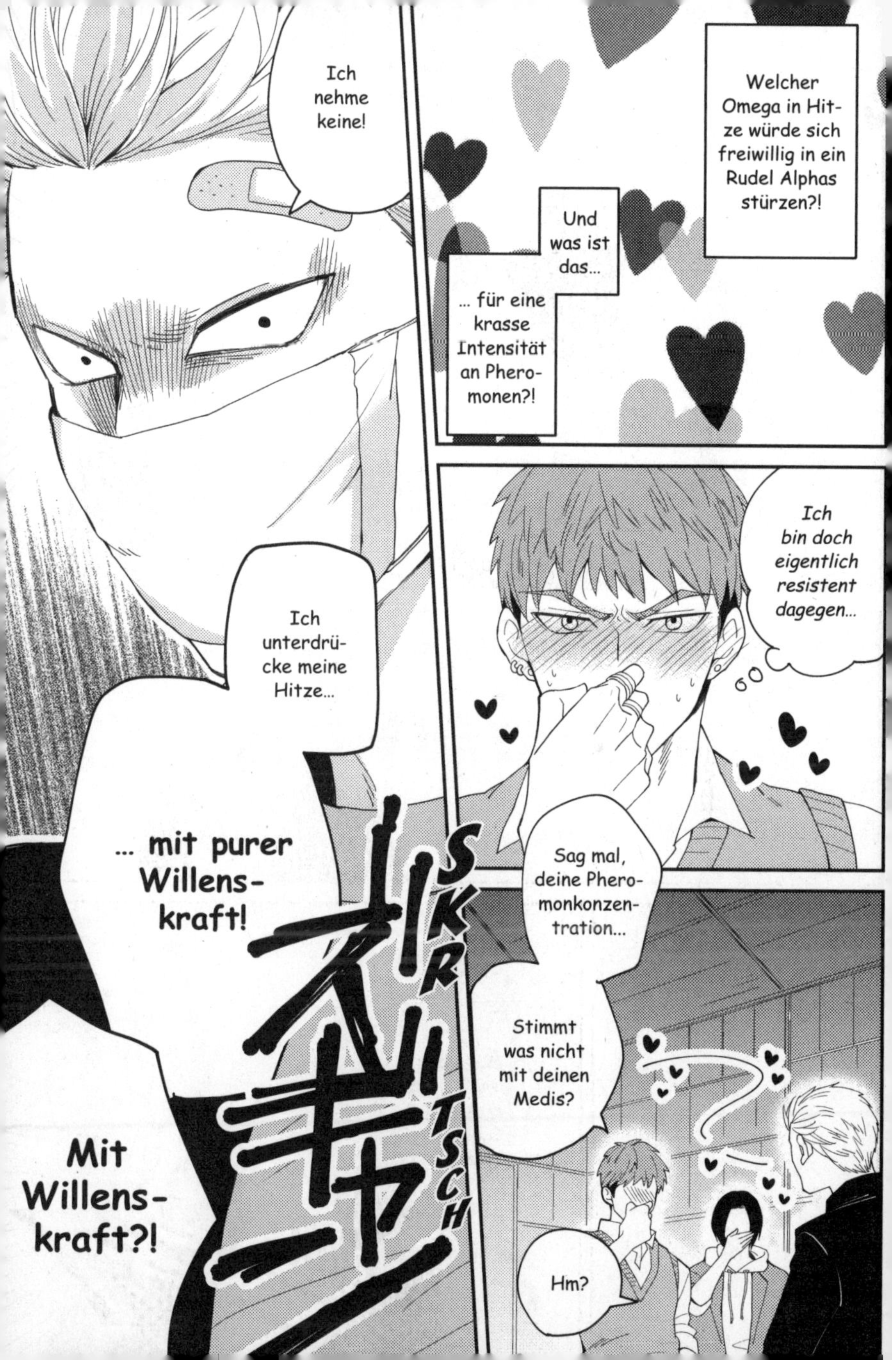
Welcher Omega in Hitze würde sich freiwillig in ein Rudel Alphas stürzen?!
Und was ist das...
... für eine krasse Intensität an Pheromonen?!
Ich bin doch eigentlich resistent dagegen...
Sag mal, deine Pheromonkonzentration...
Stimmt was nicht mit deinen Medis?
Hm?
Ich nehme keine!
Ich unterdrücke meine Hitze...
... mit purer Willenskraft!
SKRITSCH
Mit Willenskraft?!

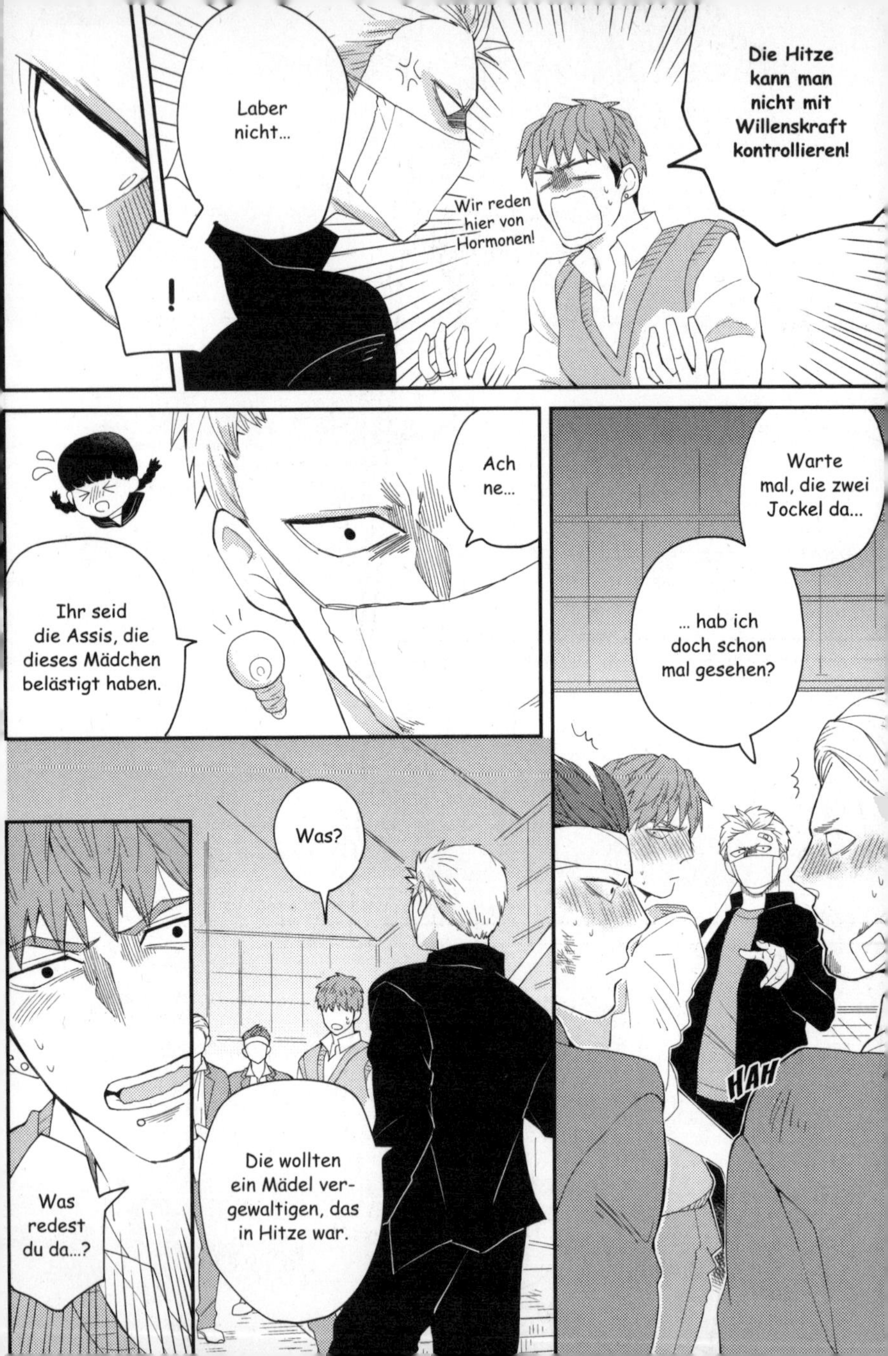
Die Hitze kann man nicht mit Willenskraft kontrollieren!
Wir reden hier von Hormonen!
Laber nicht...
!
Warte mal, die zwei Jockel da...
... hab ich doch schon mal gesehen?
HAH
Ach ne...
Ihr seid die Assis, die dieses Mädchen belästigt haben.
Was?
Die wollten ein Mädel vergewaltigen, das in Hitze war.
Was redest du da...?

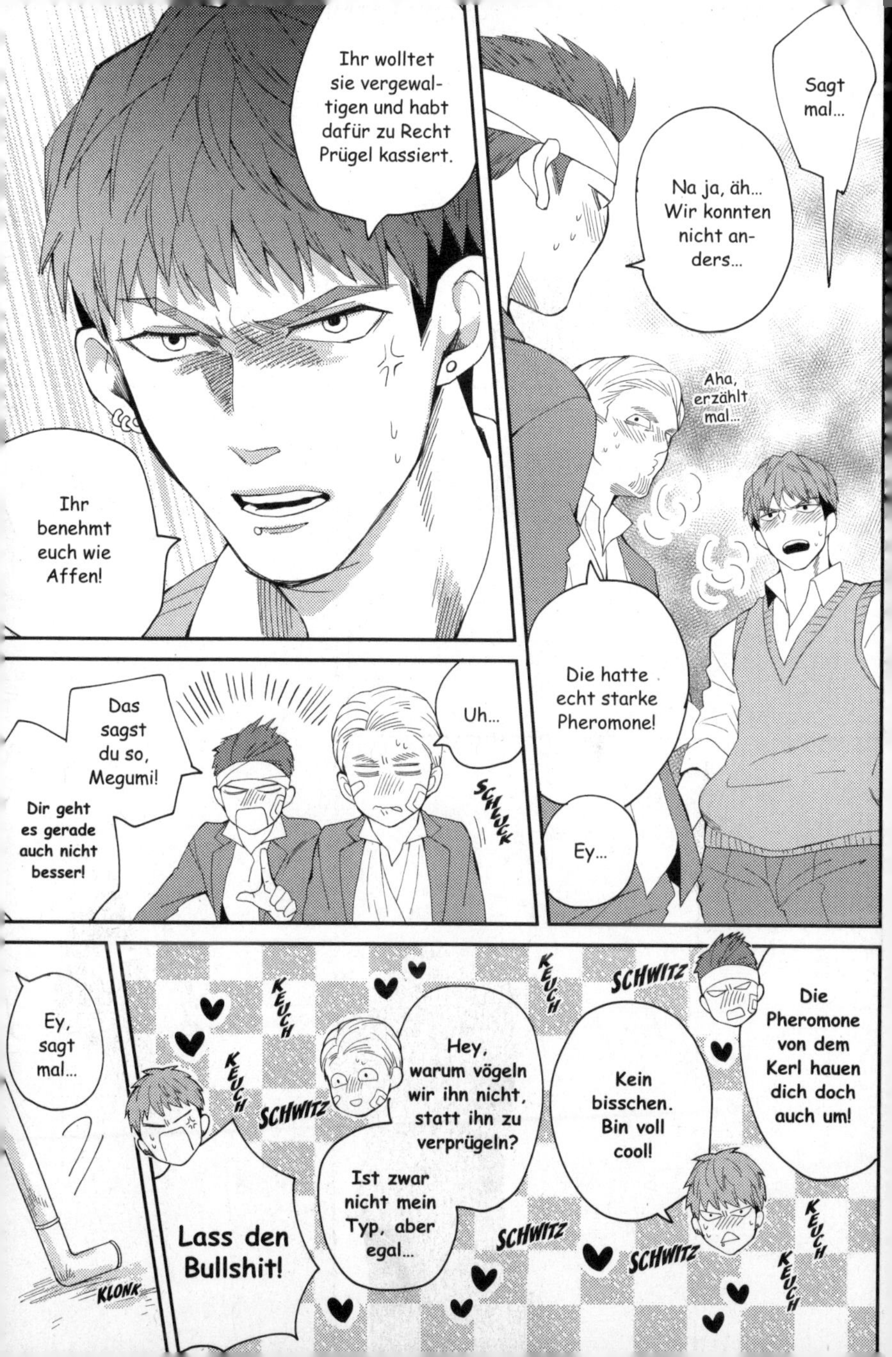

Sagt mal…
Na ja, äh… Wir konnten nicht anders…
Aha, erzählt mal…
Ihr wolltet sie vergewaltigen und habt dafür zu Recht Prügel kassiert.
Ihr benehmt euch wie Affen!
Die hatte echt starke Pheromone!
Ey…
Uh…
SCHLUCK
Das sagst du so, Megumi!
Dir geht es gerade auch nicht besser!
SCHWITZ
KEUCH
Die Pheromone von dem Kerl hauen dich doch auch um!
Kein bisschen. Bin voll cool!
SCHWITZ
KEUCH
KEUCH
SCHWITZ
Hey, warum vögeln wir ihn nicht, statt ihn zu verprügeln?
Ist zwar nicht mein Typ, aber egal…
KEUCH
KEUCH
SCHWITZ
Lass den Bullshit!
Ey, sagt mal…
KLONK

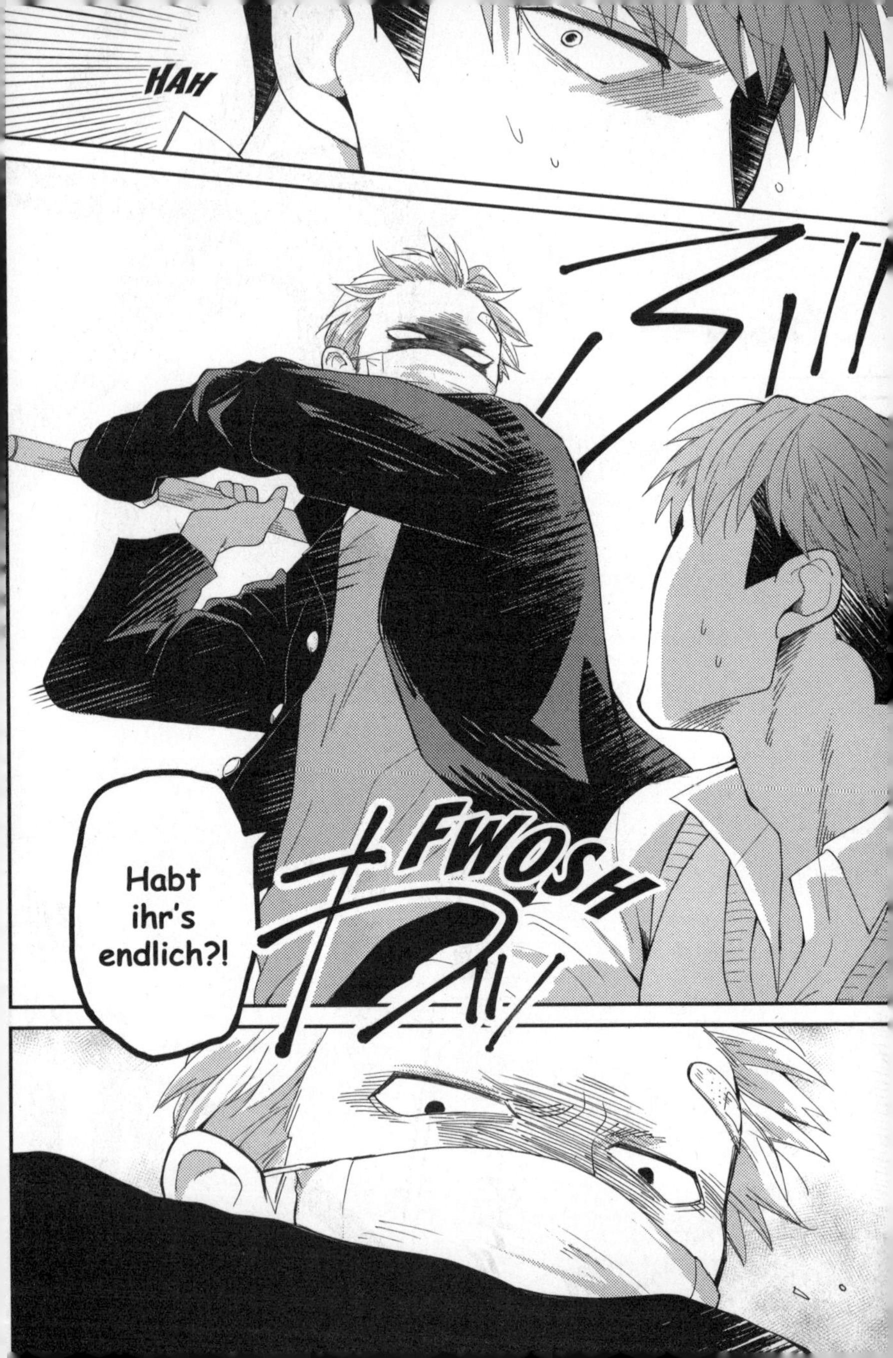
HAH
FWOSH
Habt ihr's endlich?!

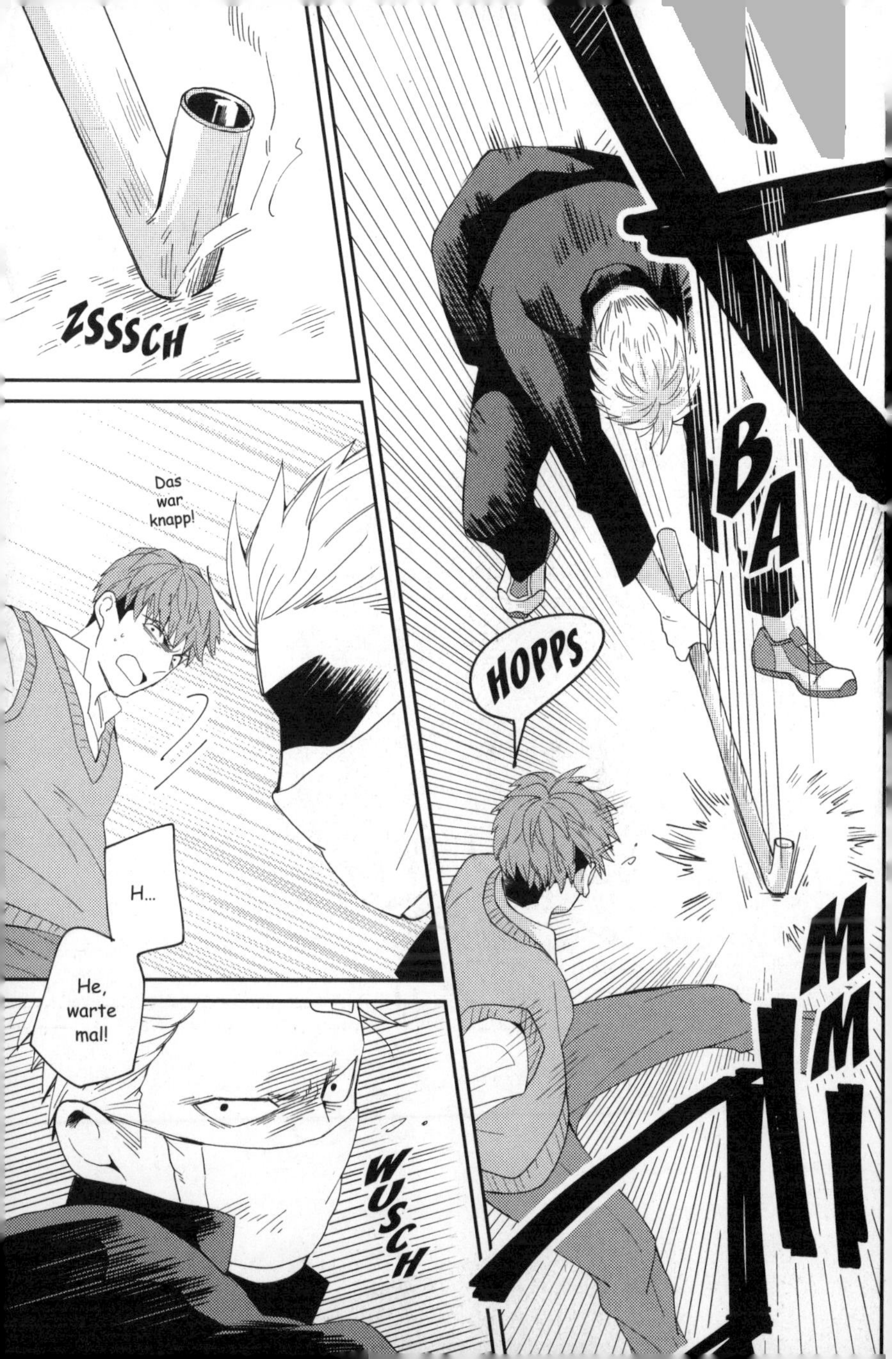
BAMM!!
HOPPS
ZSSSCH
Das war knapp!
H...
He, warte mal!
WUSCH

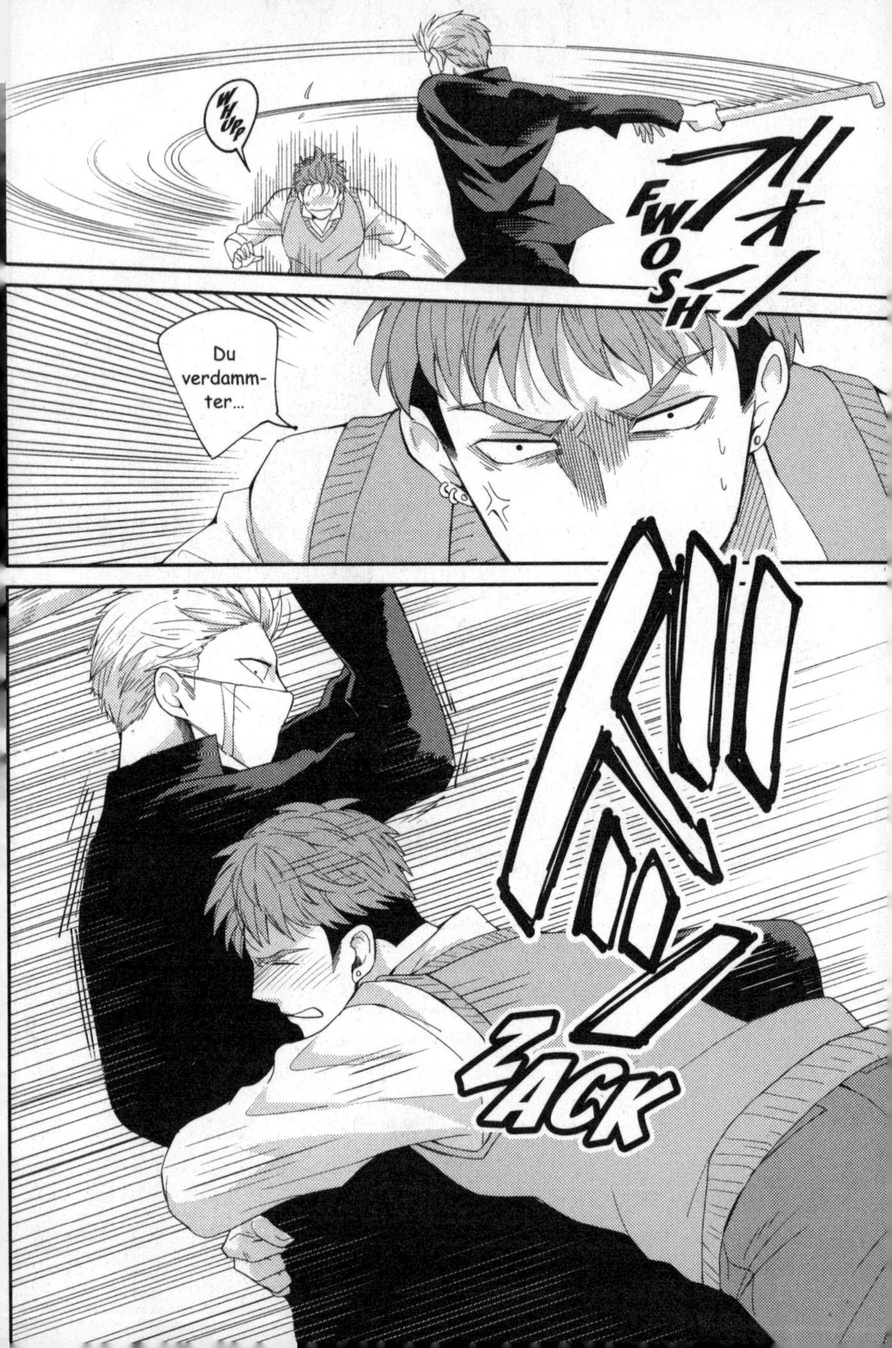
WHUPP
FWOSH
Du verdammter...
ZACK

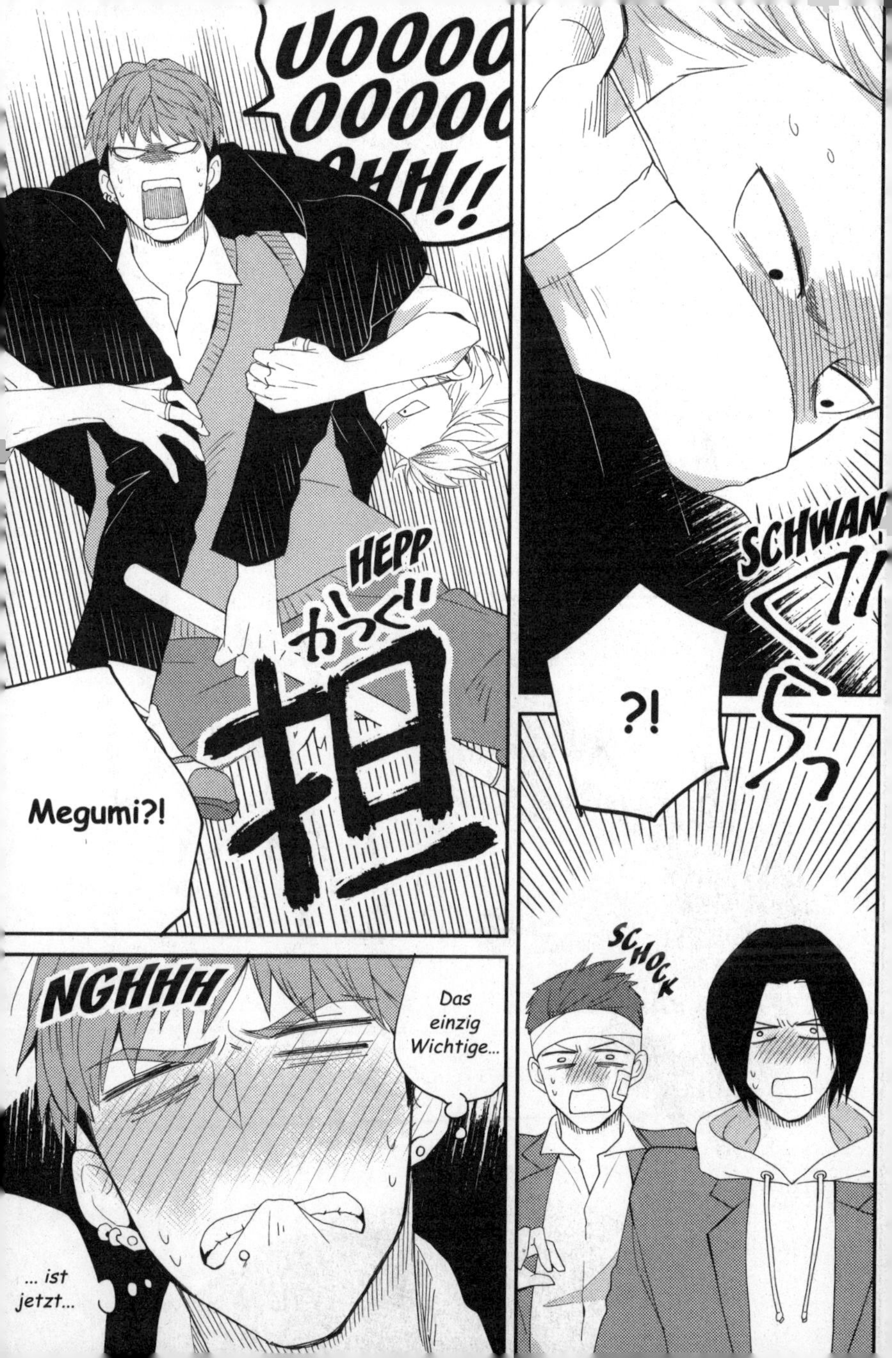

SCHWAN
?!
UOOOOOOOOOOHH!!
HEPP
かつぐ
担
Megumi?!
SCHOCK
NGHHH
Das einzig Wichtige...
... ist jetzt...

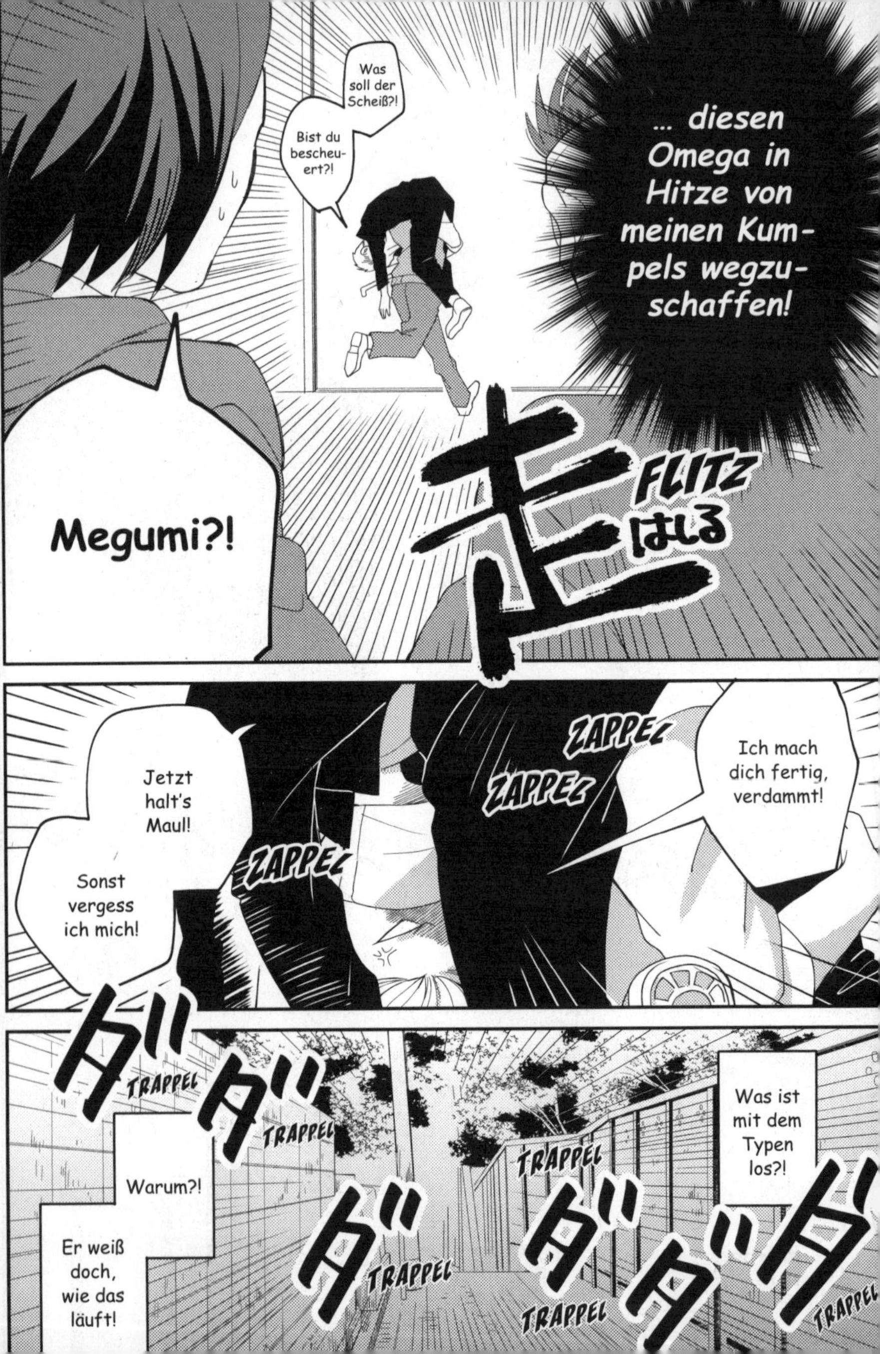
... diesen Omega in Hitze von meinen Kumpels wegzuschaffen!
Was soll der Scheiß?!
Bist du bescheuert?!
FLITZ
はしる
Megumi?!
Ich mach dich fertig, verdammt!
ZAPPEL
ZAPPEL
ZAPPEL
Jetzt halt's Maul!
Sonst vergess ich mich!
Was ist mit dem Typen los?!
TRAPPEL
TRAPPEL
TRAPPEL
TRAPPEL
TRAPPEL
TRAPPEL
Warum?!
Er weiß doch, wie das läuft!

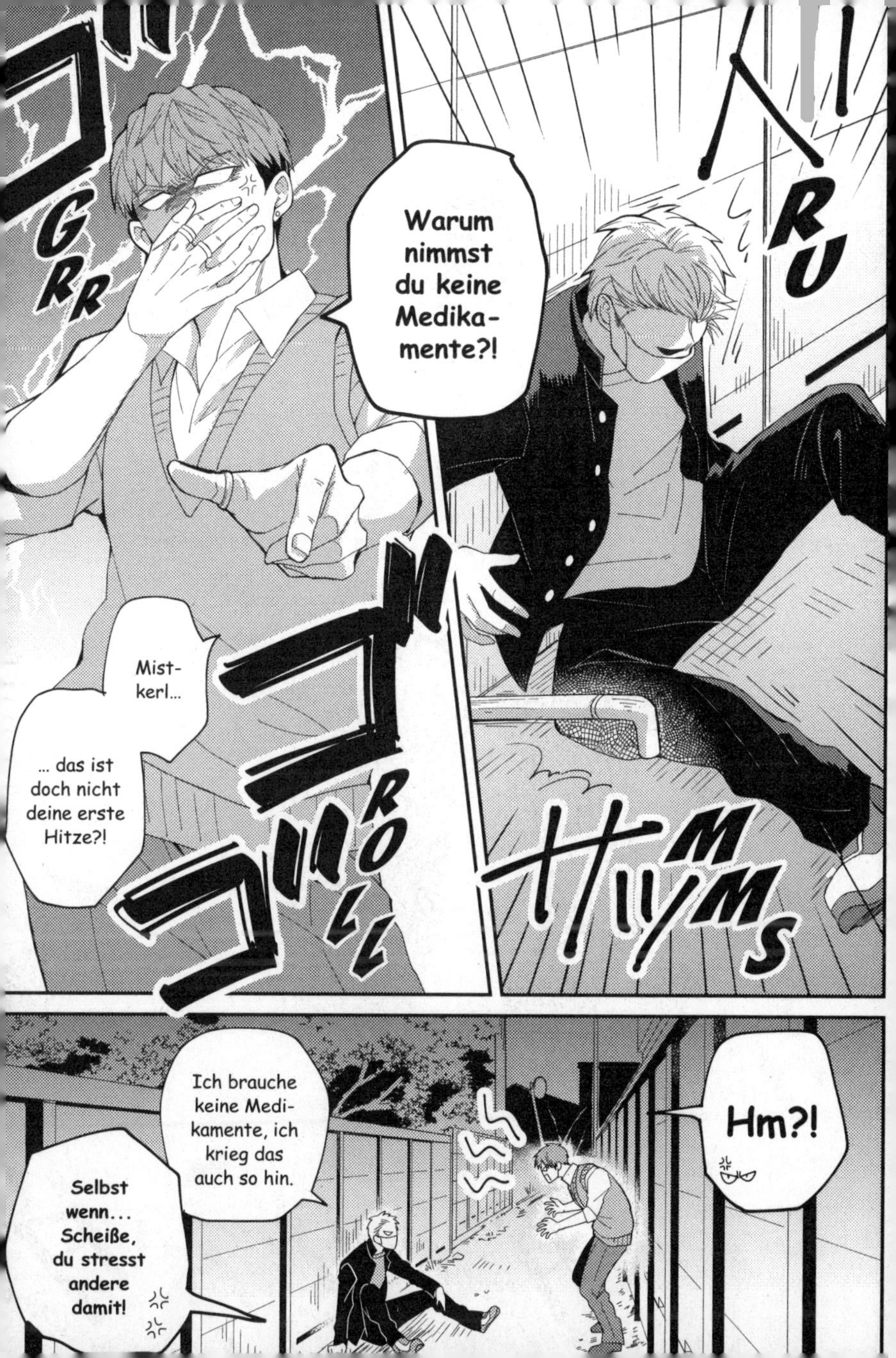
RU
GRR
Warum nimmst du keine Medika-mente?!
Mist-kerl...
... das ist doch nicht deine erste Hitze?!
ROLL
RUMMS
Hm?!
Ich brauche keine Medi-kamente, ich krieg das auch so hin.
Selbst wenn... Scheiße, du stresst andere damit!

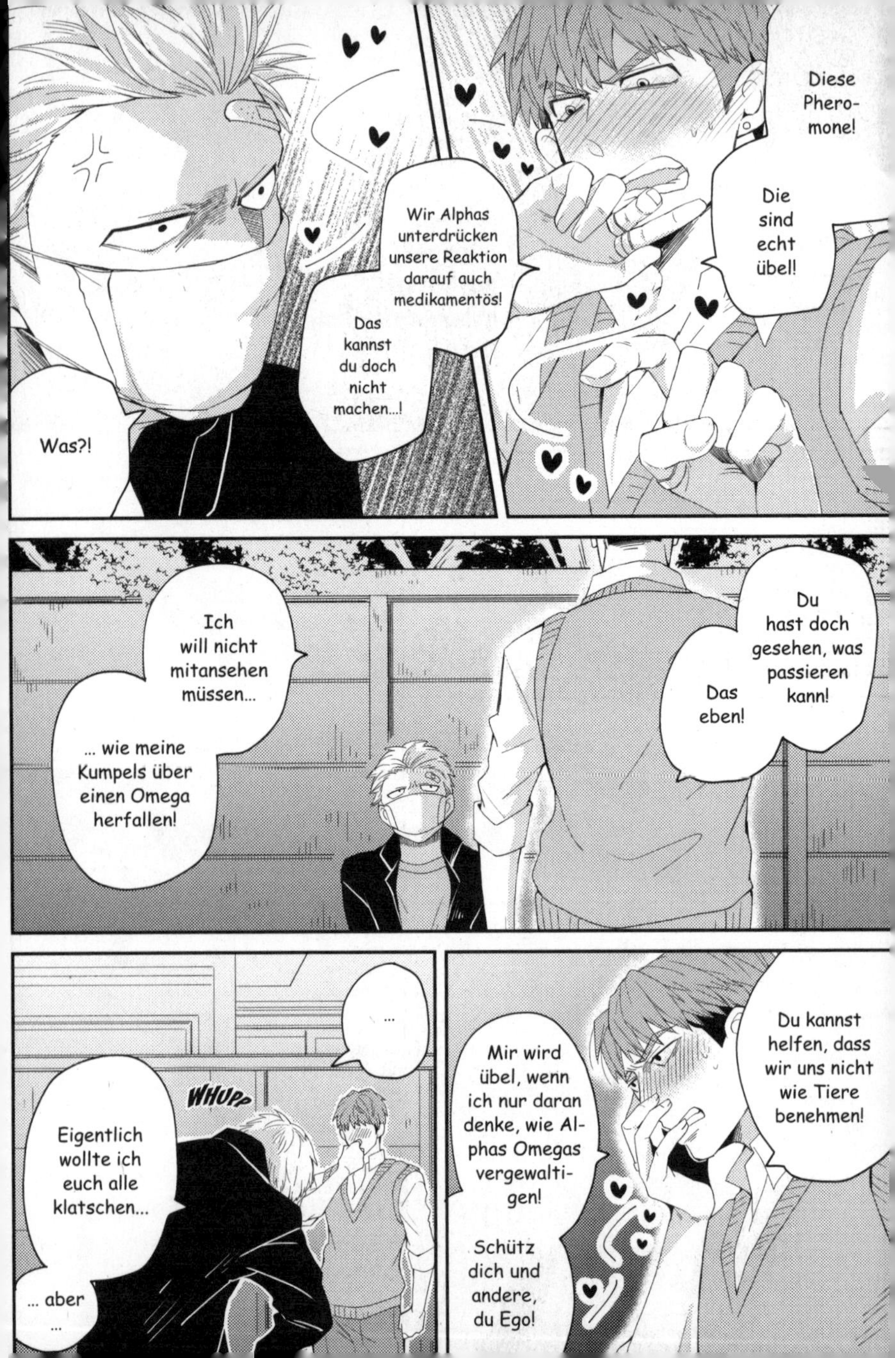
Diese Phero-mone!
Die sind echt übel!
Wir Alphas unterdrücken unsere Reaktion darauf auch medikamentös!
Das kannst du doch nicht machen...!
Was?!
Du hast doch gesehen, was passieren kann!
Das eben!
Ich will nicht mitansehen müssen...
... wie meine Kumpels über einen Omega herfallen!
Du kannst helfen, dass wir uns nicht wie Tiere benehmen!
Mir wird übel, wenn ich nur daran denke, wie Al-phas Omegas vergewalti-gen!
Schütz dich und andere, du Ego!
...
WHUPP
Eigentlich wollte ich euch alle klatschen...
... aber ...

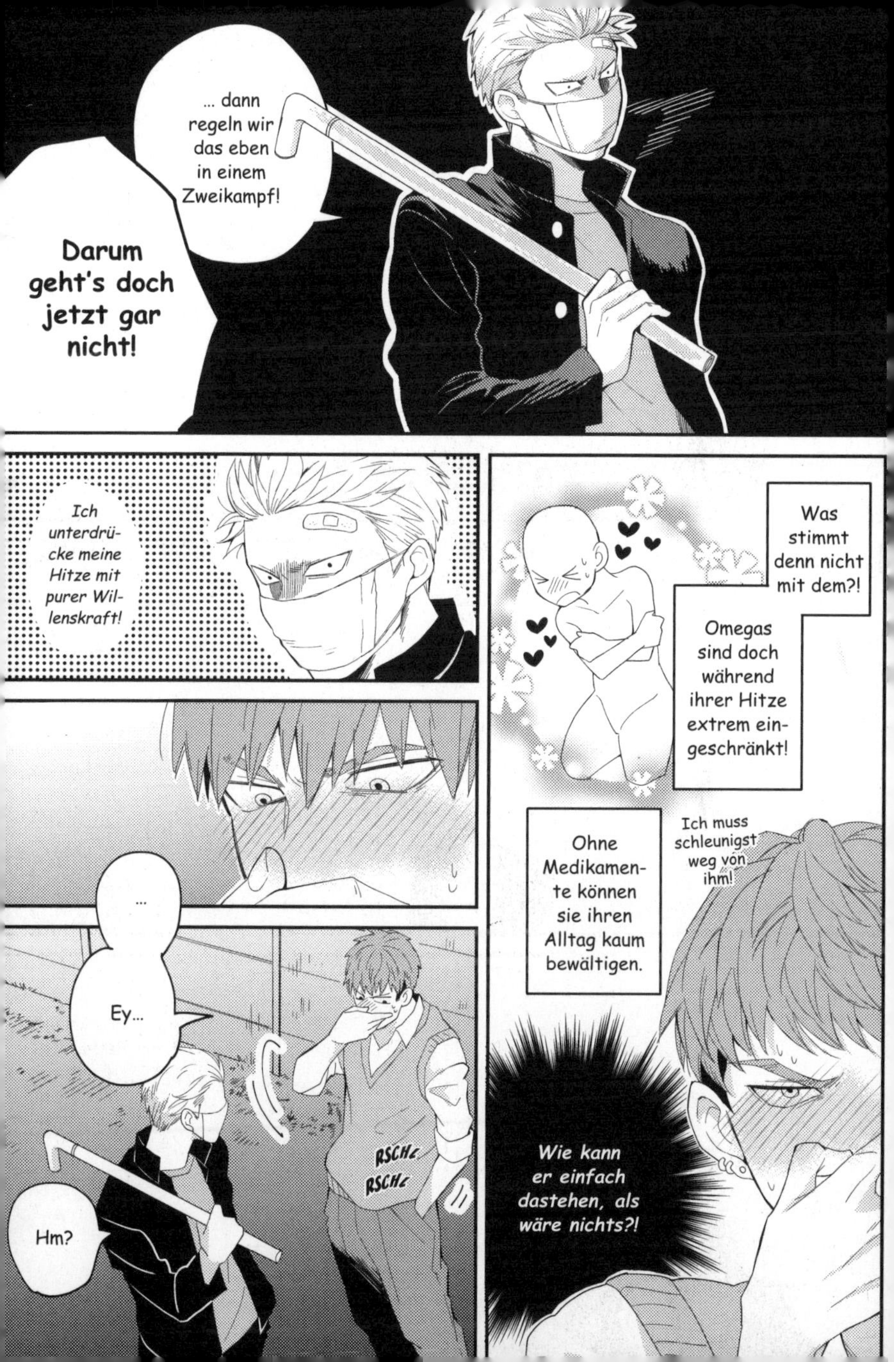

... dann regeln wir das eben in einem Zweikampf!
Darum geht's doch jetzt gar nicht!
Was stimmt denn nicht mit dem?!
Omegas sind doch während ihrer Hitze extrem eingeschränkt!
Ich unterdrücke meine Hitze mit purer Willenskraft!
Ohne Medikamente können sie ihren Alltag kaum bewältigen.
...
Ich muss schleunigst weg von ihm!
Wie kann er einfach dastehen, als wäre nichts?!
Ey...
RSCHL
RSCHL
Hm?

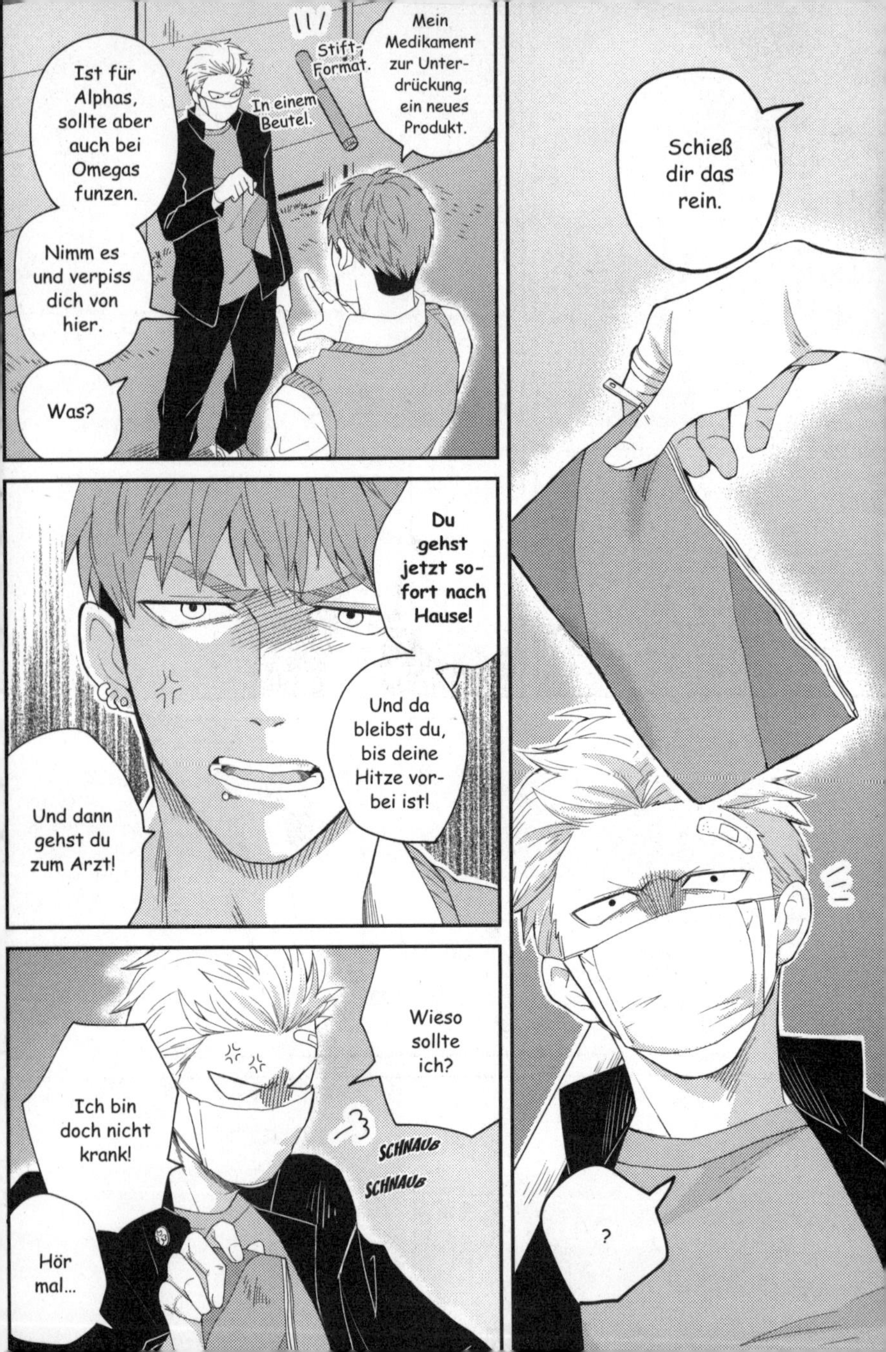

Schieß dir das rein.
?
Mein Medikament zur Unterdrückung, ein neues Produkt.
Stift-Format.
In einem Beutel.
Ist für Alphas, sollte aber auch bei Omegas funzen.
Nimm es und verpiss dich von hier.
Was?
Du gehst jetzt sofort nach Hause!
Und da bleibst du, bis deine Hitze vorbei ist!
Und dann gehst du zum Arzt!
Wieso sollte ich?
Ich bin doch nicht krank!
SCHNAUB
SCHNAUB
Hör mal...

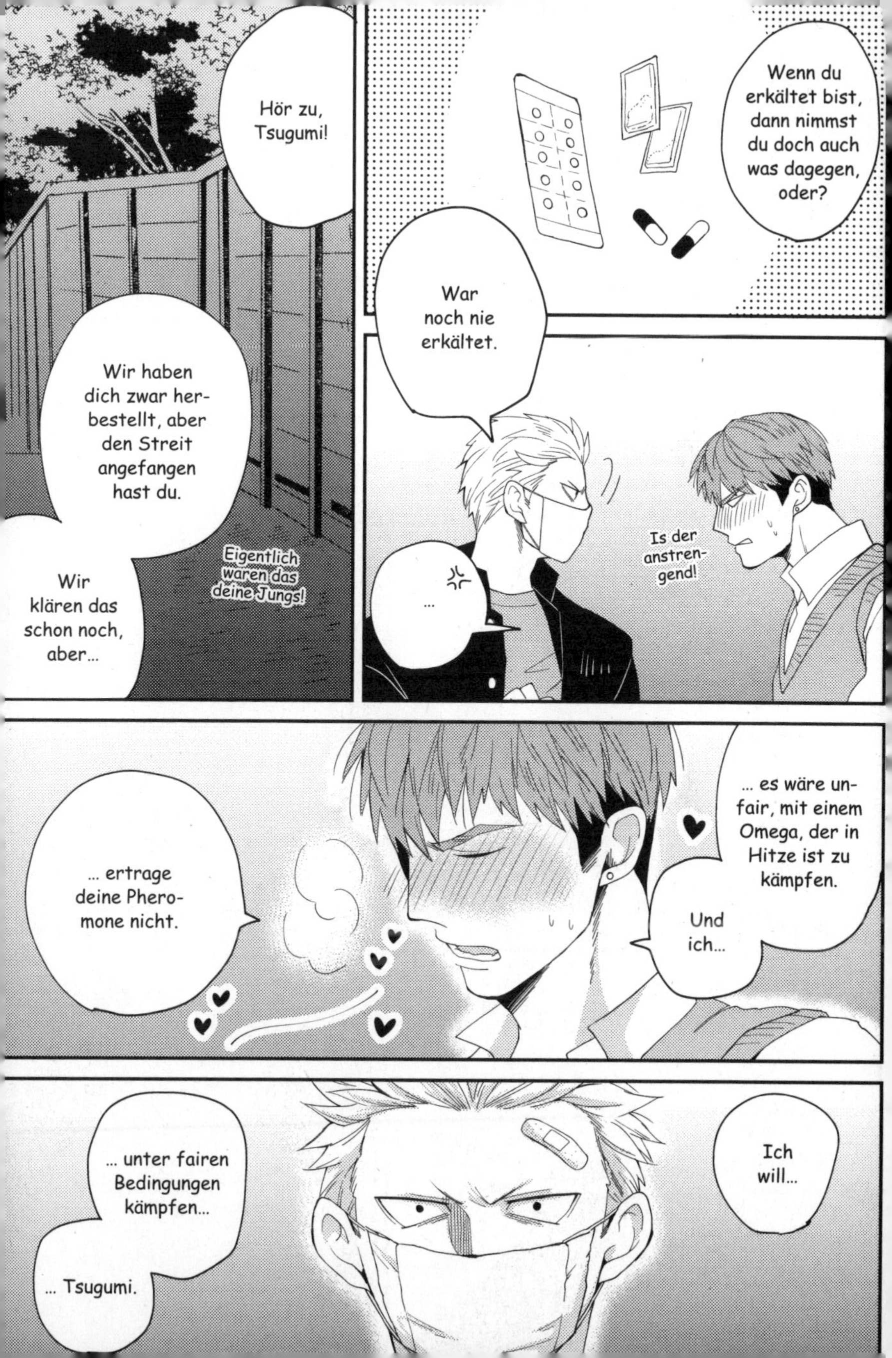

Wenn du erkältet bist, dann nimmst du doch auch was dagegen, oder?
War noch nie erkältet.
Is der anstren-gend!
...
Hör zu, Tsugumi!
Wir haben dich zwar her-bestellt, aber den Streit angefangen hast du.
Eigentlich waren das deine Jungs!
Wir klären das schon noch, aber...
... es wäre un-fair, mit einem Omega, der in Hitze ist zu kämpfen.
Und ich...
... ertrage deine Phero-mone nicht.
Ich will...
... unter fairen Bedingungen kämpfen...
... Tsugumi.

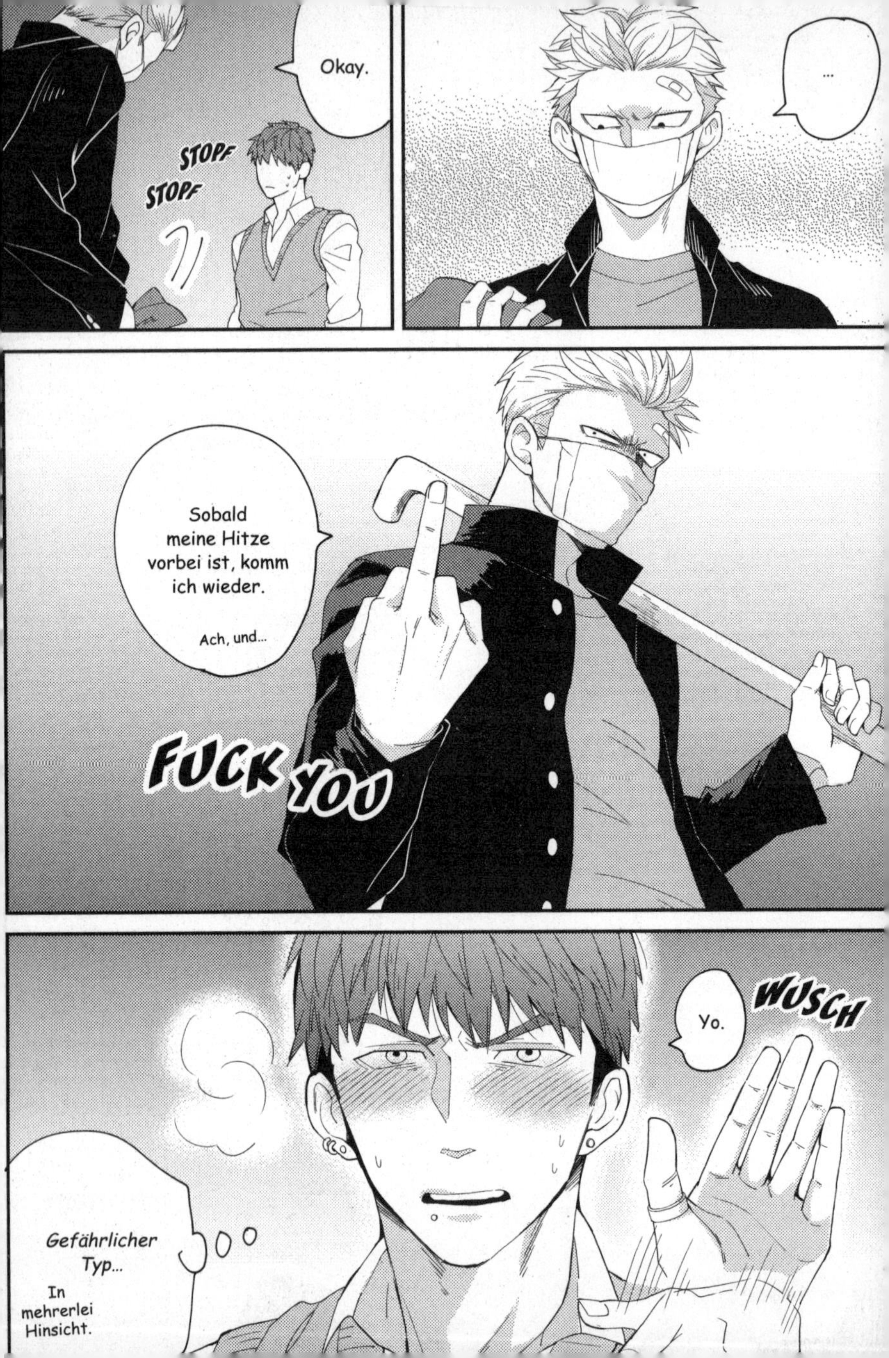
...
Okay.
STOPF
STOPF
Sobald meine Hitze vorbei ist, komm ich wieder.
Ach, und...
FUCK YOU
WUSCH
Yo.
Gefährlicher Typ...
In mehrerlei Hinsicht.

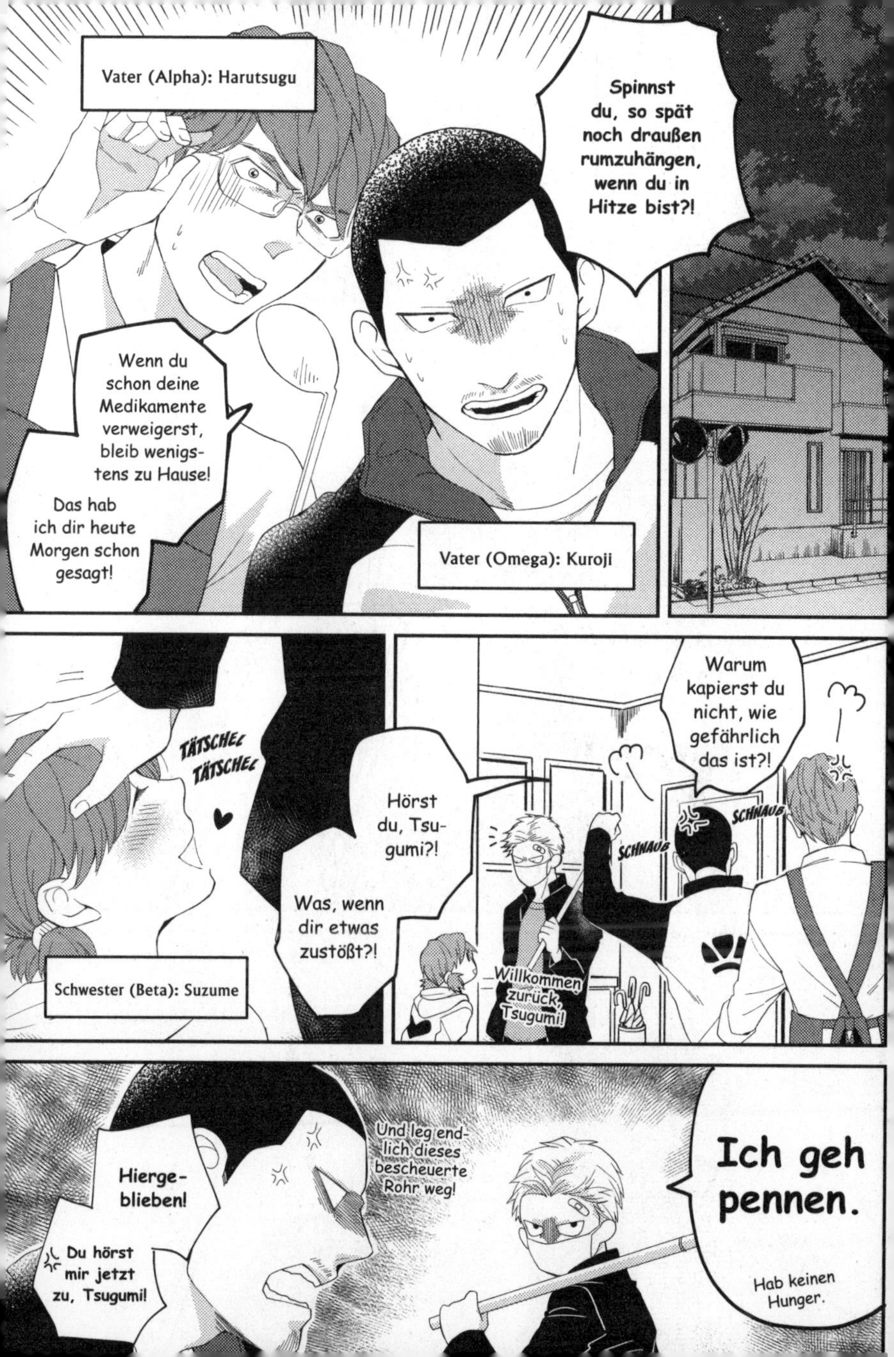

Spinnst du, so spät noch draußen rumzuhängen, wenn du in Hitze bist?!
Vater (Omega): Kuroji
Vater (Alpha): Harutsugu
Wenn du schon deine Medikamente verweigerst, bleib wenigstens zu Hause!
Das hab ich dir heute Morgen schon gesagt!
Warum kapierst du nicht, wie gefährlich das ist?!
SCHNAUB
SCHNAUB
Willkommen zurück, Tsugumi!
Hörst du, Tsugumi?!
Was, wenn dir etwas zustößt?!
TÄTSCHEL TÄTSCHEL
Schwester (Beta): Suzume
Ich geh pennen.
Hab keinen Hunger.
Und leg endlich dieses bescheuerte Rohr weg!
Hiergeblieben!
Du hörst mir jetzt zu, Tsugumi!

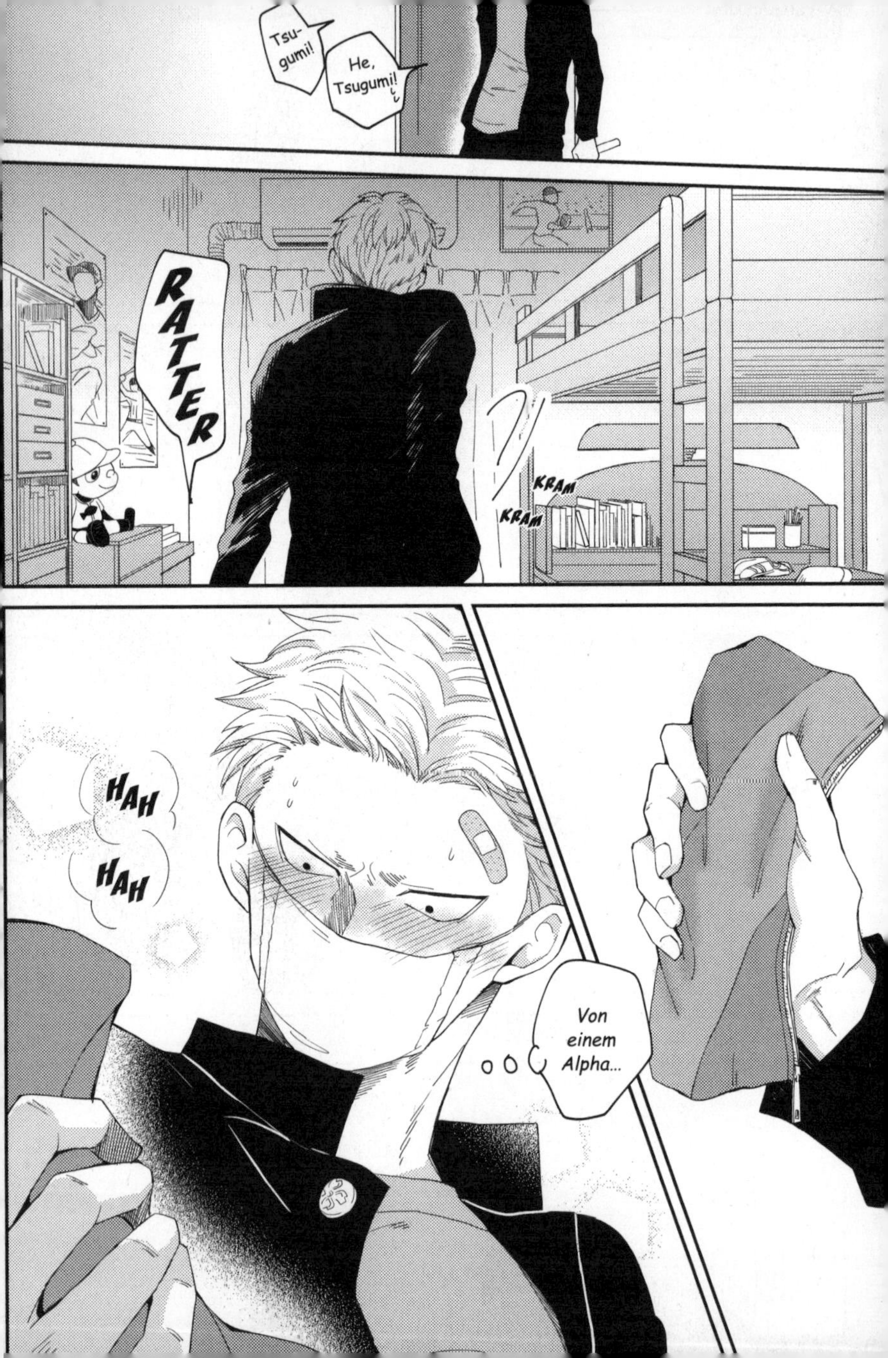
Tsu-
gumi!
He,
Tsugumi!
RATTER
KRAM
KRAM
HAH
HAH
Von
einem
Alpha...

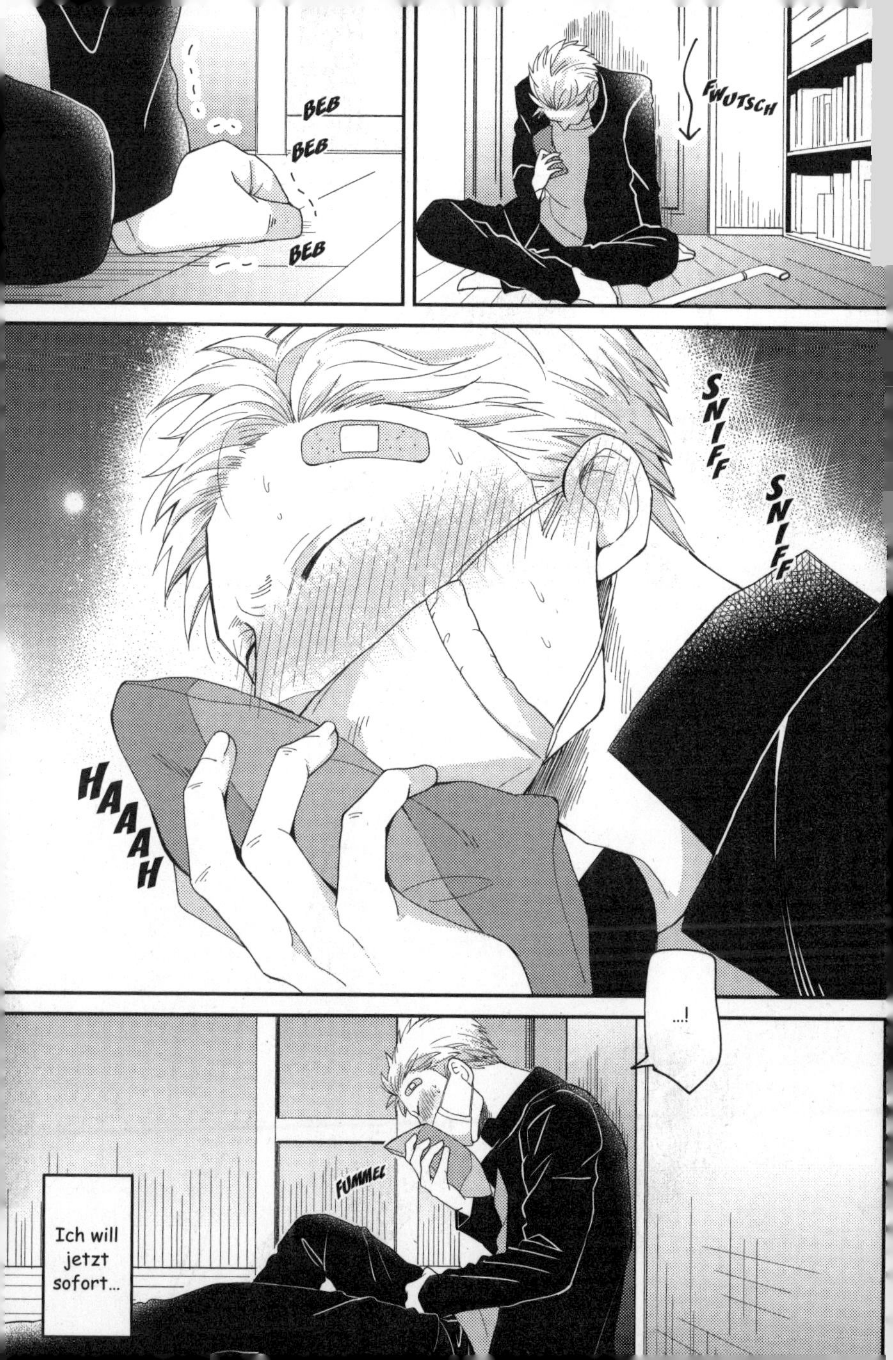
FWUTSCH
BEB
BEB
BEB
SNIFF
SNIFF
HAAAAH
...!
FUMMEL
Ich will jetzt sofort...

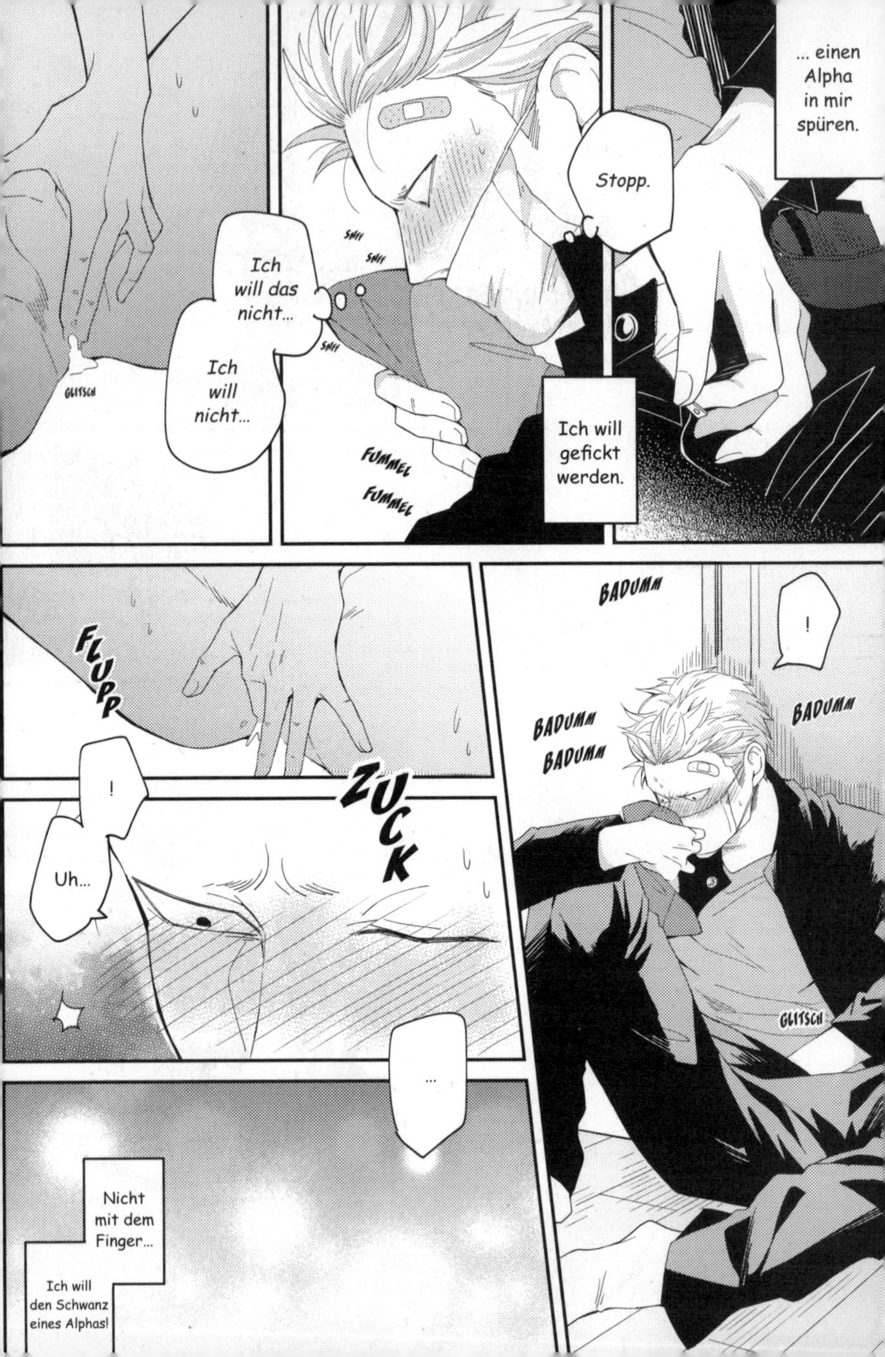
... einen Alpha in mir spüren.
Stopp.
Ich will gefickt werden.
Ich will das nicht...
Ich will nicht...
FUMMEL
FUMMEL
GLITSCH
BADUMM
!
BADUMM
BADUMM
BADUMM
GLITSCH
FLUPP
ZUCK
!
Uh...
...
Nicht mit dem Finger...
Ich will den Schwanz eines Alphas!

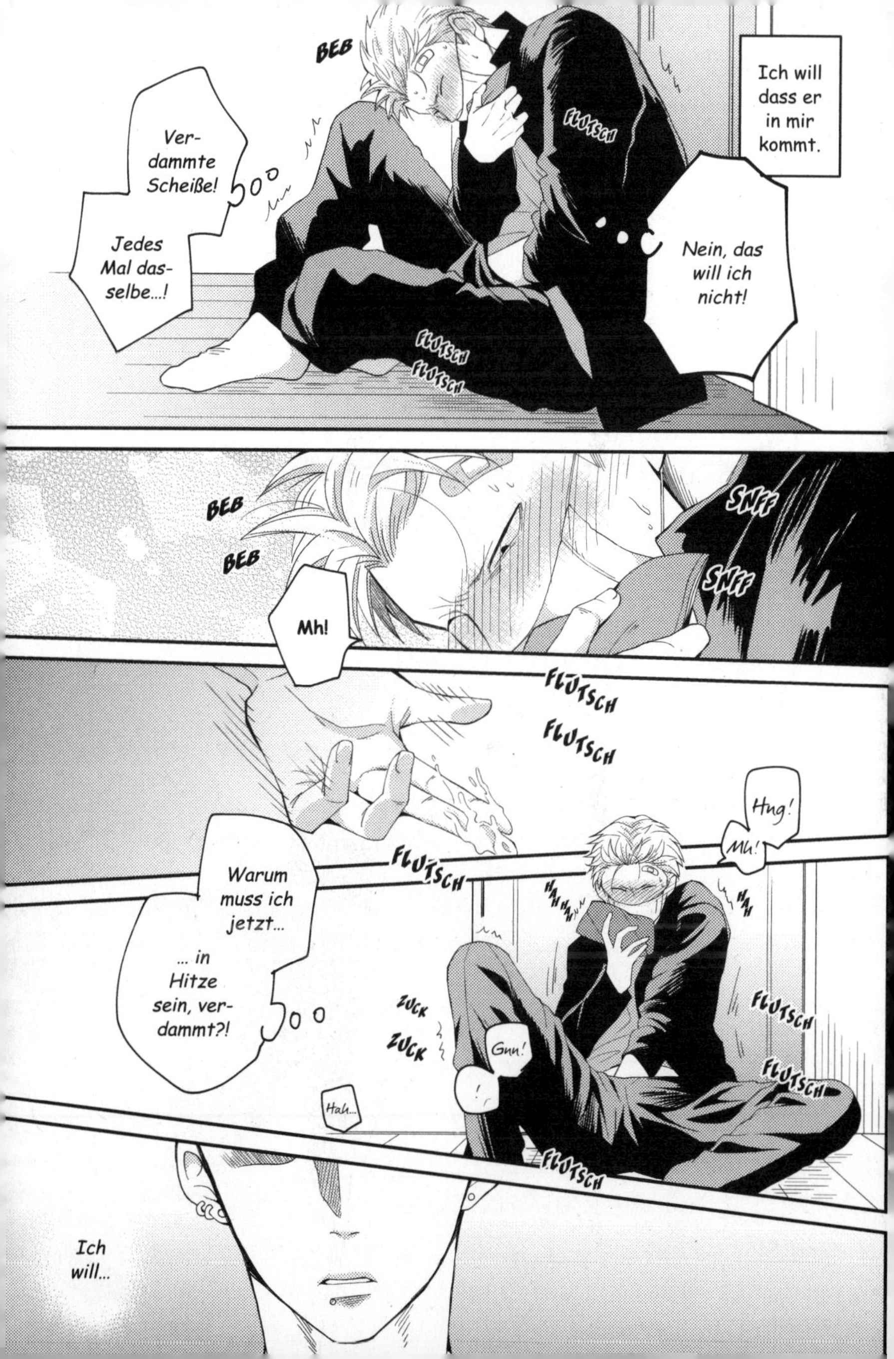
Ich will dass er in mir kommt.
Nein, das will ich nicht!
BEB
FLUTSCH
Verdammte Scheiße!
Jedes Mal dasselbe...!
FLUTSCH
FLUTSCH
SNFF
SNFF
BEB
BEB
Mh!
FLUTSCH
FLUTSCH
Hng!
Mh!
HAH
HAH HAH
FLUTSCH
FLUTSCH
FLUTSCH
Gnn!
ZUCK
ZUCK
Warum muss ich jetzt...
... in Hitze sein, verdammt?!
Hah...
Ich will...

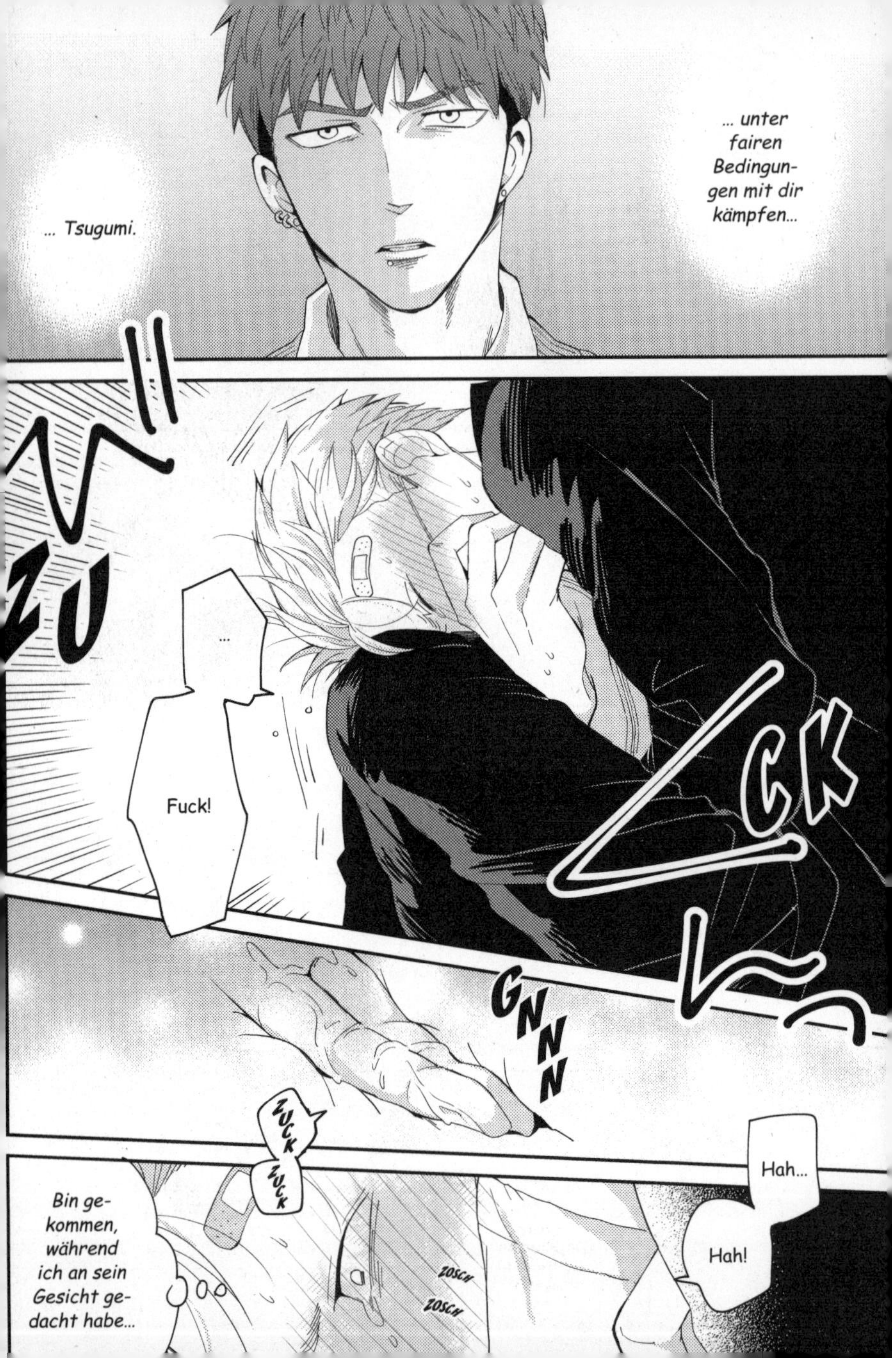

... unter fairen Bedingungen mit dir kämpfen...
... Tsugumi.
CK
ZU
...
Fuck!
GNNN
ZUCK
ZUCK
Hah...
Hah!
ZOSCH
ZOSCH
Bin gekommen, während ich an sein Gesicht gedacht habe...

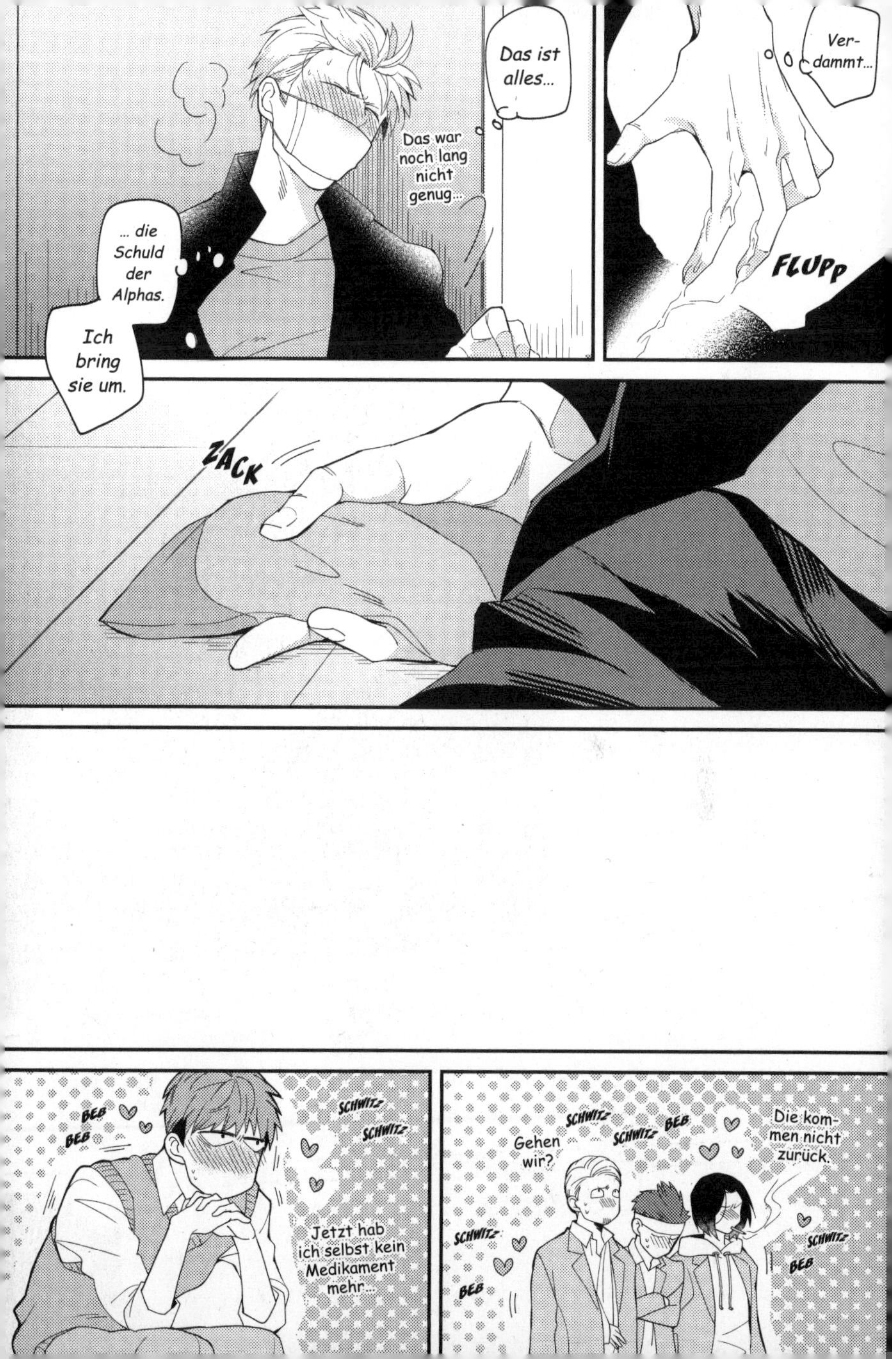
Ver-dammt…
FLUPP
Das ist alles…
Das war noch lang nicht genug…
… die Schuld der Alphas.
Ich bring sie um.
ZACK
Die kom-men nicht zurück.
Gehen wir?
SCHWITZ
SCHWITZ
BEB
SCHWITZ
BEB
SCHWITZ
BEB
Jetzt hab ich selbst kein Medikament mehr…
SCHWITZ
SCHWITZ
BEB
BEB

MEGUMI & TSUGUMI

ALPHATIER VS. HITZKOPF

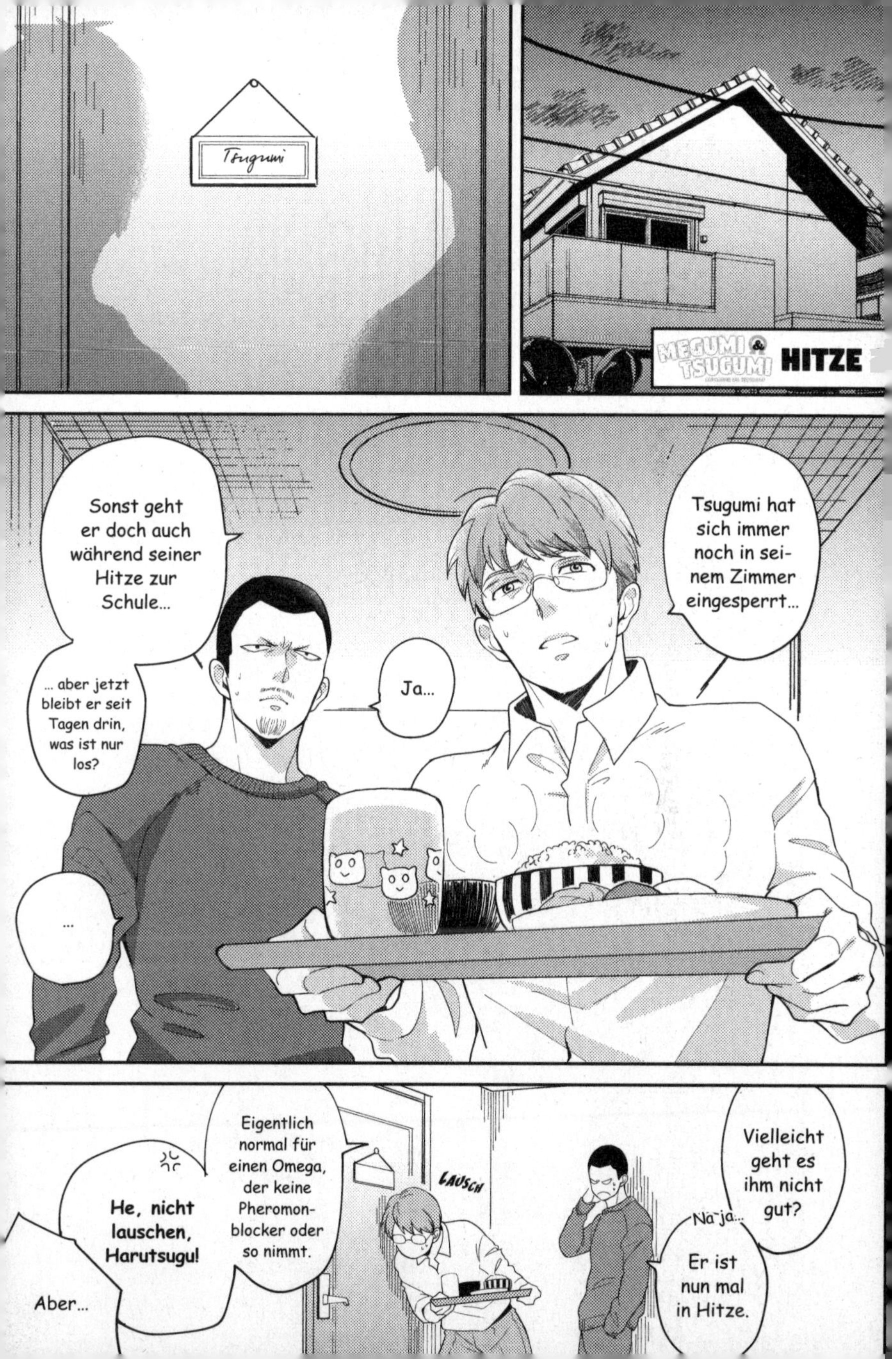
Tsugumi
MEGUMI & TSUGUMI HITZE
Tsugumi hat sich immer noch in seinem Zimmer eingesperrt...
Sonst geht er doch auch während seiner Hitze zur Schule...
Ja...
... aber jetzt bleibt er seit Tagen drin, was ist nur los?
...
Vielleicht geht es ihm nicht gut?
Na ja...
Er ist nun mal in Hitze.
LAUSCH
Eigentlich normal für einen Omega, der keine Pheromonblocker oder so nimmt.
He, nicht lauschen, Harutsugu!
Aber...

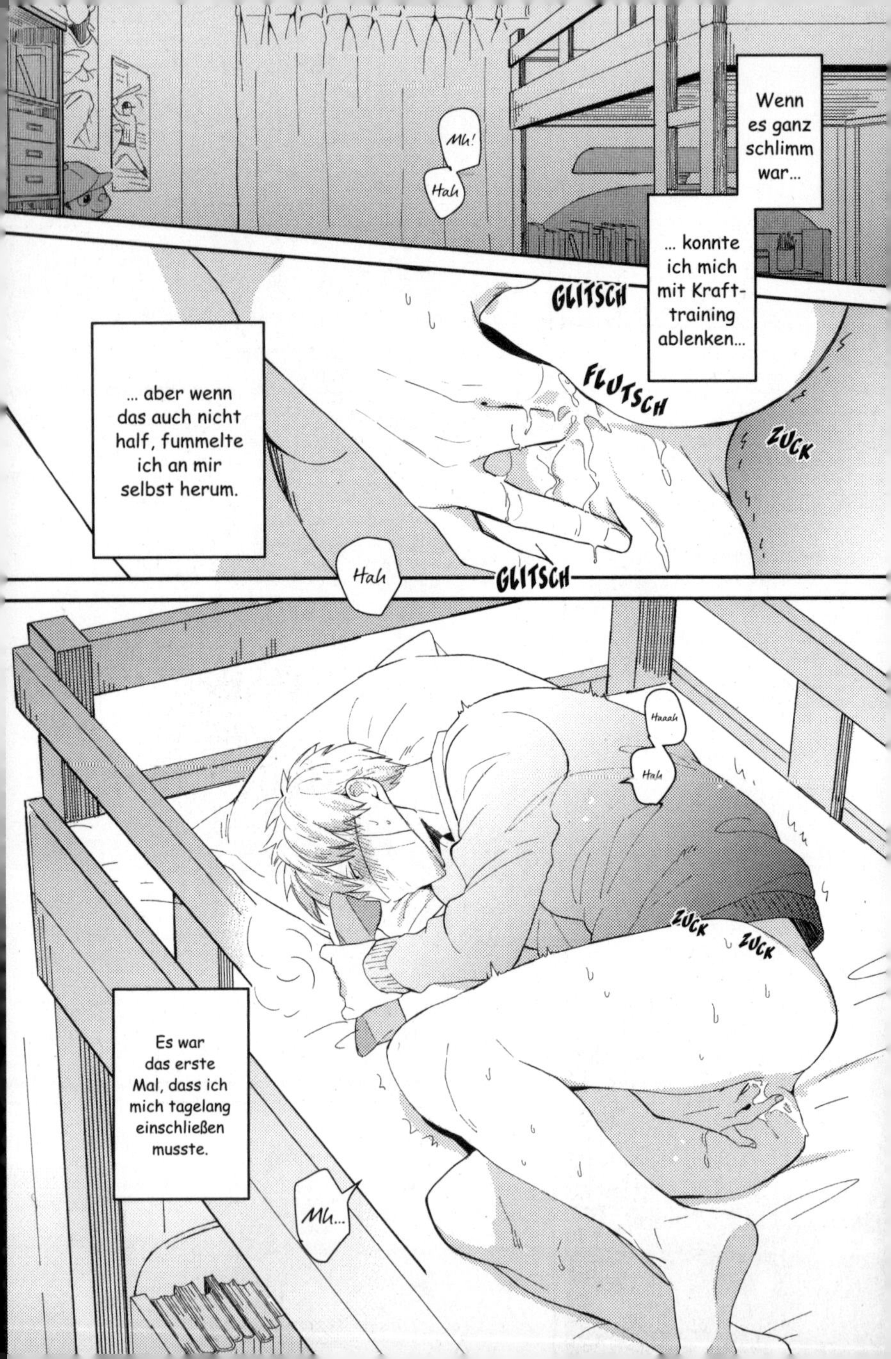

Wenn es ganz schlimm war...
Mh!
Hah
... konnte ich mich mit Kraft-training ablenken...
GLITSCH
FLUTSCH
ZUCK
... aber wenn das auch nicht half, fummelte ich an mir selbst herum.
Hah
GLITSCH
Haaah
Hah
ZUCK
ZUCK
Es war das erste Mal, dass ich mich tagelang einschließen musste.
Mh...

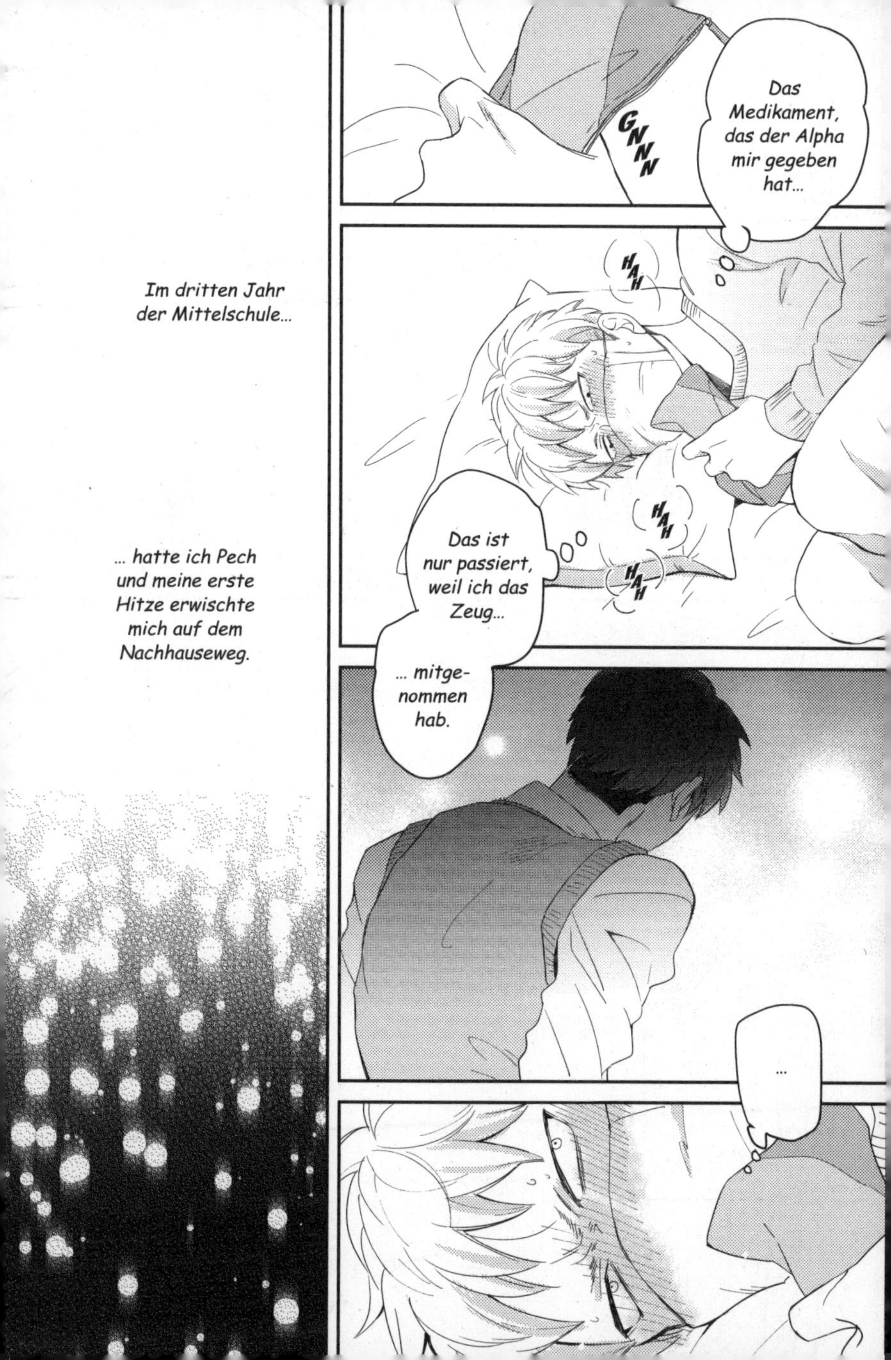

Das Medikament, das der Alpha mir gegeben hat...
GNNN
HAH
HAH
HAH
Das ist nur passiert, weil ich das Zeug...
... mitgenommen hab.
...
Im dritten Jahr der Mittelschule...
... hatte ich Pech und meine erste Hitze erwischte mich auf dem Nachhauseweg.

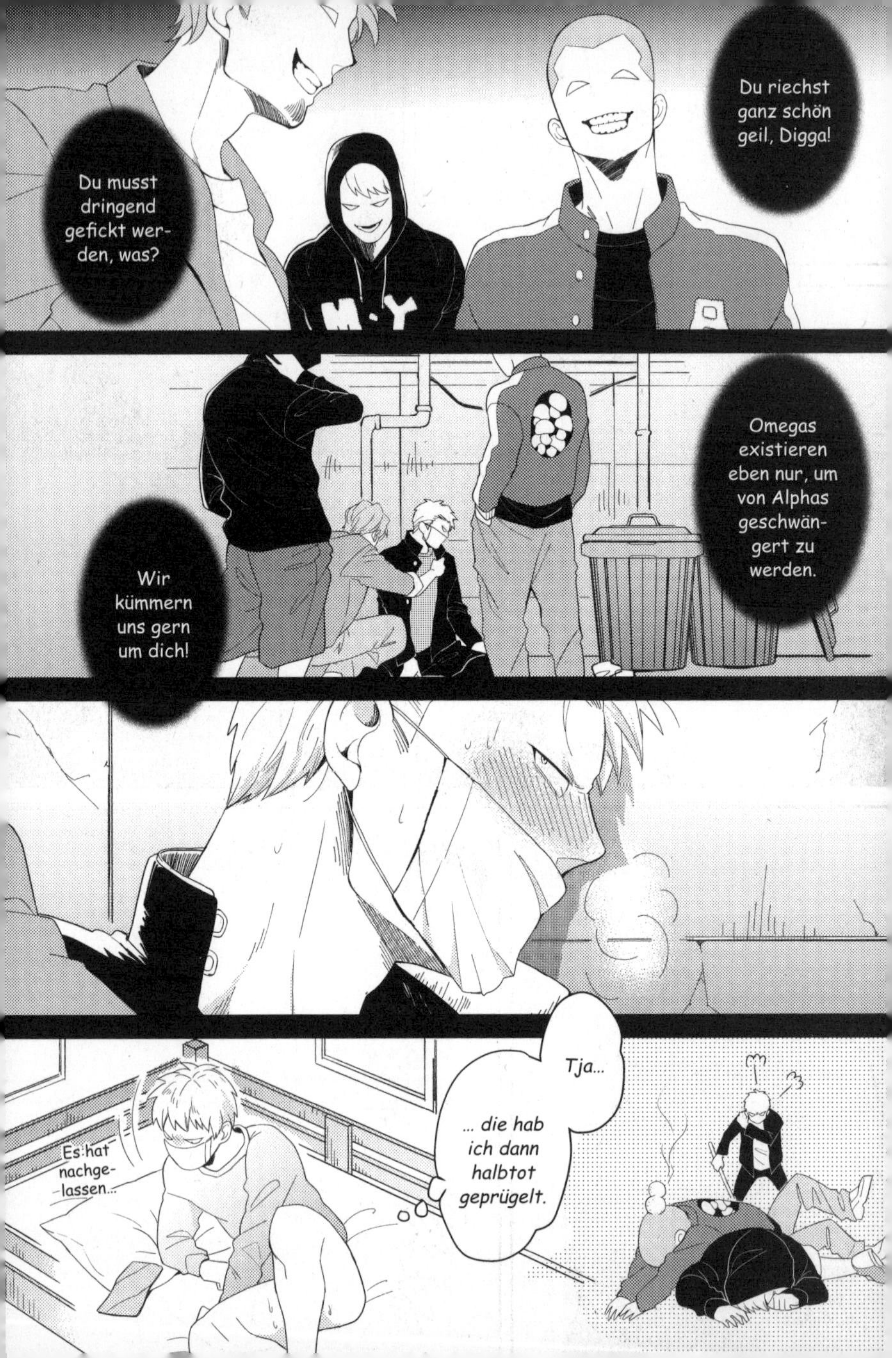
Du riechst ganz schön geil, Digga!
Du musst dringend gefickt werden, was?
Omegas existieren eben nur, um von Alphas geschwängert zu werden.
Wir kümmern uns gern um dich!
Tja...
... die hab ich dann halbtot geprügelt.
Es hat nachgelassen...

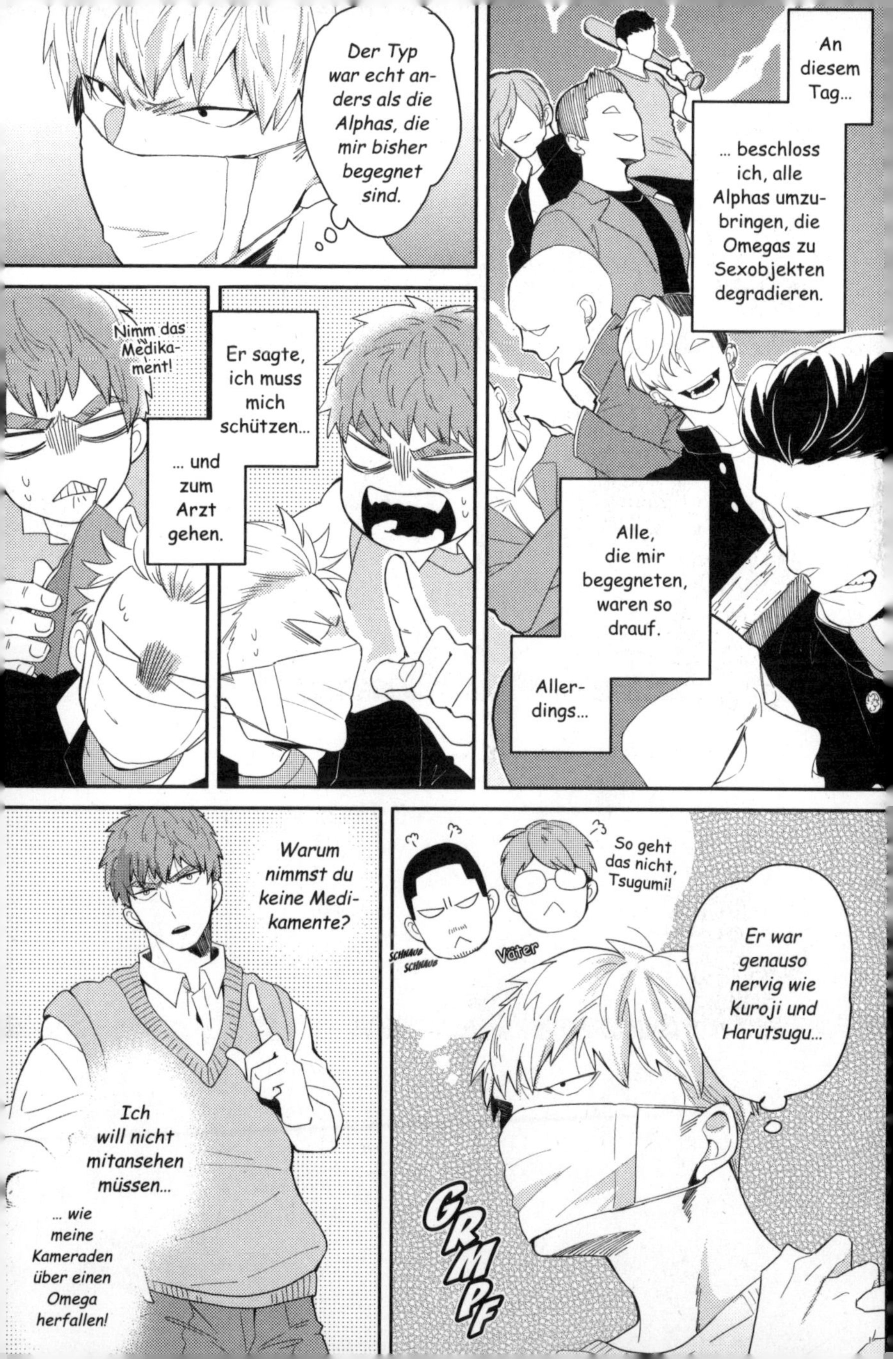
An diesem Tag...
... beschloss ich, alle Alphas umzubringen, die Omegas zu Sexobjekten degradieren.
Alle, die mir begegneten, waren so drauf.
Allerdings...
Der Typ war echt anders als die Alphas, die mir bisher begegnet sind.
Er sagte, ich muss mich schützen...
... und zum Arzt gehen.
Nimm das Medikament!
So geht das nicht, Tsugumi!
SCHNAUB SCHNAUB
Väter
Er war genauso nervig wie Kuroji und Harutsugu...
GRMPF
Warum nimmst du keine Medikamente?
Ich will nicht mitansehen müssen...
... wie meine Kameraden über einen Omega herfallen!

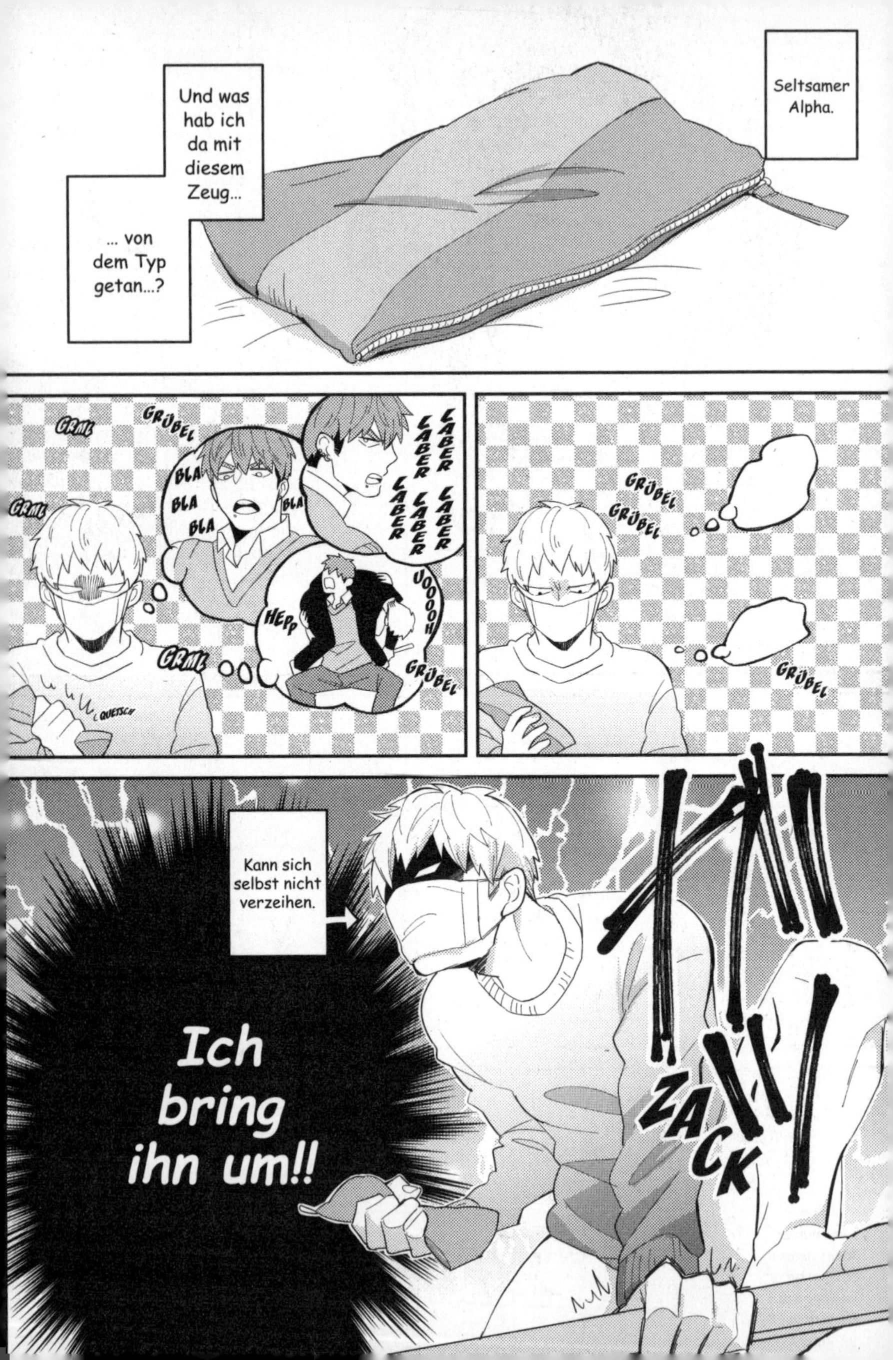
Seltsamer Alpha.
Und was hab ich da mit diesem Zeug...
... von dem Typ getan...?
GRÜBEL
GRÜBEL
GRÜBEL
GRÜBEL
GRML
GRML
BLA BLA BLA
BLA
LABER LABER LABER
LABER LABER
HEPP
UOOOOH
GRÜBEL
GRML
QUETSCH
Kann sich selbst nicht verzeihen.
Ich bring ihn um!!
ZACK

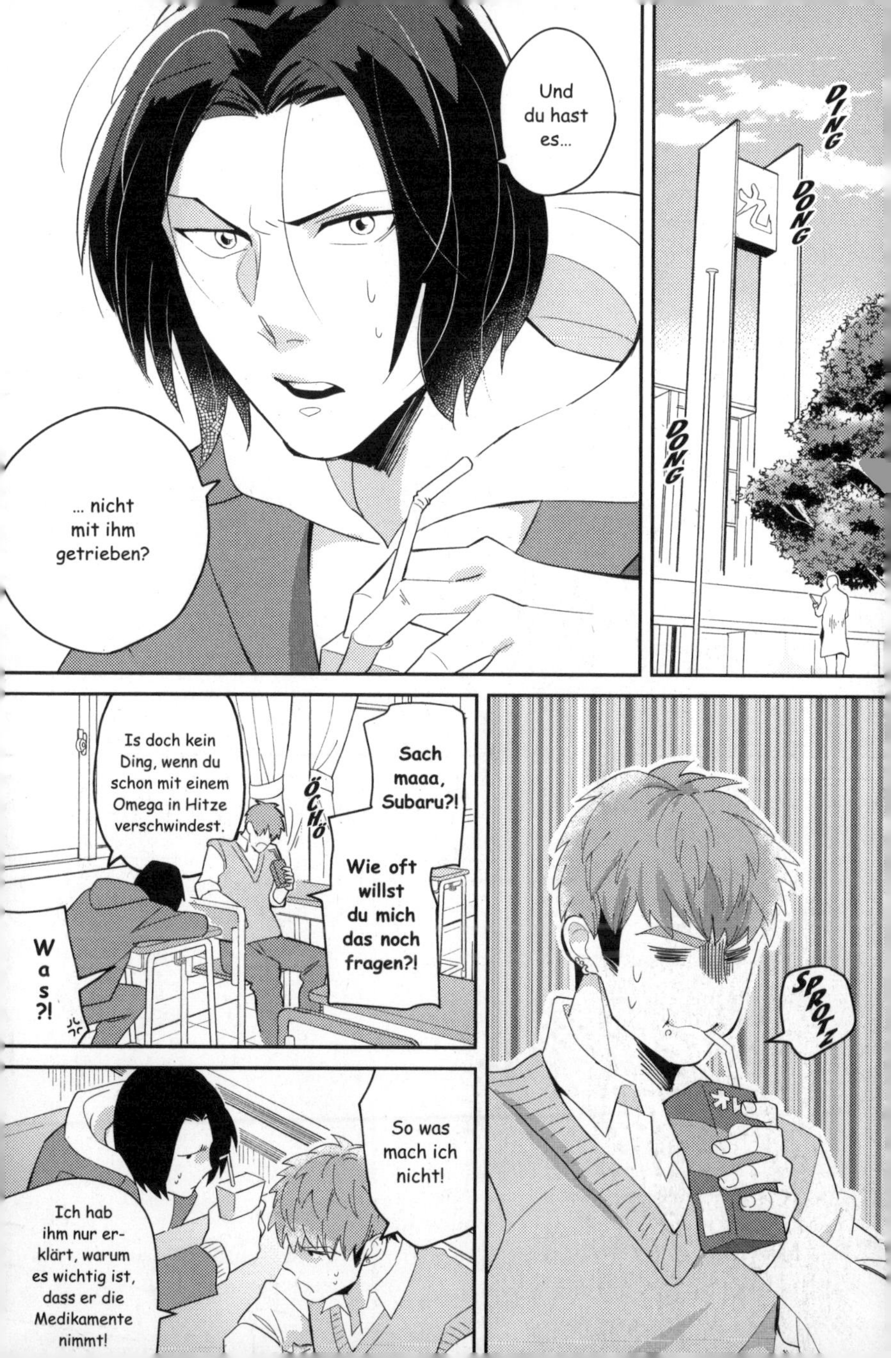

DING DONG DONG
Und du hast es...
... nicht mit ihm getrieben?
SPROTZ
ÖCHÖ
Sach maaa, Subaru?!
Wie oft willst du mich das noch fragen?!
Is doch kein Ding, wenn du schon mit einem Omega in Hitze verschwindest.
Was?!
So was mach ich nicht!
Ich hab ihm nur erklärt, warum es wichtig ist, dass er die Medikamente nimmt!

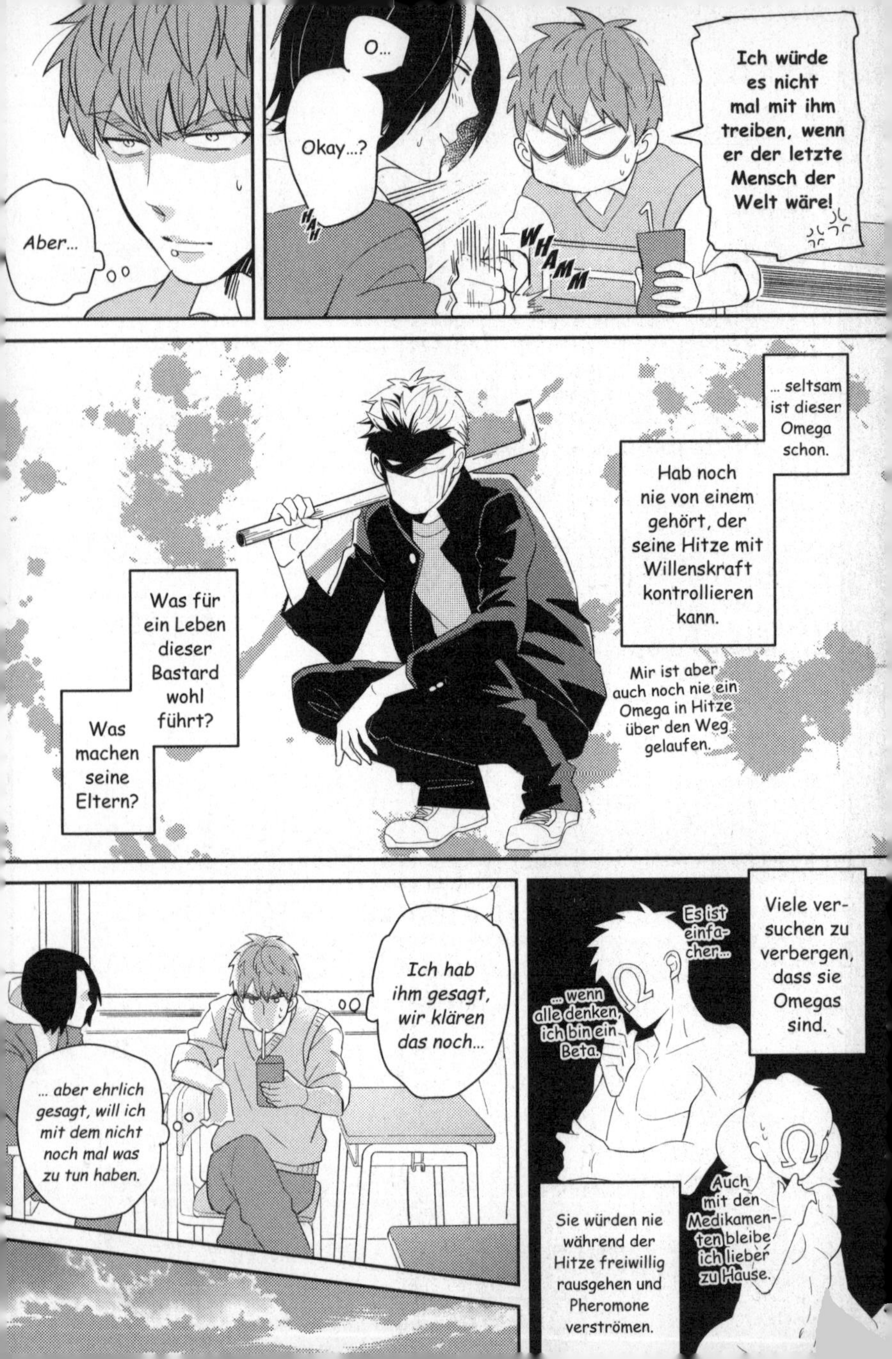

Ich würde es nicht mal mit ihm treiben, wenn er der letzte Mensch der Welt wäre!
WHAMM
O...
Okay...?
HAH
Aber...
... seltsam ist dieser Omega schon.
Hab noch nie von einem gehört, der seine Hitze mit Willenskraft kontrollieren kann.
Mir ist aber auch noch nie ein Omega in Hitze über den Weg gelaufen.
Was für ein Leben dieser Bastard wohl führt?
Was machen seine Eltern?
Viele versuchen zu verbergen, dass sie Omegas sind.
Es ist einfacher...
... wenn alle denken, ich bin ein Beta.
Sie würden nie während der Hitze freiwillig rausgehen und Pheromone verströmen.
Auch mit den Medikamenten bleibe ich lieber zu Hause.
Ich hab ihm gesagt, wir klären das noch...
... aber ehrlich gesagt, will ich mit dem nicht noch mal was zu tun haben.

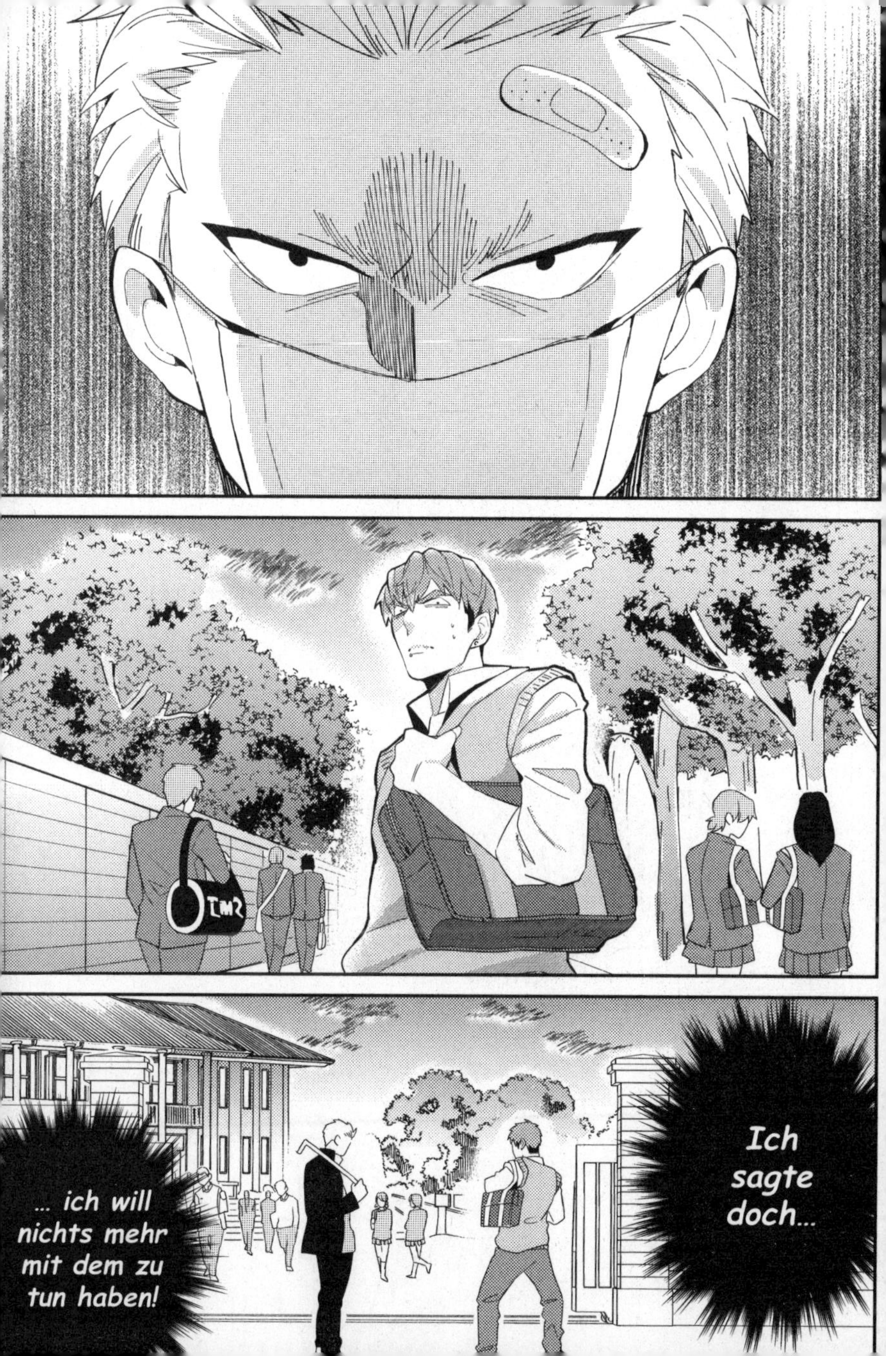
TMR
Ich sagte doch...
... ich will nichts mehr mit dem zu tun haben!

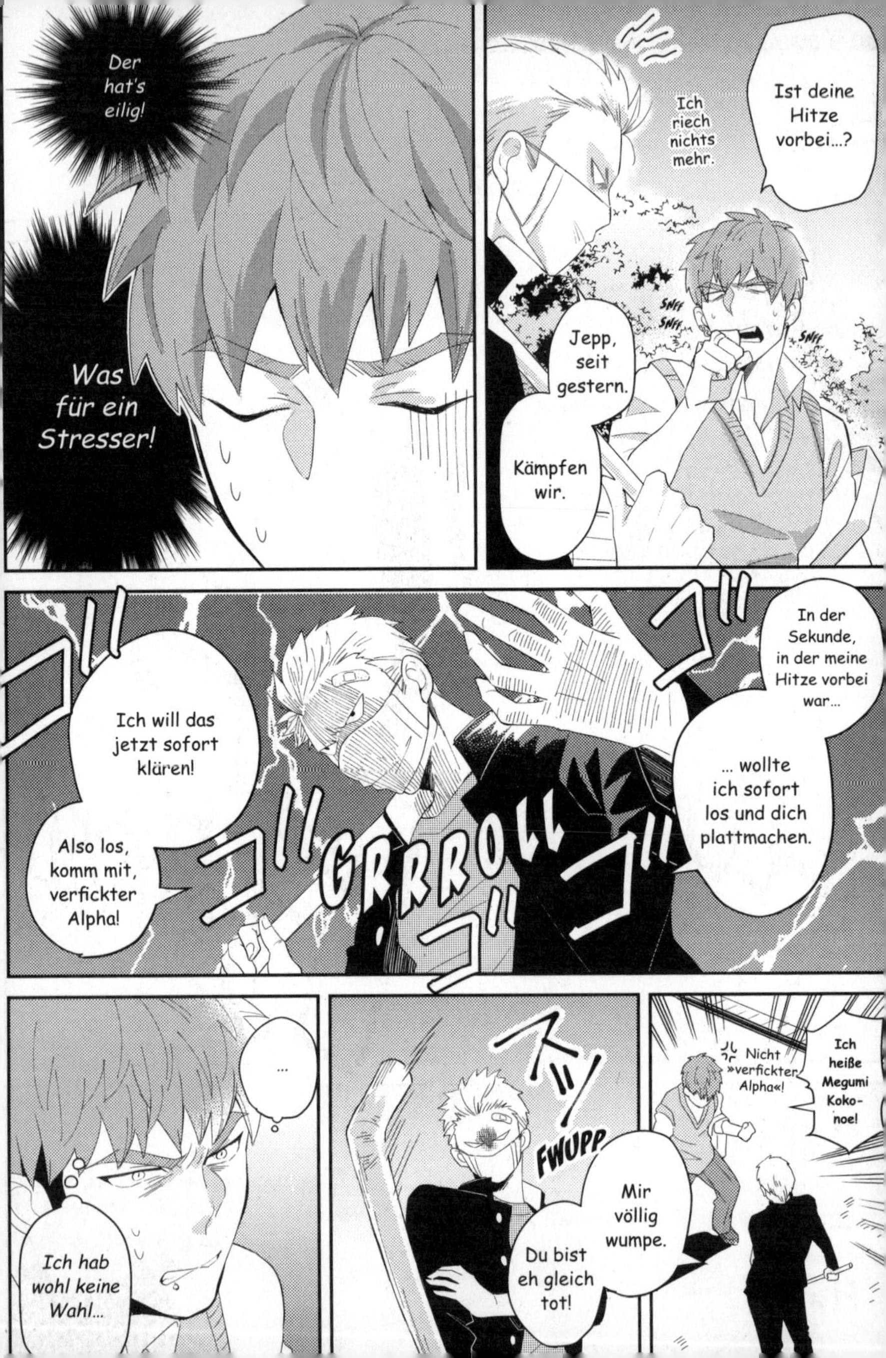
Ist deine Hitze vorbei...?
Ich riech nichts mehr.
Jepp, seit gestern.
Kämpfen wir.
Der hat's eilig!
Was für ein Stresser!
In der Sekunde, in der meine Hitze vorbei war...
... wollte ich sofort los und dich plattmachen.
Ich will das jetzt sofort klären!
Also los, komm mit, verfickter Alpha!
GRRROLL
Ich heiße Megumi Koko-noe!
Nicht »verfickter Alpha«!
Mir völlig wumpe.
Du bist eh gleich tot!
FWUPP
...
Ich hab wohl keine Wahl...

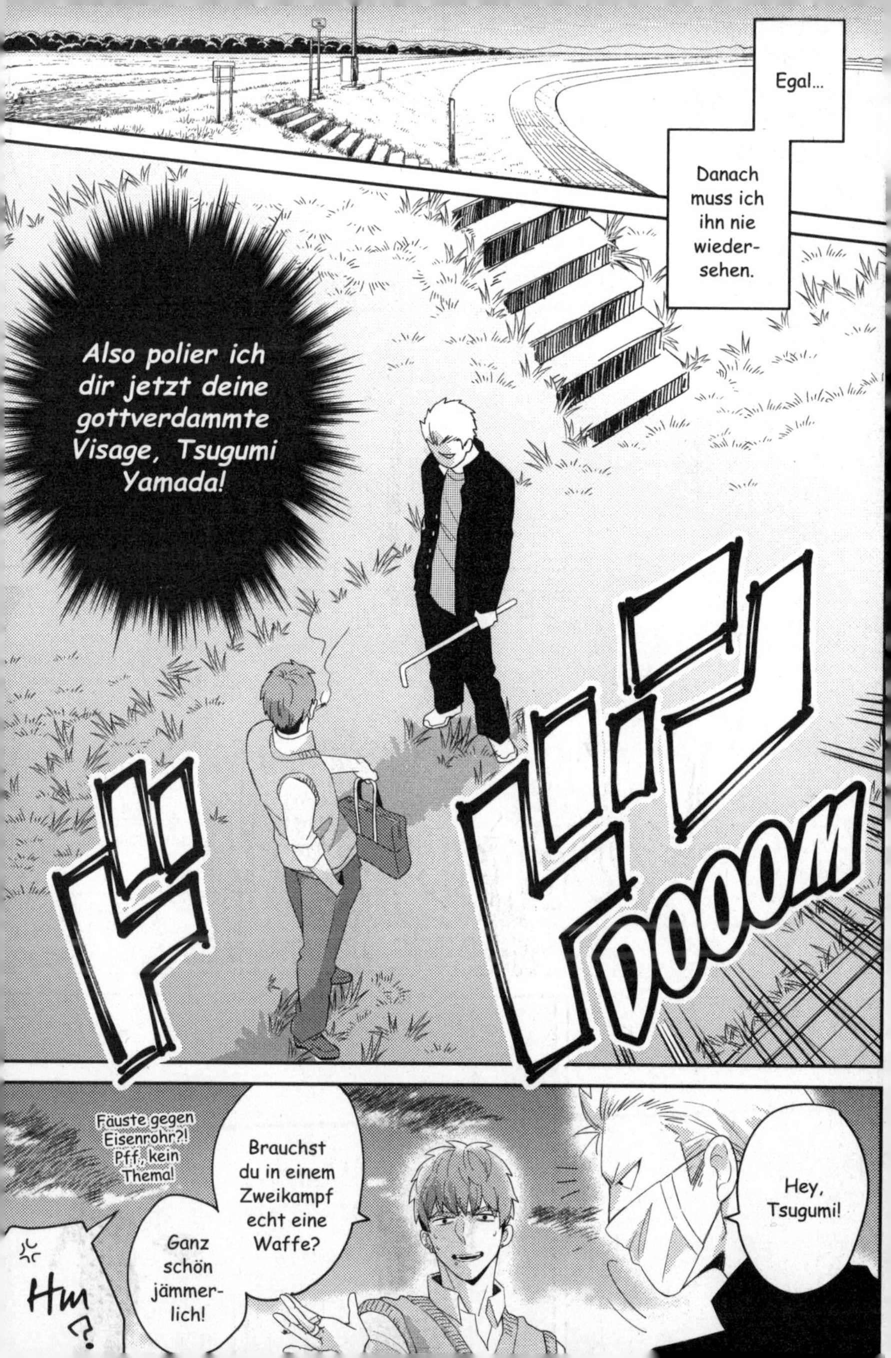

Egal...
Danach muss ich ihn nie wiedersehen.
Also polier ich dir jetzt deine gottverdammte Visage, Tsugumi Yamada!
DOOOM
Hey, Tsugumi!
Brauchst du in einem Zweikampf echt eine Waffe?
Fäuste gegen Eisenrohr?! Pff, kein Thema!
Ganz schön jämmerlich!
Hm?

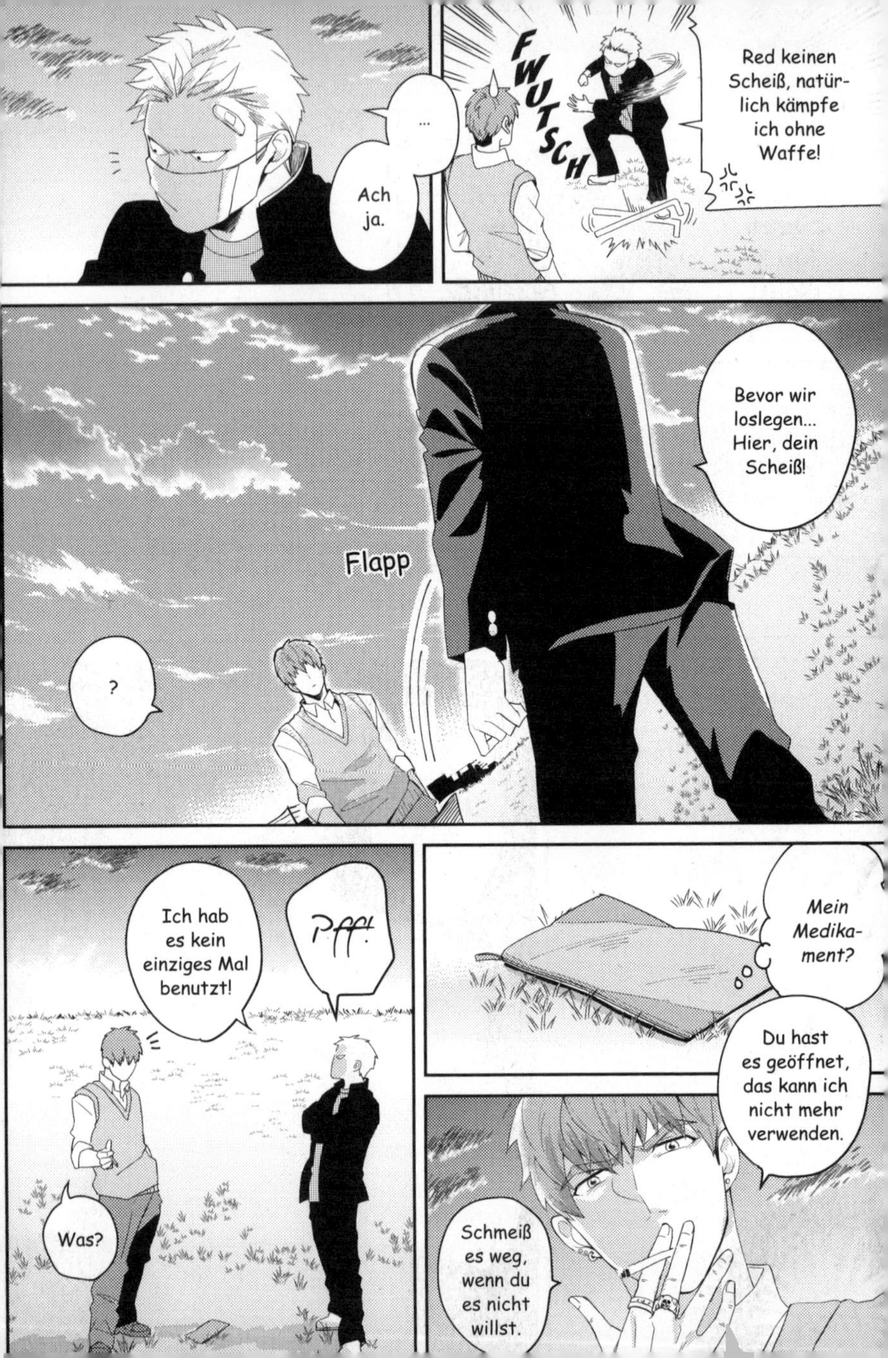
Red keinen Scheiß, natürlich kämpfe ich ohne Waffe!
FWUTSCH
...
Ach ja.
Bevor wir loslegen... Hier, dein Scheiß!
Flapp
?
Mein Medikament?
Du hast es geöffnet, das kann ich nicht mehr verwenden.
Schmeiß es weg, wenn du es nicht willst.
Pff!
Ich hab es kein einziges Mal benutzt!
Was?

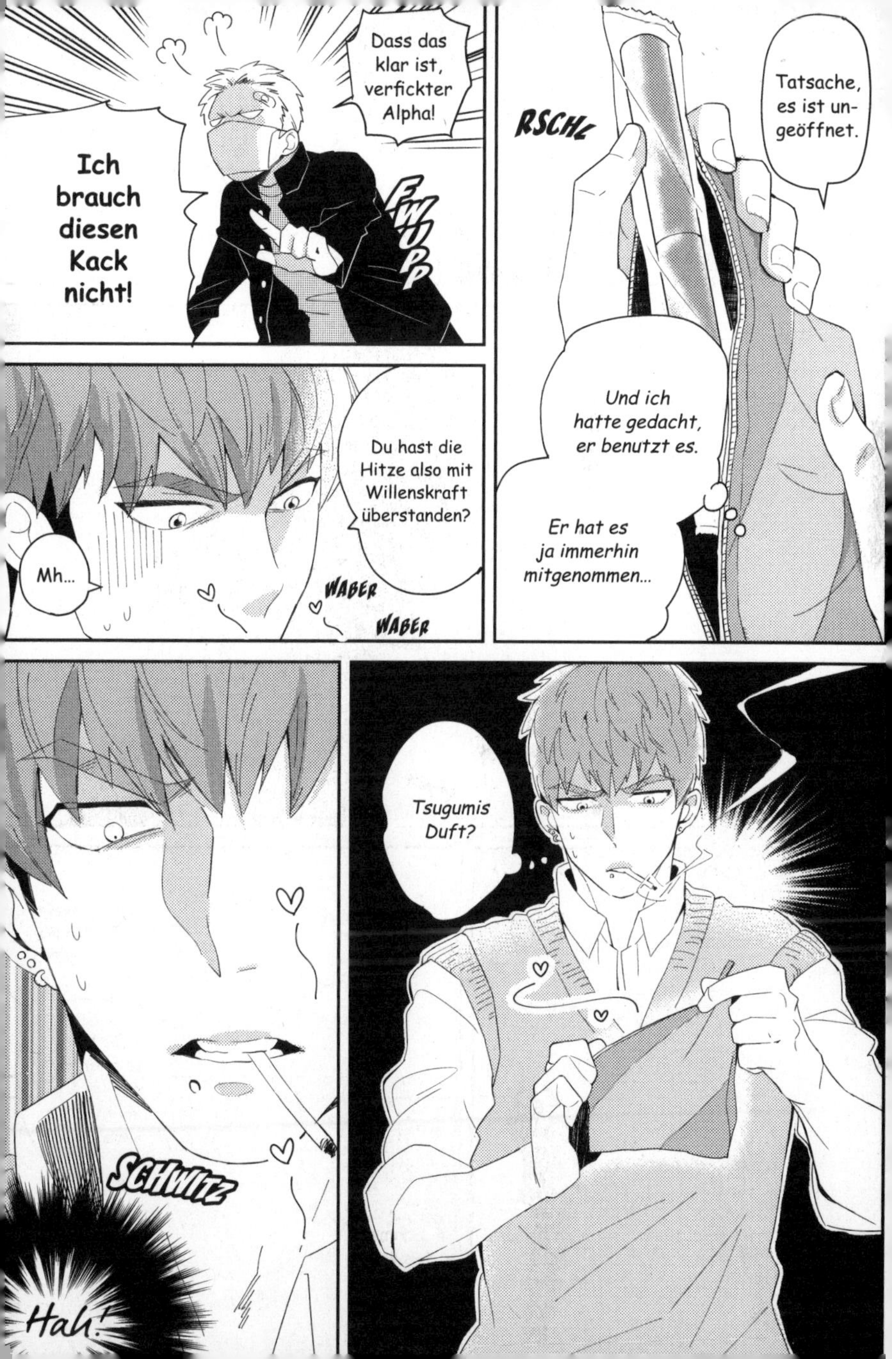
RSCHL
Tatsache, es ist ungeöffnet.
Und ich hatte gedacht, er benutzt es.
Er hat es ja immerhin mitgenommen...
Dass das klar ist, verfickter Alpha!
Ich brauch diesen Kack nicht!
FWUPP
Du hast die Hitze also mit Willenskraft überstanden?
Mh...
WABER
WABER
Tsugumis Duft?
SCHWITZ
Hah!

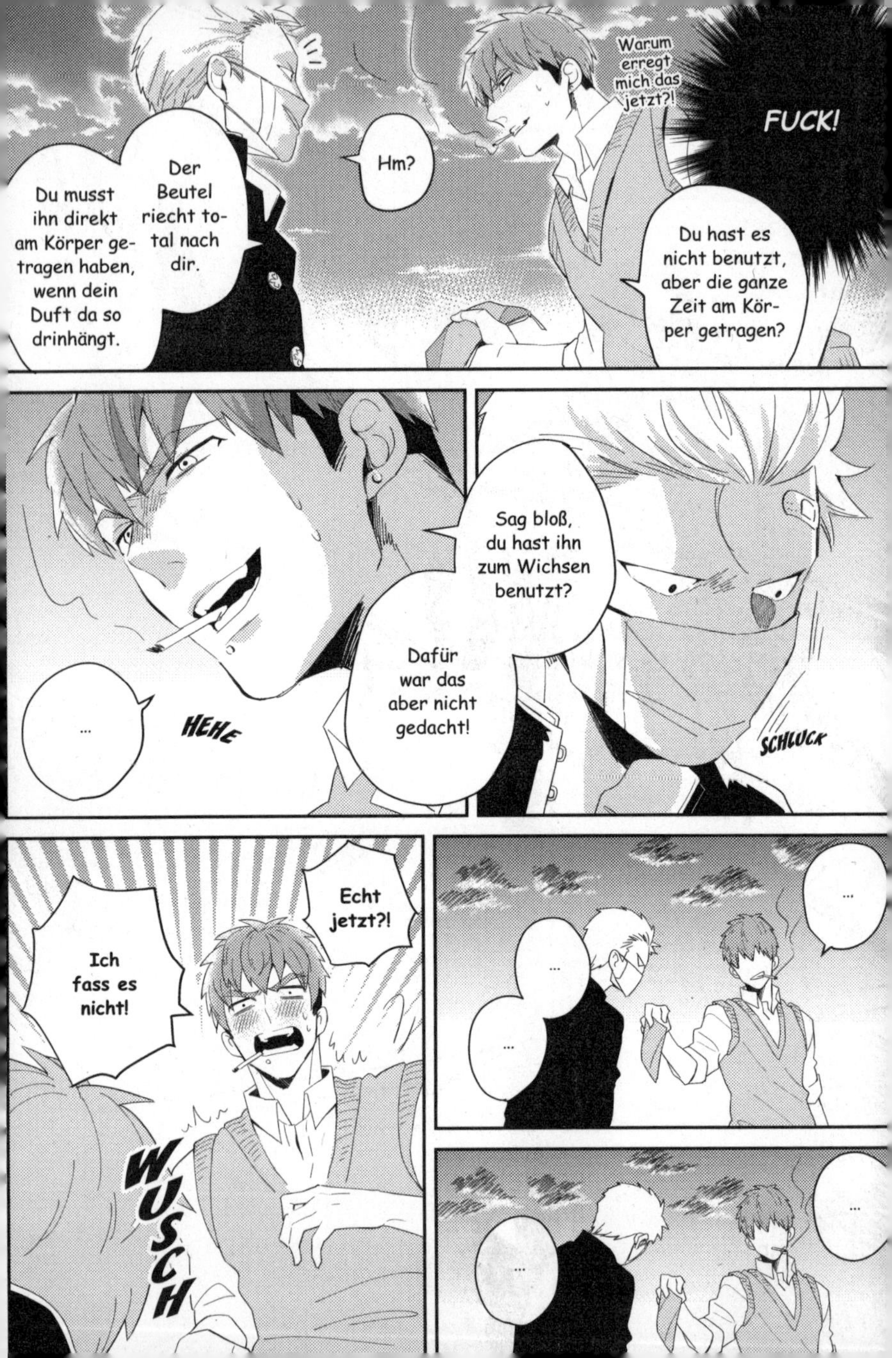
FUCK!
Warum erregt mich das jetzt?!
Du hast es nicht benutzt, aber die ganze Zeit am Körper getragen?
Hm?
Der Beutel riecht total nach dir.
Du musst ihn direkt am Körper getragen haben, wenn dein Duft da so drinhängt.
SCHLUCK
Sag bloß, du hast ihn zum Wichsen benutzt?
Dafür war das aber nicht gedacht!
HEHE
...
...
...
...
...
...
Echt jetzt?!
Ich fass es nicht!
WUSCH

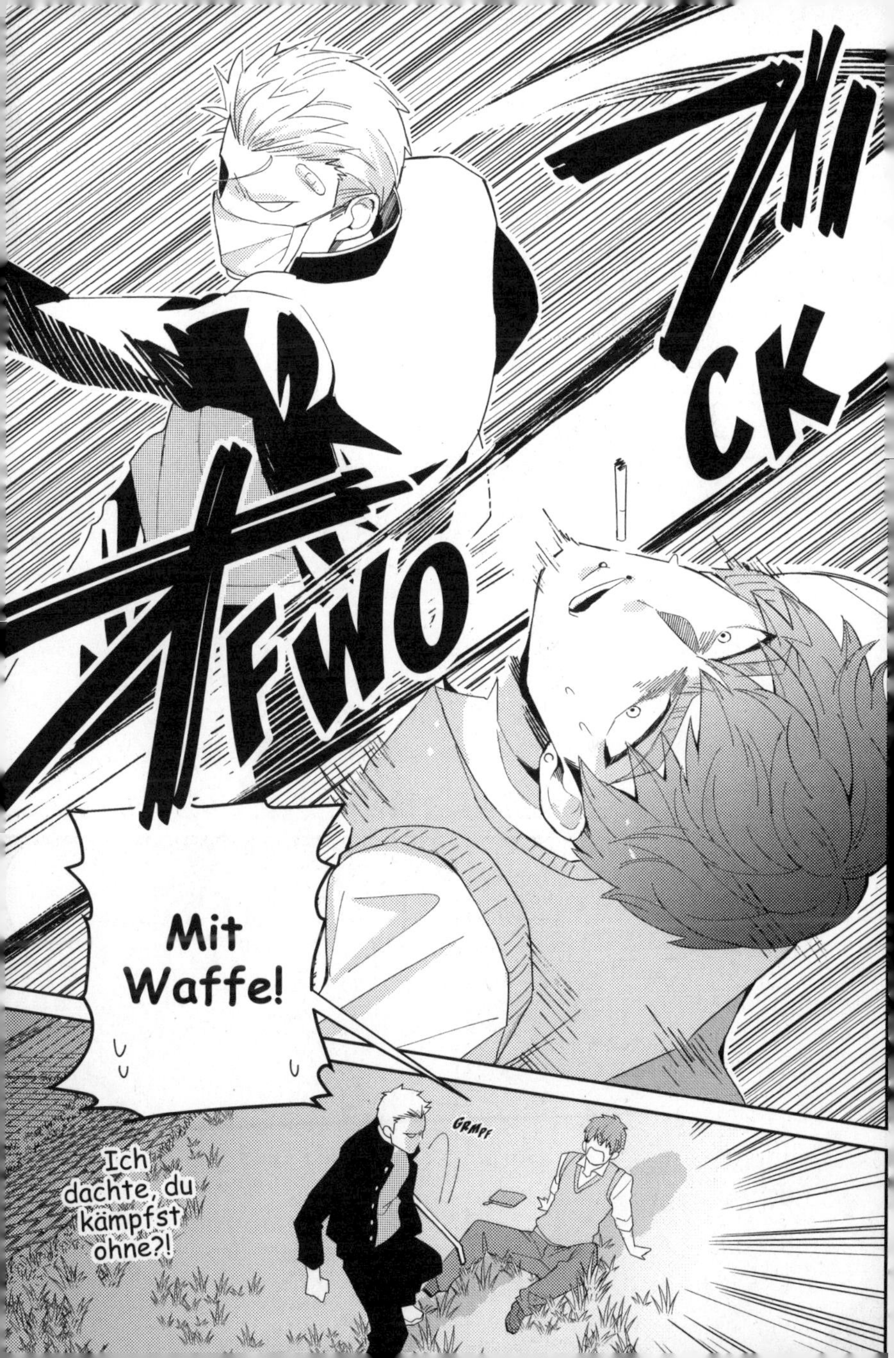
Mit Waffe!
GRMPF
Ich dachte, du kämpfst ohne?!

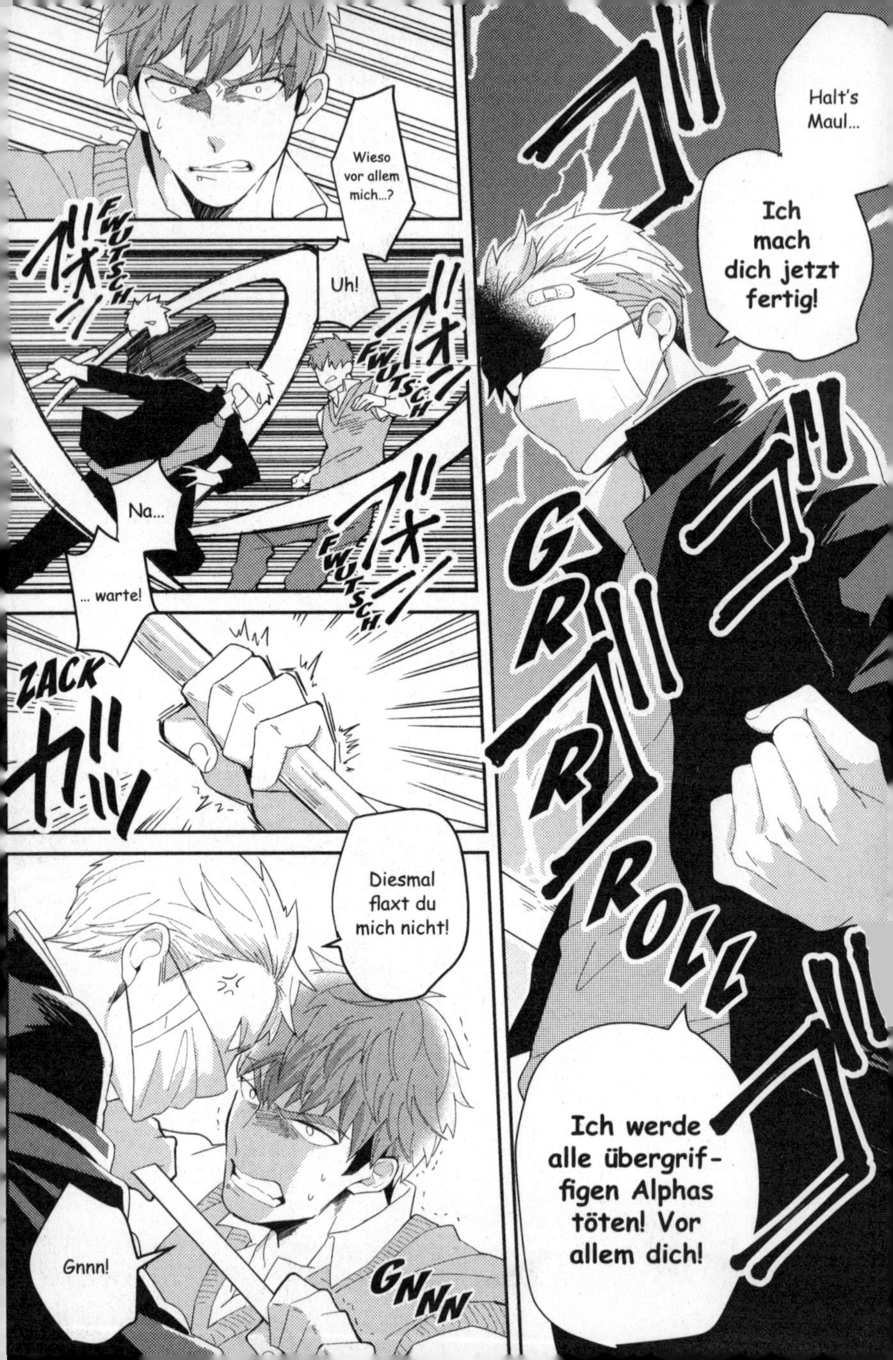
Halt's Maul...
Ich mach dich jetzt fertig!
GRRRROLL
Wieso vor allem mich...?
FWUTSCH
Uh!
FWUTSCH
FWUTSCH
Na...
... warte!
ZACK
Ich werde alle übergrif-figen Alphas töten! Vor allem dich!
Diesmal flaxt du mich nicht!
Gnnn!
GNNN

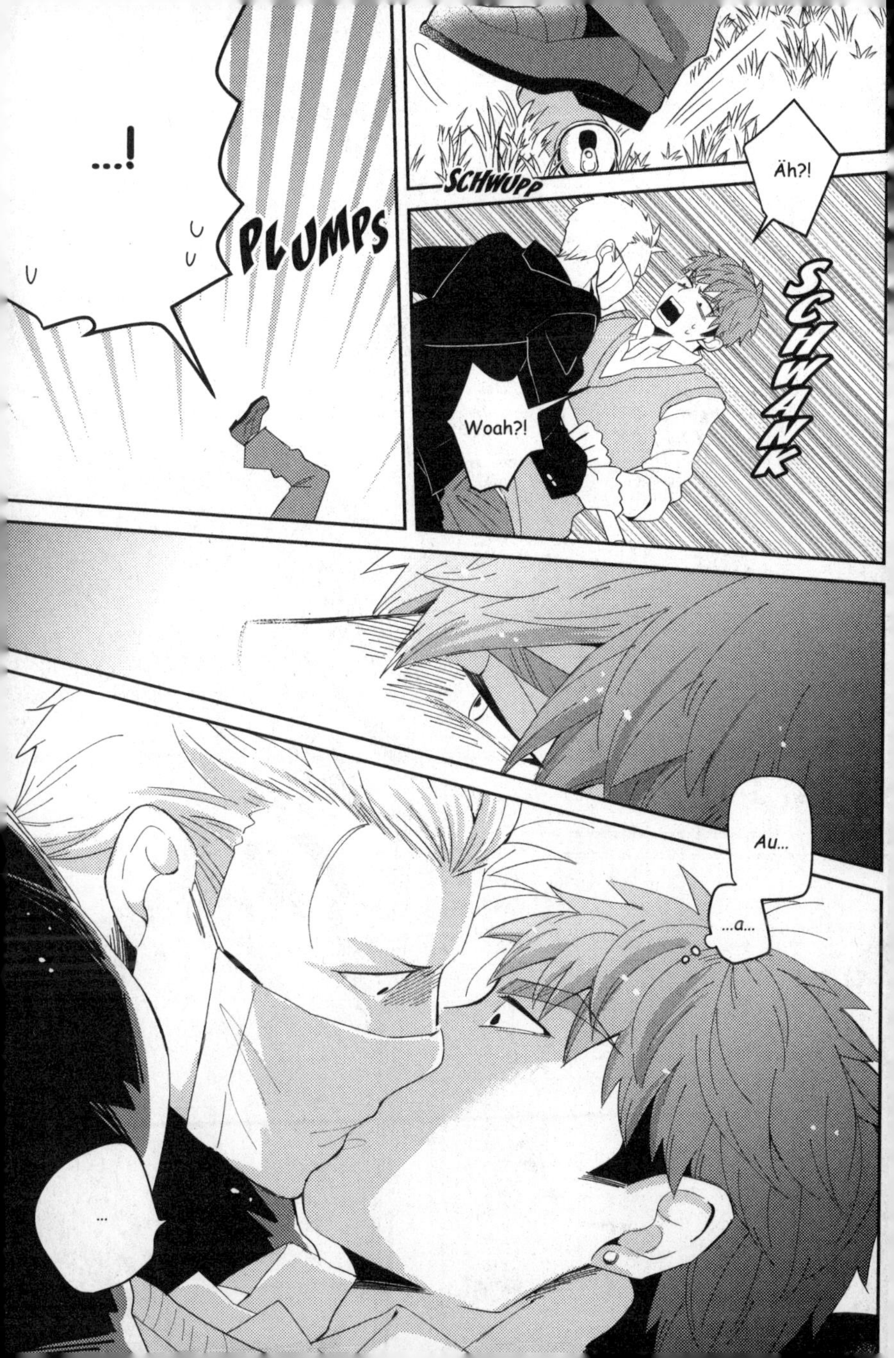

SCHWUPP
Äh?!
SCHWANK
Woah?!
PLUMPS
...!
Au...
...a...
...

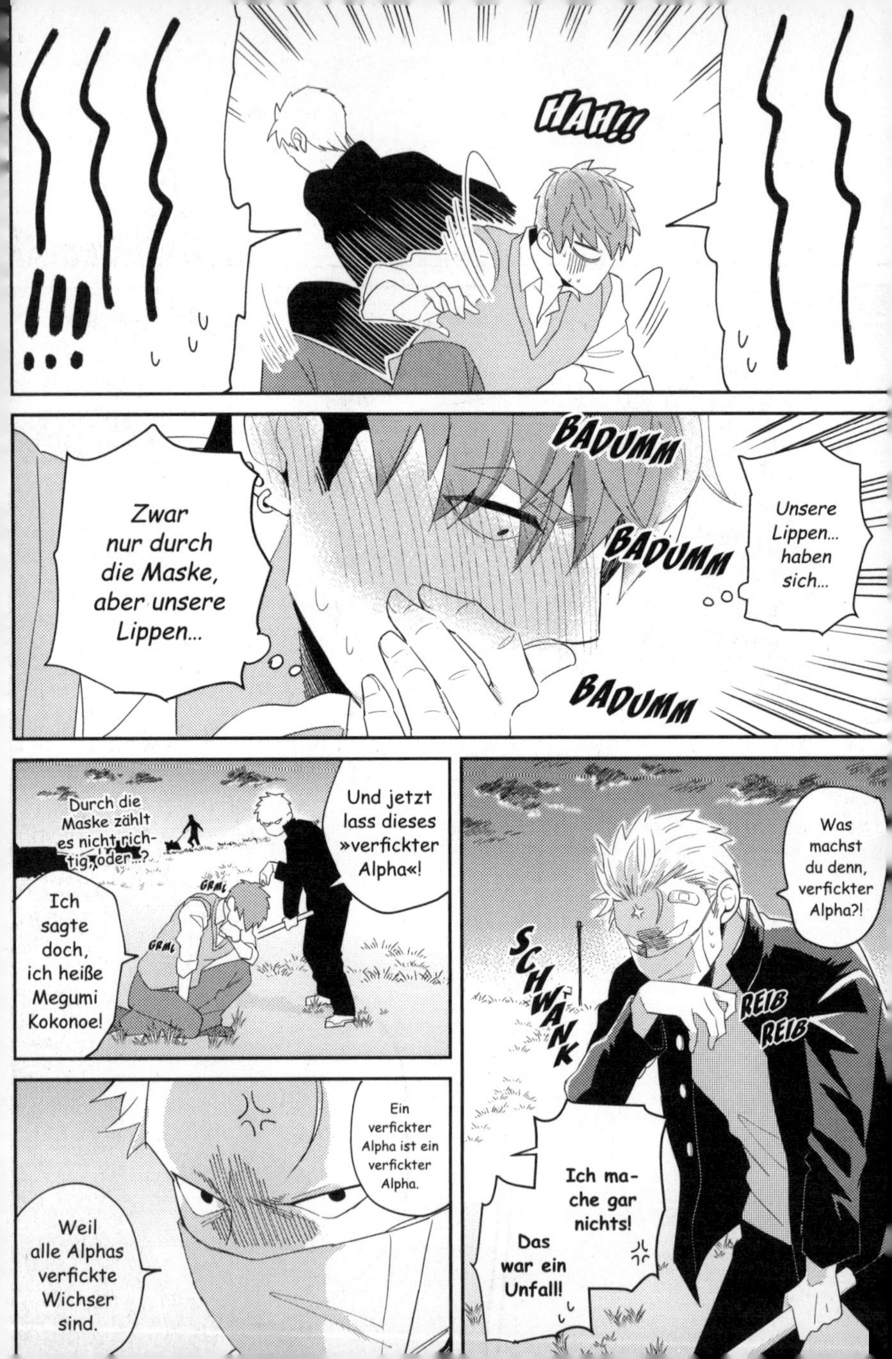
HAH!?
!!!...
Unsere Lippen… haben sich…
BADUMM
BADUMM
BADUMM
Zwar nur durch die Maske, aber unsere Lippen…
Und jetzt lass dieses »verfickter Alpha«!
Durch die Maske zählt es nicht richtig, oder …?
GRML
GRML
Ich sagte doch, ich heiße Megumi Kokonoe!
Was machst du denn, verfickter Alpha?!
SCHWANK
REIB REIB
Ich mache gar nichts!
Das war ein Unfall!
Ein verfickter Alpha ist ein verfickter Alpha.
Weil alle Alphas verfickte Wichser sind.

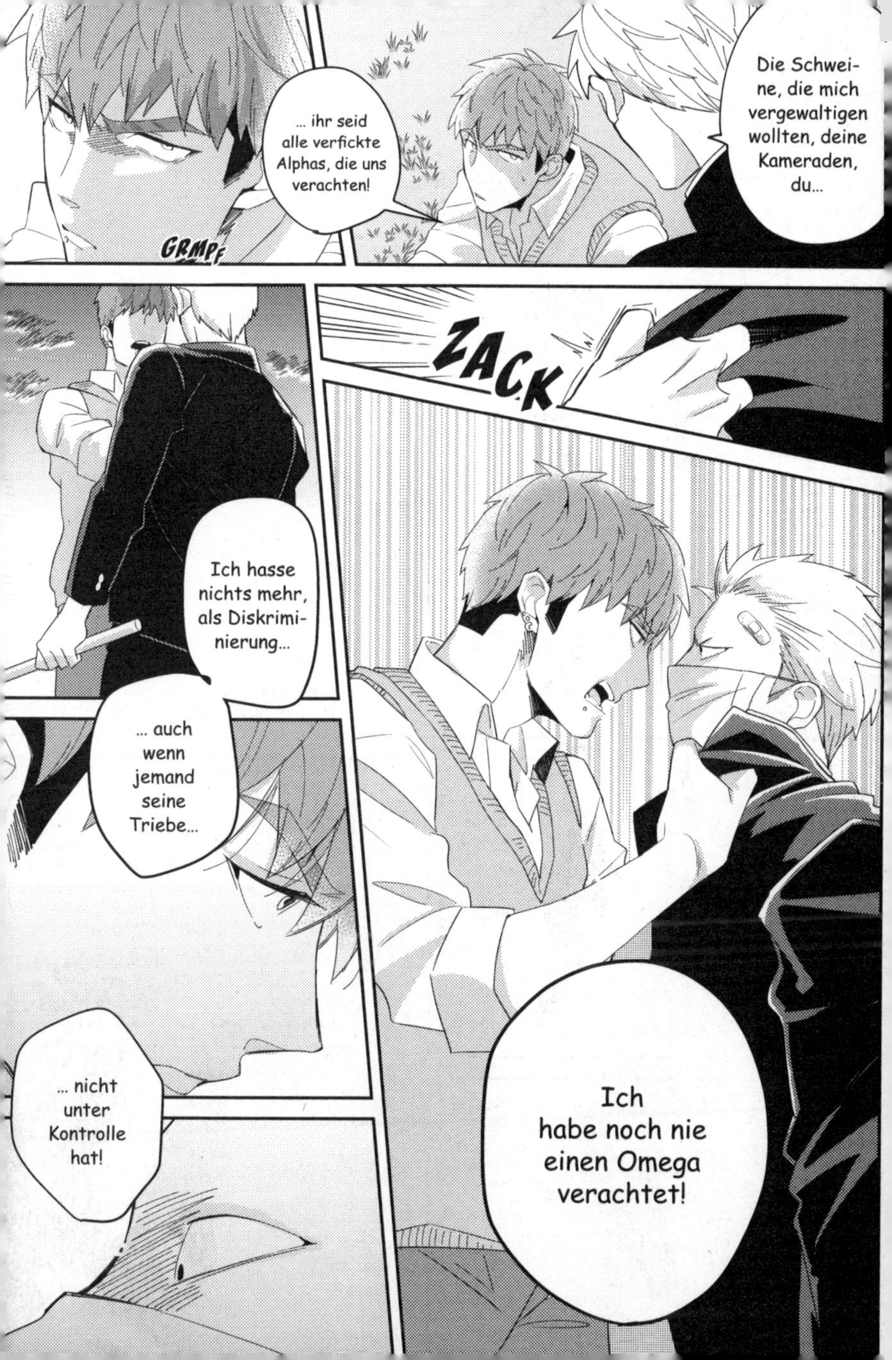
Die Schweine, die mich vergewaltigen wollten, deine Kameraden, du…
… ihr seid alle verfickte Alphas, die uns verachten!
GRMPF
ZACK
Ich habe noch nie einen Omega verachtet!
Ich hasse nichts mehr, als Diskriminierung…
… auch wenn jemand seine Triebe…
… nicht unter Kontrolle hat!

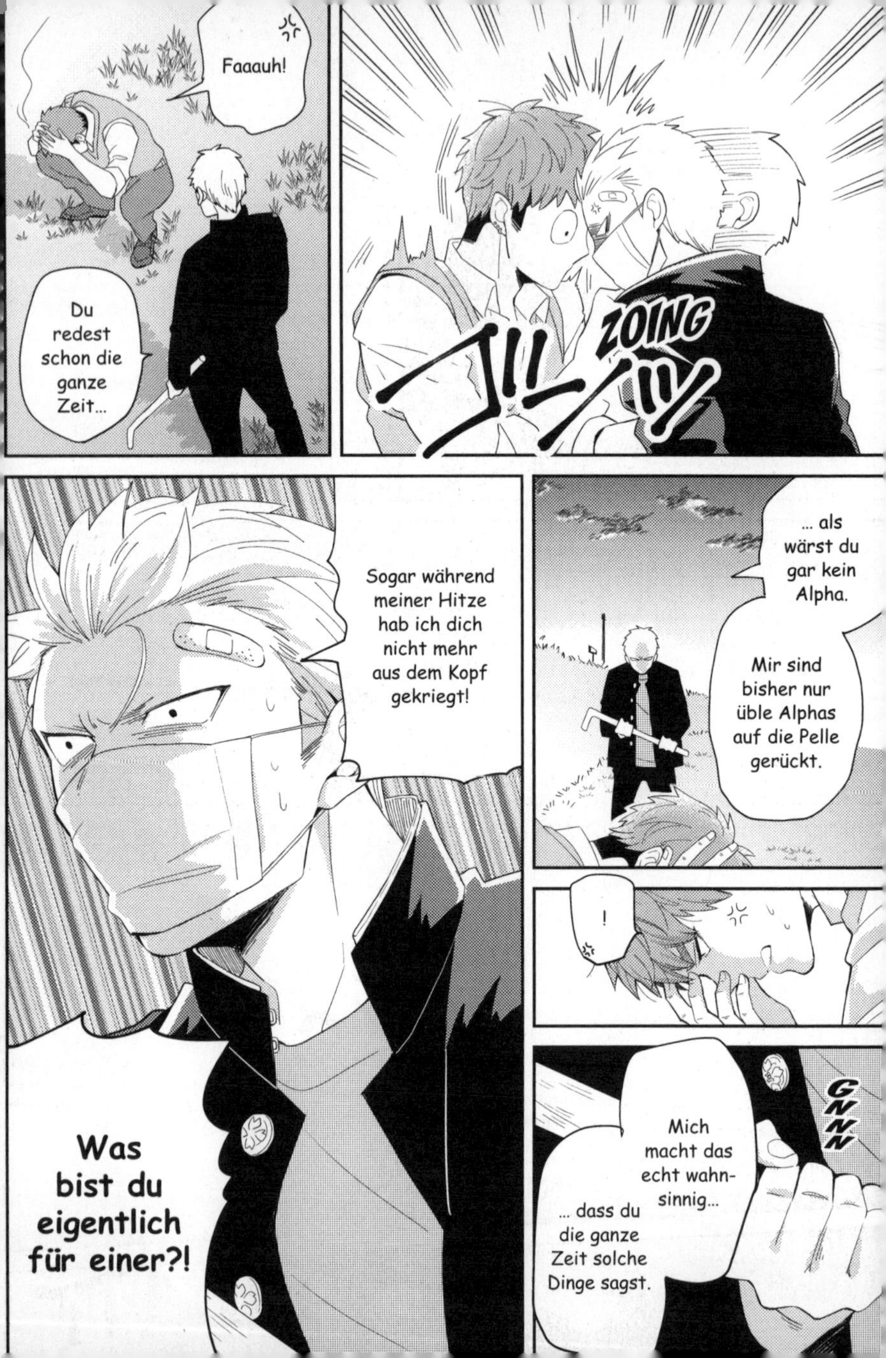
ZOING
Faaauh!
Du redest schon die ganze Zeit...
... als wärst du gar kein Alpha.
Mir sind bisher nur üble Alphas auf die Pelle gerückt.
Sogar während meiner Hitze hab ich dich nicht mehr aus dem Kopf gekriegt!
!
GNNN
Mich macht das echt wahnsinnig...
... dass du die ganze Zeit solche Dinge sagst.
Was bist du eigentlich für einer?!

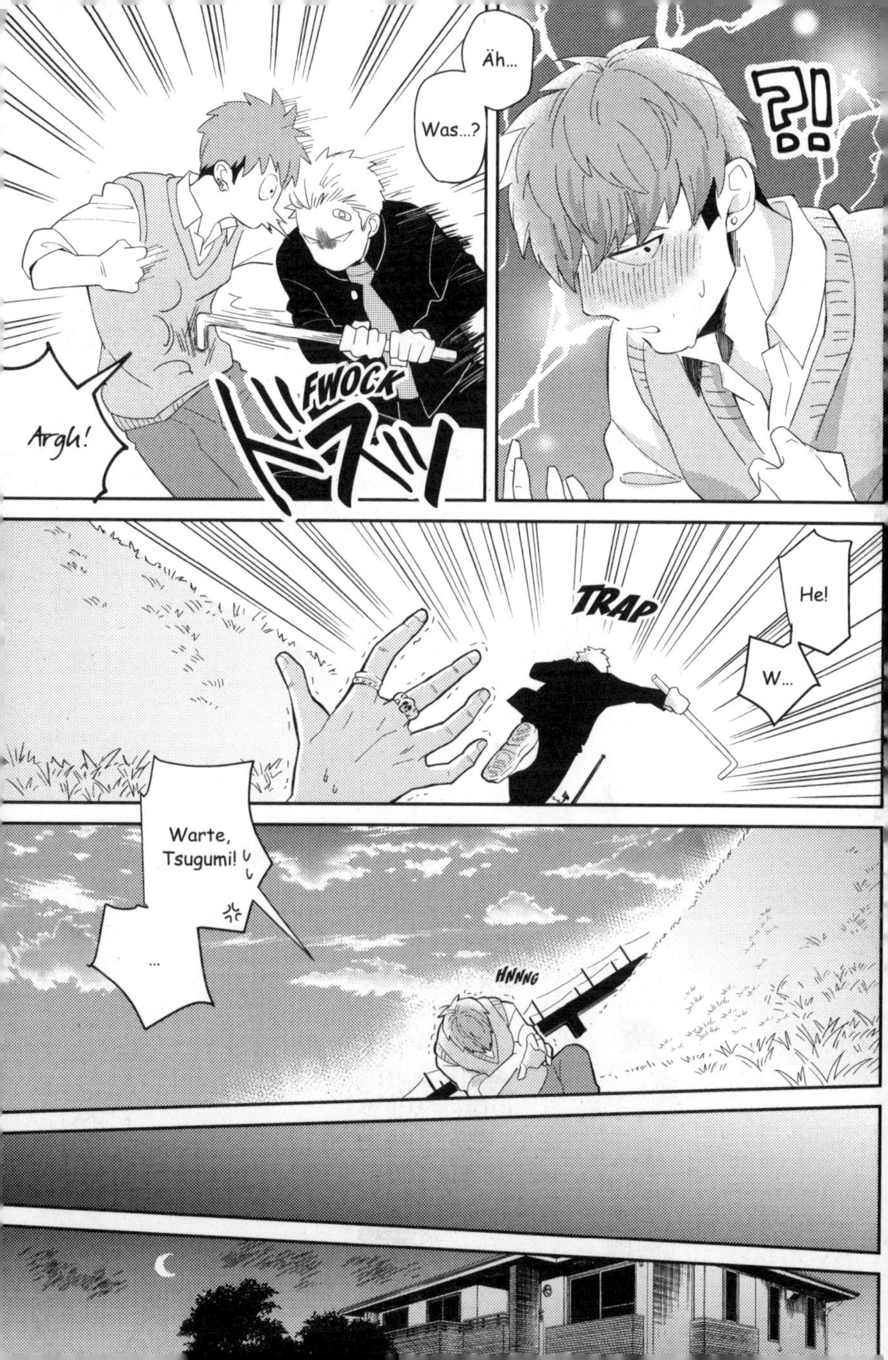
?!
Äh...
Was...?
FWOCK
Argh!
He!
W...
TRAP
Warte, Tsugumi!
...
HNNNG

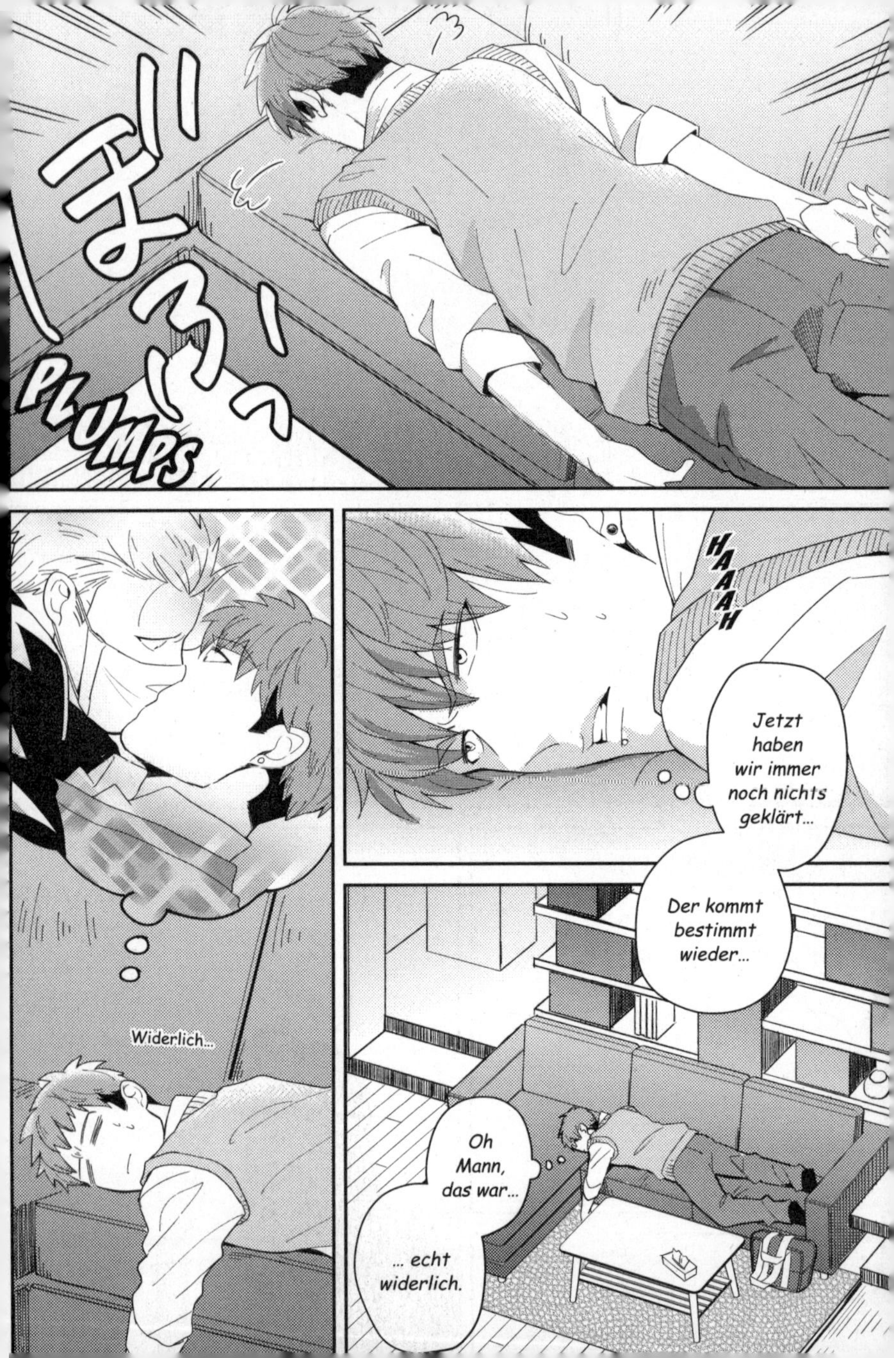
PLUMPS
HAAAAH
Jetzt haben wir immer noch nichts geklärt...
Der kommt bestimmt wieder...
Widerlich...
Oh Mann, das war...
... echt widerlich.

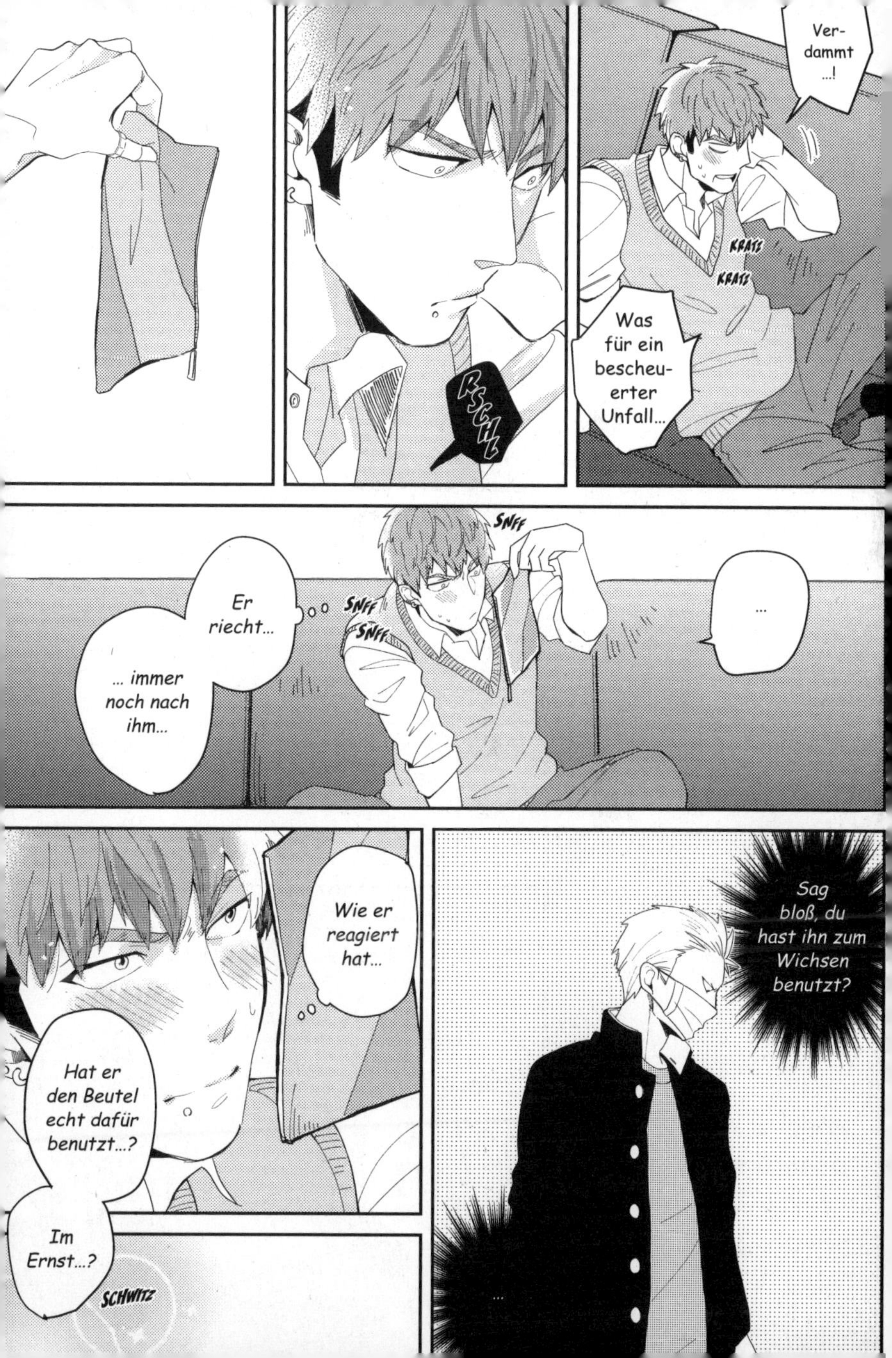
Ver-dammt ...!
KRATZ
KRATZ
Was für ein bescheu-erter Unfall...
RSCHL
...
SNFF
SNFF
SNFF
Er riecht...
... immer noch nach ihm...
Sag bloß, du hast ihn zum Wichsen benutzt?
...
Wie er reagiert hat...
Hat er den Beutel echt dafür benutzt...?
Im Ernst...?
SCHWITZ

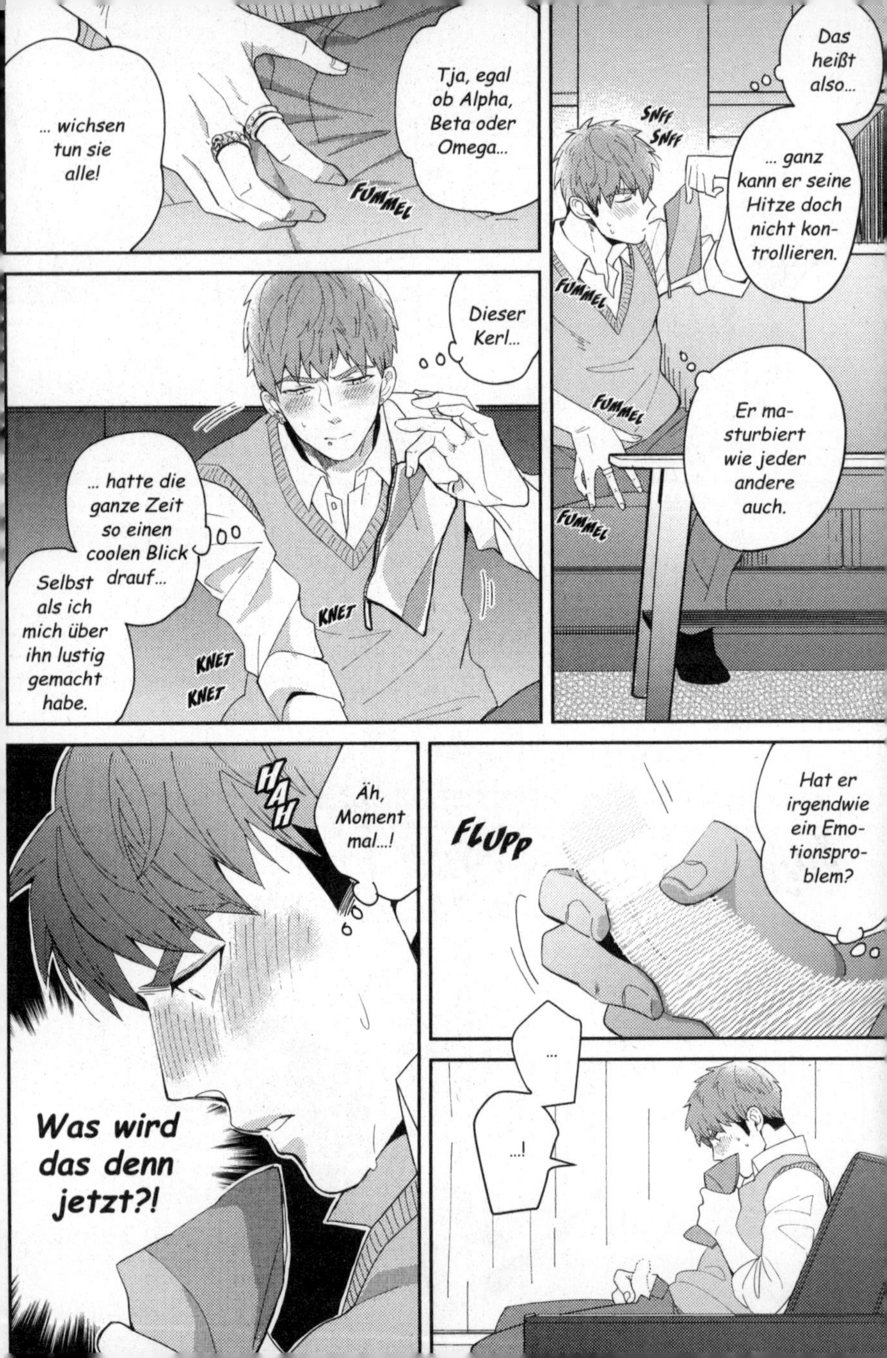
Das heißt also...
SNFF
SNFF
... ganz kann er seine Hitze doch nicht kontrollieren.
FUMMEL
FUMMEL
Er masturbiert wie jeder andere auch.
FUMMEL
Tja, egal ob Alpha, Beta oder Omega...
... wichsen tun sie alle!
FUMMEL
Dieser Kerl...
... hatte die ganze Zeit so einen coolen Blick drauf...
Selbst als ich mich über ihn lustig gemacht habe.
KNET
KNET
KNET
Hat er irgendwie ein Emotionsproblem?
FLUPP
...
...!
HAH
Äh, Moment mal...!
Was wird das denn jetzt?!

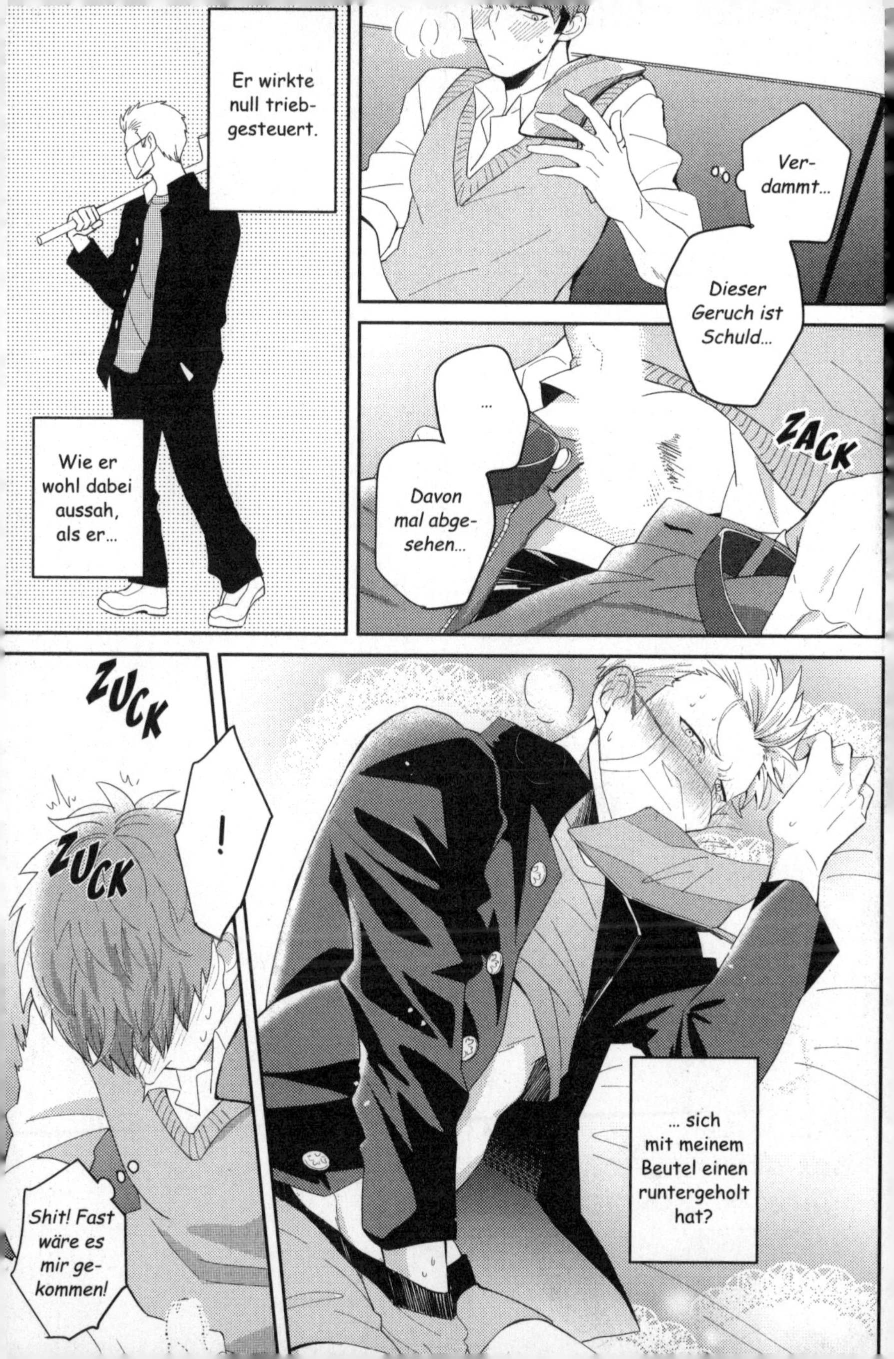
Ver-
dammt…
Dieser Geruch ist Schuld…
ZACK
…
Davon mal abge-sehen…
Er wirkte null trieb-gesteuert.
Wie er wohl dabei aussah, als er…
… sich mit meinem Beutel einen runtergeholt hat?
ZUCK
!
ZUCK
Shit! Fast wäre es mir ge-kommen!

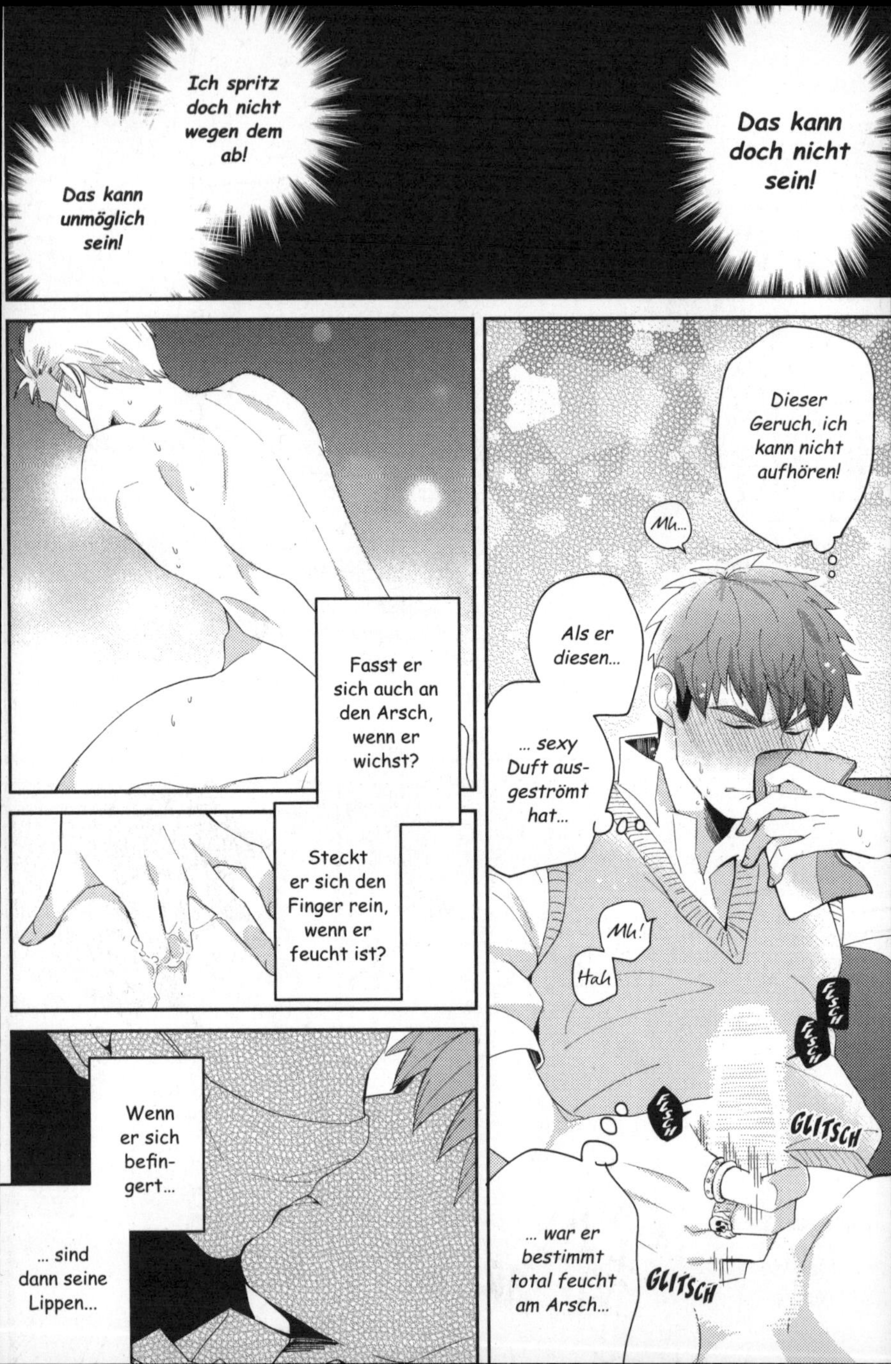

Das kann doch nicht sein!
Ich spritz doch nicht wegen dem ab!
Das kann unmöglich sein!
Dieser Geruch, ich kann nicht aufhören!
Mh...
Als er diesen...
... sexy Duft ausgeströmt hat...
Mh!
Hah
FLSCH
FLSCH
FLSCH
GLITSCH
... war er bestimmt total feucht am Arsch...
GLITSCH
Fasst er sich auch an den Arsch, wenn er wichst?
Steckt er sich den Finger rein, wenn er feucht ist?
Wenn er sich befingert...
... sind dann seine Lippen...

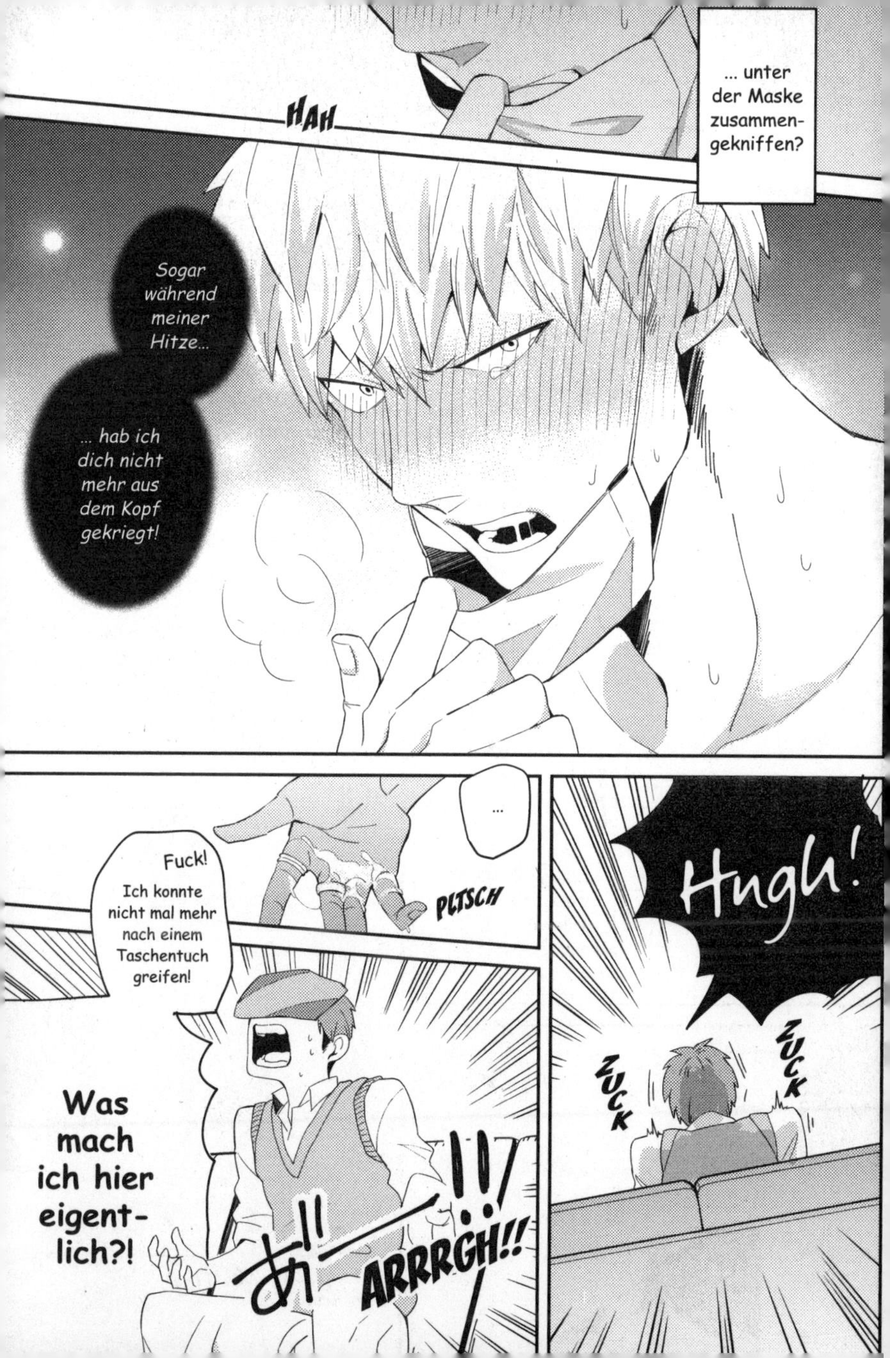
... unter der Maske zusammengekniffen?
HAH
Sogar während meiner Hitze...
... hab ich dich nicht mehr aus dem Kopf gekriegt!
Hngh!
...
Fuck!
Ich konnte nicht mal mehr nach einem Taschentuch greifen!
PLTSCH
ZUCK
ZUCK
Was mach ich hier eigentlich?!
あ!!
ARRRGH!!
!!

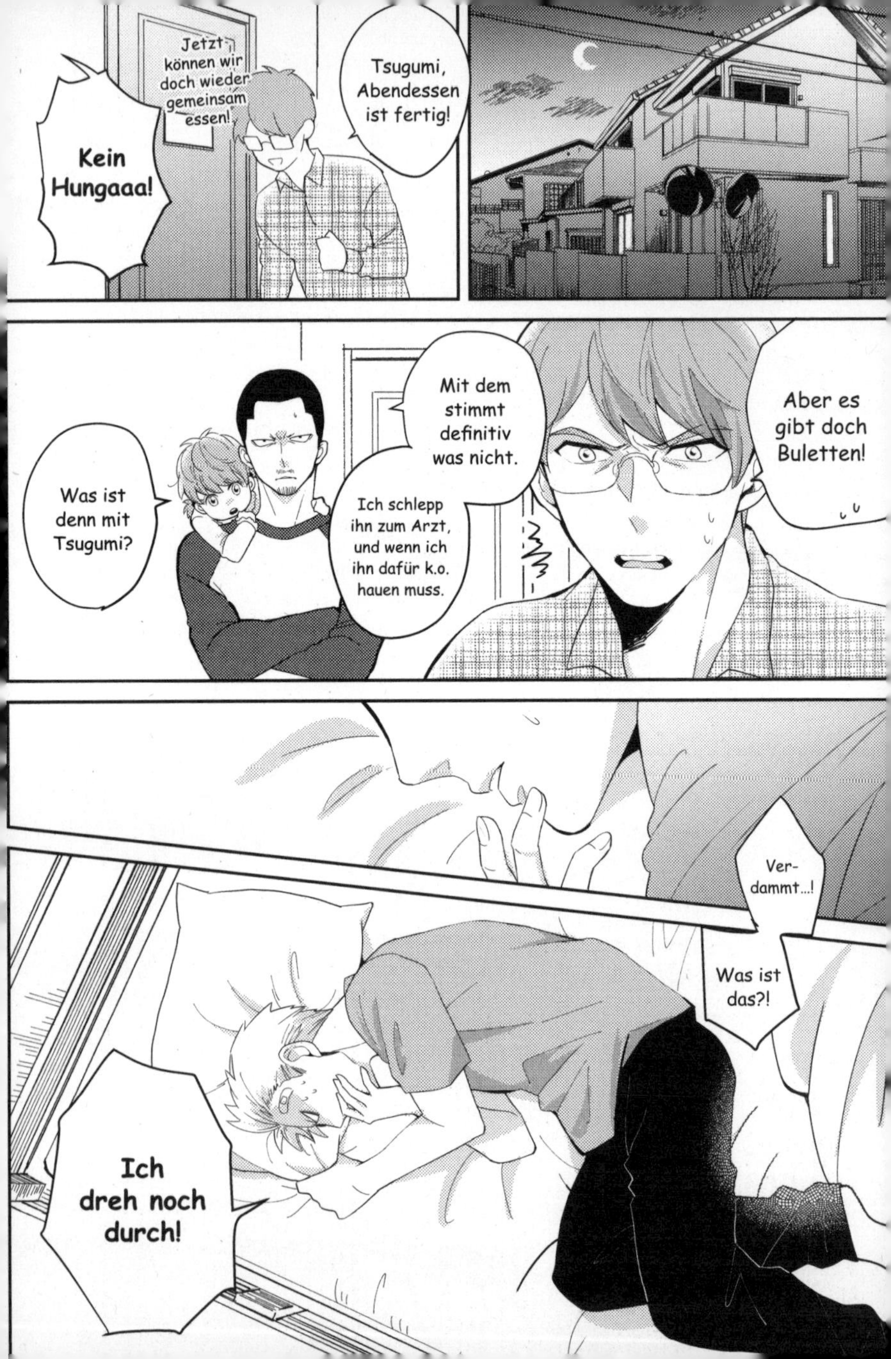
Tsugumi, Abendessen ist fertig!
Jetzt können wir doch wieder gemeinsam essen!
Kein Hungaaa!
Aber es gibt doch Buletten!
Mit dem stimmt definitiv was nicht.
Ich schlepp ihn zum Arzt, und wenn ich ihn dafür k.o. hauen muss.
Was ist denn mit Tsugumi?
Ver-dammt...!
Was ist das?!
Ich dreh noch durch!

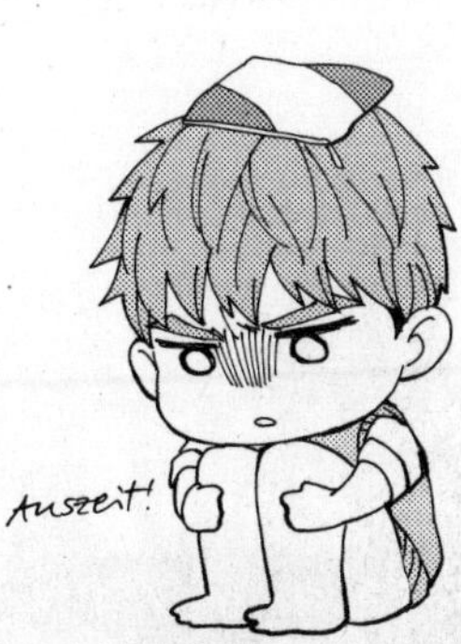
Auszeit!

MEGUMI & TSUGUMI

ALPHATIER VS. HITZKOPF

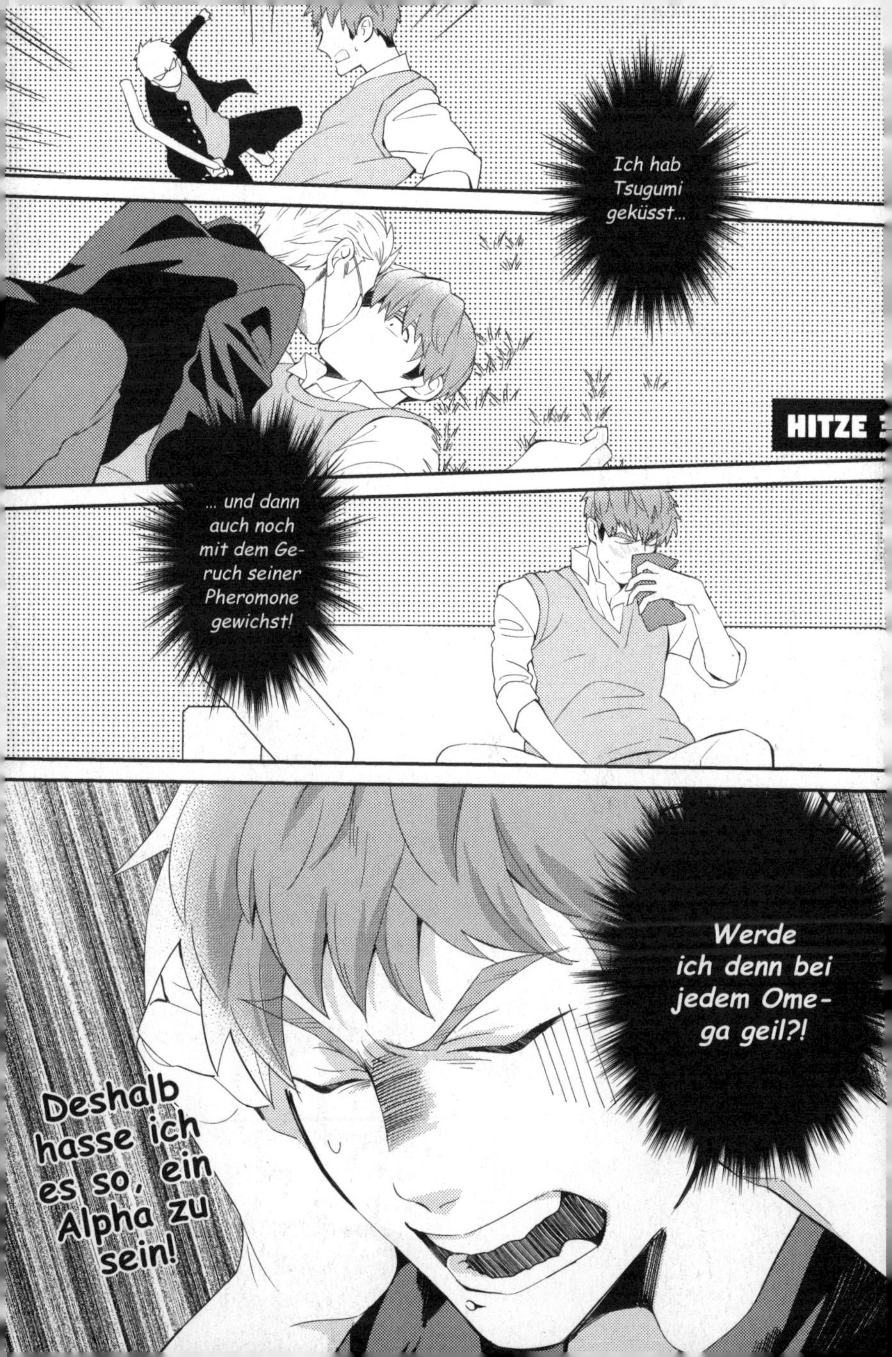
Ich hab Tsugumi geküsst...
HITZE
... und dann auch noch mit dem Geruch seiner Pheromone gewichst!
Werde ich denn bei jedem Omega geil?!
Deshalb hasse ich es so, ein Alpha zu sein!

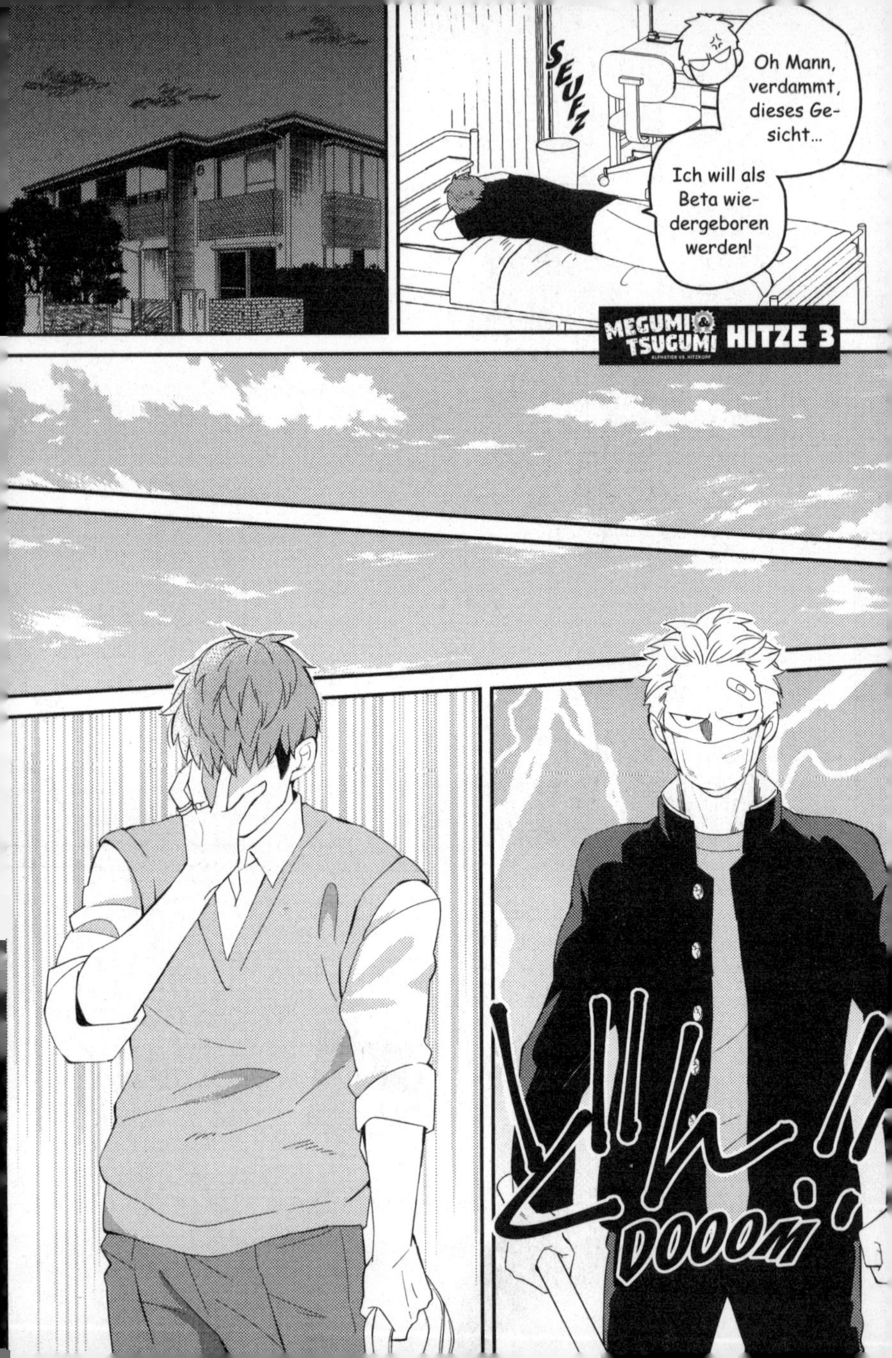
SEUFZ
Oh Mann, verdammt, dieses Gesicht...
Ich will als Beta wiedergeboren werden!
MEGUMI & TSUGUMI
HITZE 3
DOOOM

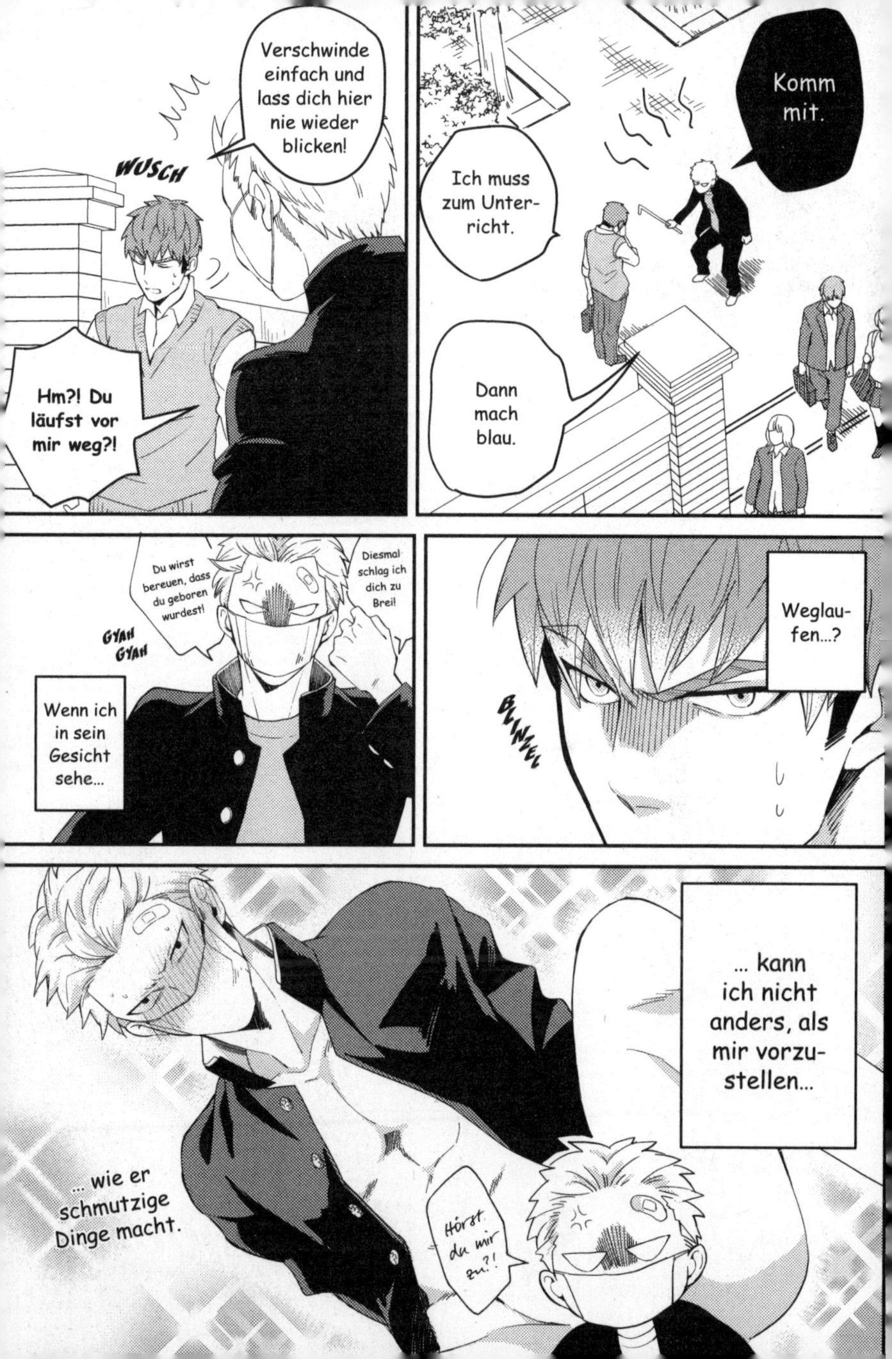
Komm mit.
Ich muss zum Unterricht.
Dann mach blau.
Verschwinde einfach und lass dich hier nie wieder blicken!
WUSCH
Hm?! Du läufst vor mir weg?!
Weglaufen...?
BLINZEL
Diesmal schlag ich dich zu Brei!
Du wirst bereuen, dass du geboren wurdest!
GYAH GYAH
Wenn ich in sein Gesicht sehe...
... kann ich nicht anders, als mir vorzustellen...
Hörst du mir zu?!
... wie er schmutzige Dinge macht.

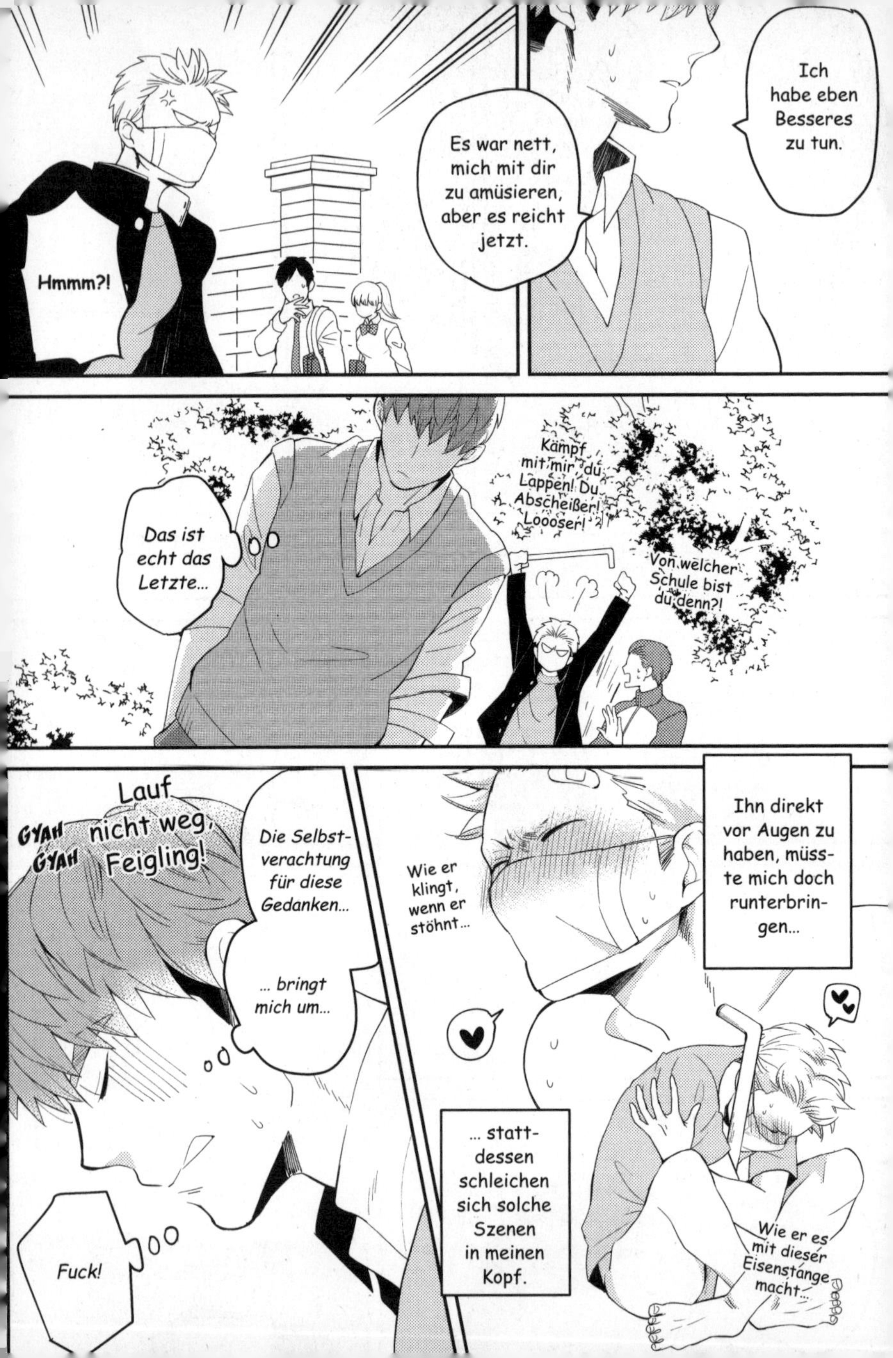
Ich habe eben Besseres zu tun.
Es war nett, mich mit dir zu amüsieren, aber es reicht jetzt.
Hmmm?!
Von welcher Schule bist du denn?!
Kämpf mit mir, du Lappen! Du Abscheißer! Looooser!
Das ist echt das Letzte…
Ihn direkt vor Augen zu haben, müsste mich doch runterbringen…
Wie er klingt, wenn er stöhnt…
Wie er es mit dieser Eisenstange macht…
… stattdessen schleichen sich solche Szenen in meinen Kopf.
Die Selbstverachtung für diese Gedanken…
… bringt mich um…
Lauf nicht weg, Feigling!
GYAH GYAH
Fuck!

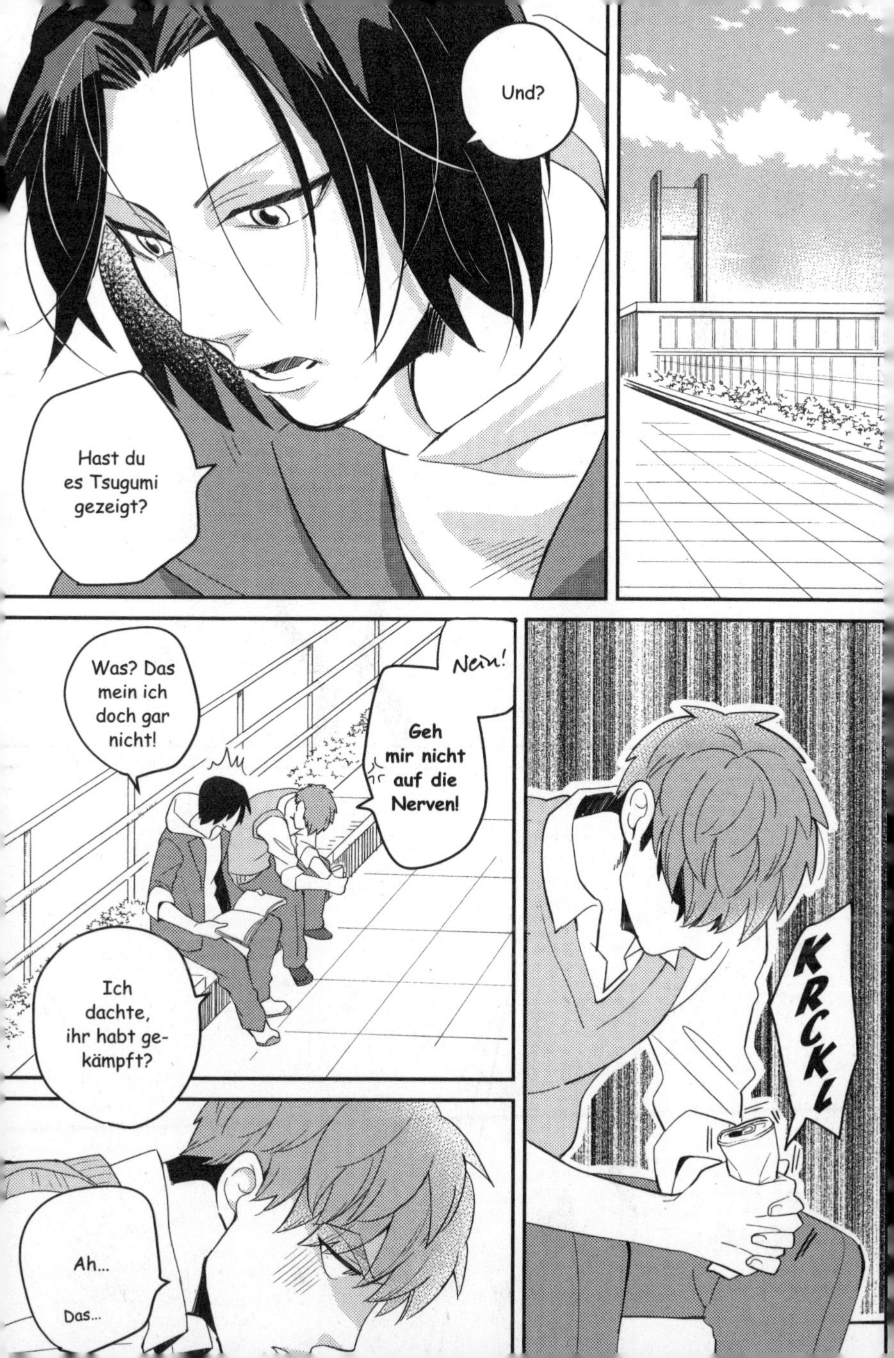

Und?
Hast du es Tsugumi gezeigt?
KRCKL
Nein!
Geh mir nicht auf die Nerven!
Was? Das mein ich doch gar nicht!
Ich dachte, ihr habt gekämpft?
Ah...
Das...

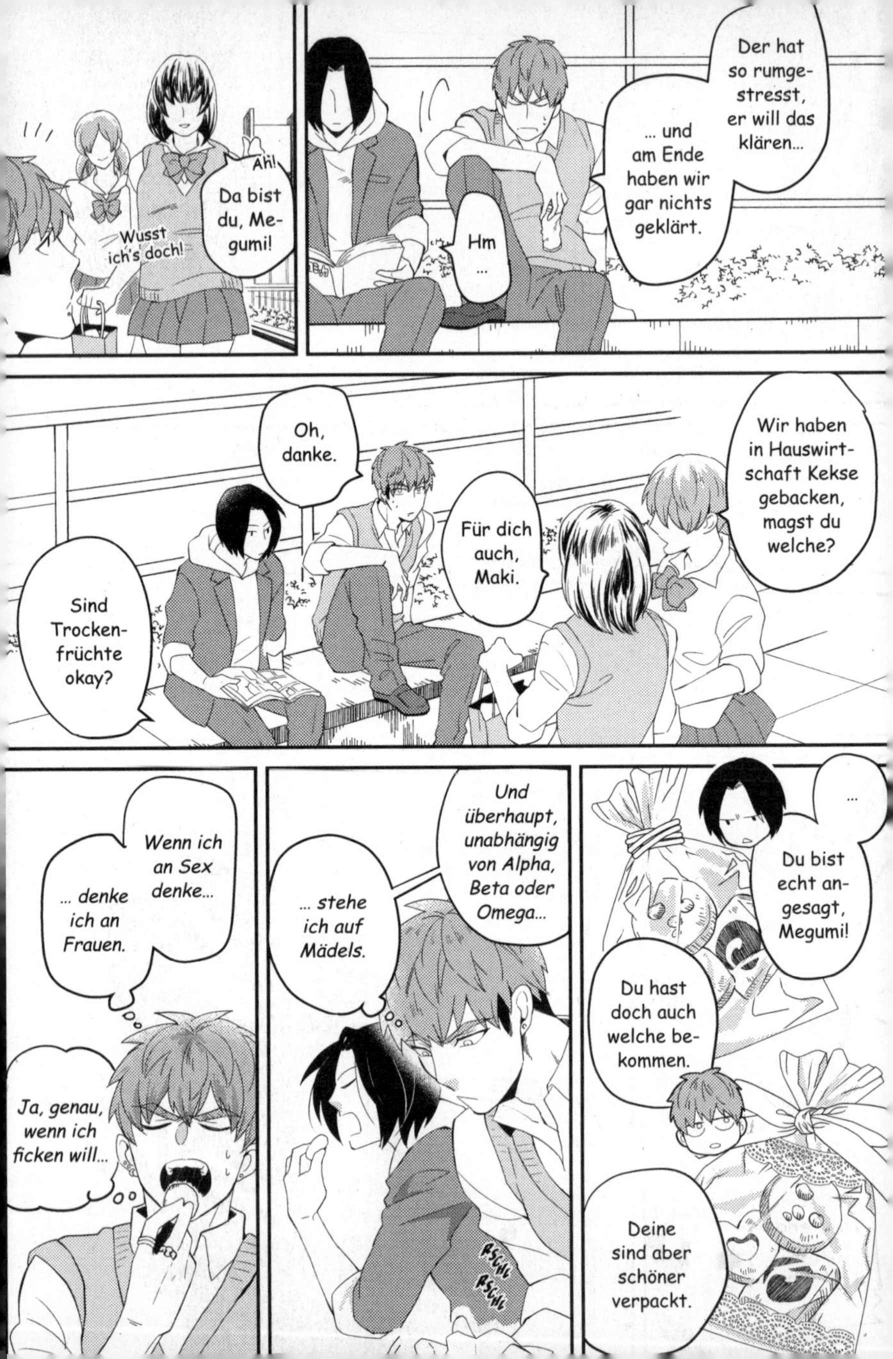

Der hat so rumgestresst, er will das klären...
... und am Ende haben wir gar nichts geklärt.
Hm ...
Ah! Da bist du, Megumi!
Wusst ich's doch!
Wir haben in Hauswirtschaft Kekse gebacken, magst du welche?
Für dich auch, Maki.
Oh, danke.
Sind Trockenfrüchte okay?
...
Du bist echt angesagt, Megumi!
Du hast doch auch welche bekommen.
Deine sind aber schöner verpackt.
Und überhaupt, unabhängig von Alpha, Beta oder Omega...
... stehe ich auf Mädels.
RSCHL RSCHL
Wenn ich an Sex denke...
... denke ich an Frauen.
Ja, genau, wenn ich ficken will...

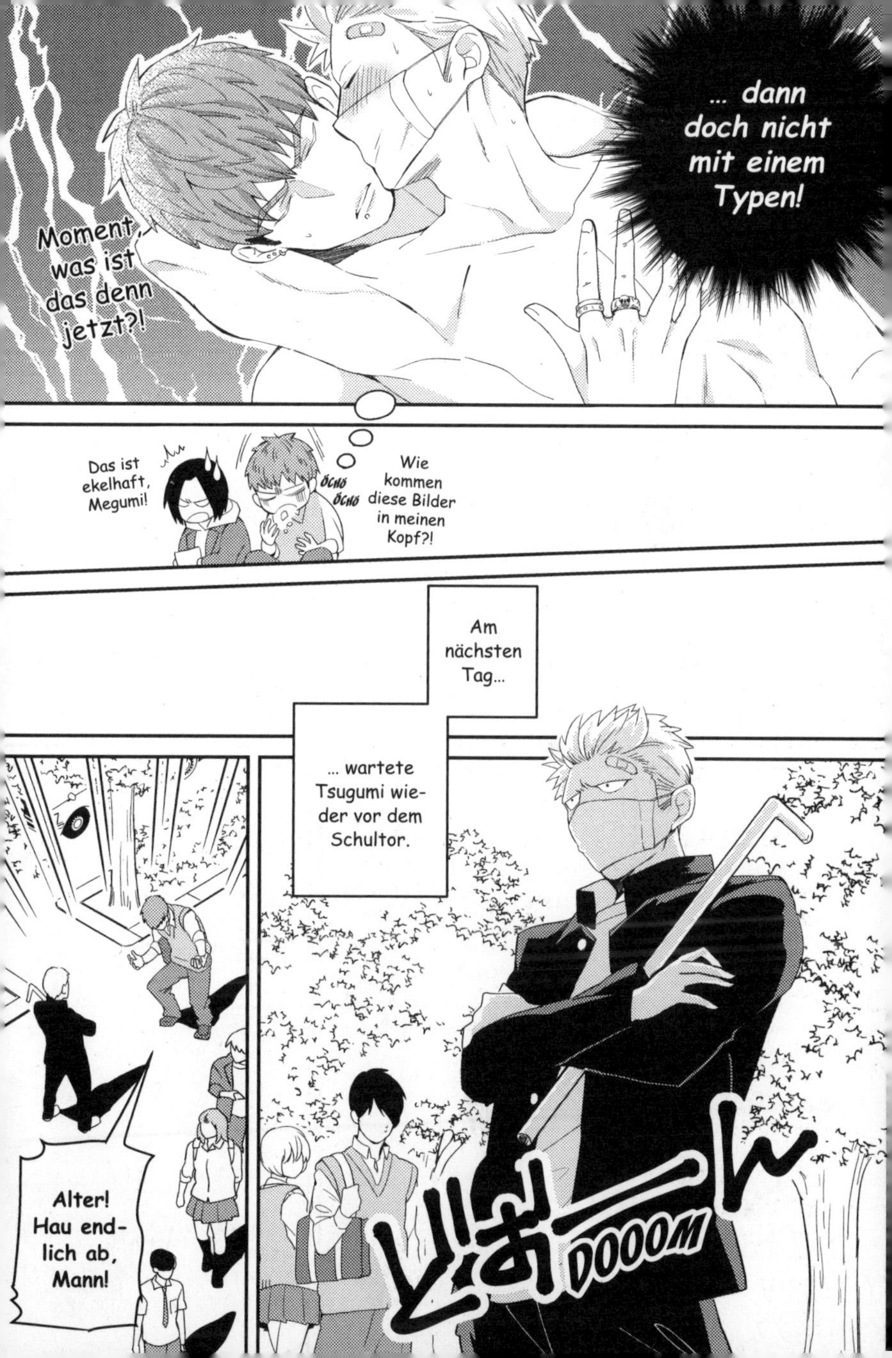
... dann doch nicht mit einem Typen!
Moment, was ist das denn jetzt?!
Wie kommen diese Bilder in meinen Kopf?!
ÖCHÖ ÖCHÖ
Das ist ekelhaft, Megumi!
Am nächsten Tag...
... wartete Tsugumi wieder vor dem Schultor.
DOOOM
Alter! Hau endlich ab, Mann!

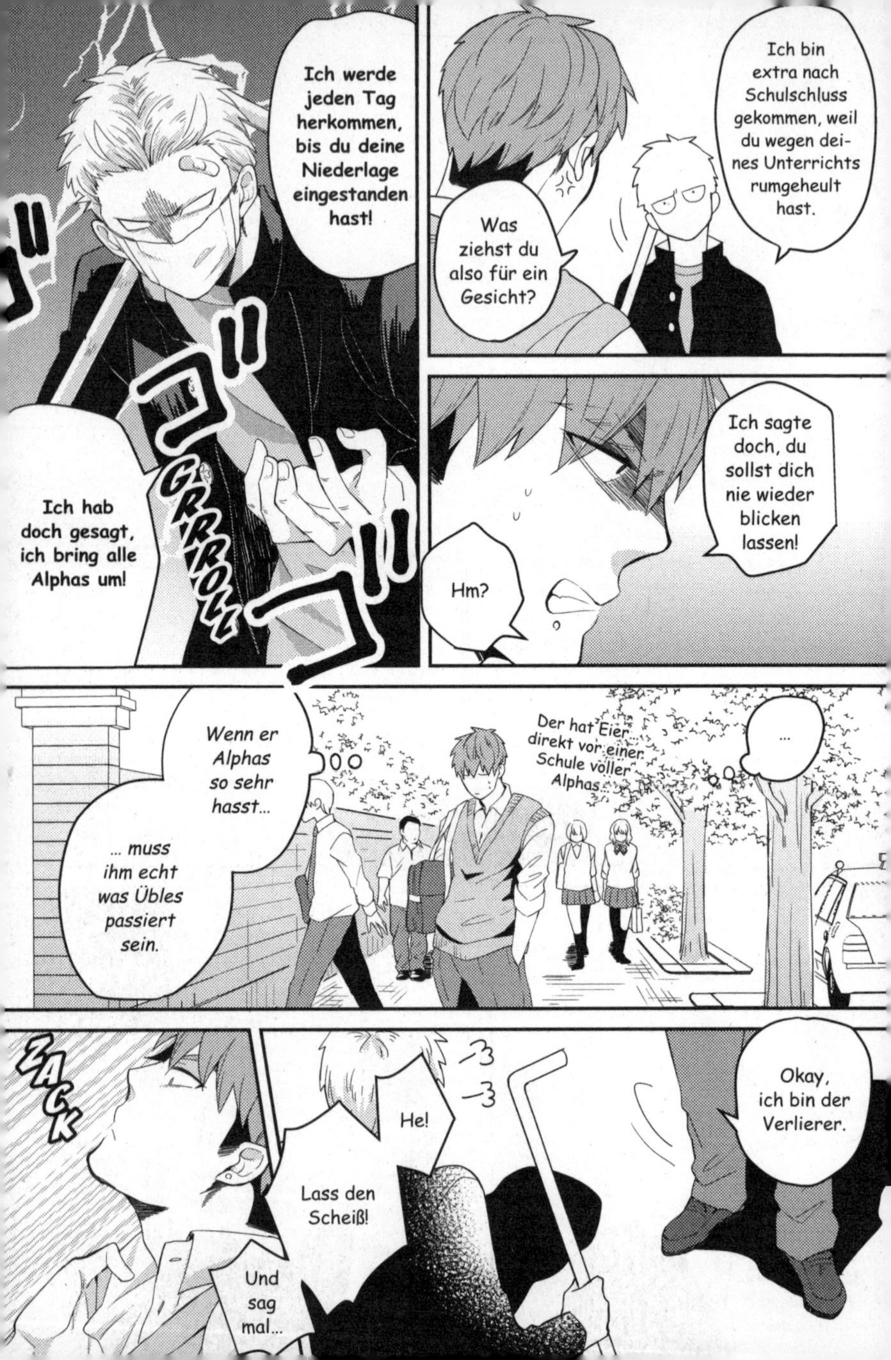
Ich bin extra nach Schulschluss gekommen, weil du wegen deines Unterrichts rumgeheult hast.
Was ziehst du also für ein Gesicht?
Ich werde jeden Tag herkommen, bis du deine Niederlage eingestanden hast!
Ich sagte doch, du sollst dich nie wieder blicken lassen!
Hm?
Ich hab doch gesagt, ich bring alle Alphas um!
GRRROLL
...
Der hat Eier... direkt vor einer Schule voller Alphas...
Wenn er Alphas so sehr hasst...
... muss ihm echt was Übles passiert sein.
Okay, ich bin der Verlierer.
He!
Lass den Scheiß!
Und sag mal...
ZACK

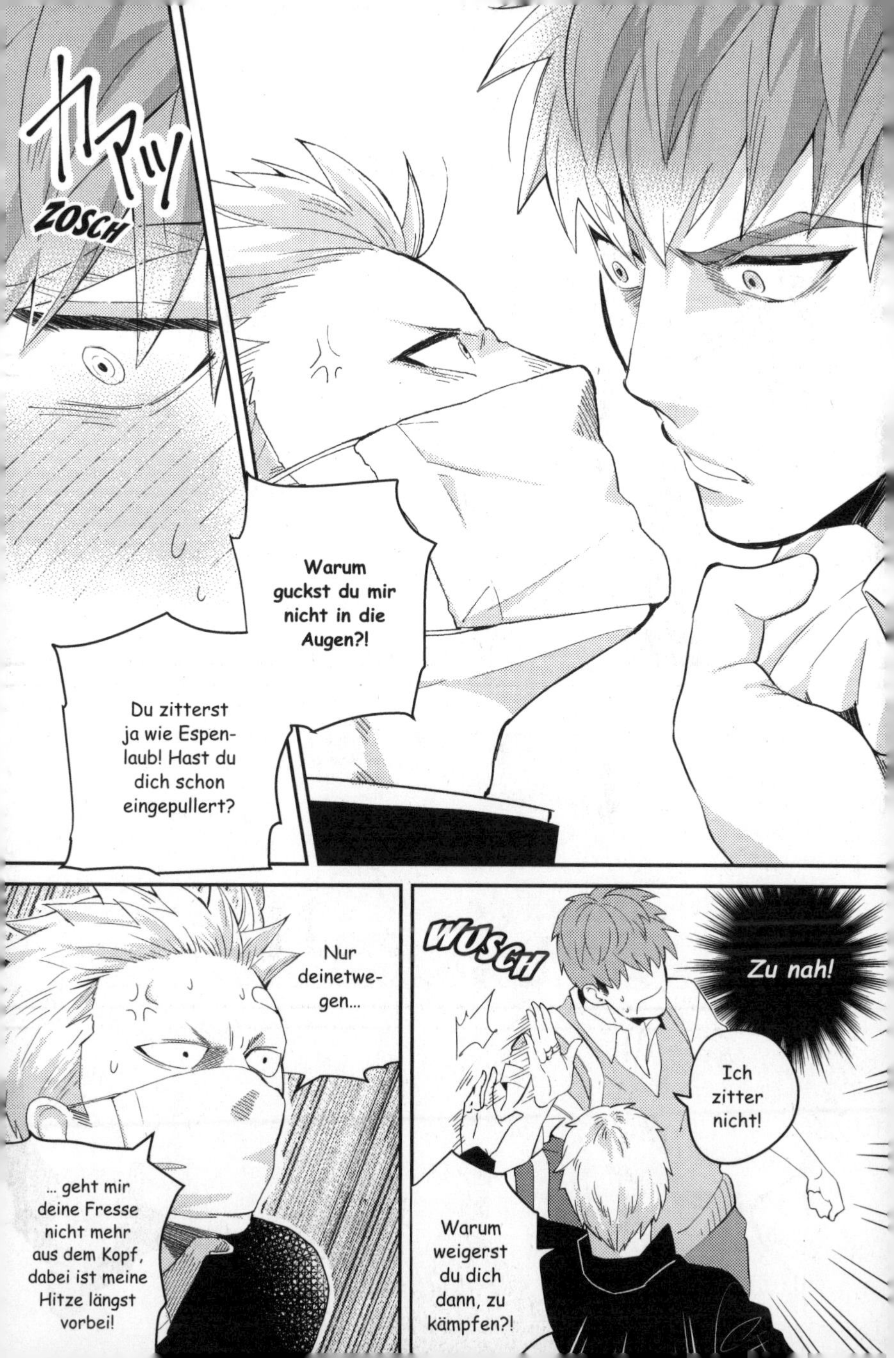
ZOSCH
Warum guckst du mir nicht in die Augen?!
Du zitterst ja wie Espen-laub! Hast du dich schon eingepullert?
WUSCH
Zu nah!
Ich zitter nicht!
Warum weigerst du dich dann, zu kämpfen?!
Nur deinetwe-gen...
... geht mir deine Fresse nicht mehr aus dem Kopf, dabei ist meine Hitze längst vorbei!

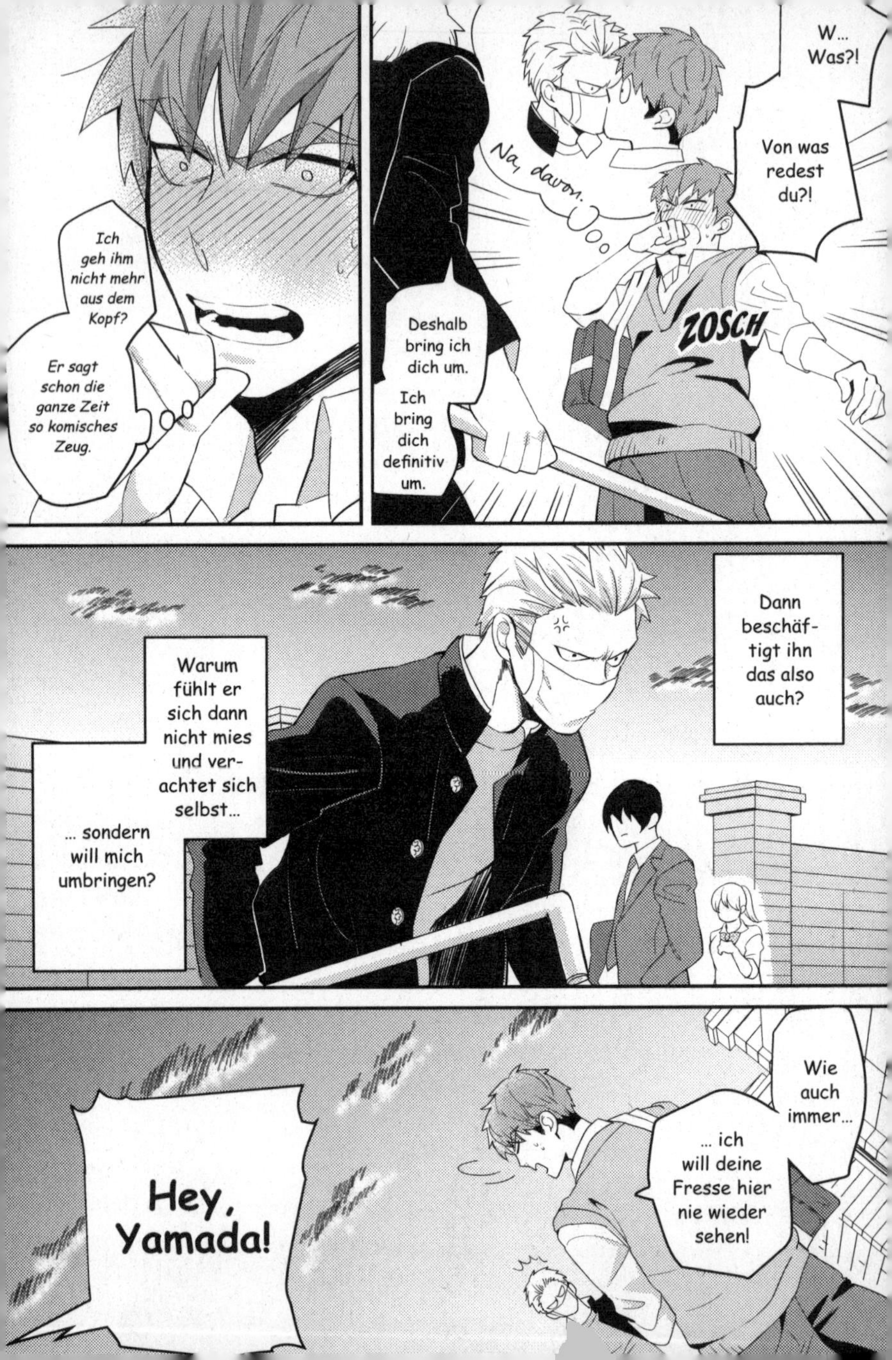
W… Was?!
Von was redest du?!
Na, davon.
ZOSCH
Deshalb bring ich dich um.
Ich bring dich definitiv um.
Ich geh ihm nicht mehr aus dem Kopf?
Er sagt schon die ganze Zeit so komisches Zeug.
Dann beschäf-tigt ihn das also auch?
Warum fühlt er sich dann nicht mies und ver-achtet sich selbst…
… sondern will mich umbringen?
Wie auch immer…
… ich will deine Fresse hier nie wieder sehen!
Hey, Yamada!

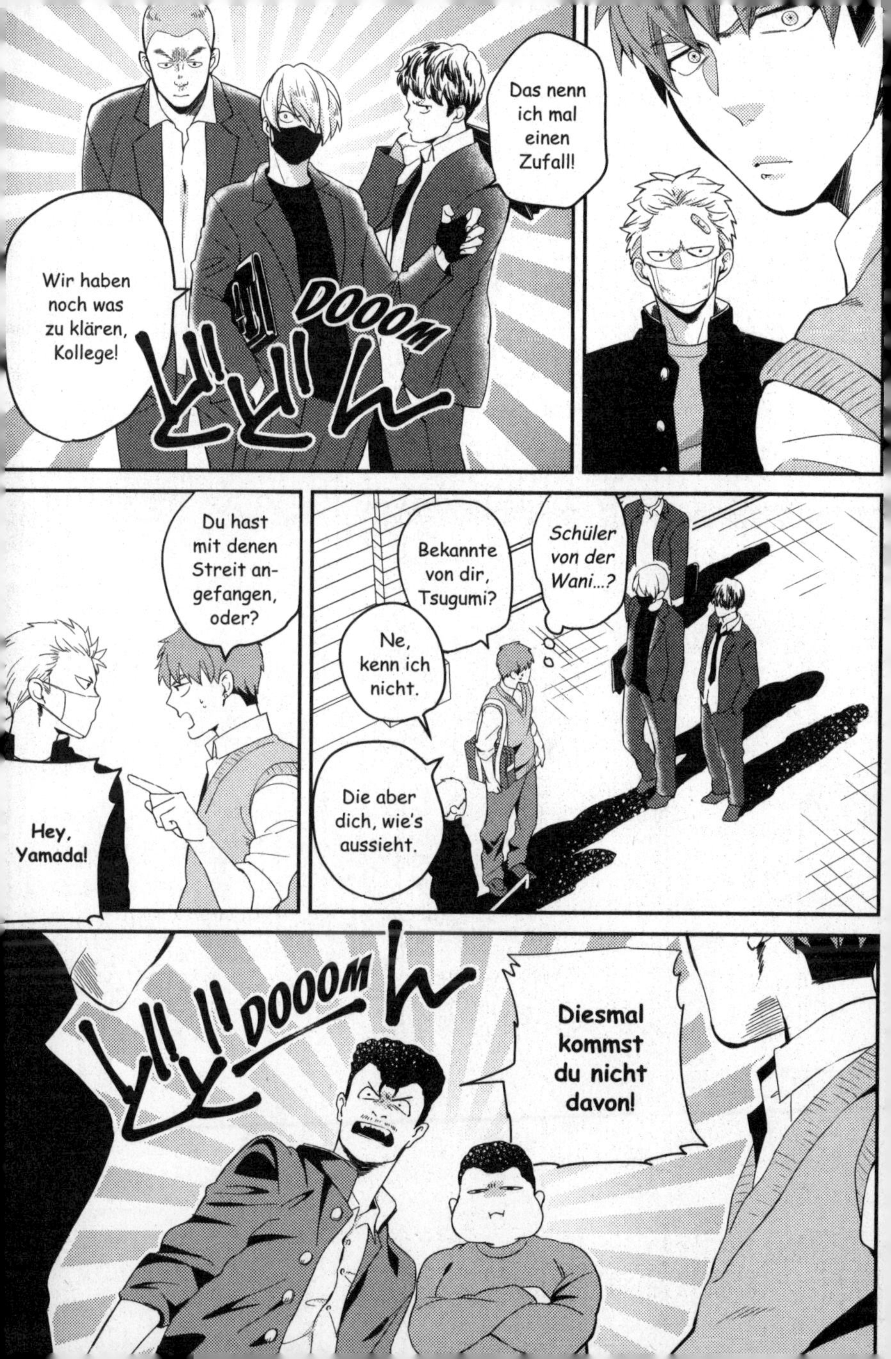
Das nenn ich mal einen Zufall!
Wir haben noch was zu klären, Kollege!
DOOOM
Schüler von der Wani...?
Bekannte von dir, Tsugumi?
Ne, kenn ich nicht.
Die aber dich, wie's aussieht.
Du hast mit denen Streit angefangen, oder?
Hey, Yamada!
Diesmal kommst du nicht davon!
DOOOM

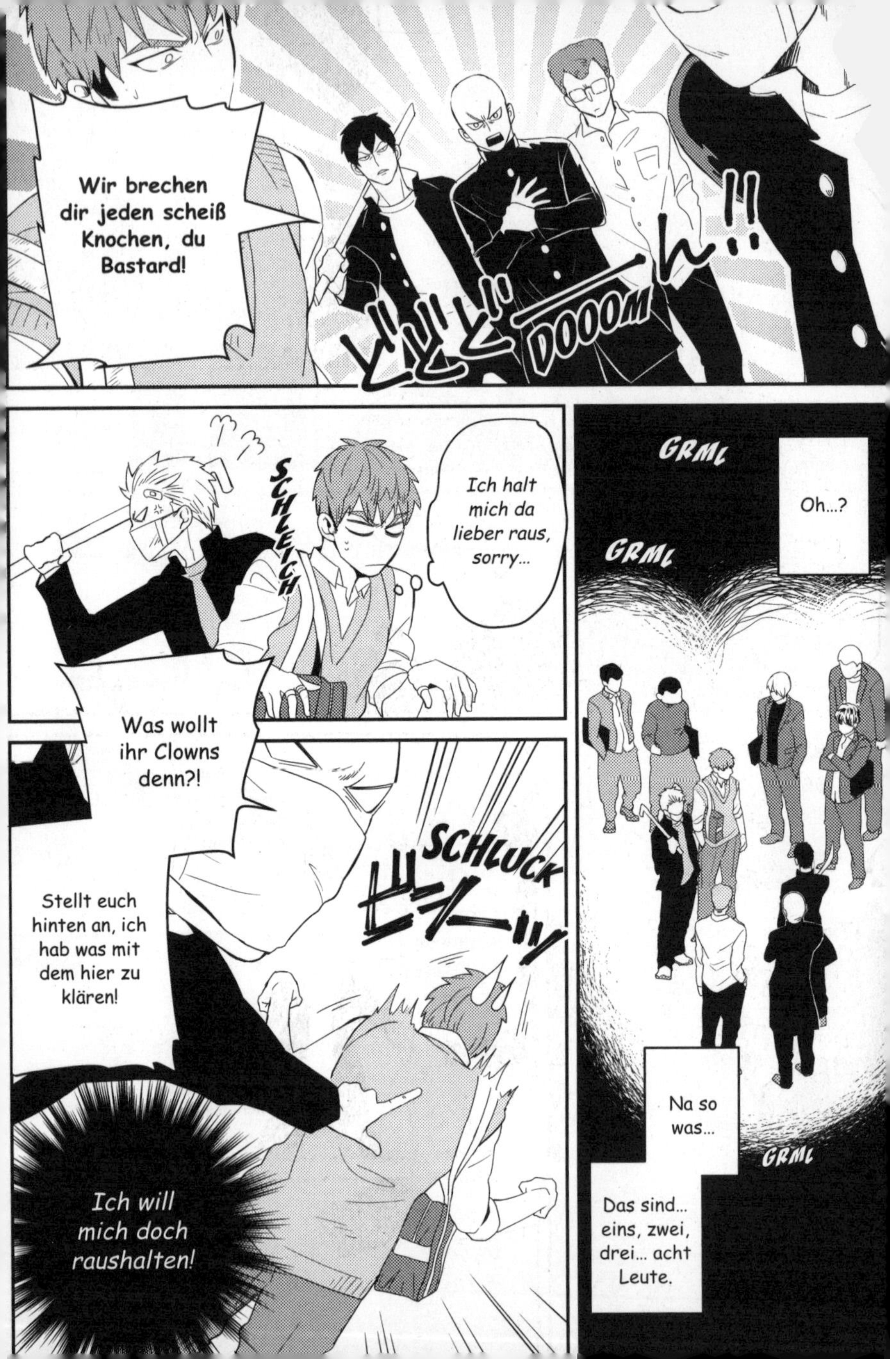
Wir brechen dir jeden scheiß Knochen, du Bastard!
DOOOM
Oh...?
GRML
GRML
Ich halt mich da lieber raus, sorry...
SCHLEICH
Was wollt ihr Clowns denn?!
Na so was...
GRML
Das sind... eins, zwei, drei... acht Leute.
SCHLUCK
Stellt euch hinten an, ich hab was mit dem hier zu klären!
Ich will mich doch raushalten!

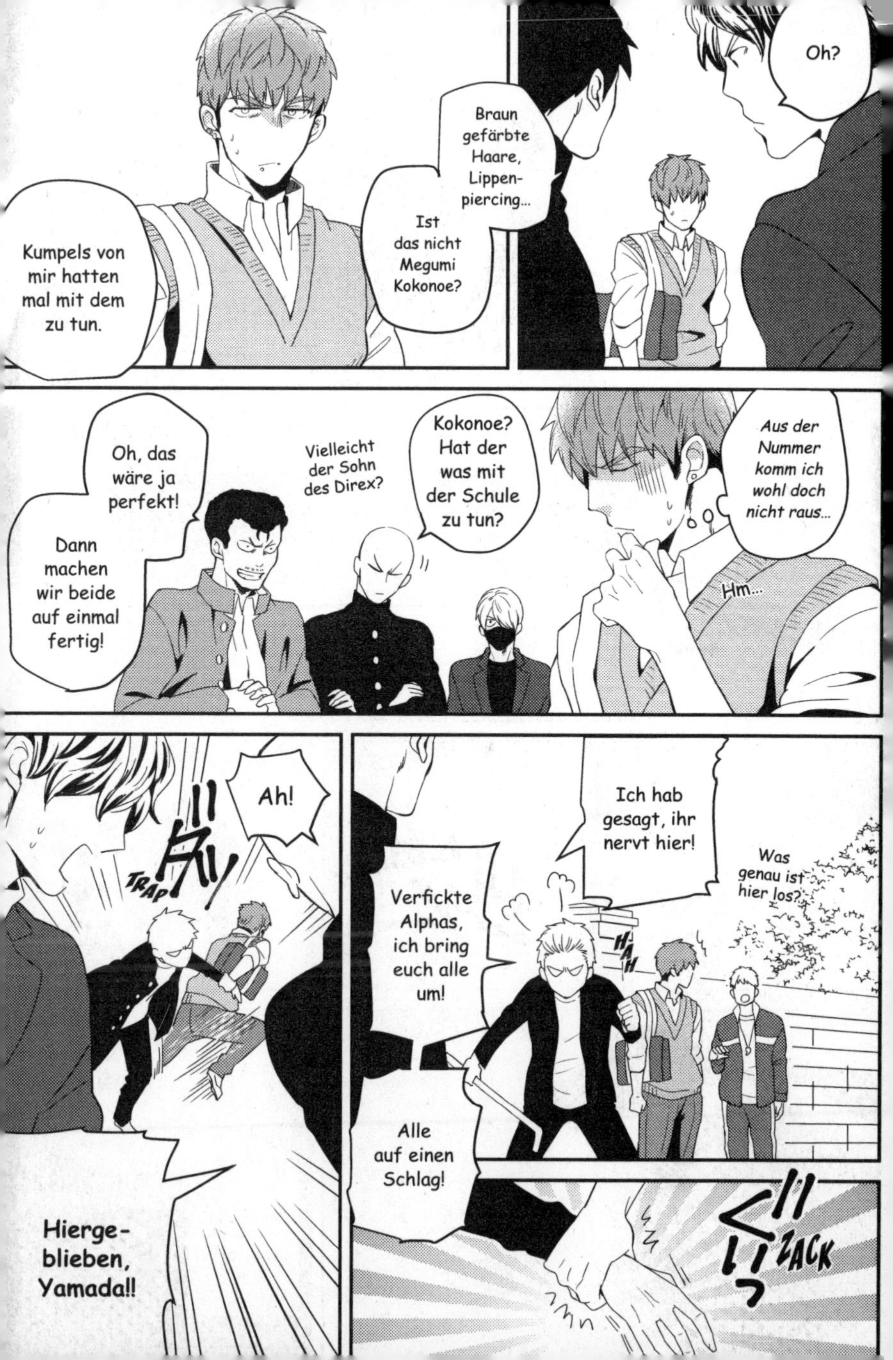
Oh?
Braun gefärbte Haare, Lippenpiercing...
Ist das nicht Megumi Kokonoe?
Kumpels von mir hatten mal mit dem zu tun.
Aus der Nummer komm ich wohl doch nicht raus...
Hm...
Kokonoe? Hat der was mit der Schule zu tun?
Vielleicht der Sohn des Direx?
Oh, das wäre ja perfekt!
Dann machen wir beide auf einmal fertig!
Ich hab gesagt, ihr nervt hier!
Was genau ist hier los?
HAH
Verfickte Alphas, ich bring euch alle um!
Alle auf einen Schlag!
ZACK
Ah!
TRAP
Hierge-blieben, Yamada!!

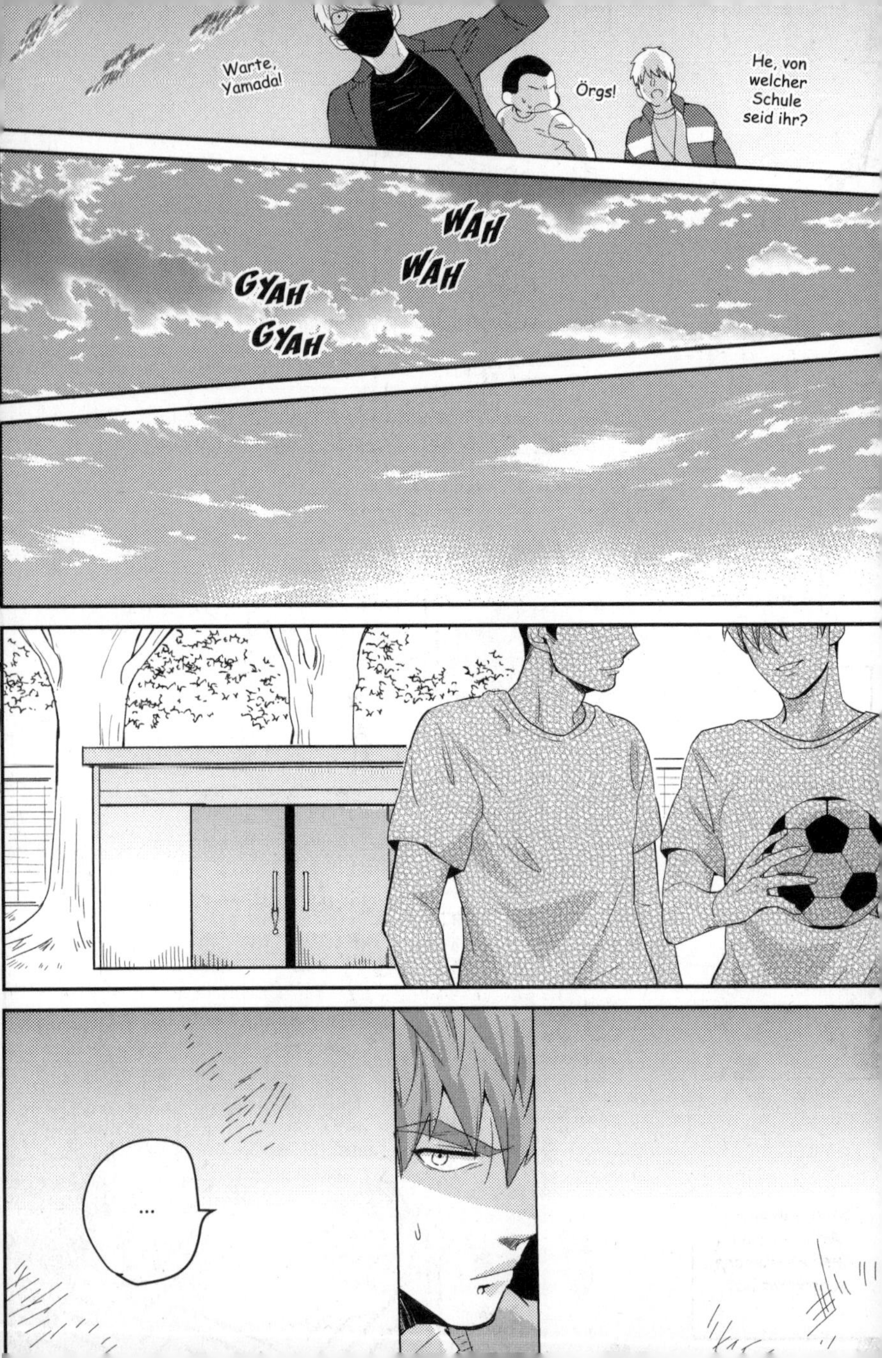
He, von welcher Schule seid ihr?
Örgs!
Warte, Yamada!
WAH
WAH
GYAH
GYAH
...

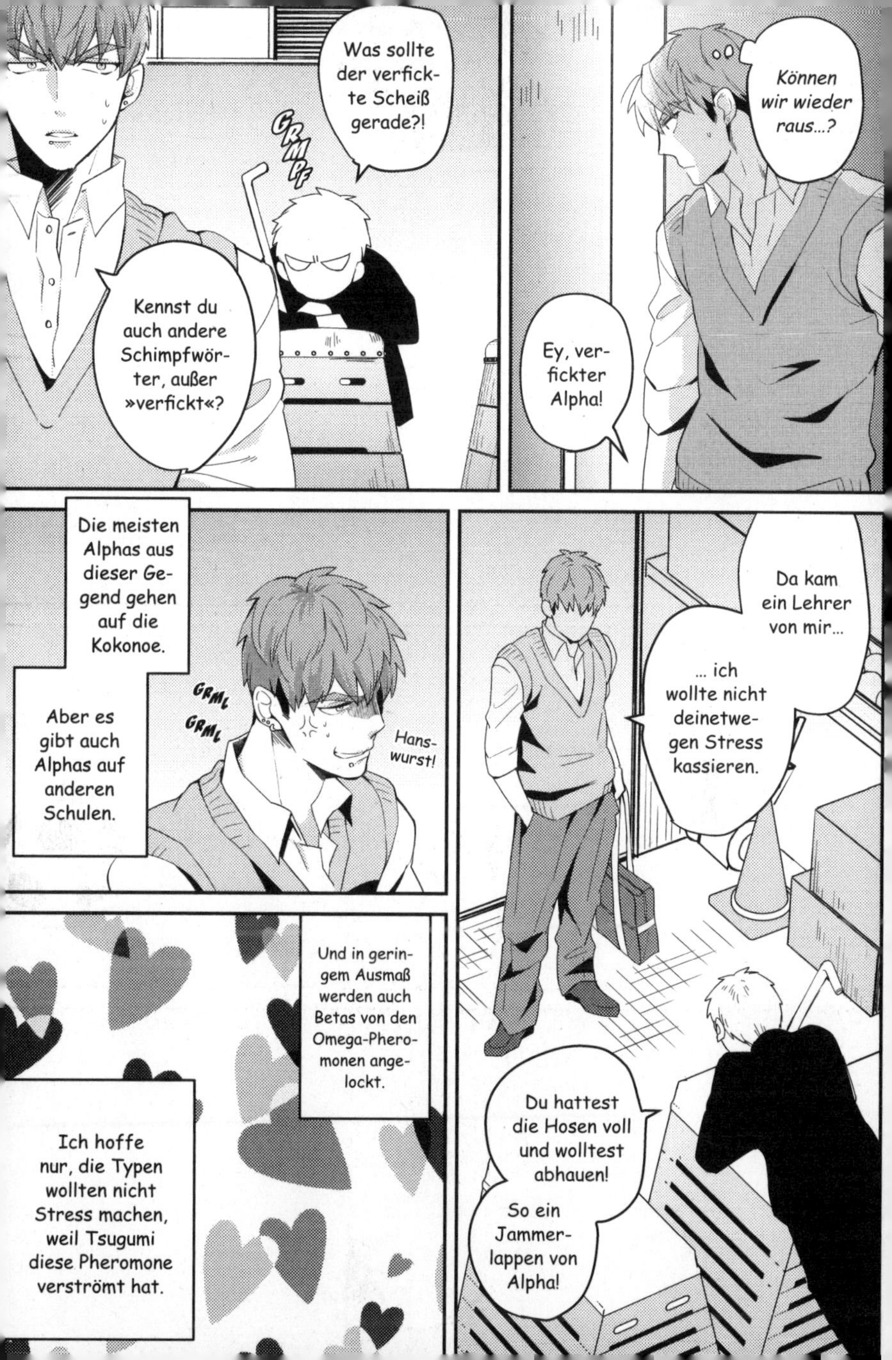

Können wir wieder raus...?
Ey, verfickter Alpha!
Was sollte der verfickte Scheiß gerade?!
GRMPF
Kennst du auch andere Schimpfwörter, außer »verfickt«?
Da kam ein Lehrer von mir...
... ich wollte nicht deinetwegen Stress kassieren.
Du hattest die Hosen voll und wolltest abhauen!
So ein Jammerlappen von Alpha!
Die meisten Alphas aus dieser Gegend gehen auf die Kokonoe.
Aber es gibt auch Alphas auf anderen Schulen.
GRML GRML
Hanswurst!
Und in geringem Ausmaß werden auch Betas von den Omega-Pheromonen angelockt.
Ich hoffe nur, die Typen wollten nicht Stress machen, weil Tsugumi diese Pheromone verströmt hat.

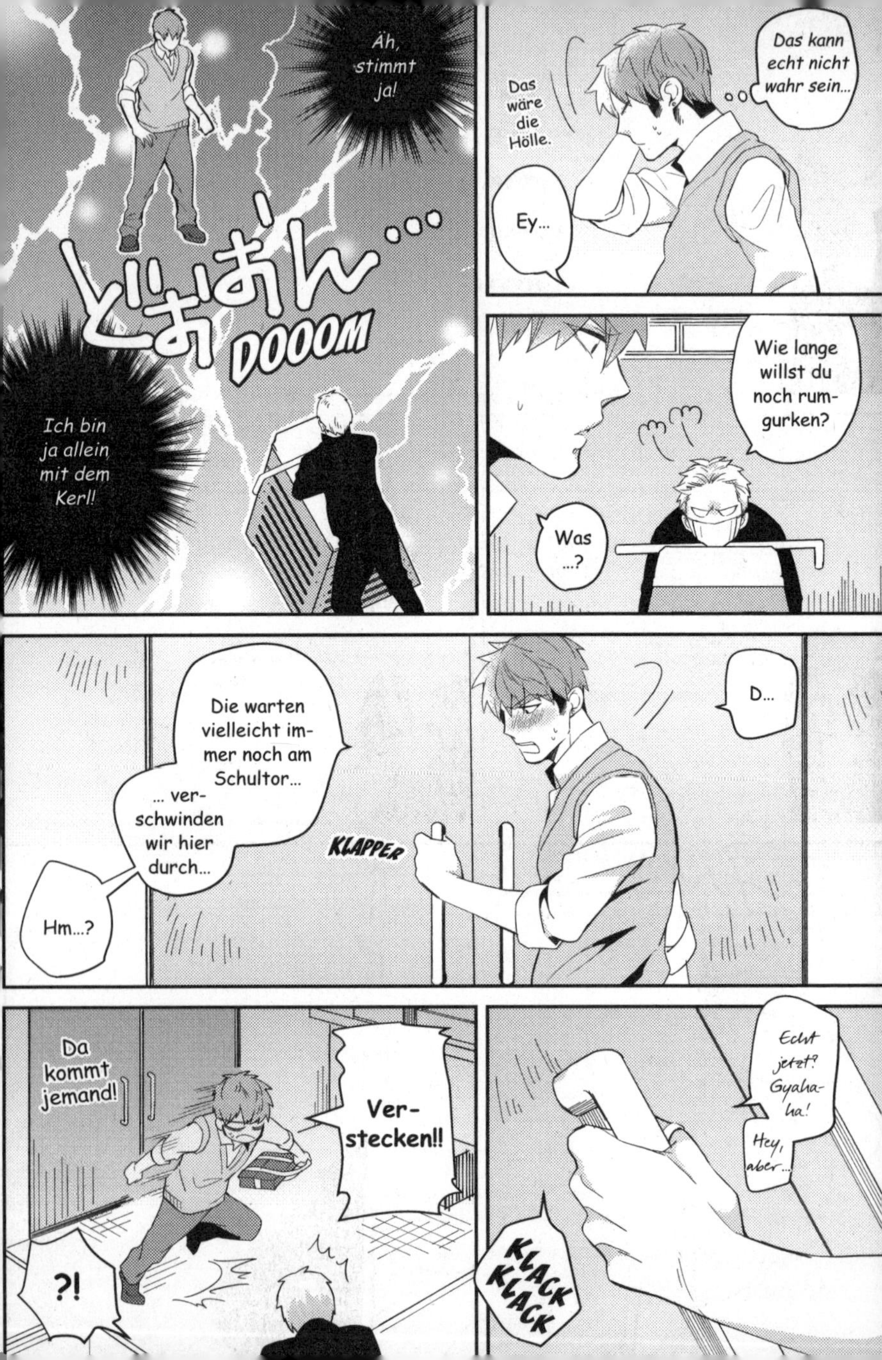
Äh, stimmt ja!
どぉぉん…
DOOOM
Ich bin ja allein mit dem Kerl!
Das kann echt nicht wahr sein...
Das wäre die Hölle.
Ey...
Wie lange willst du noch rum-gurken?
Was ...?
D...
KLAPPER
Die warten vielleicht im-mer noch am Schultor...
... ver-schwinden wir hier durch...
Hm...?
Echt jetzt? Gyaha-ha!
Hey, aber...
KLACK KLACK
Ver-stecken!!
Da kommt jemand!
?!

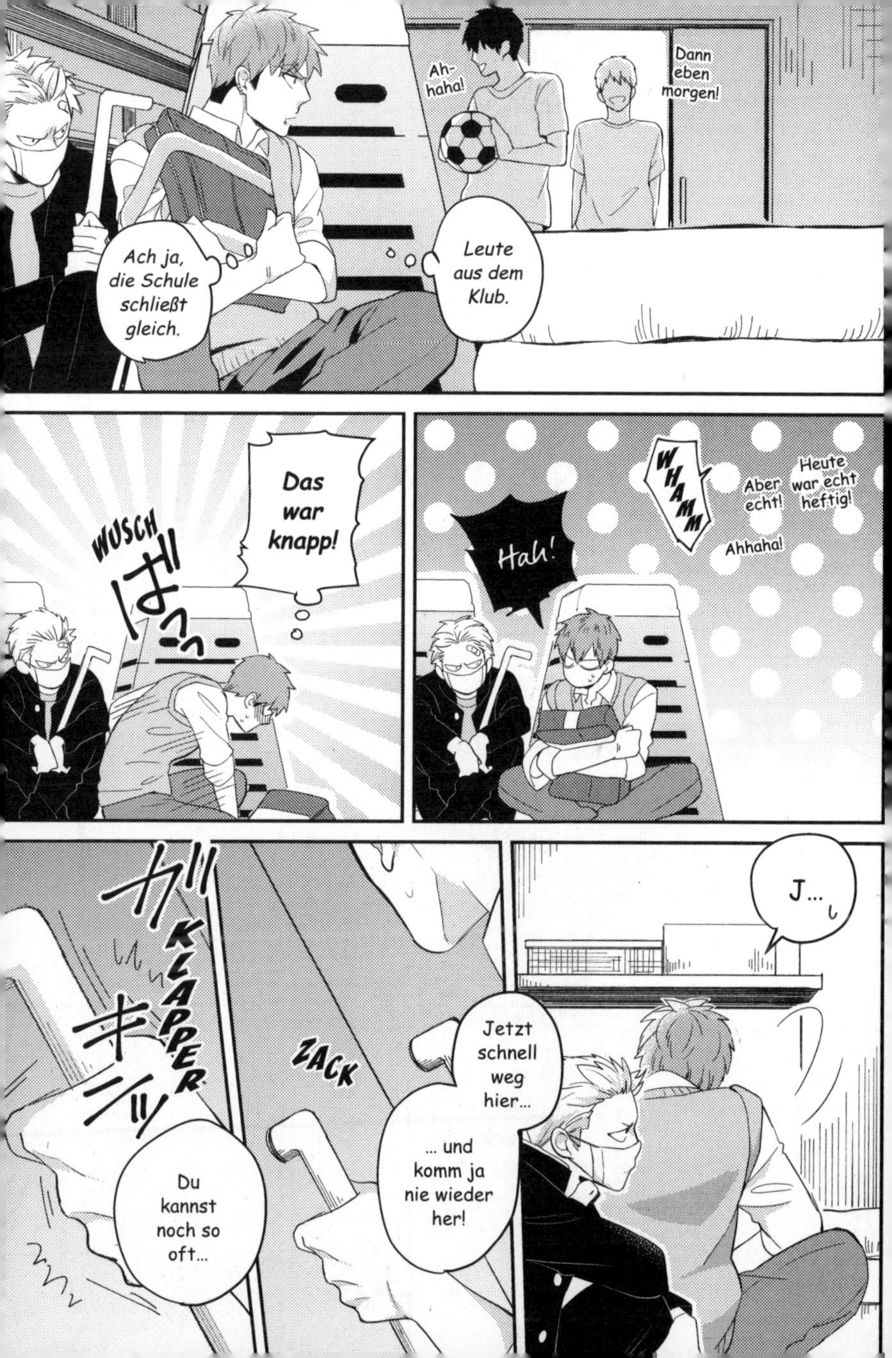

Dann eben morgen!
Ah-haha!
Leute aus dem Klub.
Ach ja, die Schule schließt gleich.
Heute war echt heftig!
Aber echt!
Ahhaha!
WHAMM
Hah!
Das war knapp!
WUSCH
J...
Jetzt schnell weg hier...
... und komm ja nie wieder her!
ZACK
KLAPPER
Du kannst noch so oft...

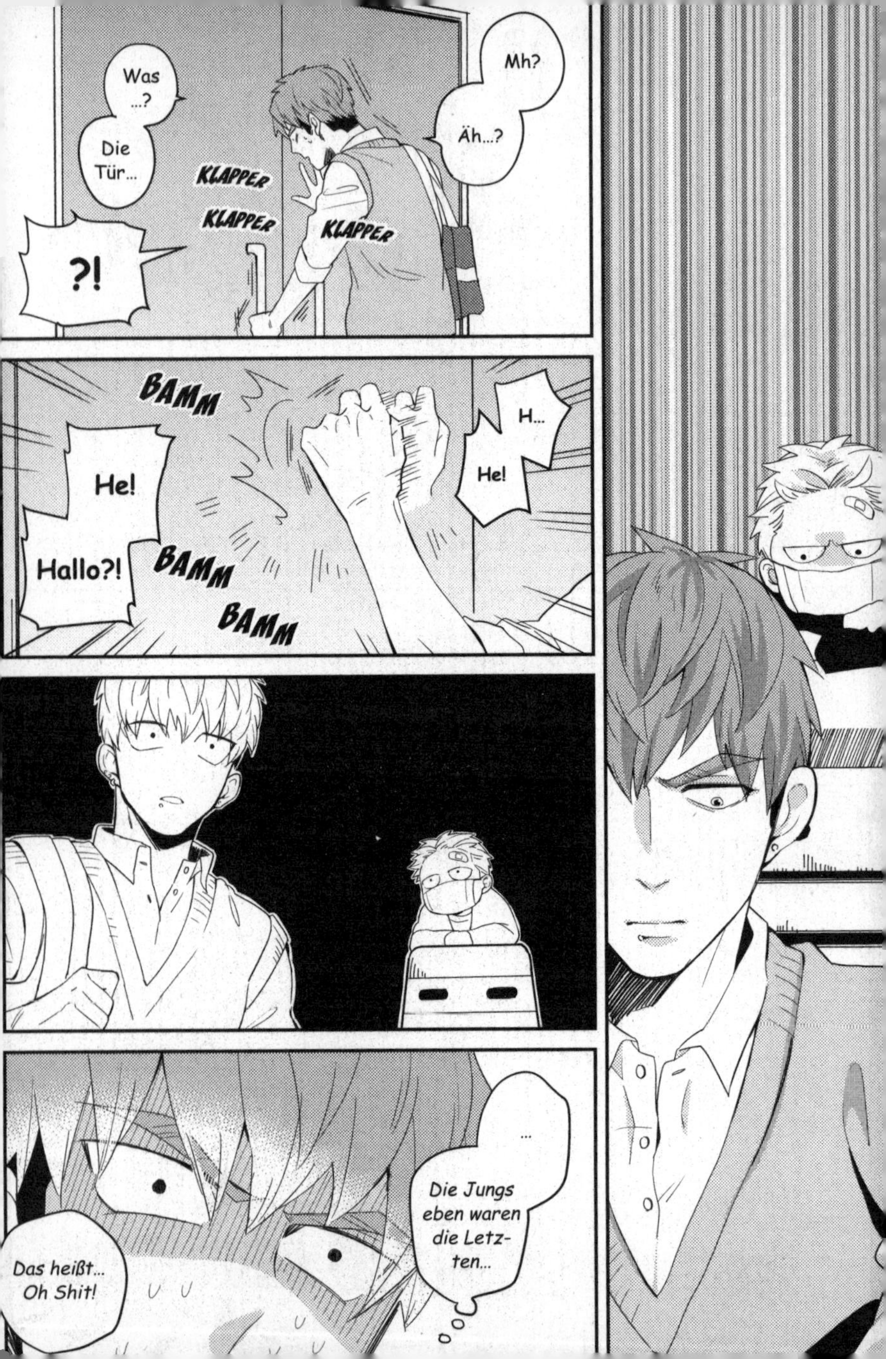
Mh?
Äh...?
Was ...?
Die Tür...
KLAPPER
KLAPPER
KLAPPER
?!
H... He!
BAMM
He! Hallo?!
BAMM
BAMM
...
Die Jungs eben waren die Letz-ten...
Das heißt... Oh Shit!

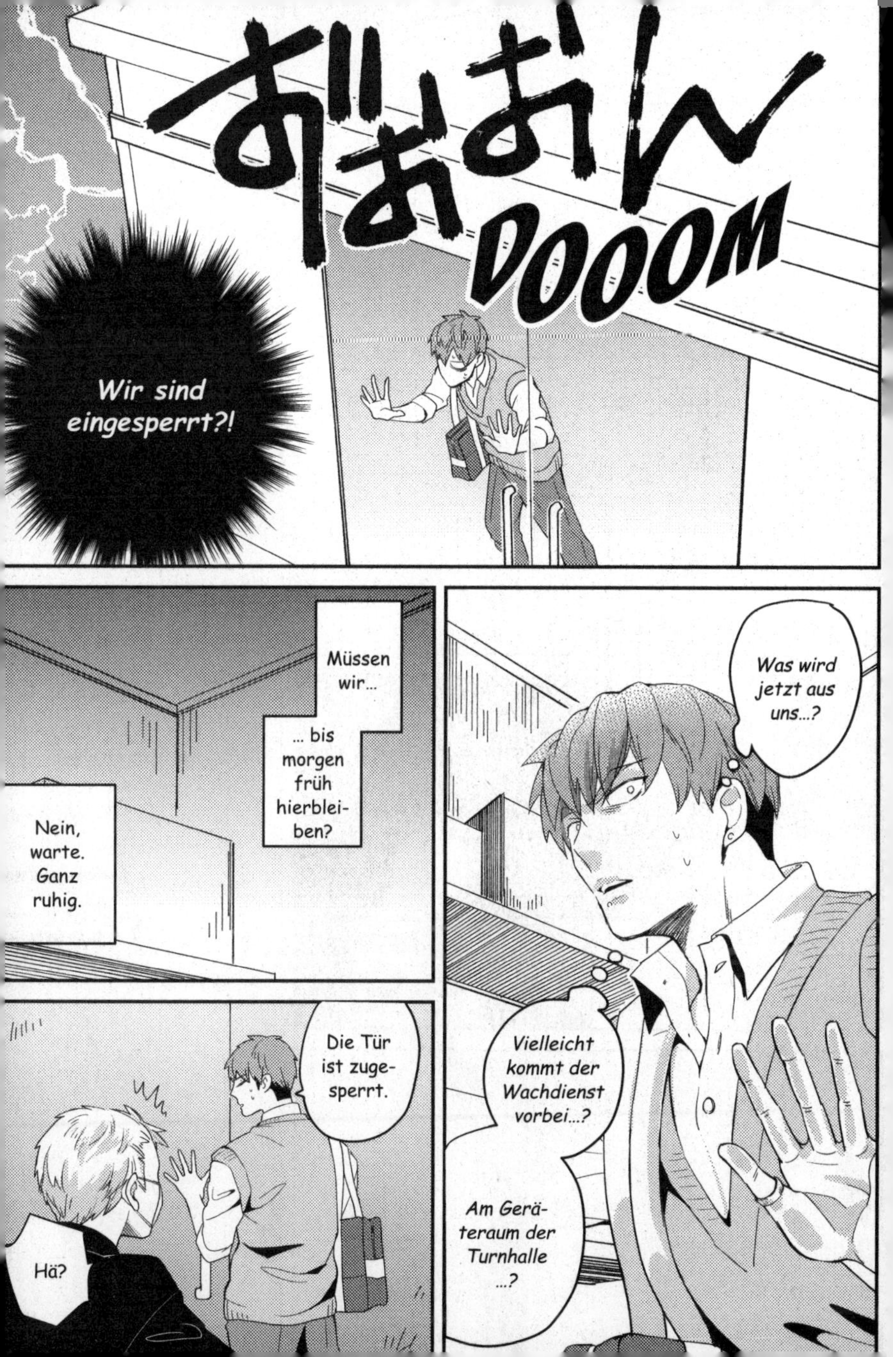
ずおおん
DOOOM
Wir sind eingesperrt?!
Was wird jetzt aus uns...?
Müssen wir...
... bis morgen früh hierblei-ben?
Nein, warte. Ganz ruhig.
Vielleicht kommt der Wachdienst vorbei...?
Am Gerä-teraum der Turnhalle ...?
Die Tür ist zuge-sperrt.
Hä?

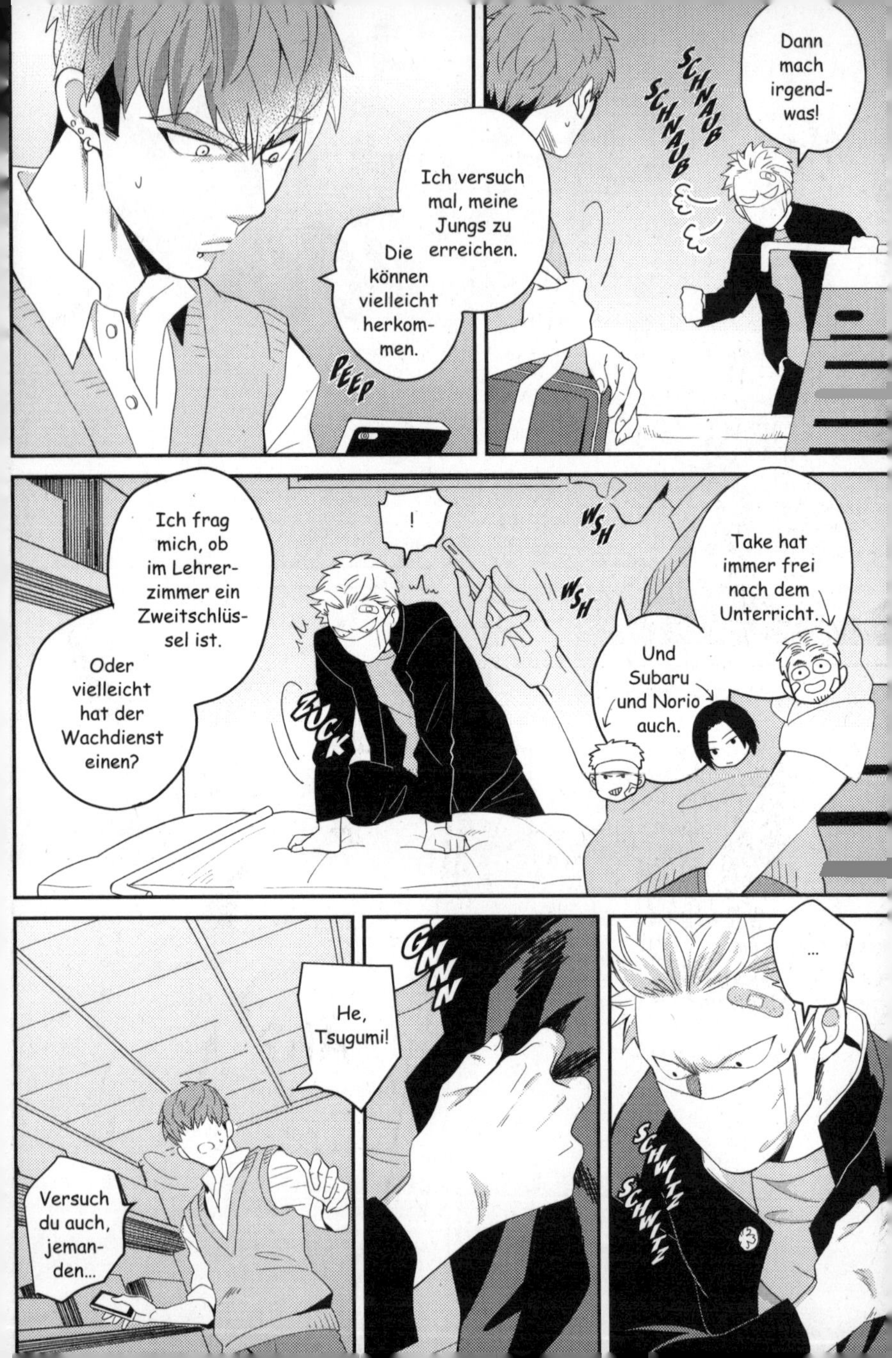
Dann mach irgend- was!
SCHNAUB SCHNAUB
Ich versuch mal, meine Jungs zu erreichen.
Die können vielleicht herkom- men.
PEEP
WSH
WSH
Take hat immer frei nach dem Unterricht.
Und Subaru und Norio auch.
!
RUCK
Ich frag mich, ob im Lehrer- zimmer ein Zweitschlüs- sel ist.
Oder vielleicht hat der Wachdienst einen?
...
SCHWITZ SCHWITZ
GNNN
He, Tsugumi!
Versuch du auch, jeman- den...

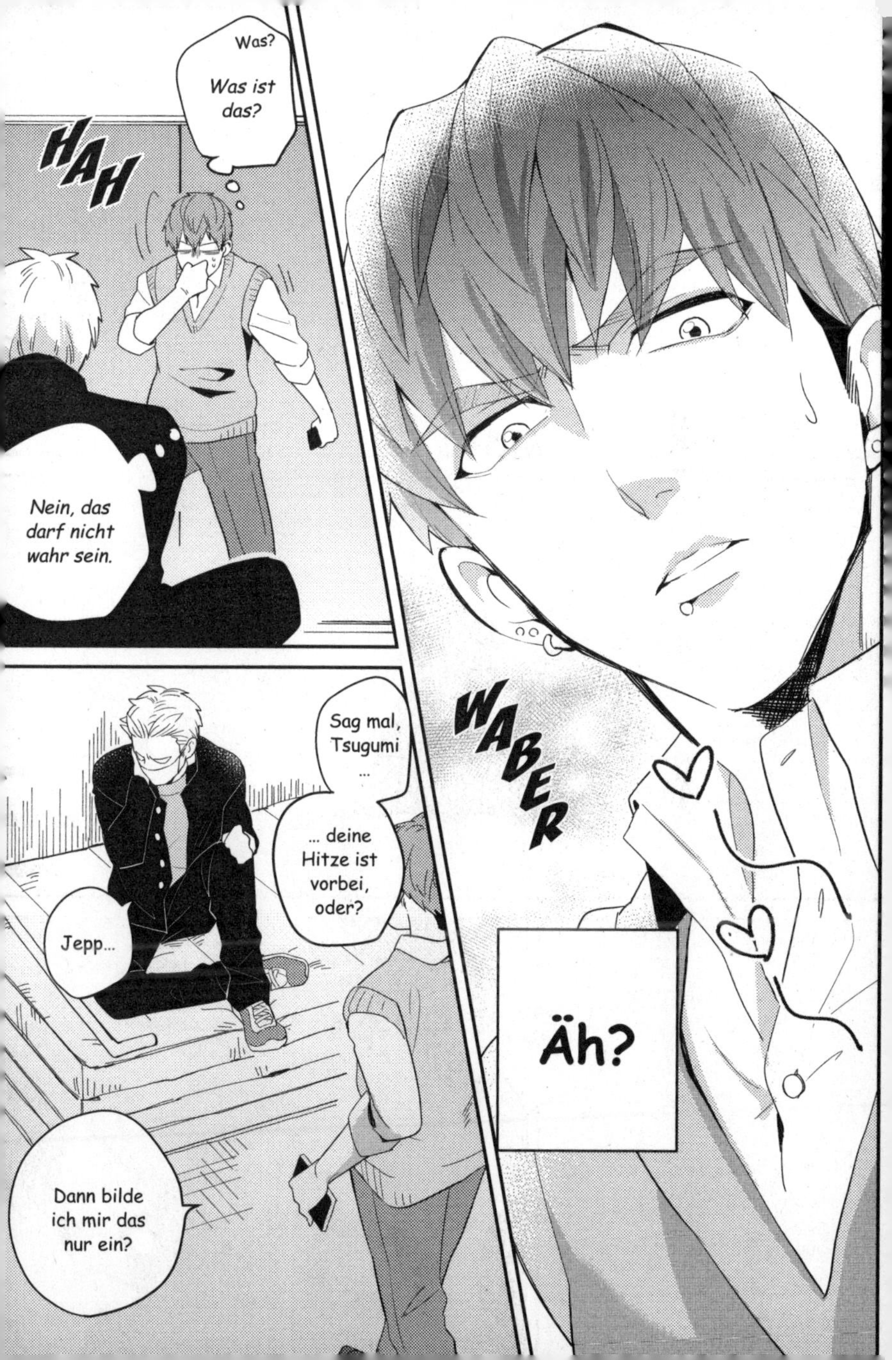
WABER
Äh?
Was?
Was ist das?
HAH
Nein, das darf nicht wahr sein.
Sag mal, Tsugumi ...
... deine Hitze ist vorbei, oder?
Jepp...
Dann bilde ich mir das nur ein?

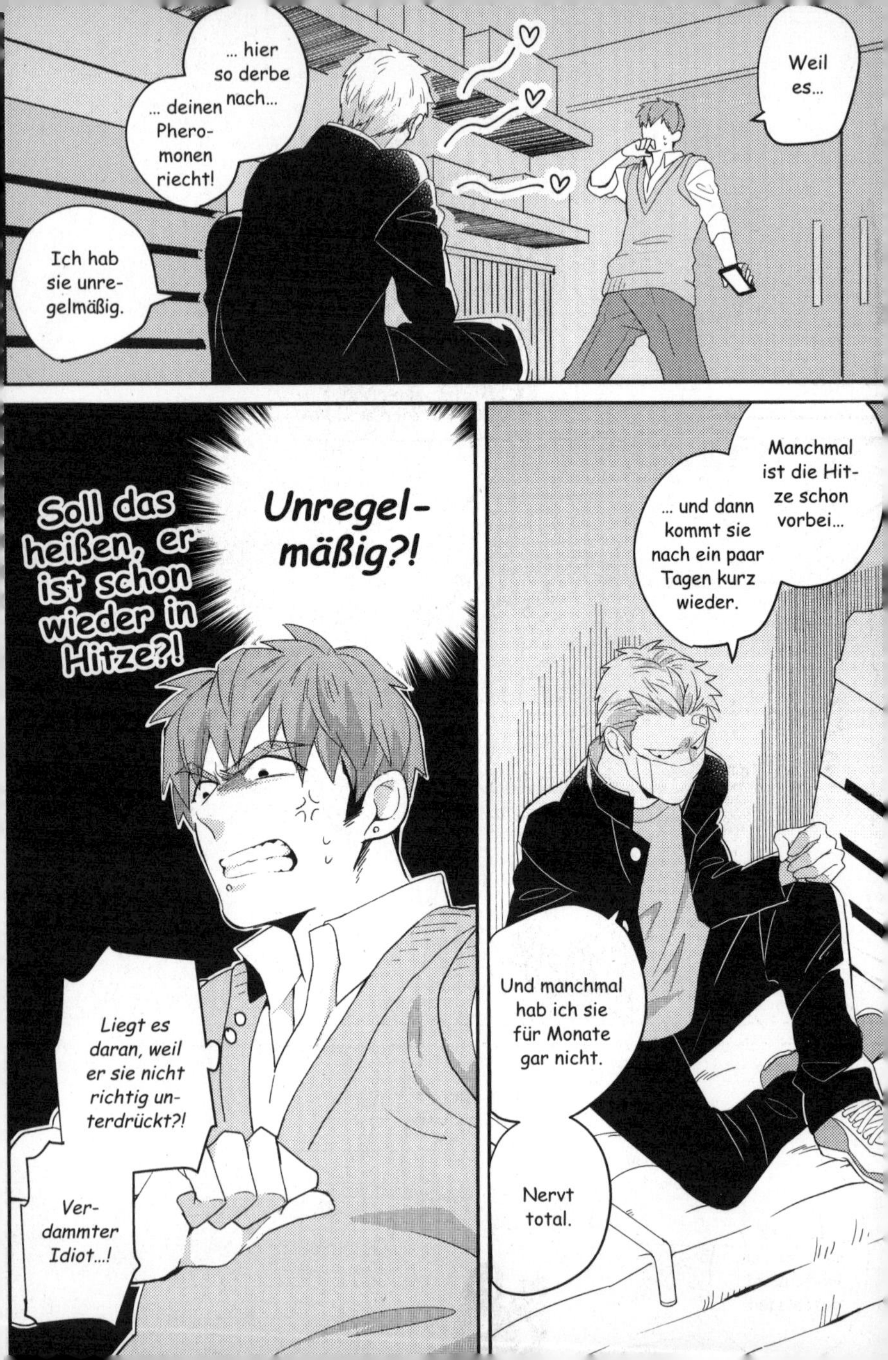

Weil es...
... hier so derbe nach...
... deinen Phero-monen riecht!
Ich hab sie unre-gelmäßig.
Manchmal ist die Hit-ze schon vorbei...
... und dann kommt sie nach ein paar Tagen kurz wieder.
Und manchmal hab ich sie für Monate gar nicht.
Nervt total.
Unregel-mäßig?!
Soll das heißen, er ist schon wieder in Hitze?!
Liegt es daran, weil er sie nicht richtig un-terdrückt?!
Ver-dammter Idiot...!

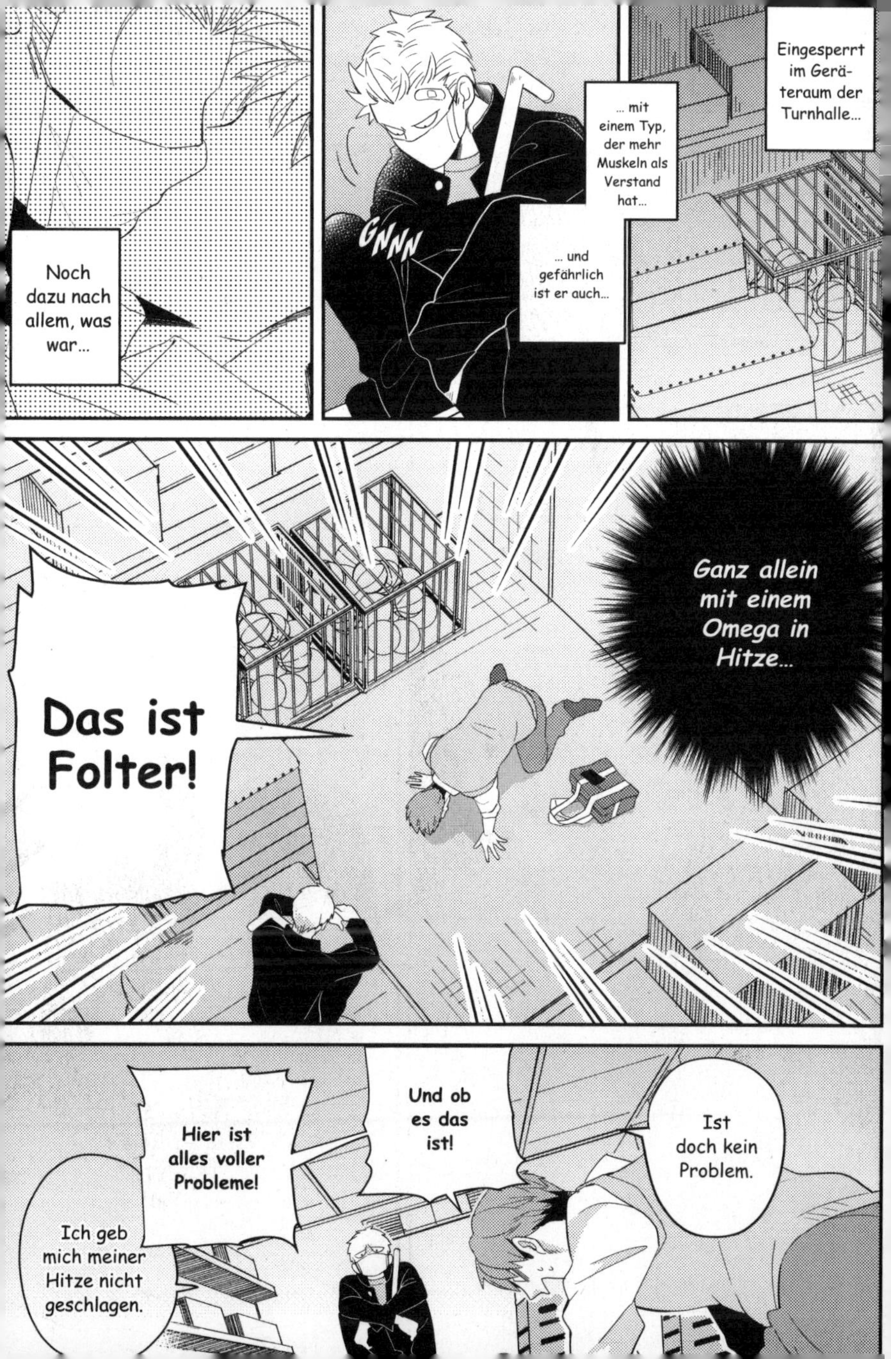

Eingesperrt im Geräteraum der Turnhalle...
... mit einem Typ, der mehr Muskeln als Verstand hat...
... und gefährlich ist er auch...
GNNN
Noch dazu nach allem, was war...
Ganz allein mit einem Omega in Hitze...
Das ist Folter!
Ist doch kein Problem.
Und ob es das ist!
Hier ist alles voller Probleme!
Ich geb mich meiner Hitze nicht geschlagen.

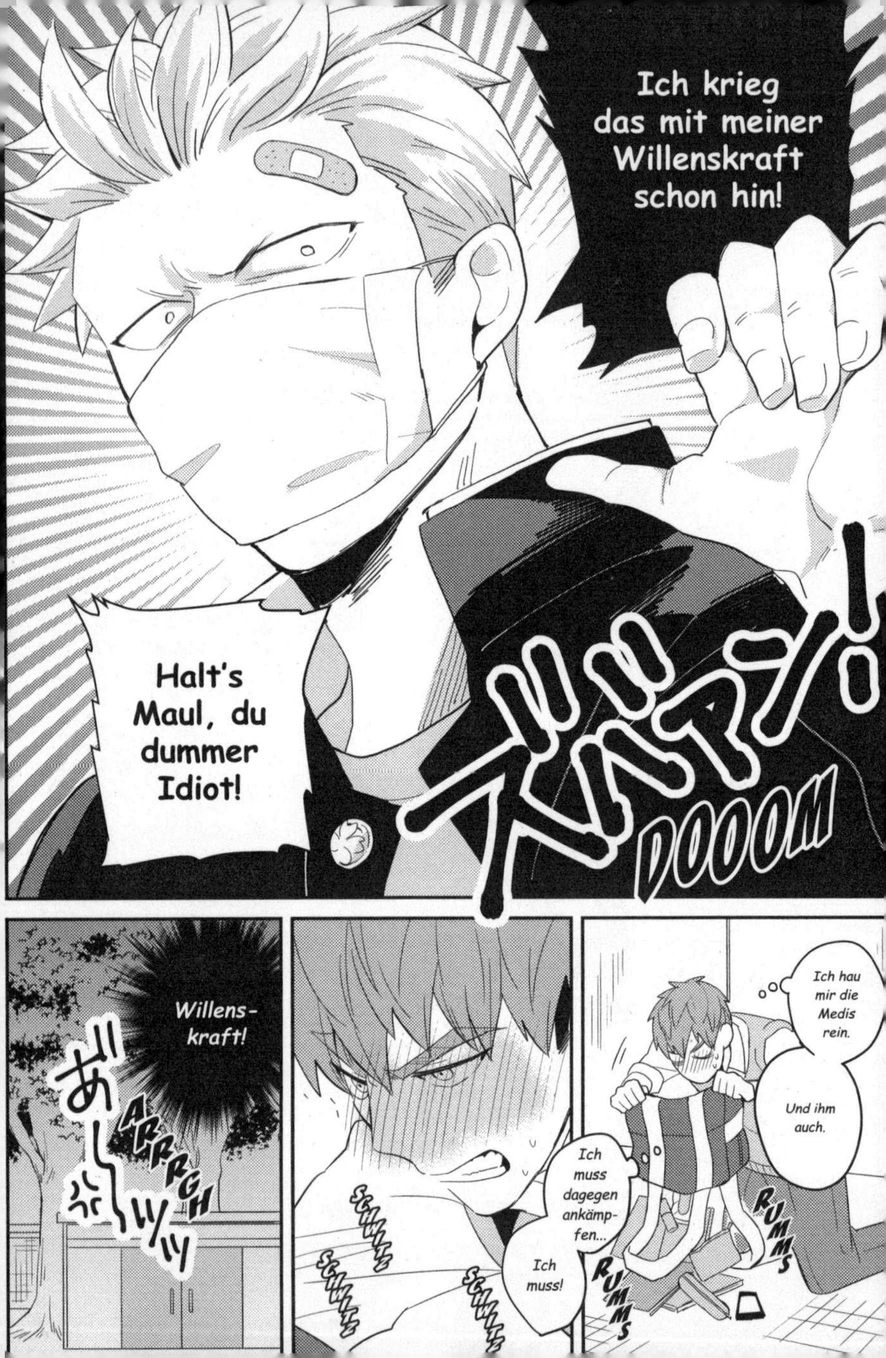
Ich krieg das mit meiner Willenskraft schon hin!
Halt's Maul, du dummer Idiot!
ズバァン!
DOOOM
Ich hau mir die Medis rein.
Und ihm auch.
Ich muss dagegen ankämpfen...
Ich muss!
RUMMS
RUMMS
SCHWITZ
SCHWITZ
SCHWITZ
Willens-kraft!
あ～
ARRRGH
ッッ

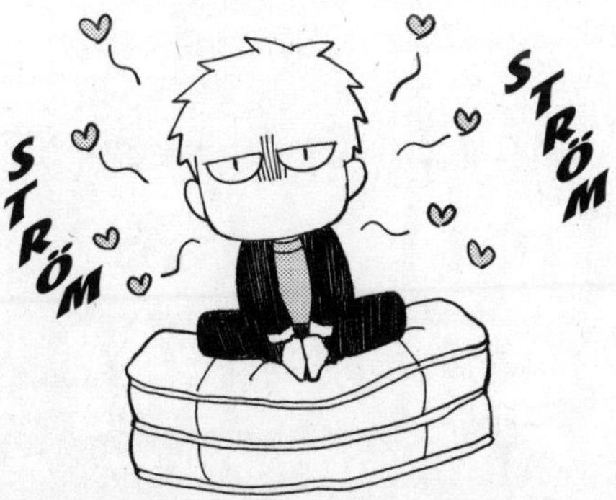
STRÖM
STRÖM

MEGUMI & TSUGUMI

ALPHATIER VS. HITZKOPF

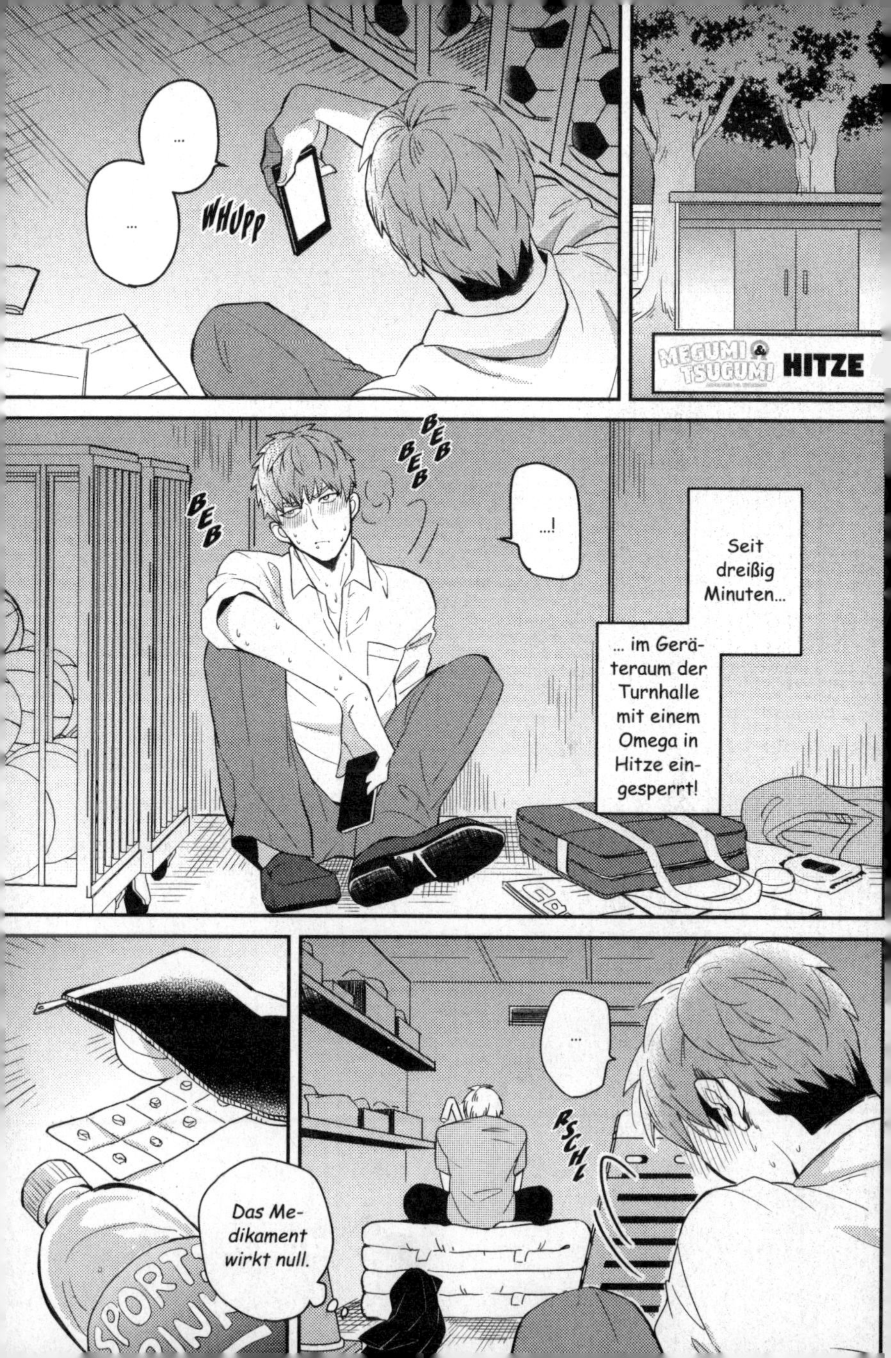
MEGUMI & TSUGUMI
HITZE
...
...
WHUPP
BEB
BEB BEB
...!
Seit dreißig Minuten...
... im Geräteraum der Turnhalle mit einem Omega in Hitze eingesperrt!
...
RSCHL
Das Medikament wirkt null.

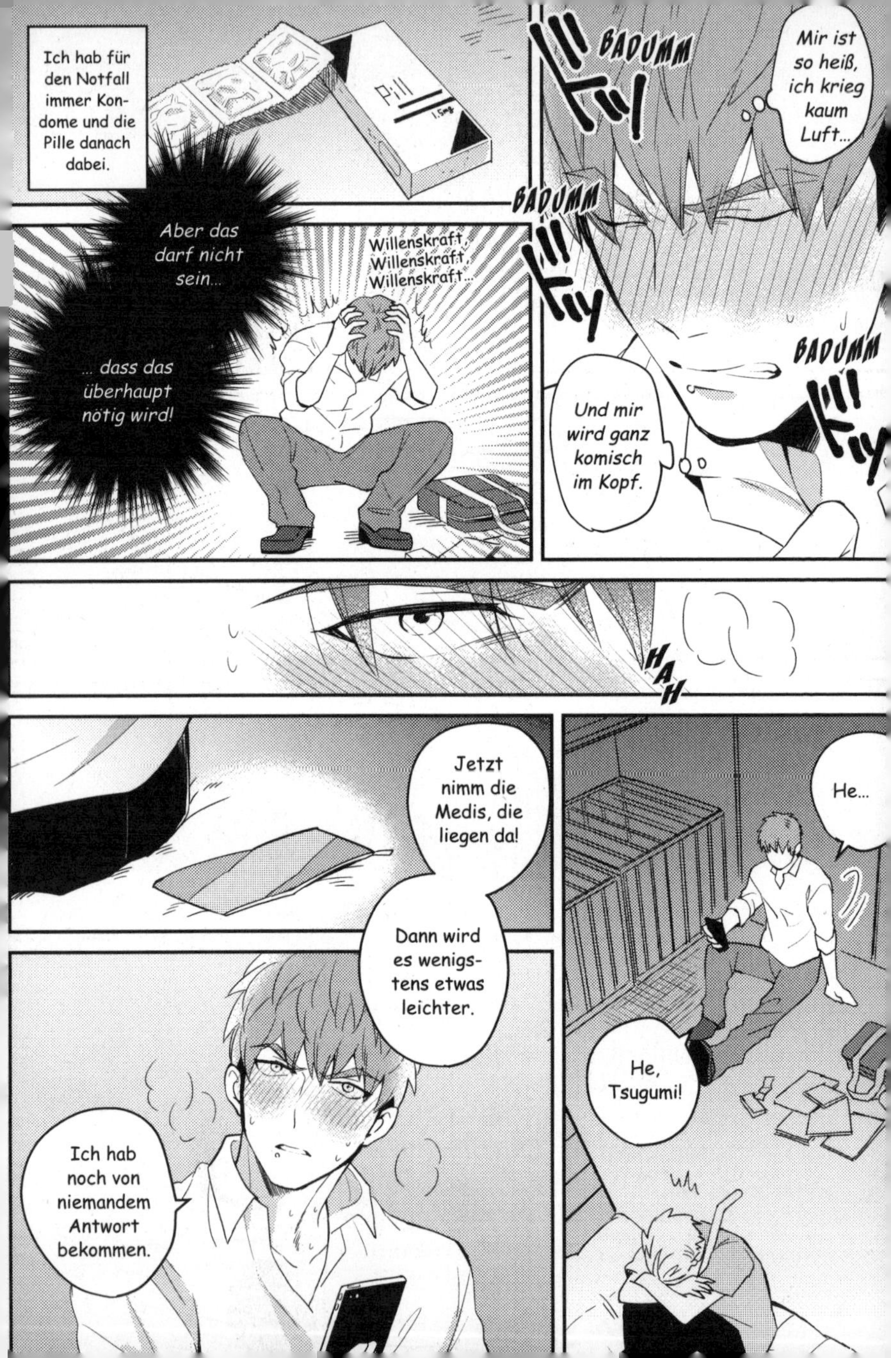
BADUMM
Mir ist so heiß, ich krieg kaum Luft…
BADUMM
BADUMM
Und mir wird ganz komisch im Kopf.
Ich hab für den Notfall immer Kondome und die Pille danach dabei.
Pill
1.5mg
Aber das darf nicht sein…
… dass das überhaupt nötig wird!
Willenskraft, Willenskraft, Willenskraft…
HAH
He…
He, Tsugumi!
Jetzt nimm die Medis, die liegen da!
Dann wird es wenigstens etwas leichter.
Ich hab noch von niemandem Antwort bekommen.

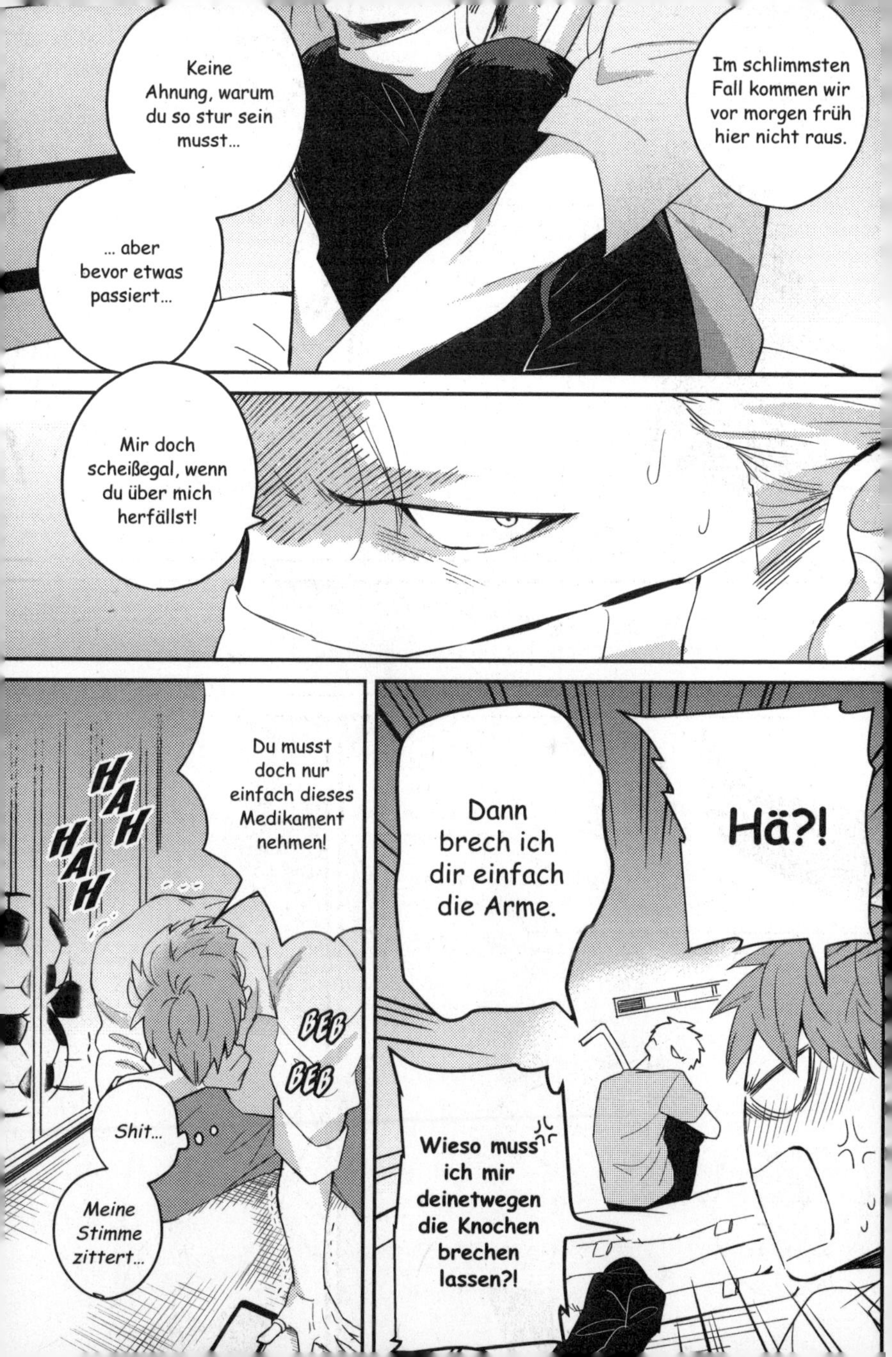
Im schlimmsten Fall kommen wir vor morgen früh hier nicht raus.
Keine Ahnung, warum du so stur sein musst...
... aber bevor etwas passiert...
Mir doch scheißegal, wenn du über mich herfällst!
Hä?!
Dann brech ich dir einfach die Arme.
Wieso muss ich mir deinetwegen die Knochen brechen lassen?!
Du musst doch nur einfach dieses Medikament nehmen!
HAH HAH HAH
BEB BEB
Shit...
Meine Stimme zittert...

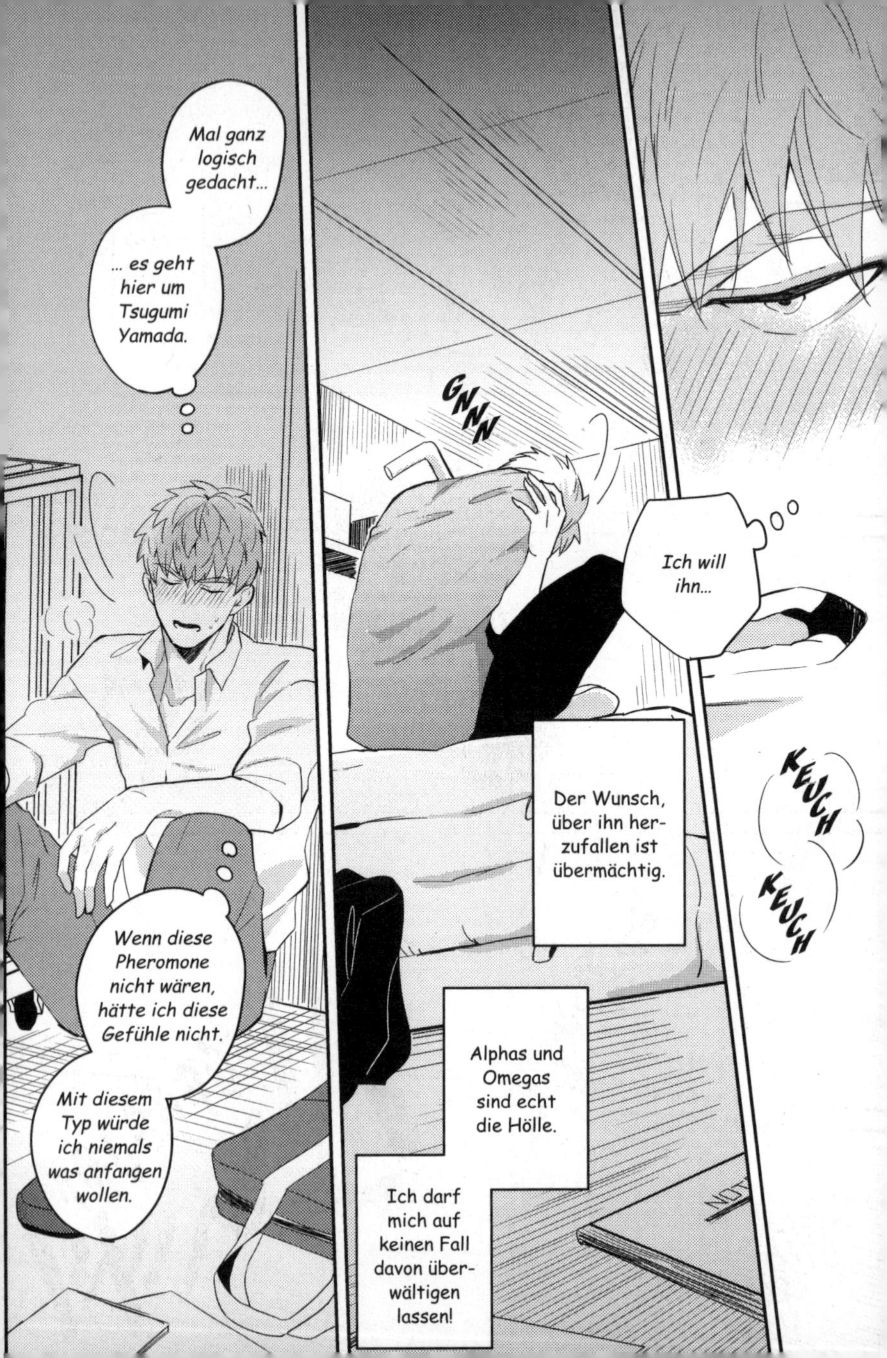
Ich will ihn...
KEUCH
KEUCH
GNNN
Der Wunsch, über ihn herzufallen ist übermächtig.
Alphas und Omegas sind echt die Hölle.
Ich darf mich auf keinen Fall davon überwältigen lassen!
Mal ganz logisch gedacht...
... es geht hier um Tsugumi Yamada.
Wenn diese Pheromone nicht wären, hätte ich diese Gefühle nicht.
Mit diesem Typ würde ich niemals was anfangen wollen.

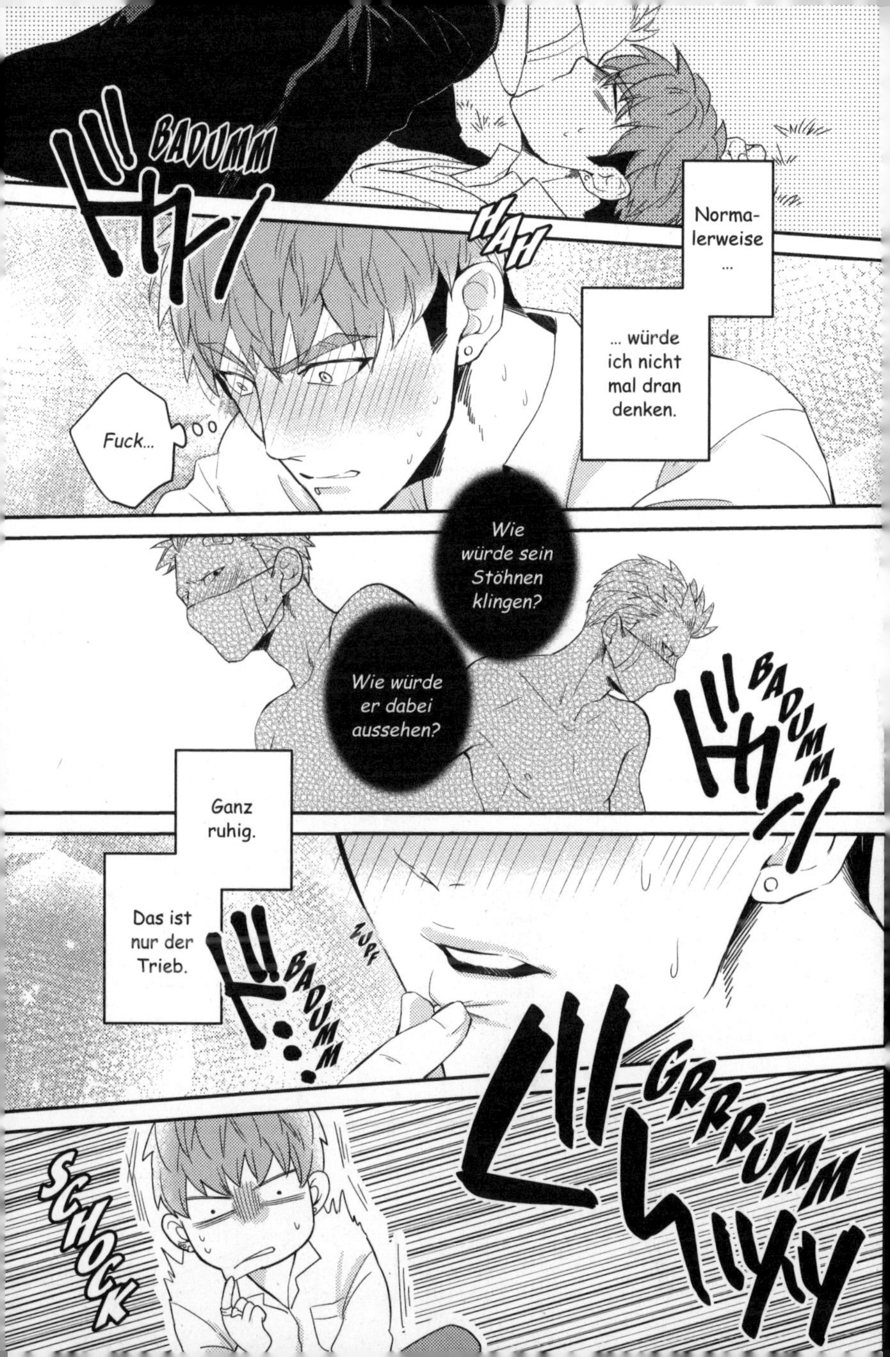
BADUMM
HAH
Norma-
lerweise
...
... würde
ich nicht
mal dran
denken.
Fuck...
Wie
würde sein
Stöhnen
klingen?
Wie würde
er dabei
aussehen?
BADUMM
Ganz
ruhig.
Das ist
nur der
Trieb.
ZUPF
BADUMM
GRRRUMM
SCHOCK

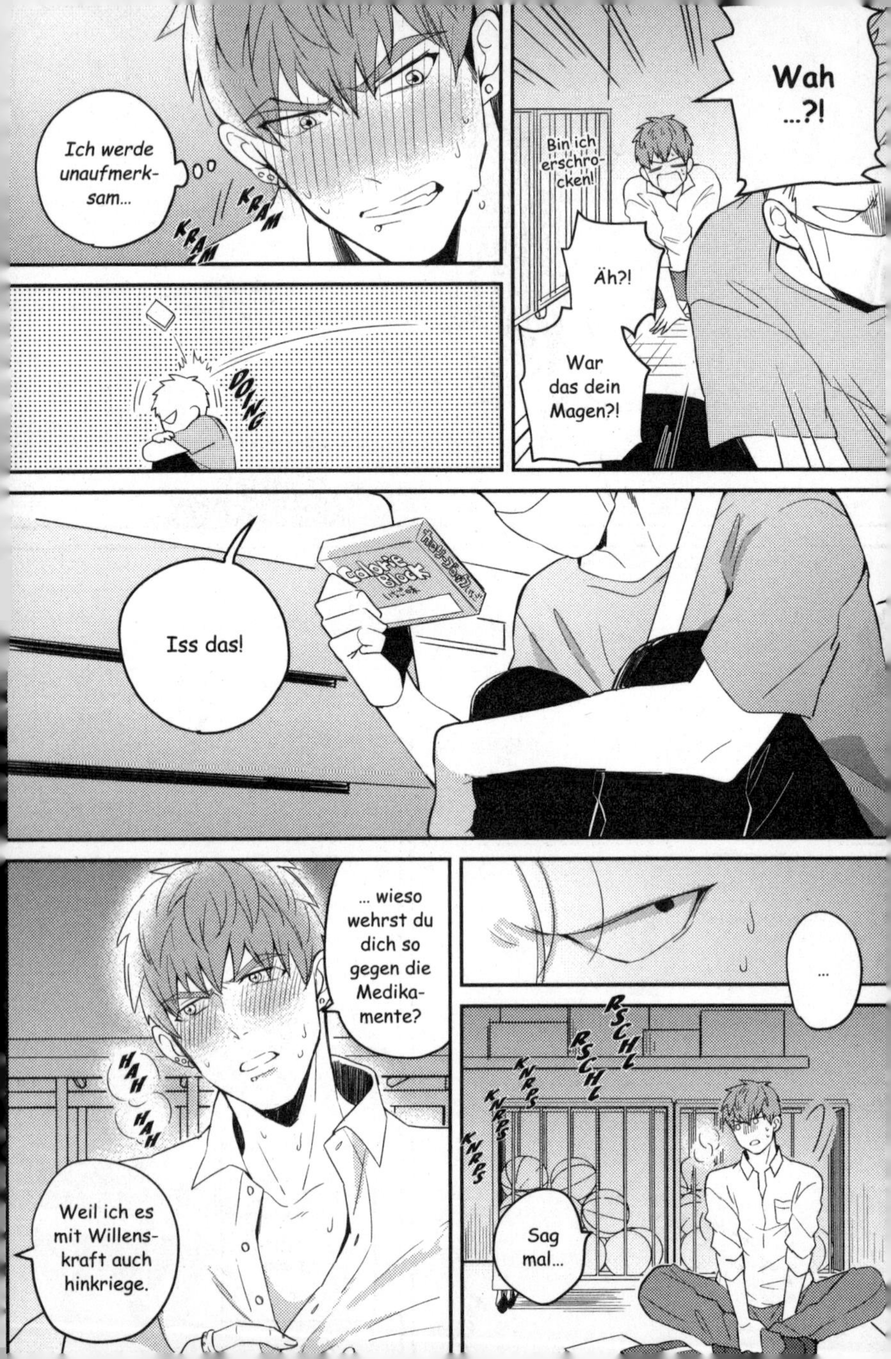
Wah ...?!
Ich werde unaufmerksam...
KRAM KRAM KRAM
Bin ich erschrocken!
Äh?!
War das dein Magen?!
DOING
Iss das!
Calorie Block
...
... wieso wehrst du dich so gegen die Medikamente?
HAH HAH
Weil ich es mit Willenskraft auch hinkriege.
RSCHL RSCHL
KNRPS KNRPS KNRPS
Sag mal...

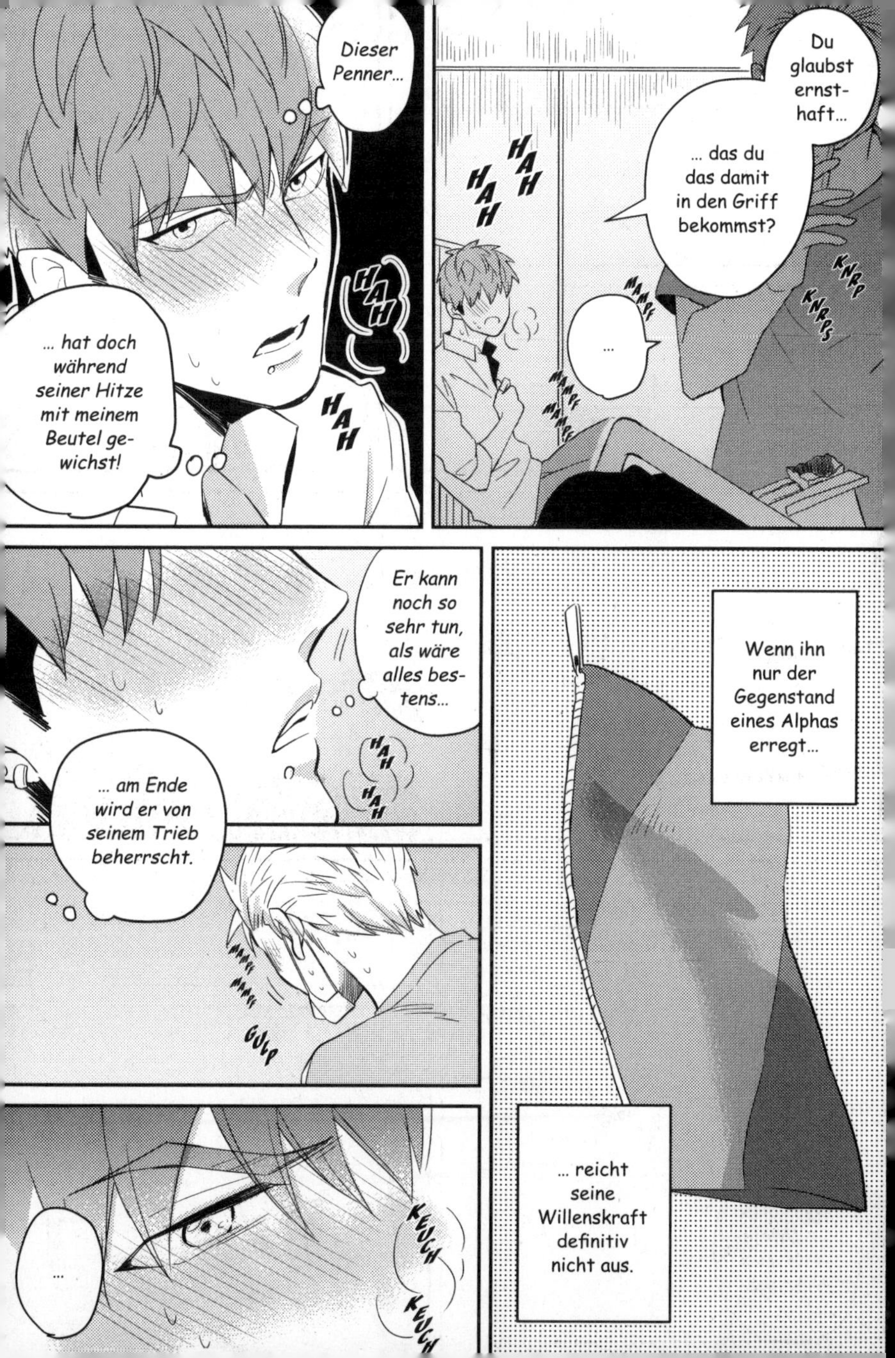
Du glaubst ernsthaft…
… das du das damit in den Griff bekommst?
HAH HAH
MAMPF
…
MAMPF MAMPF
KNRP KNRPS
Dieser Penner…
HAH
… hat doch während seiner Hitze mit meinem Beutel gewichst!
HAH
Er kann noch so sehr tun, als wäre alles bestens…
HAH HAH
… am Ende wird er von seinem Trieb beherrscht.
MAMPF MAMPF
GULP
Wenn ihn nur der Gegenstand eines Alphas erregt…
…
KEUCH KEUCH
… reicht seine Willenskraft definitiv nicht aus.

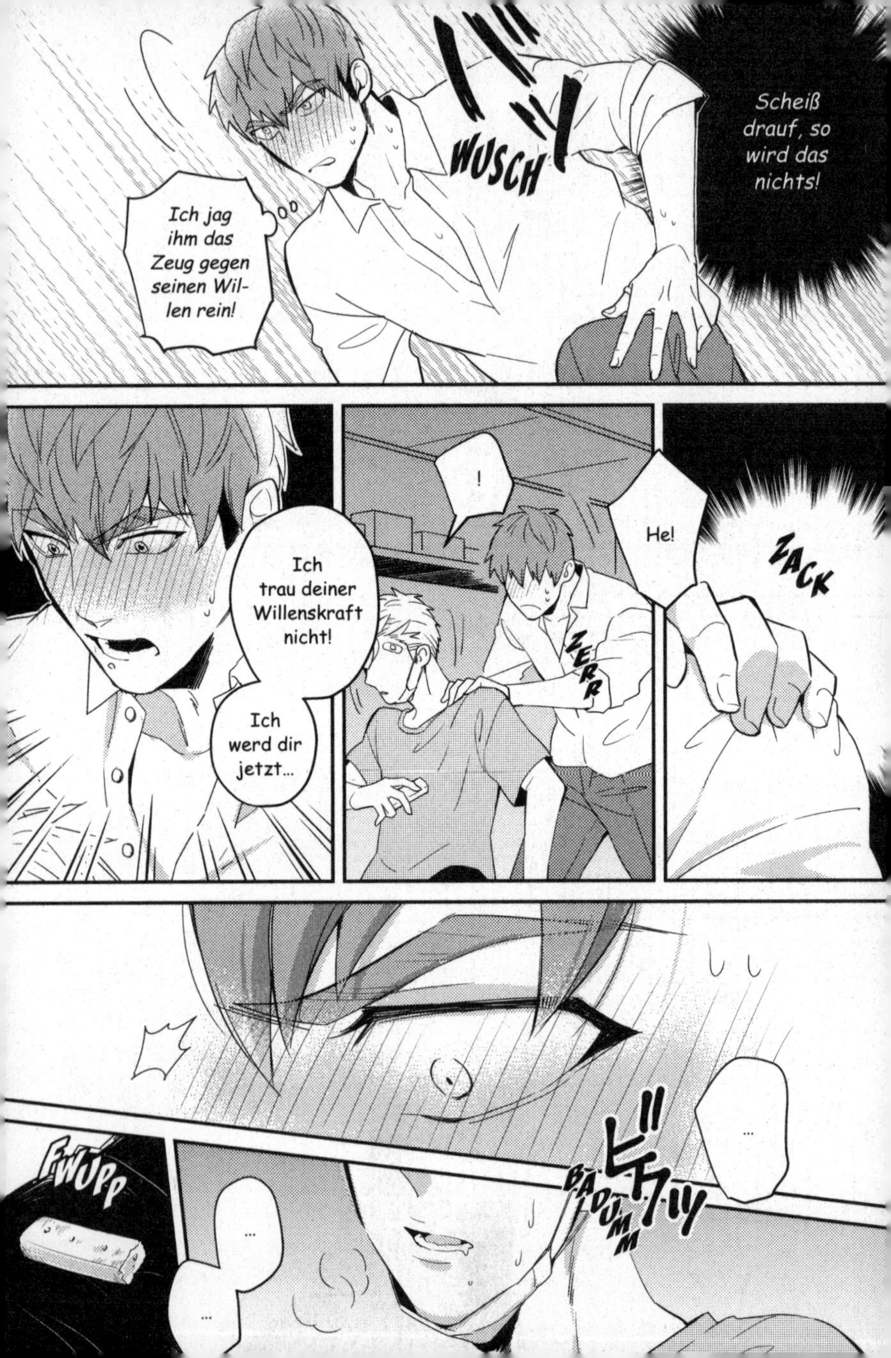
Scheiß drauf, so wird das nichts!
WUSCH
Ich jag ihm das Zeug gegen seinen Willen rein!
ZACK
He!
ZERR
!
Ich trau deiner Willenskraft nicht!
Ich werd dir jetzt...
...
BADUMM
FWUPP
...
...

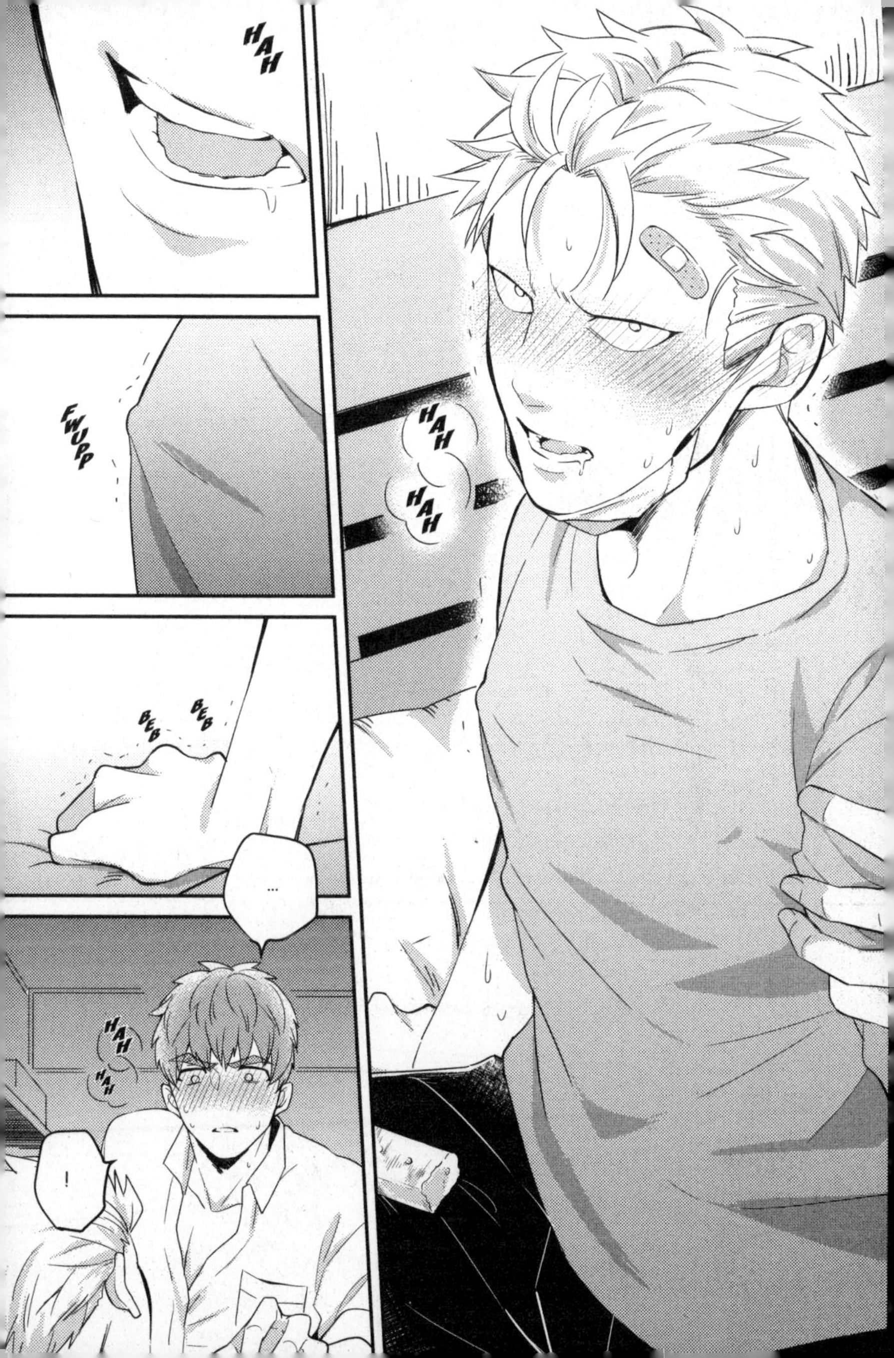
HAH
HAH
HAH
FWUPP
BEB
BEB
...
HAH
HAH
!

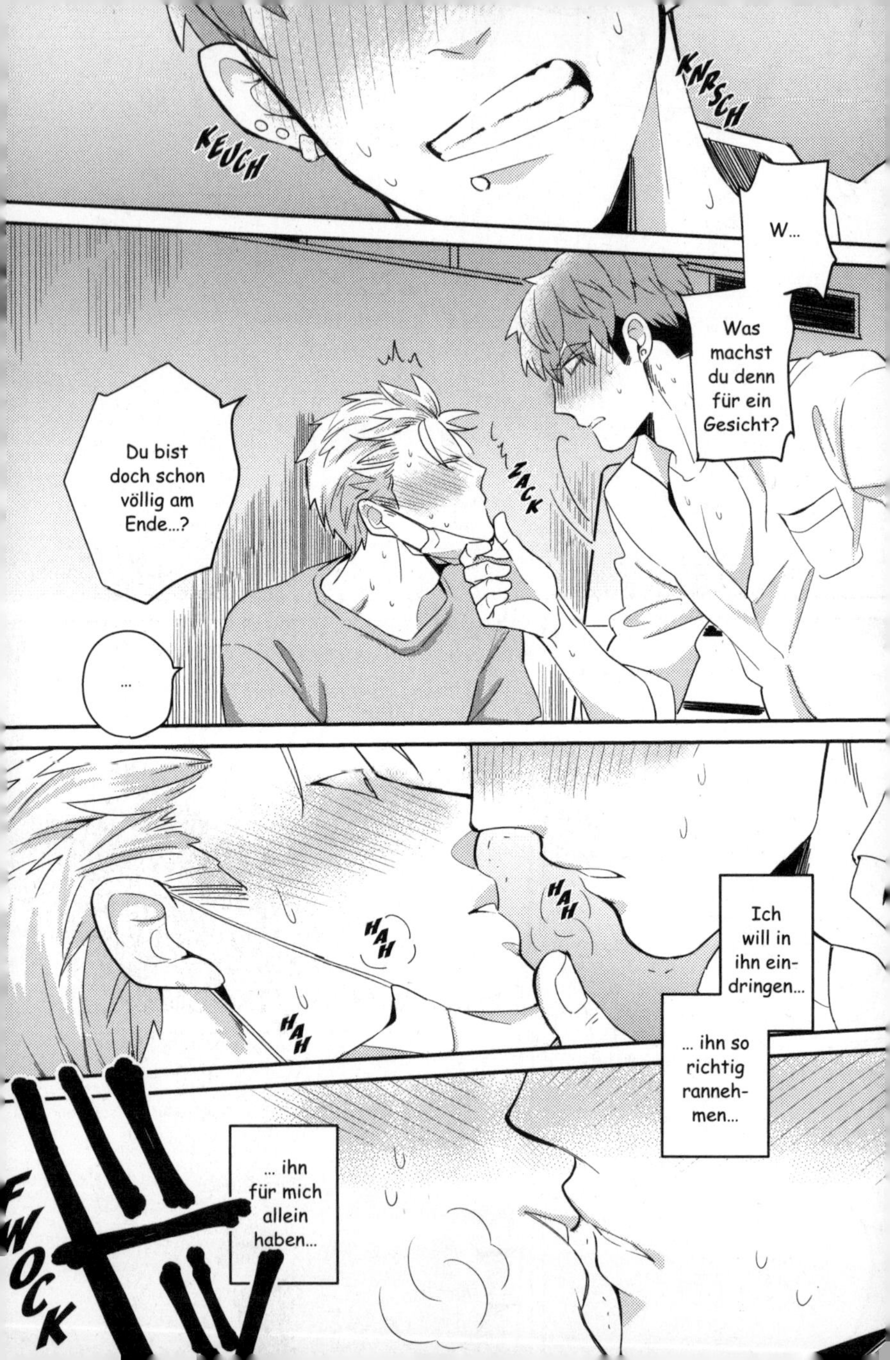
KNRSCH
KEUCH
W...
Was machst du denn für ein Gesicht?
ZACK
Du bist doch schon völlig am Ende...?
...
HAH
HAH
HAH
Ich will in ihn eindringen...
... ihn so richtig rannehmen...
... ihn für mich allein haben...
FWOCK

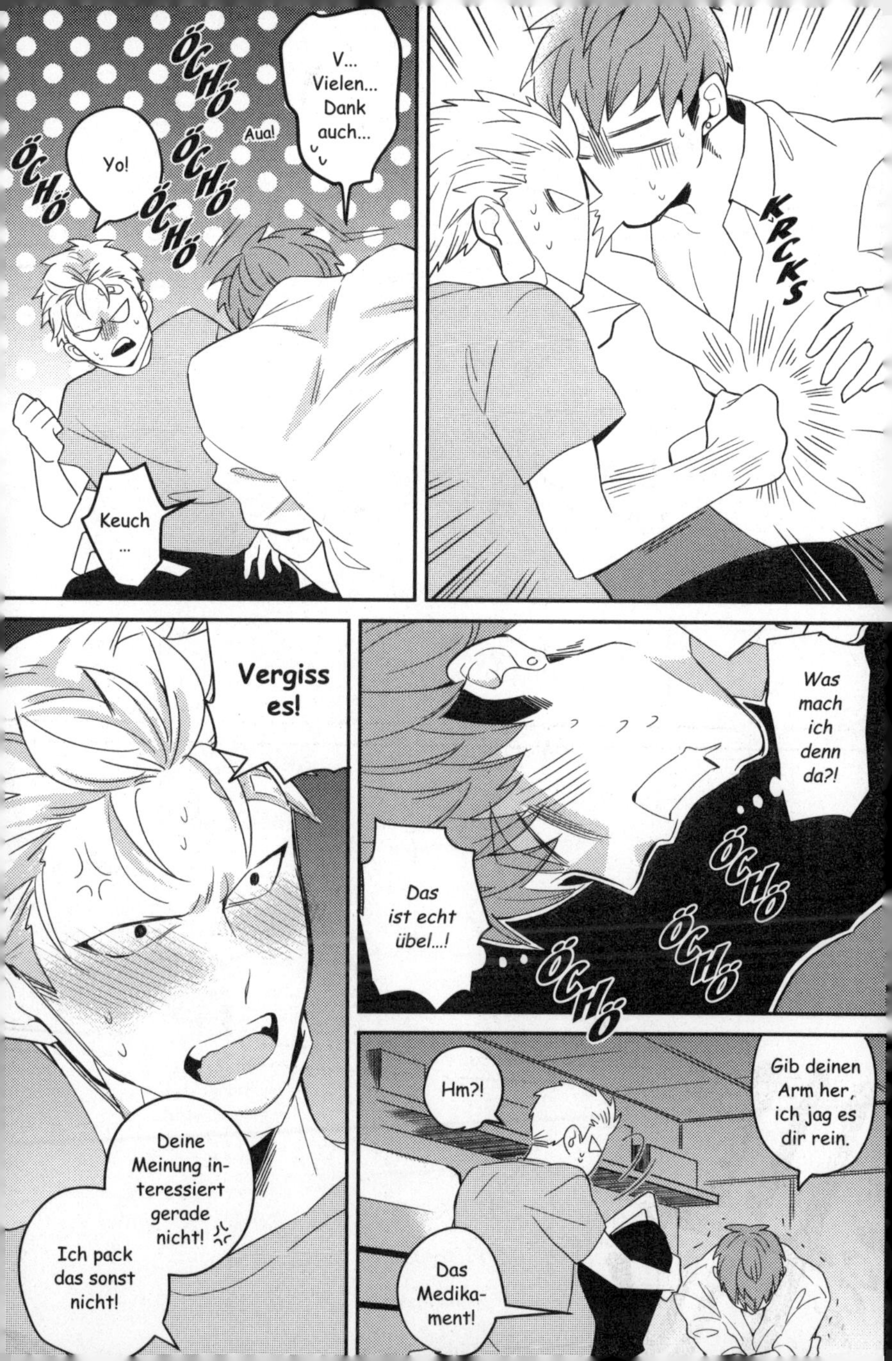
KRCKS
V... Vielen... Dank auch...
Aua!
Yo!
ÖCHÖ ÖCHÖ ÖCHÖ ÖCHÖ
Keuch ...
Was mach ich denn da?!
Das ist echt übel...!
ÖCHÖ ÖCHÖ ÖCHÖ
Vergiss es!
Deine Meinung interessiert gerade nicht!
Ich pack das sonst nicht!
Gib deinen Arm her, ich jag es dir rein.
Hm?!
Das Medikament!

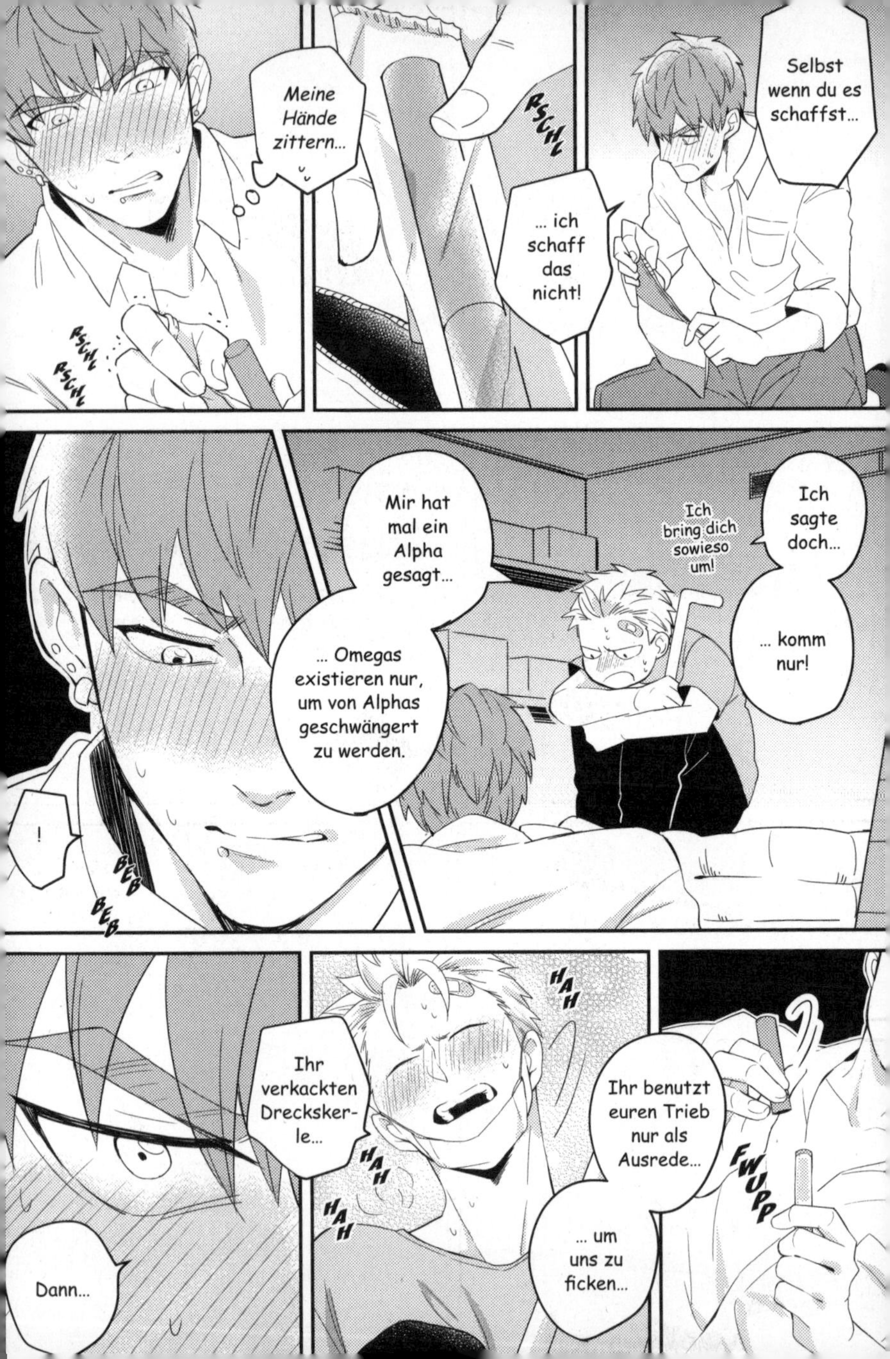

Selbst wenn du es schaffst...
... ich schaff das nicht!
RSCHL
Meine Hände zittern...
RSCHL
RSCHL
Ich sagte doch...
... komm nur!
Ich bring dich sowieso um!
Mir hat mal ein Alpha gesagt...
... Omegas existieren nur, um von Alphas geschwängert zu werden.
!
BEB
BEB
Ihr benutzt euren Trieb nur als Ausrede...
... um uns zu ficken...
FWUPP
HAH
Ihr verkackten Dreckskerle...
HAH
HAH
Dann...

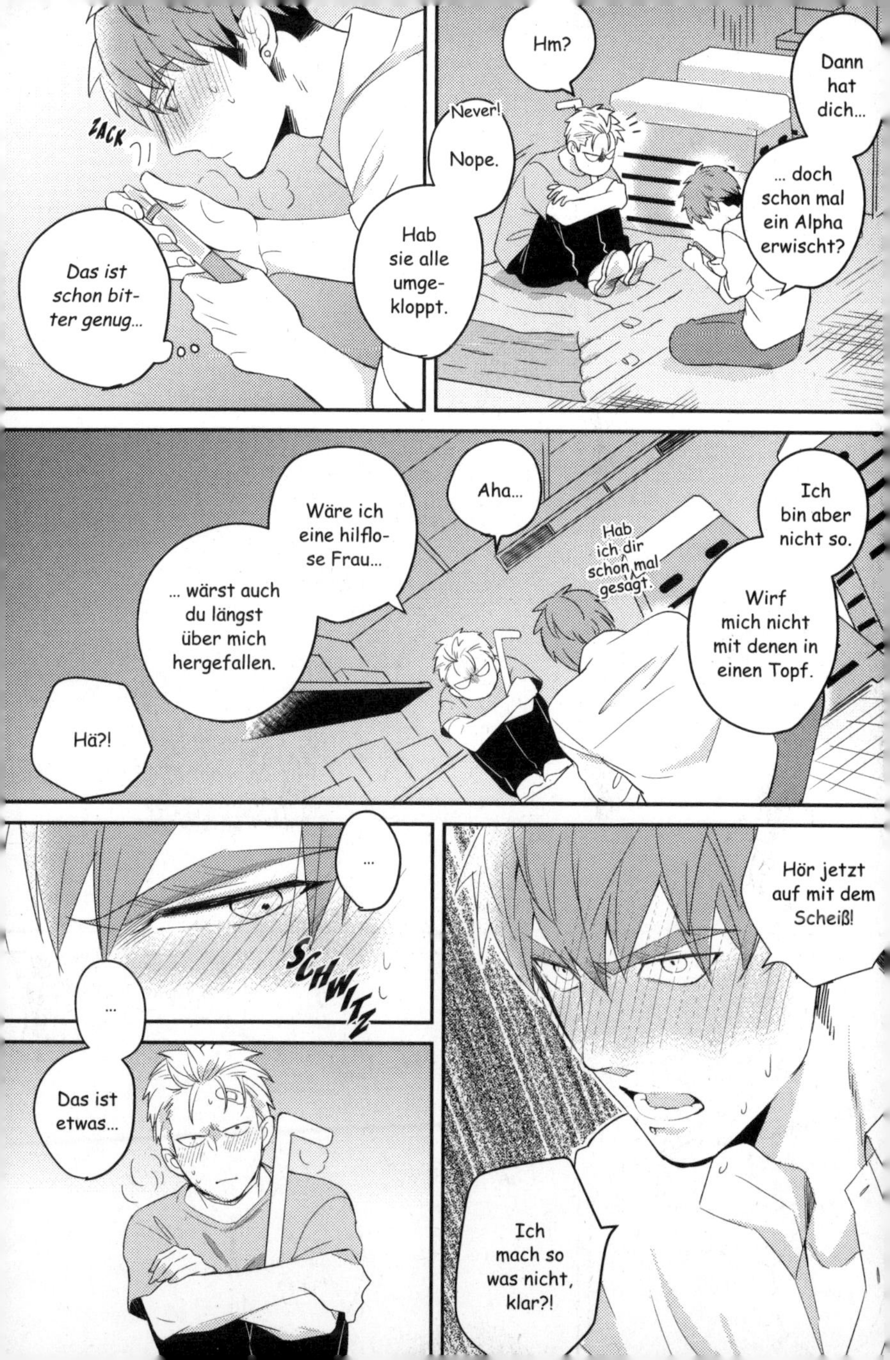

Dann hat dich...
... doch schon mal ein Alpha erwischt?
Hm?
Never!
Nope.
Hab sie alle umge-kloppt.
ZACK
Das ist schon bit-ter genug...
Ich bin aber nicht so.
Wirf mich nicht mit denen in einen Topf.
Hab ich dir schon mal gesagt.
Aha...
Wäre ich eine hilflo-se Frau...
... wärst auch du längst über mich hergefallen.
Hä?!
Hör jetzt auf mit dem Scheiß!
Ich mach so was nicht, klar?!
...
SCHWITZ
...
Das ist etwas...

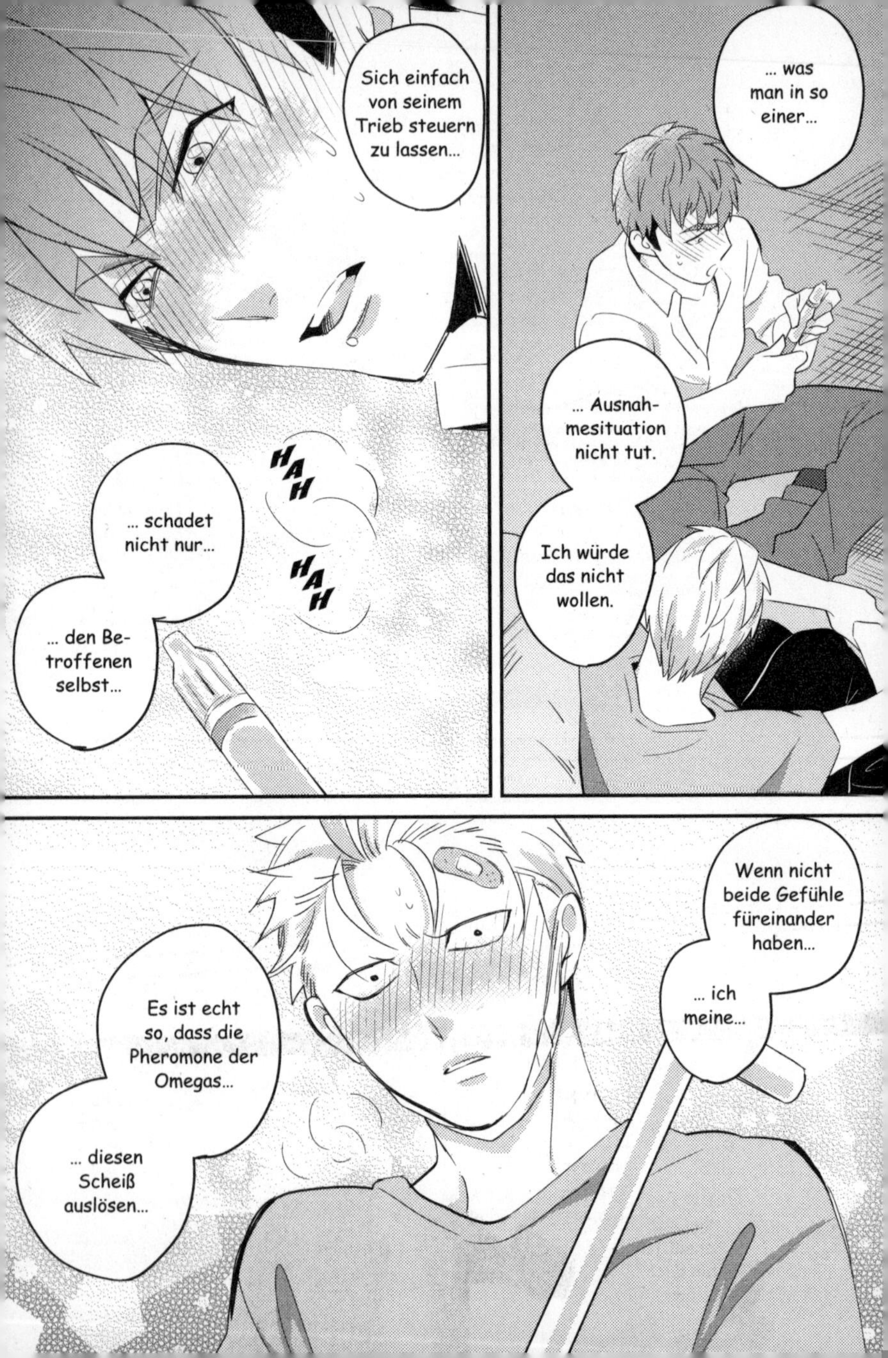

... was man in so einer...
... Ausnahmesituation nicht tut.
Ich würde das nicht wollen.
Sich einfach von seinem Trieb steuern zu lassen...
... schadet nicht nur...
HAH
HAH
... den Betroffenen selbst...
Wenn nicht beide Gefühle füreinander haben...
... ich meine...
Es ist echt so, dass die Pheromone der Omegas...
... diesen Scheiß auslösen...

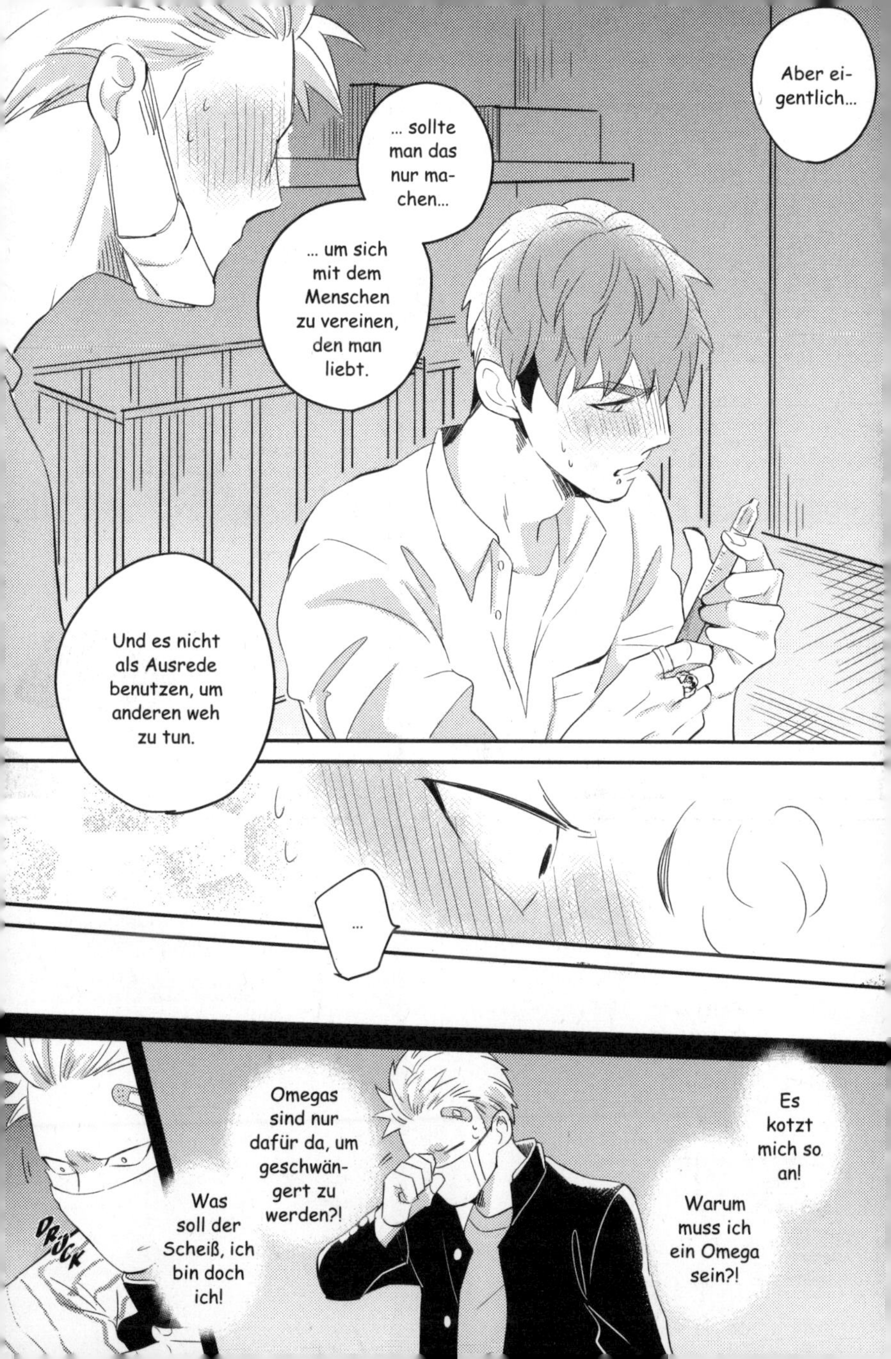
Aber eigentlich...
... sollte man das nur machen...
... um sich mit dem Menschen zu vereinen, den man liebt.
Und es nicht als Ausrede benutzen, um anderen weh zu tun.
...
Es kotzt mich so an!
Warum muss ich ein Omega sein?!
Omegas sind nur dafür da, um geschwängert zu werden?!
Was soll der Scheiß, ich bin doch ich!
DRÜCK

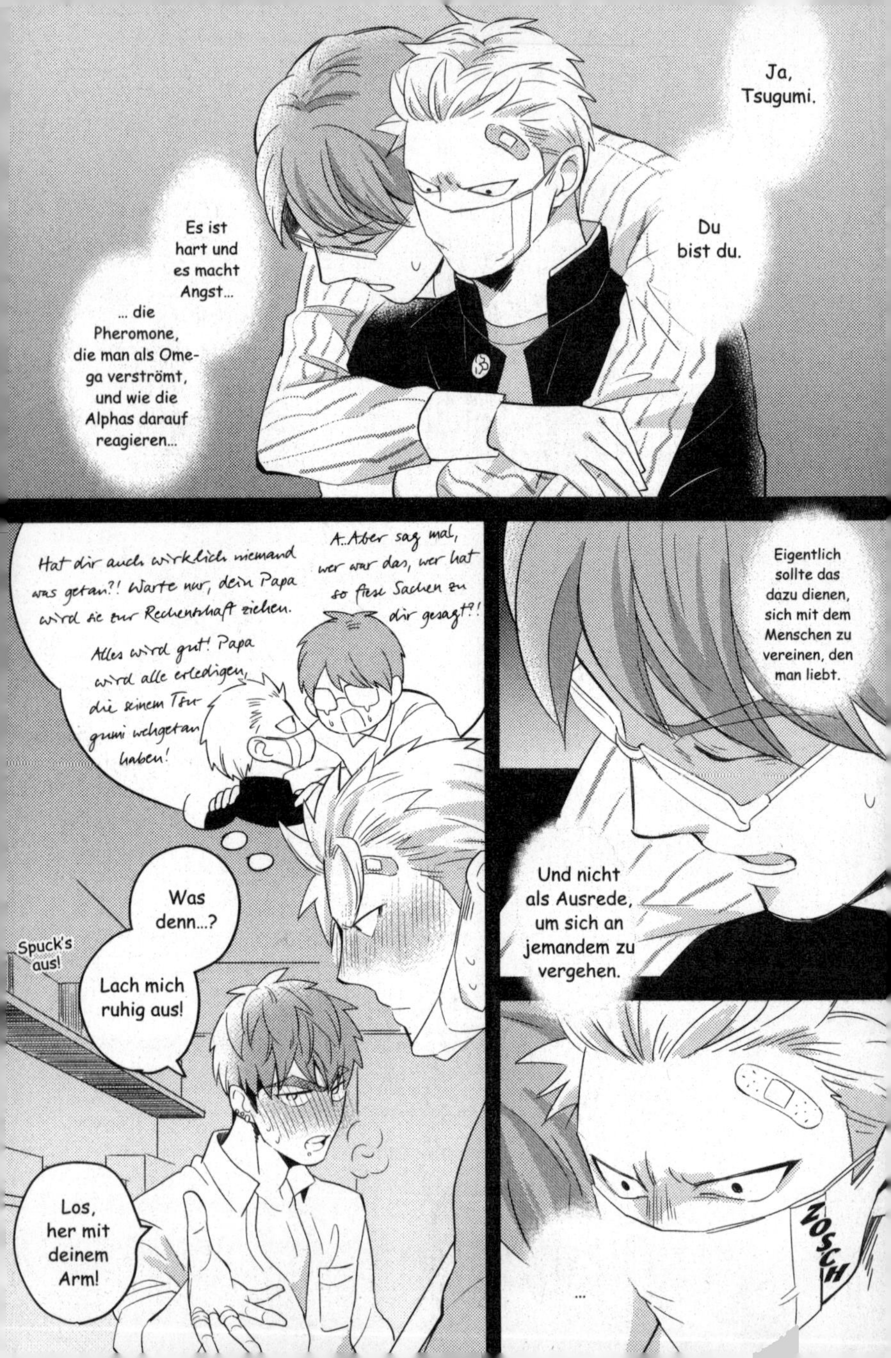

Ja, Tsugumi.
Du bist du.
Es ist hart und es macht Angst...
... die Pheromone, die man als Omega verströmt, und wie die Alphas darauf reagieren...
Eigentlich sollte das dazu dienen, sich mit dem Menschen zu vereinen, den man liebt.
Und nicht als Ausrede, um sich an jemandem zu vergehen.
ZOSCH
...
A..Aber sag mal, wer war das, wer hat so fiese Sachen zu dir gesagt?!
Hat dir auch wirklich niemand was getan?! Warte nur, dein Papa wird sie zur Rechenschaft ziehen.
Alles wird gut! Papa wird alle erledigen, die seinem Tsugumi wehgetan haben!
Was denn...?
Lach mich ruhig aus!
Spuck's aus!
Los, her mit deinem Arm!

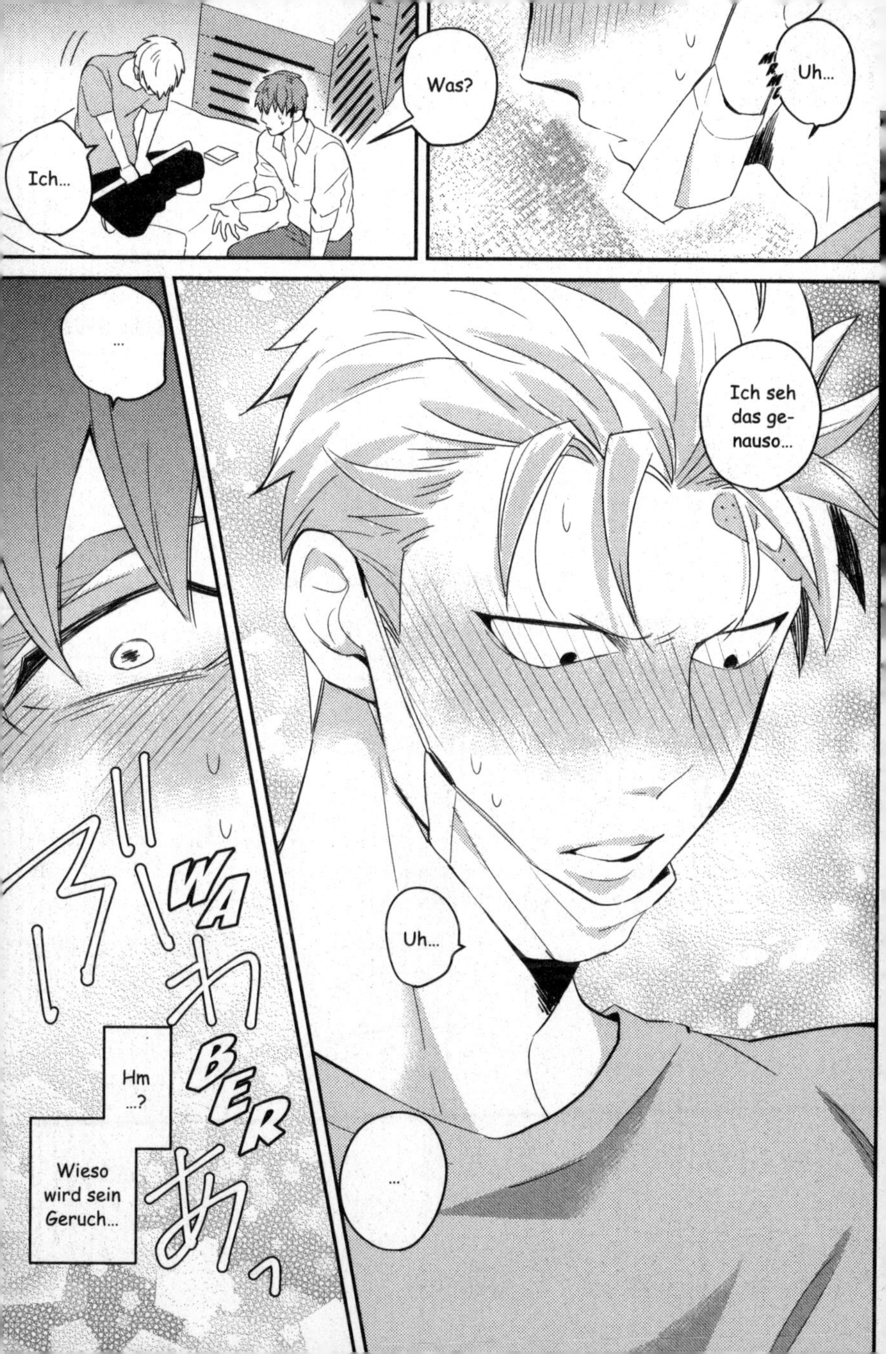
Uh...
Was?
Ich...
Ich seh das genauso...
Uh...
...
...
WABER
Hm ...?
Wieso wird sein Geruch...

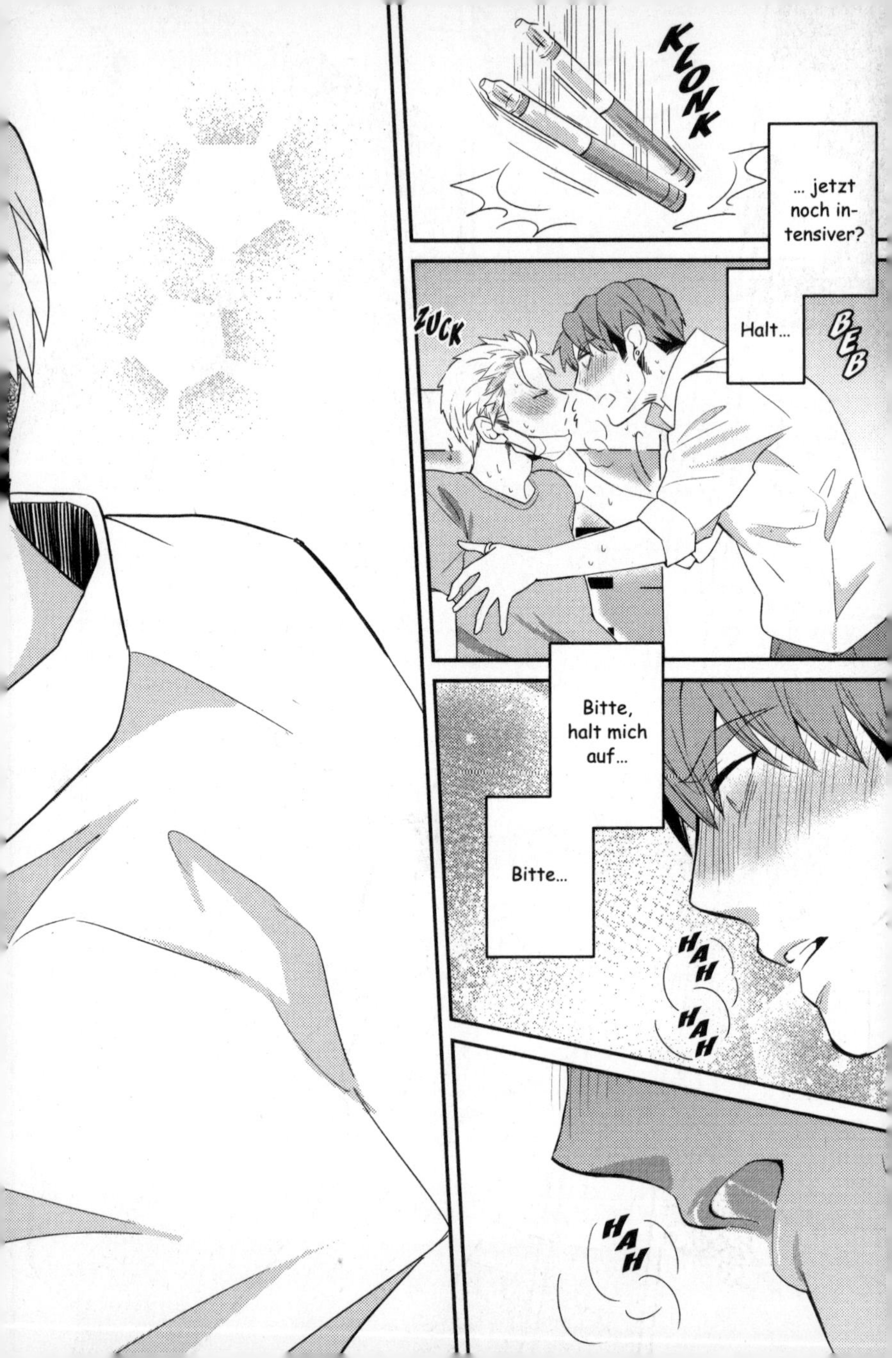
KLONK
... jetzt noch in-tensiver?
Halt...
BEB
ZUCK
Bitte, halt mich auf...
Bitte...
HAH HAH
HAH
HAH

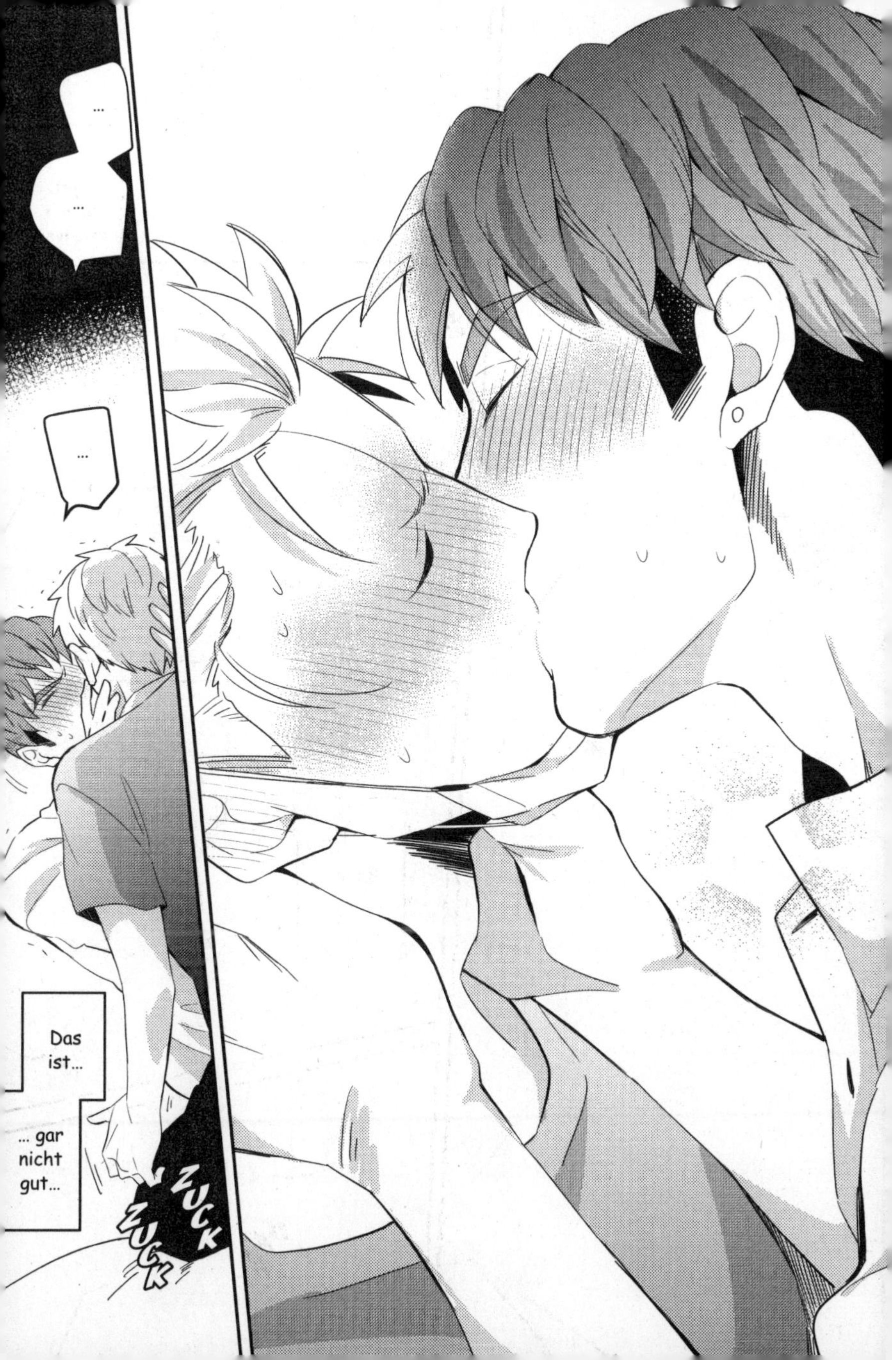
...
...
...
Das ist...
... gar nicht gut...
ZUCK
ZUCK

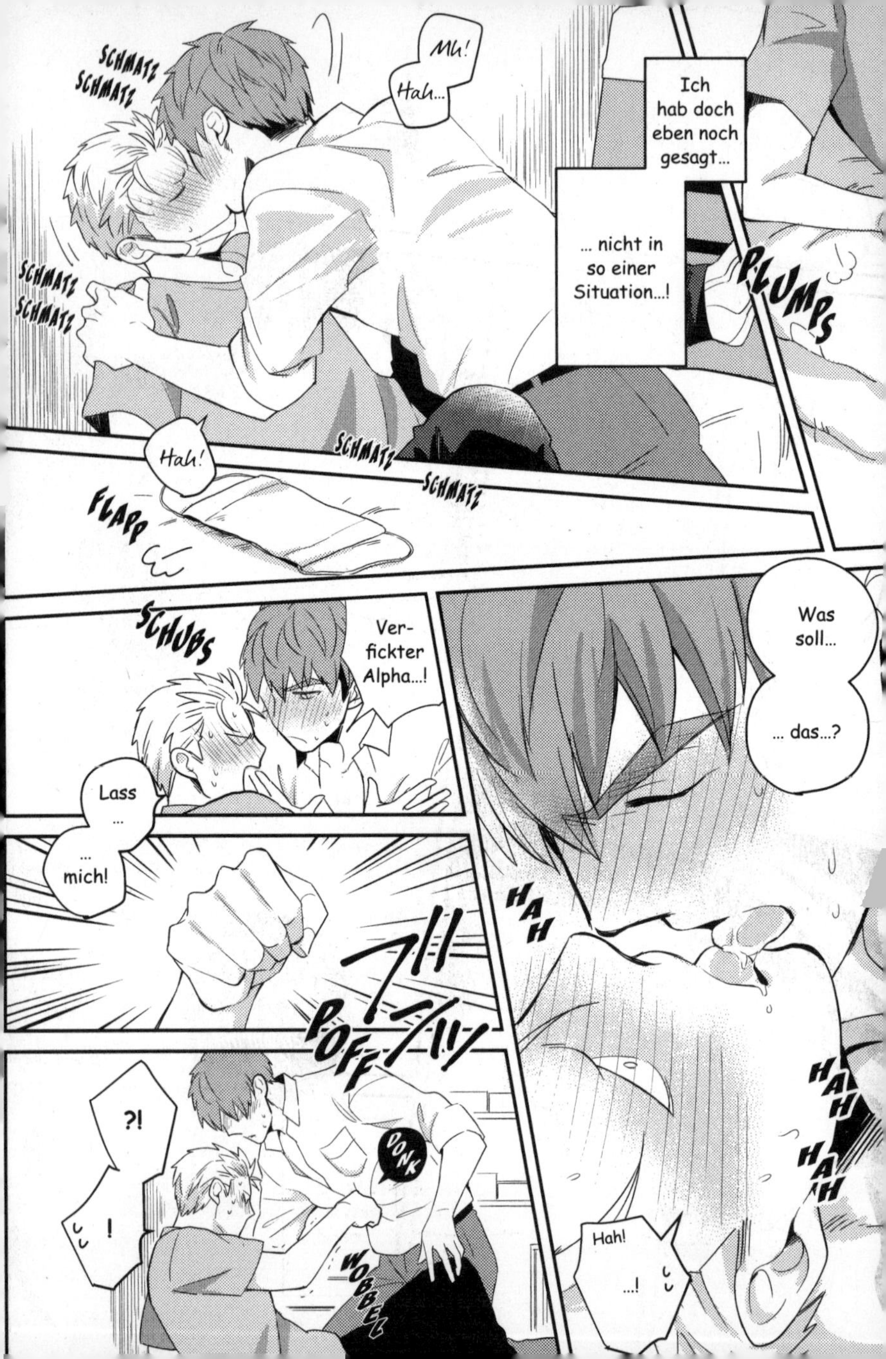

Ich hab doch eben noch gesagt...
... nicht in so einer Situation...!
PLUMPS
Mh!
Hah...
SCHMATZ SCHMATZ
SCHMATZ SCHMATZ
SCHMATZ
SCHMATZ
Hah!
FLAPP
Was soll...
... das...?
HAH
HAH HAH
HAH HAH
Verfickter Alpha...!
SCHUBS
Lass ...
... mich!
POFF
Hah!
...!
DONK
WOBBEL
?!
!

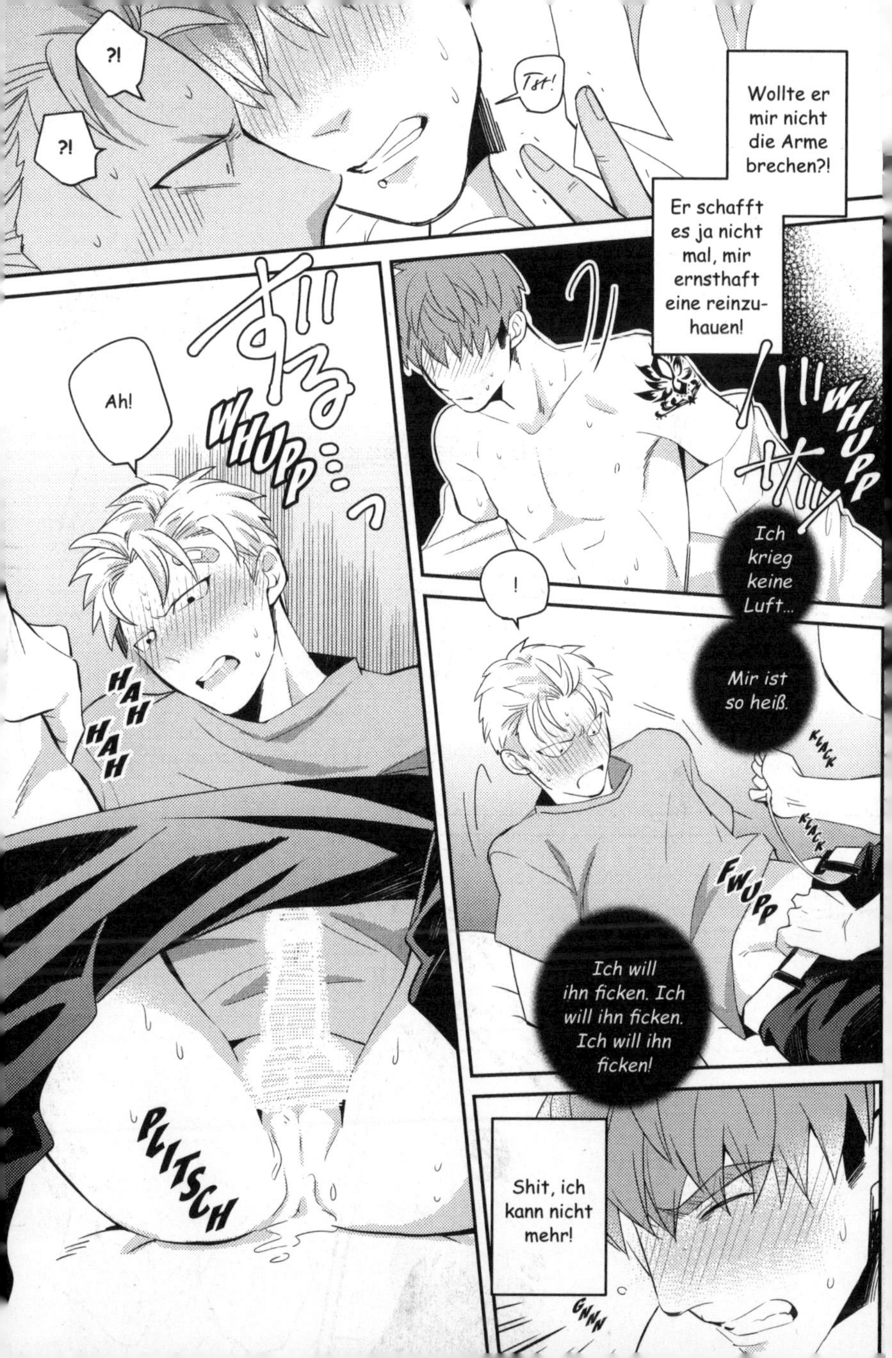
Wollte er mir nicht die Arme brechen?!
Tst!
?!
?!
Er schafft es ja nicht mal, mir ernsthaft eine reinzuhauen!
WHUPP
Ich krieg keine Luft...
Ah!
WHUPP
HAH HAH
!
Mir ist so heiß.
KLACK
KLACK
FWUPP
Ich will ihn ficken. Ich will ihn ficken. Ich will ihn ficken!
PLITSCH
Shit, ich kann nicht mehr!
GNNN

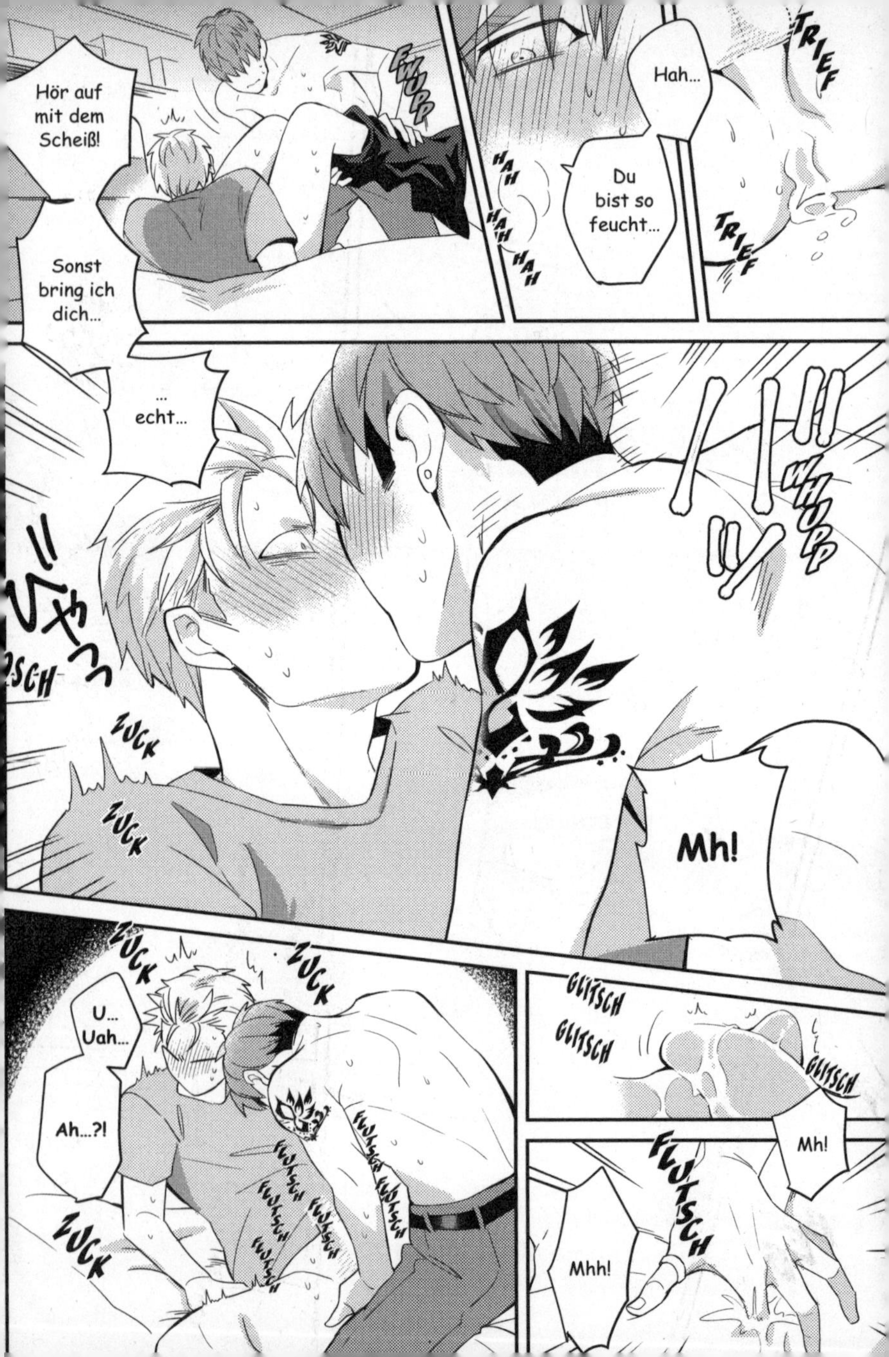
Hah...
TRIEF
Du bist so feucht...
TRIEF
HAH
HAH
HAH
FWUPP
Hör auf mit dem Scheiß!
Sonst bring ich dich...
... echt...
WHUPP
Mh!
ZUCK
ZUCK
GLITSCH
GLITSCH
GLITSCH
Mh!
FLUTSCH
Mhh!
ZUCK
ZUCK
U... Uah...
Ah...?!
FLUTSCH
FLUTSCH
FLUTSCH
ZUCK

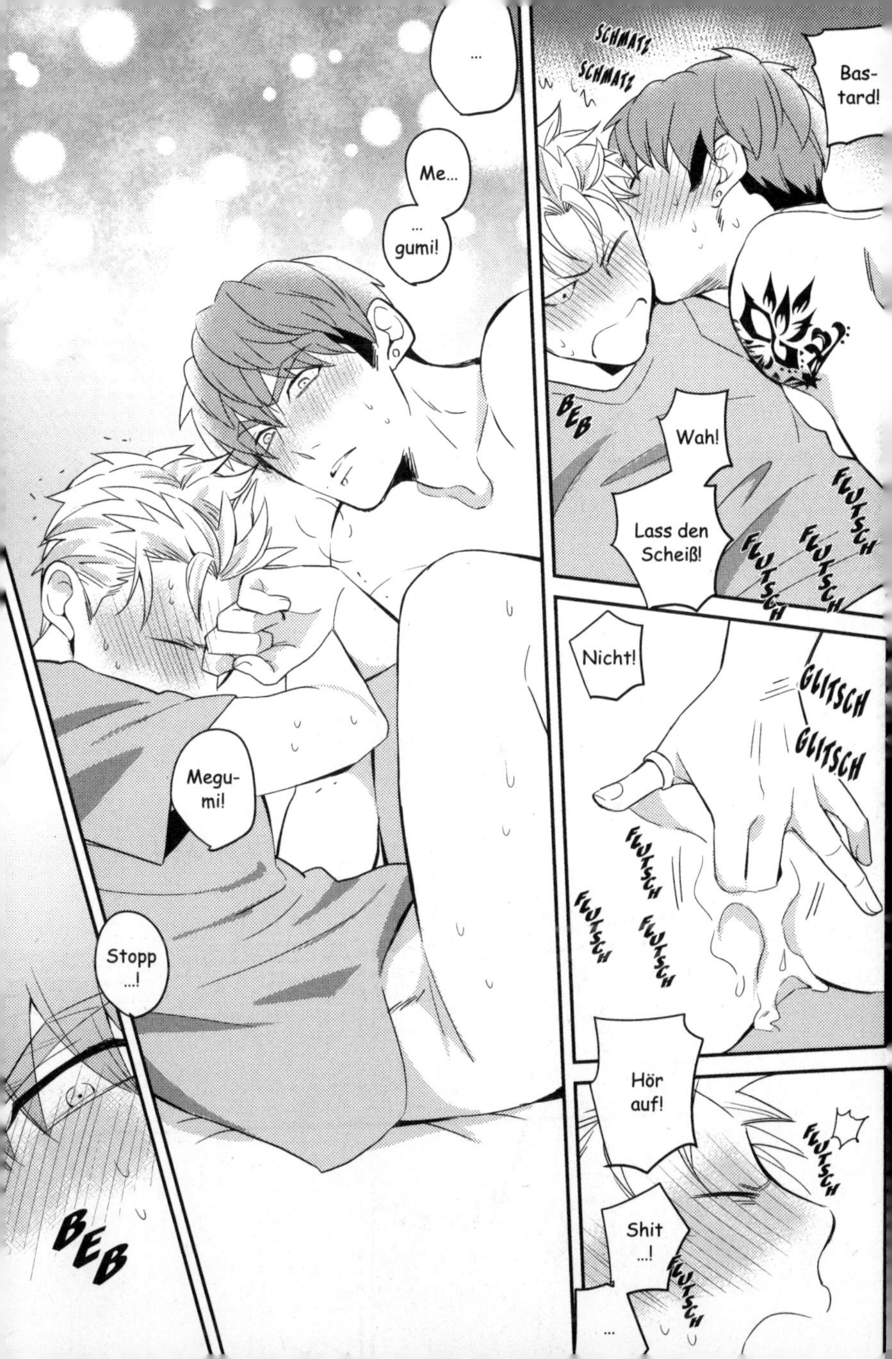
SCHMATZ
SCHMATZ
Bastard!
BEB
Wah!
Lass den Scheiß!
FLUTSCH
FLUTSCH
FLUTSCH
Nicht!
GLITSCH
GLITSCH
FLUTSCH
FLUTSCH
FLUTSCH
Hör auf!
FLUTSCH
Shit ...!
FLUTSCH
...
...
Me...
... gumi!
Megu-mi!
Stopp ...!
BEB

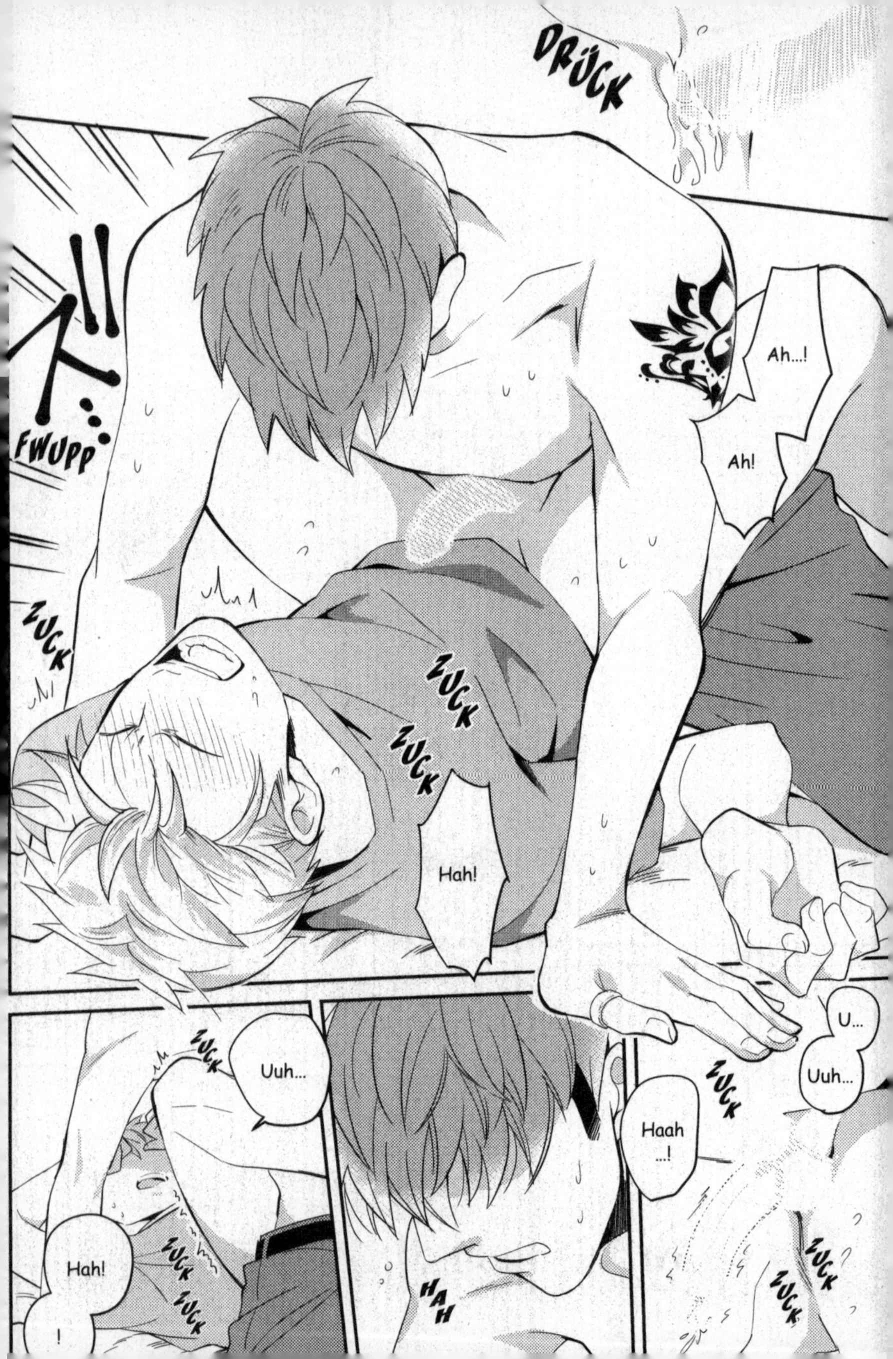
DRÜCK
Ah...!
Ah!
ズ!!
FWUPP
ZUCK
ZUCK
ZUCK
Hah!
U...
Uuh...
ZUCK
Haah
...!
ZUCK
ZUCK
HAH
ZUCK
Uuh...
Hah!
ZUCK
ZUCK
!

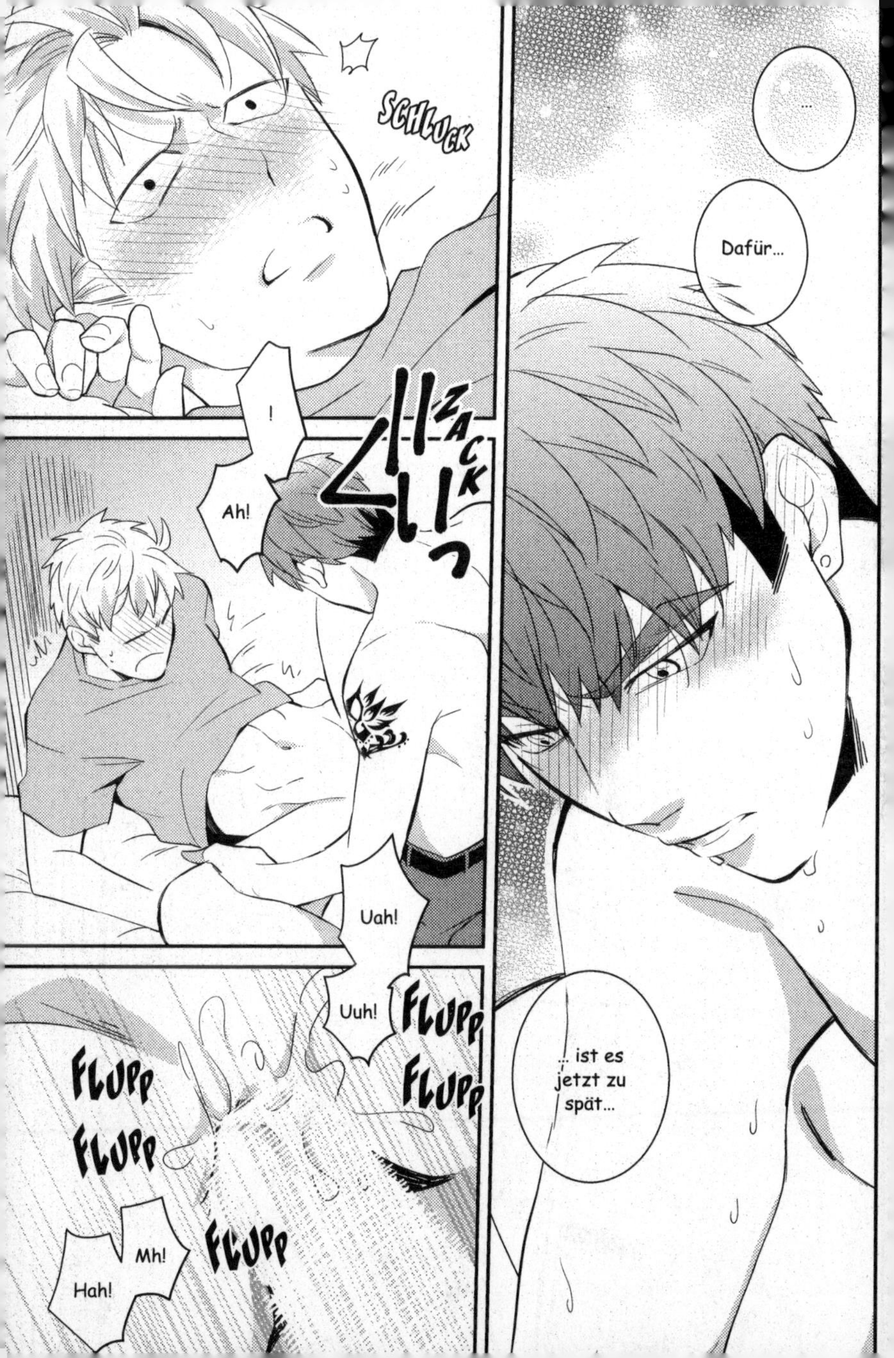
...
Dafür...
... ist es jetzt zu spät...
SCHLUCK
!
ZACK
Ah!
Uah!
Uuh!
FLUPP
FLUPP
FLUPP
FLUPP
FLUPP
Mh!
Hah!

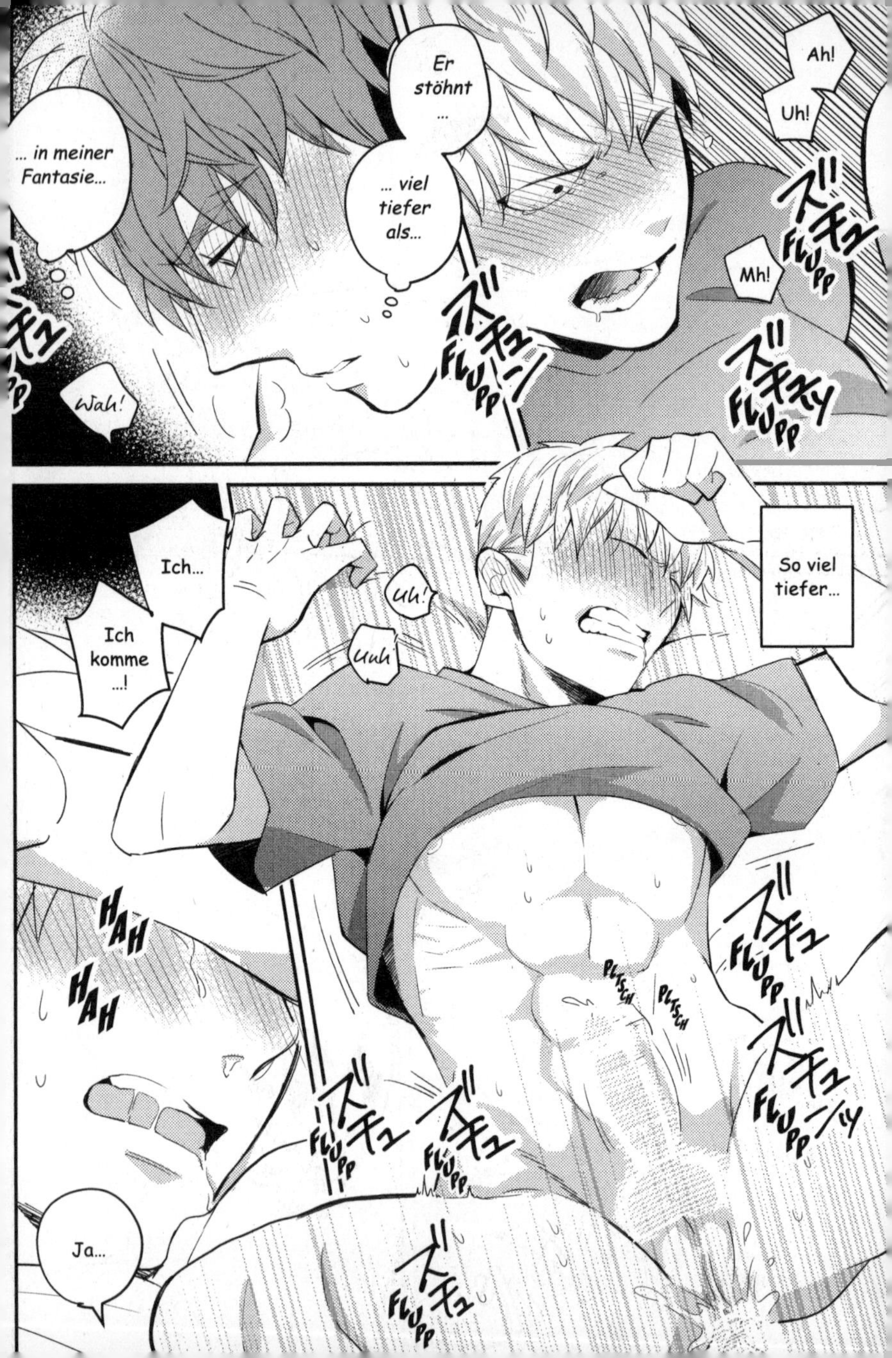
Ah!
Uh!
FLUPP
Mh!
FLUPP
Er stöhnt ...
... viel tiefer als...
FLUPP
... in meiner Fantasie...
Wah!
So viel tiefer...
uh!
uuh
Ich...
Ich komme ...!
HAH HAH
PLTSCH
PLTSCH
FLUPP
FLUPP
FLUPP
FLUPP
FLUPP
Ja...
FLUPP

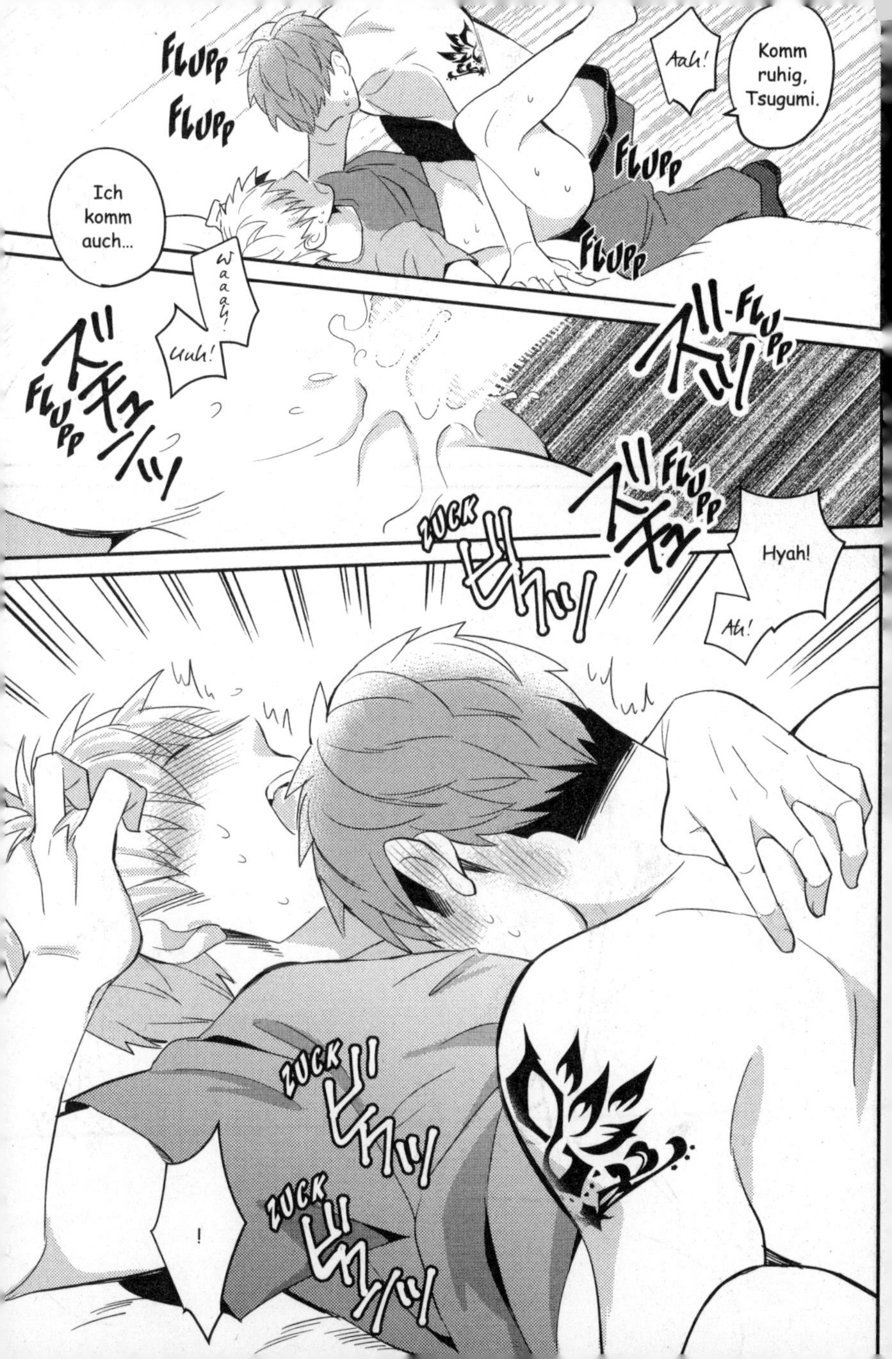

Komm ruhig, Tsugumi.
Aah!
FLUPP
FLUPP
FLUPP
FLUPP
Ich komm auch...
Waaah!
Uuh!
FLUPP
FLUPP
FLUPP
FLUPP
ZUCK
Hyah!
Ah!
ZUCK
ZUCK
!

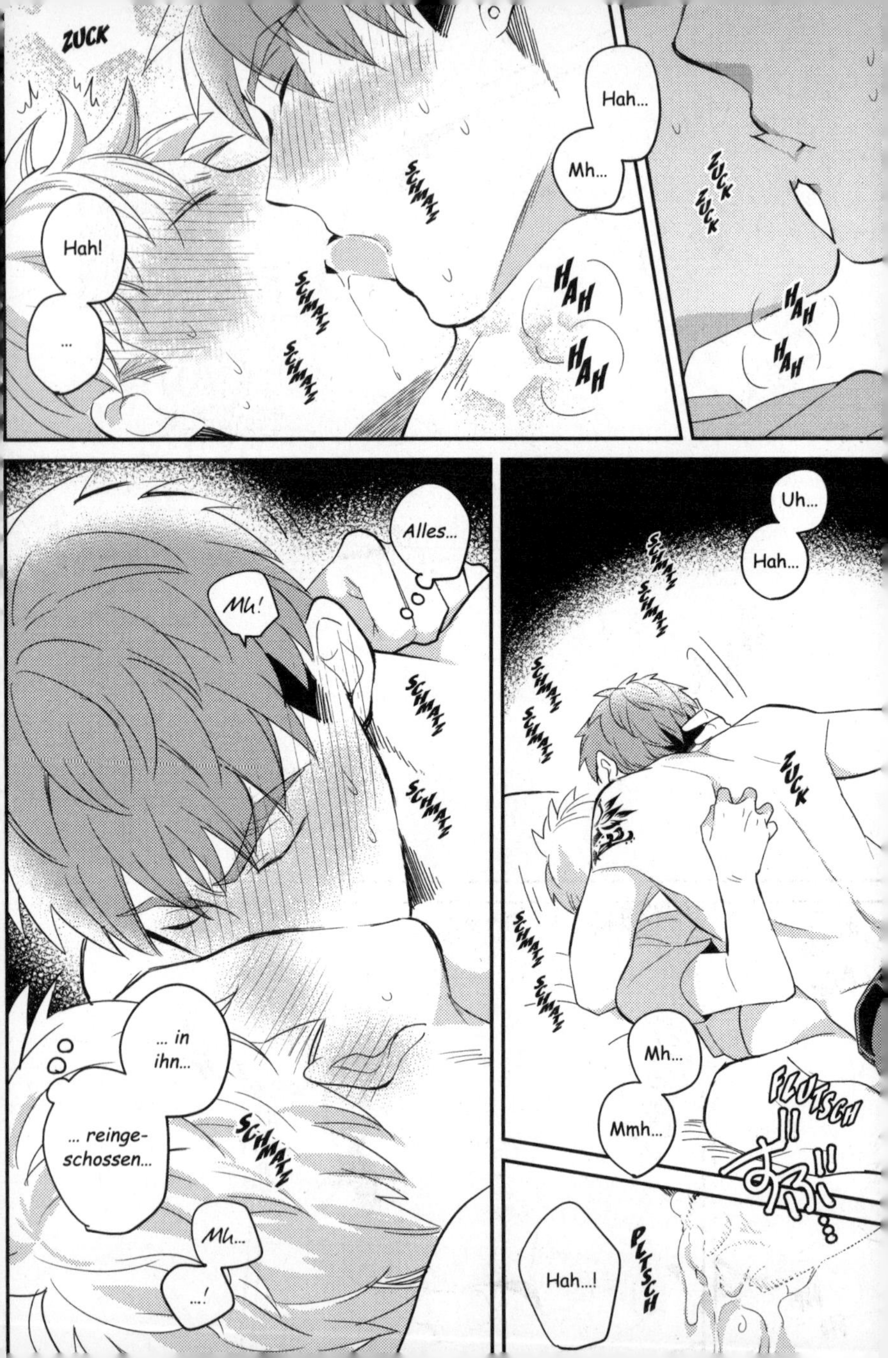
ZUCK ZUCK
HAH HAH
Hah...
Mh...
SCHMATZ
SCHMATZ
SCHMATZ
HAH HAH
ZUCK
Hah!
...
Uh...
Hah...
SCHMATZ
SCHMATZ
SCHMATZ
SCHMATZ
ZUCK
SCHMATZ
SCHMATZ
Mh...
Mmh...
FLUTSCH
PLTSCH
Hah...!
Alles...
Mh!
SCHMATZ
SCHMATZ
... in ihn...
... reinge-schossen...
SCHMATZ
Mh...
...!

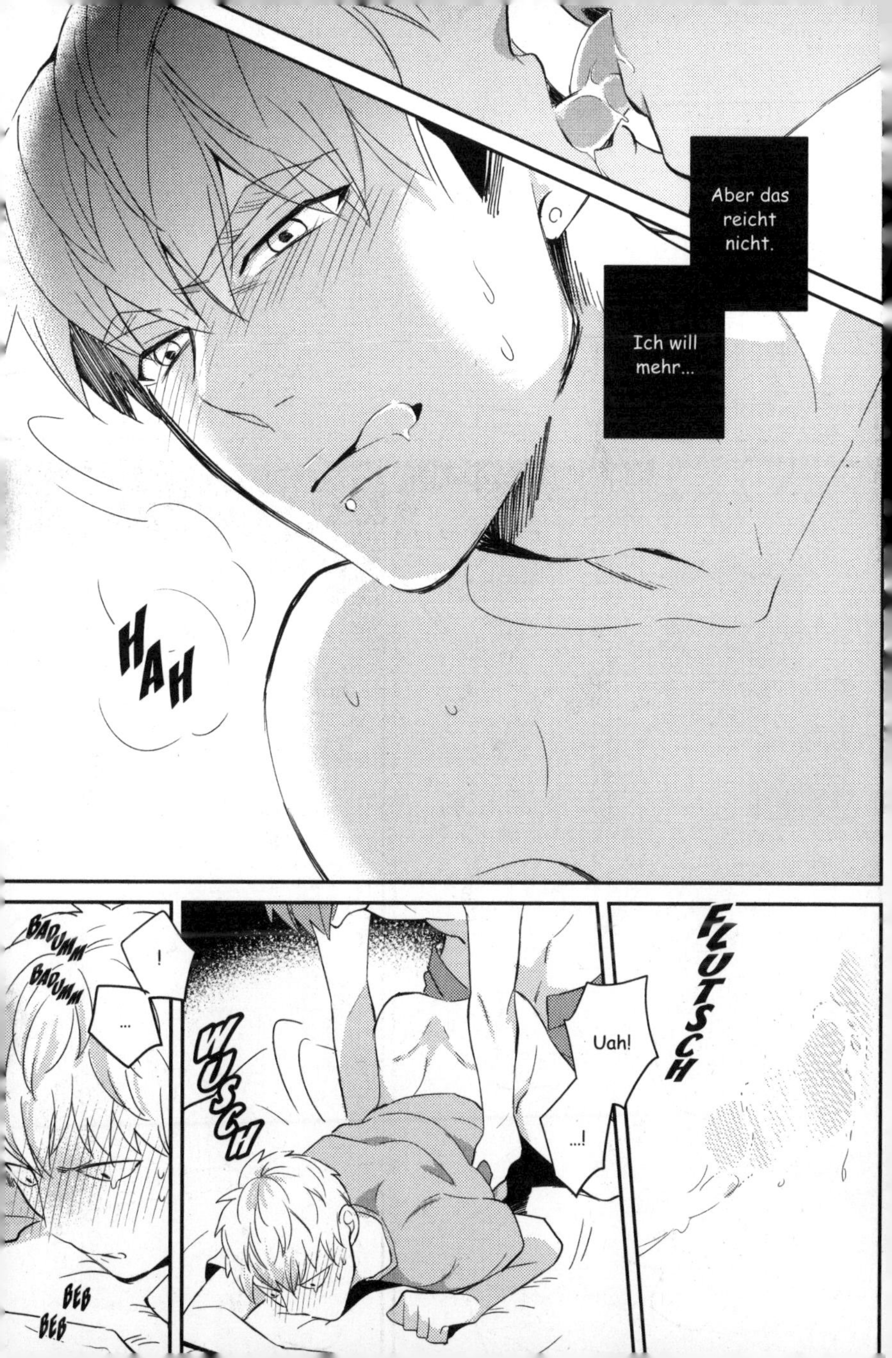
Aber das reicht nicht.
Ich will mehr...
HAH
FLUTSCH
Uah!
...!
WUSCH
!
...
BADUMM
BADUMM
BEB
BEB

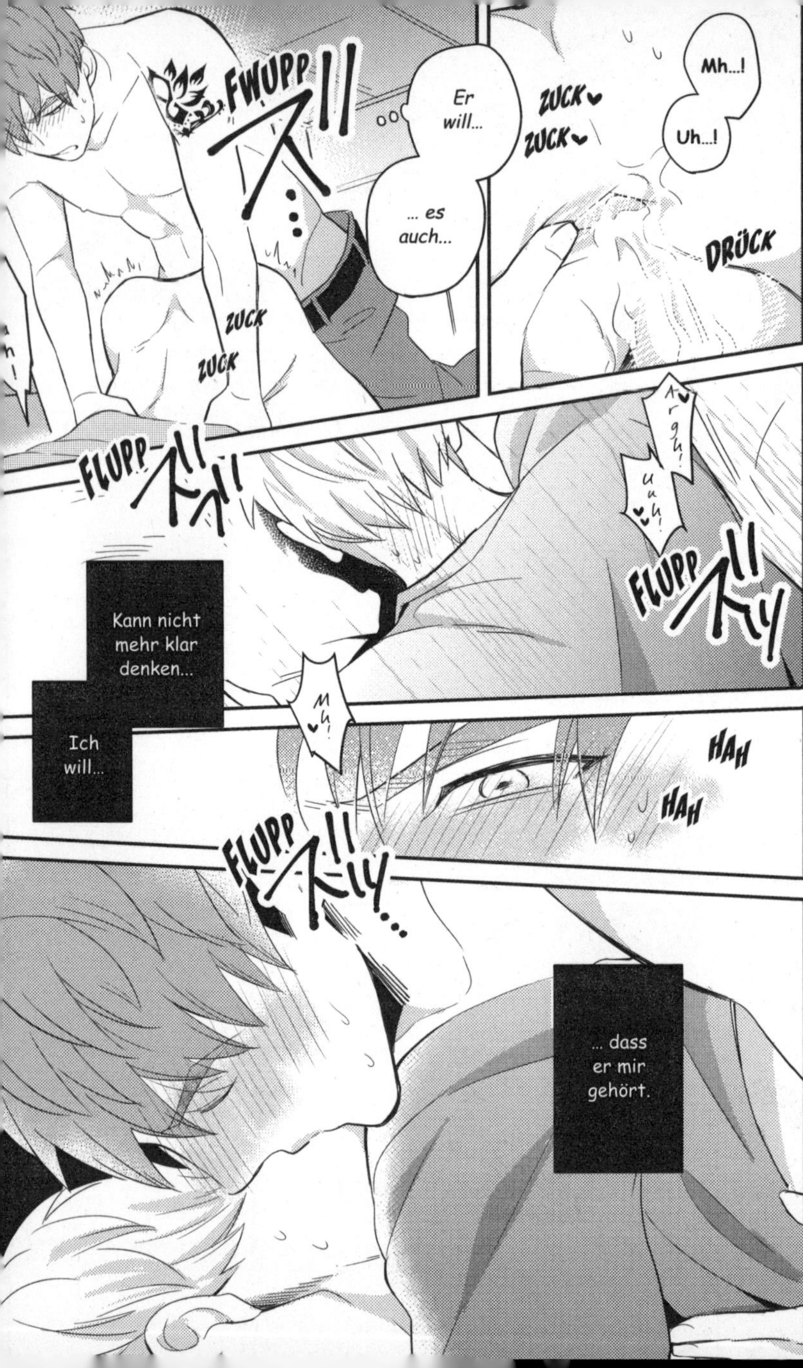

Mh...!
Uh...!
ZUCK
ZUCK
DRÜCK
Er will...
... es auch...
FWUPP
ZUCK
ZUCK
Argh!
Uuuh!
FLUPP
FLUPP
Kann nicht mehr klar denken...
Mh!
Ich will...
HAH
HAH
FLUPP
... dass er mir gehört.

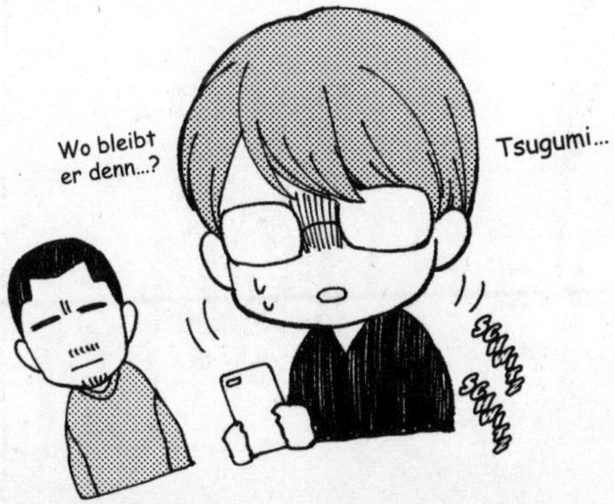
Tsugumi...
Wo bleibt er denn...?

MEGUMI & TSUGUMI

ALPHATIER VS. HITZKOPF

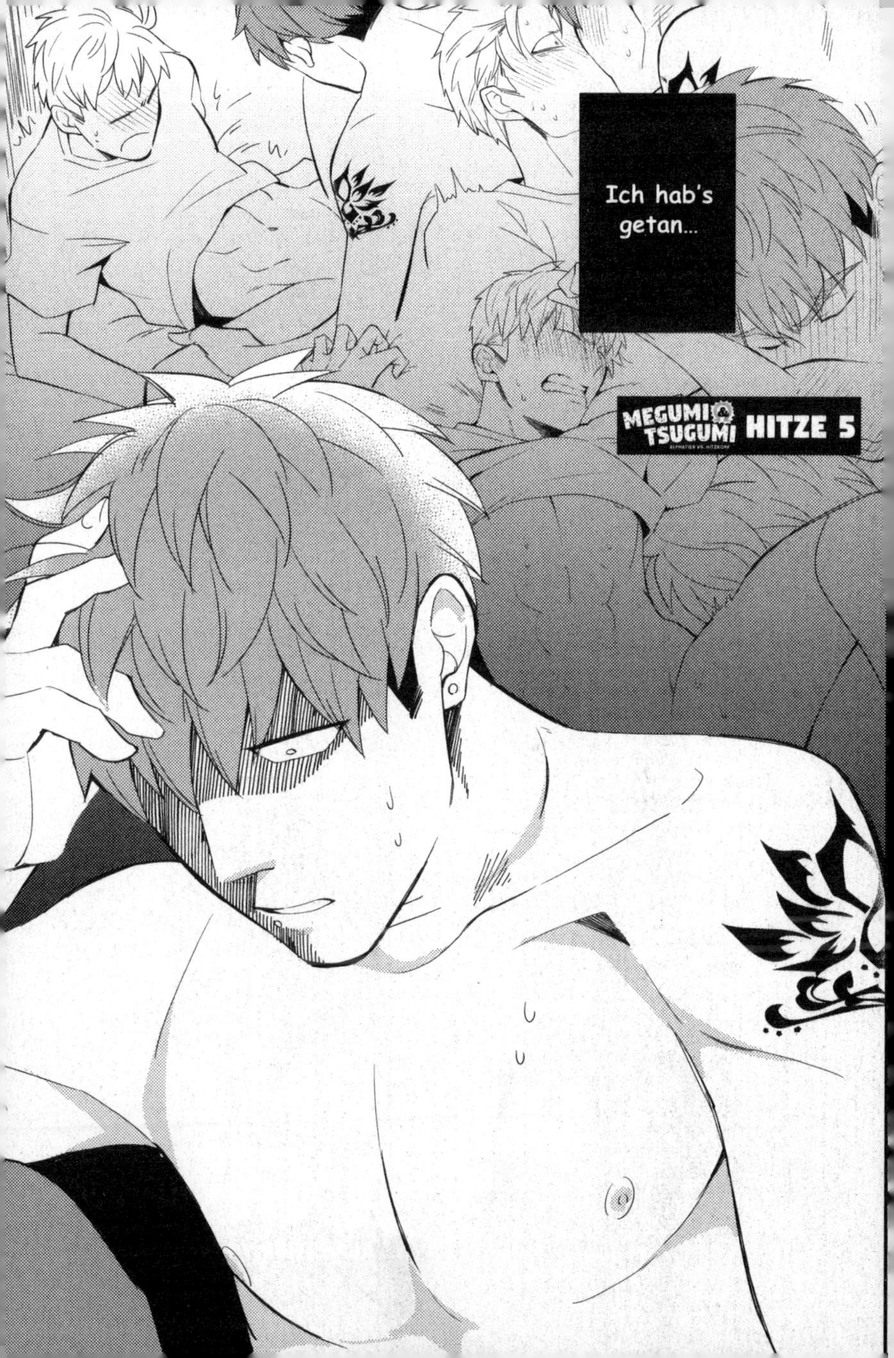
Ich hab's getan...
MEGUMI & TSUGUMI
ALPHATIER VS. HITZKOPF
HITZE 5

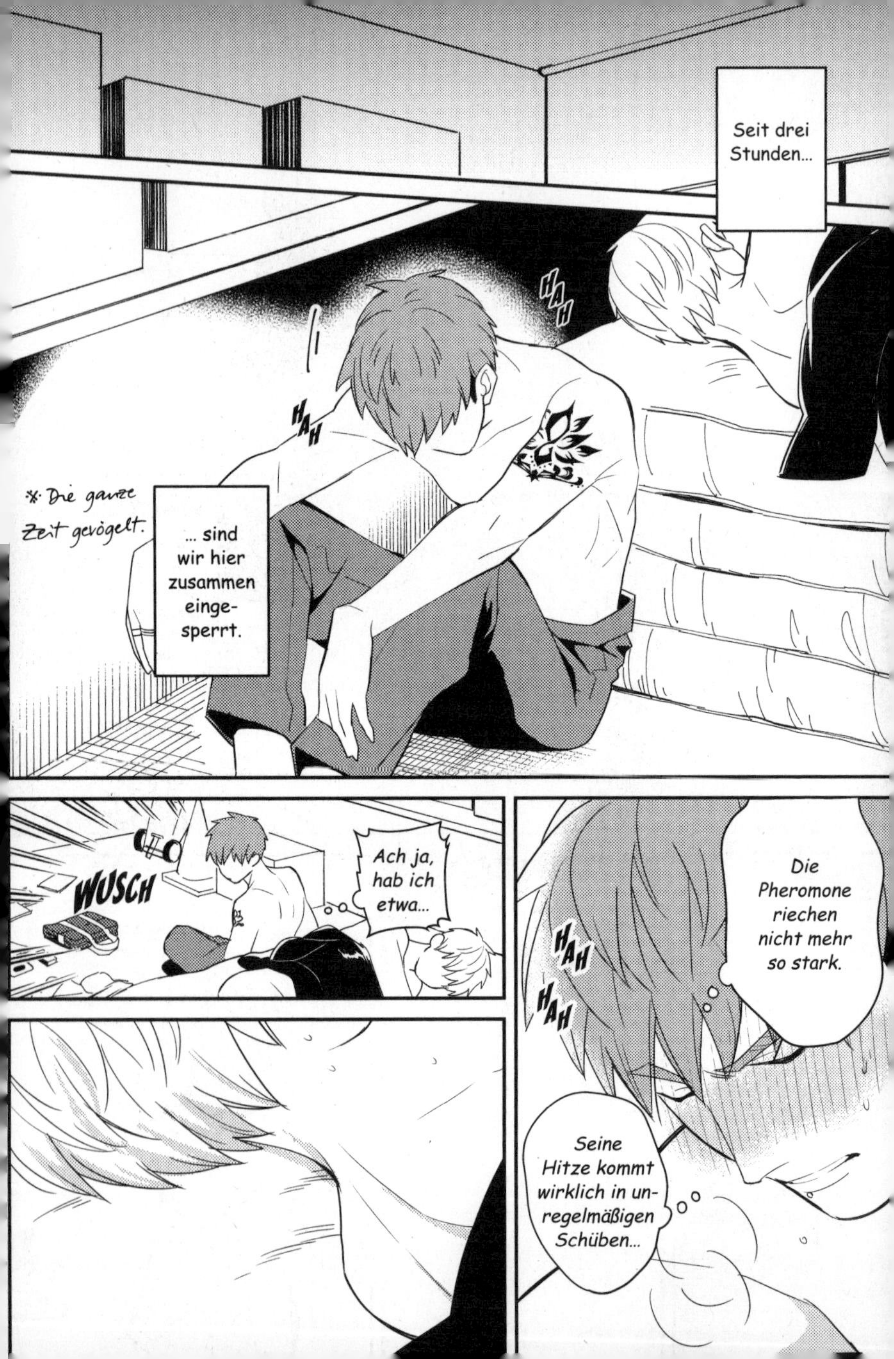

Seit drei Stunden...
HAH
HAH
... sind wir hier zusammen einge-sperrt.
*: Die ganze Zeit gevögelt.
Die Pheromone riechen nicht mehr so stark.
HAH
HAH
Seine Hitze kommt wirklich in un-regelmäßigen Schüben...
WUSCH
Ach ja, hab ich etwa...

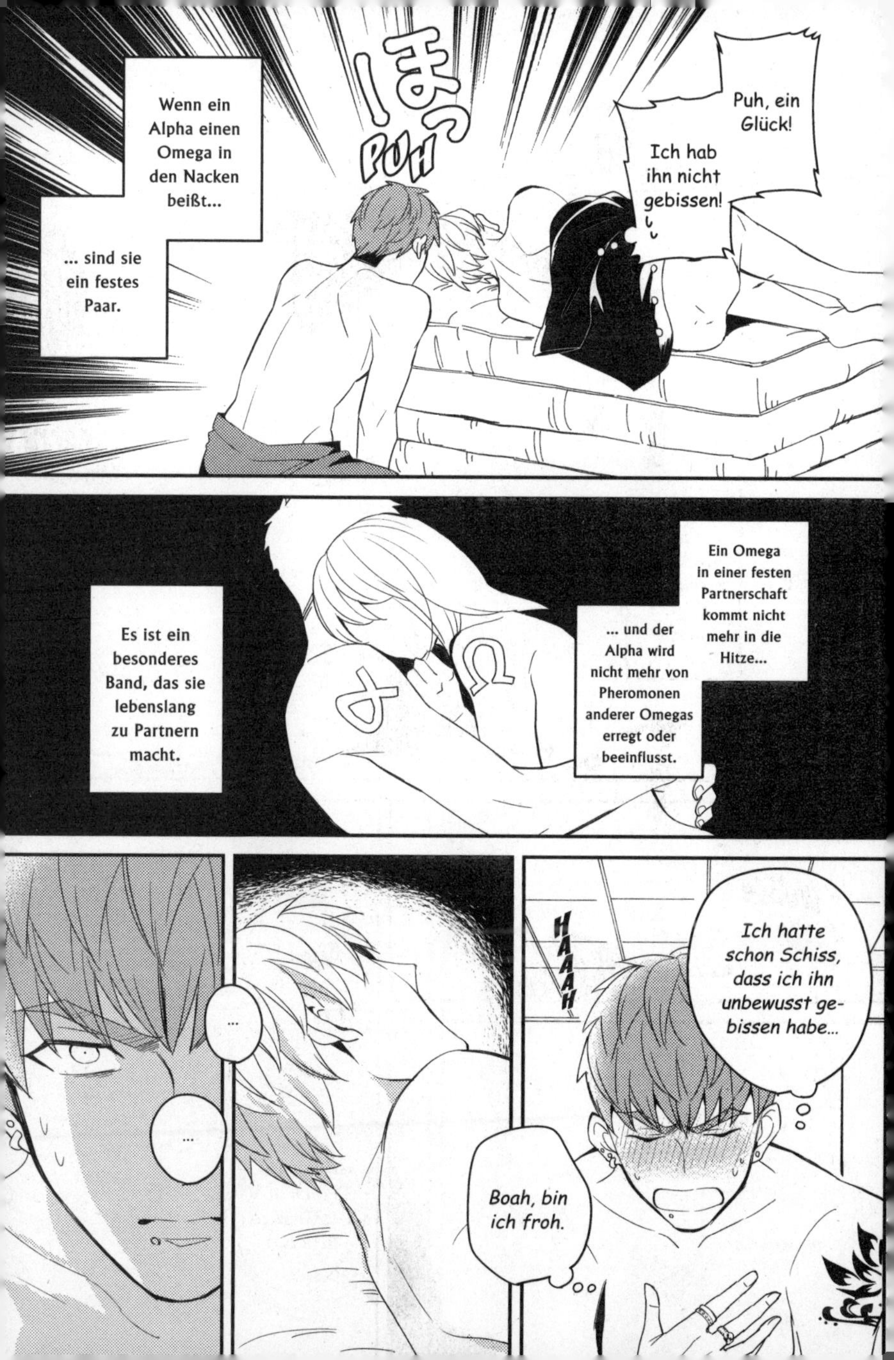
Puh, ein Glück!
Ich hab ihn nicht gebissen!
ほっ
PUH
Wenn ein Alpha einen Omega in den Nacken beißt...
... sind sie ein festes Paar.
Ein Omega in einer festen Partnerschaft kommt nicht mehr in die Hitze...
... und der Alpha wird nicht mehr von Pheromonen anderer Omegas erregt oder beeinflusst.
Es ist ein besonderes Band, das sie lebenslang zu Partnern macht.
Ich hatte schon Schiss, dass ich ihn unbewusst gebissen habe...
HAAAH
Boah, bin ich froh.
...
...

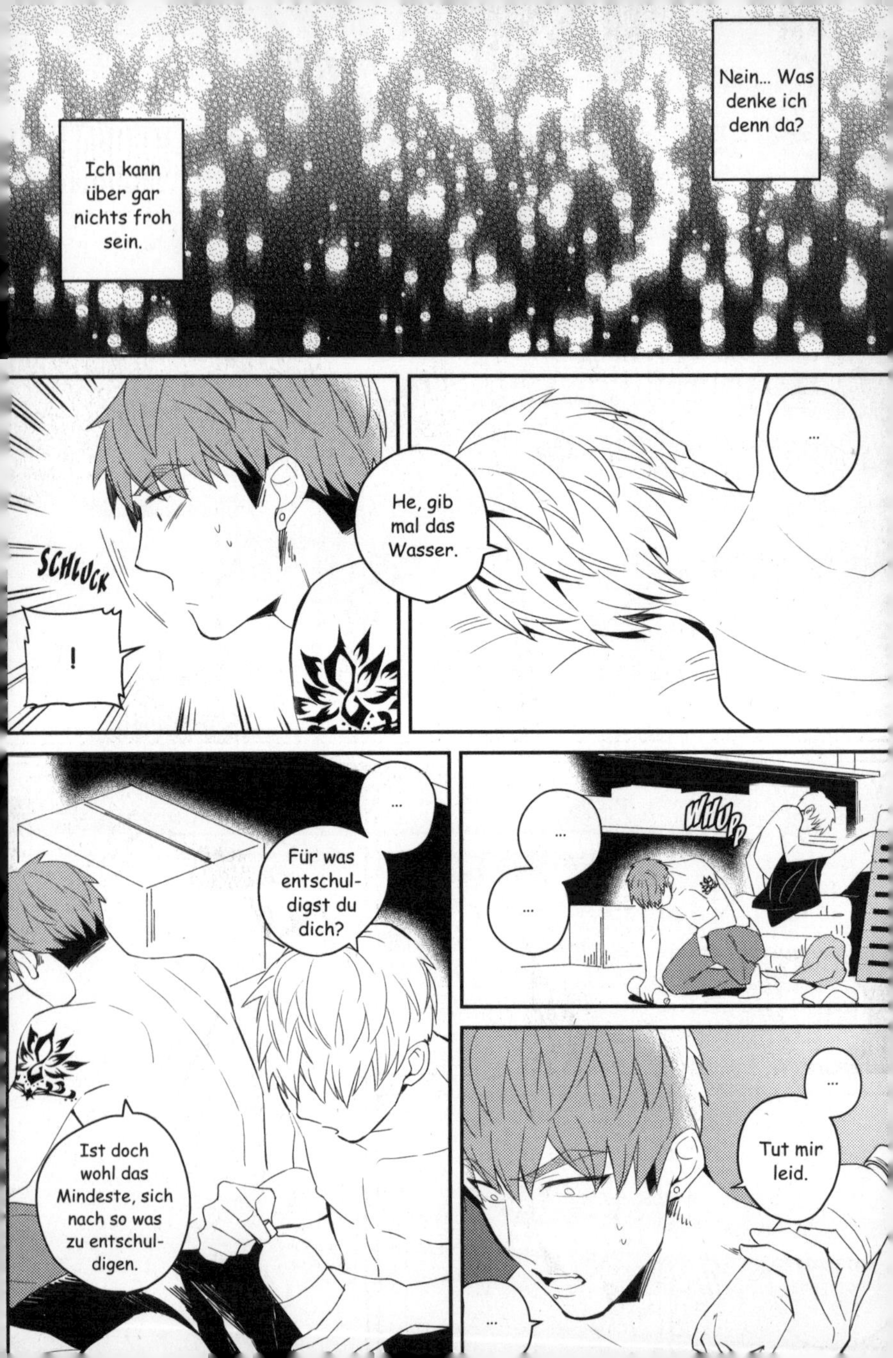
Nein... Was denke ich denn da?
Ich kann über gar nichts froh sein.
...
He, gib mal das Wasser.
SCHLUCK
!
...
...
WHUPP
...
Für was entschuldigst du dich?
Ist doch wohl das Mindeste, sich nach so was zu entschuldigen.
...
Tut mir leid.
...

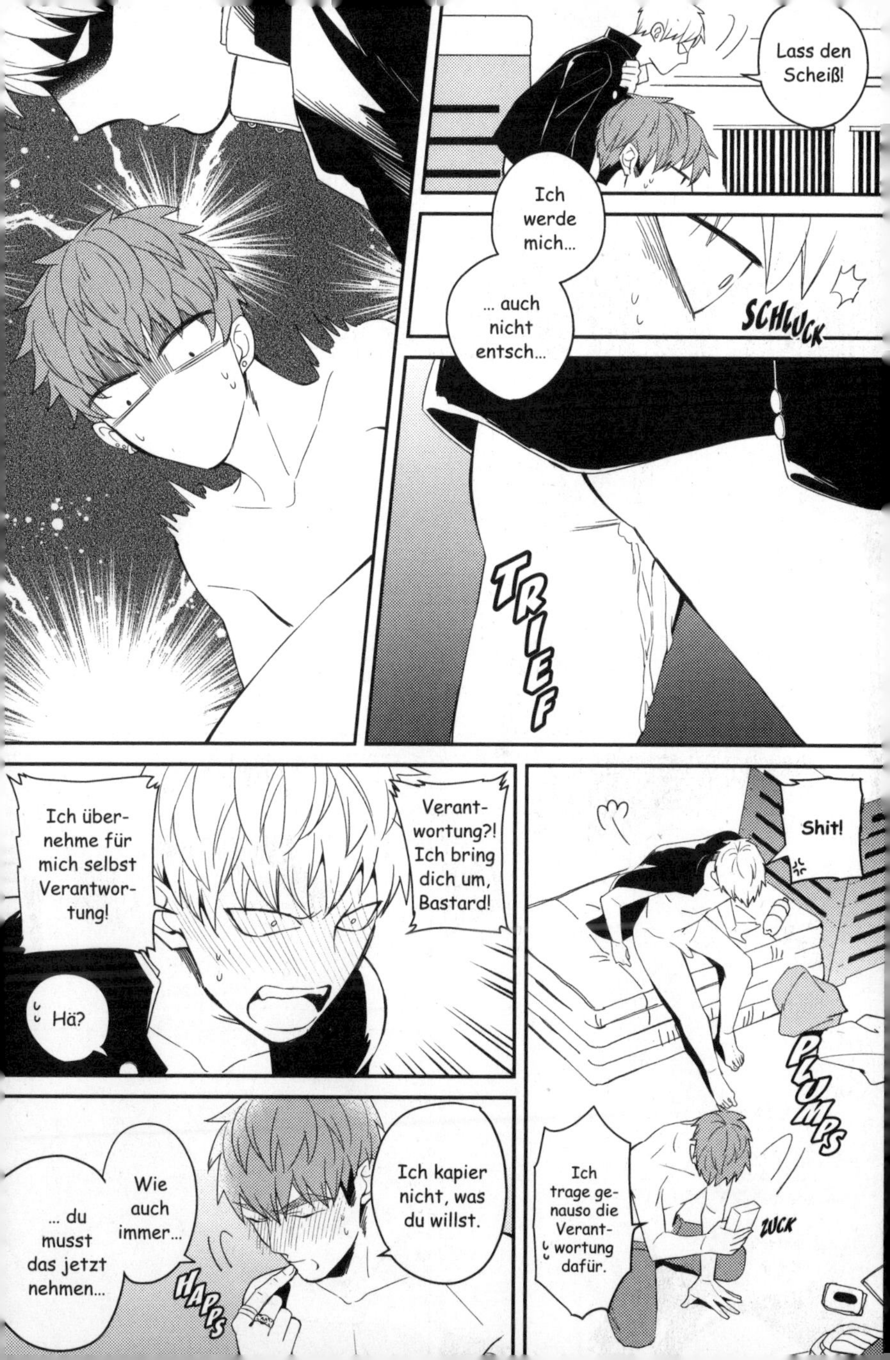
Lass den Scheiß!
Ich werde mich...
... auch nicht entsch...
SCHLUCK
TRIEF
Shit!
PLUMPS
Verantwortung?! Ich bring dich um, Bastard!
Ich übernehme für mich selbst Verantwortung!
Hä?
Ich trage genauso die Verantwortung dafür.
ZUCK
Ich kapier nicht, was du willst.
Wie auch immer...
... du musst das jetzt nehmen...
HAPPS

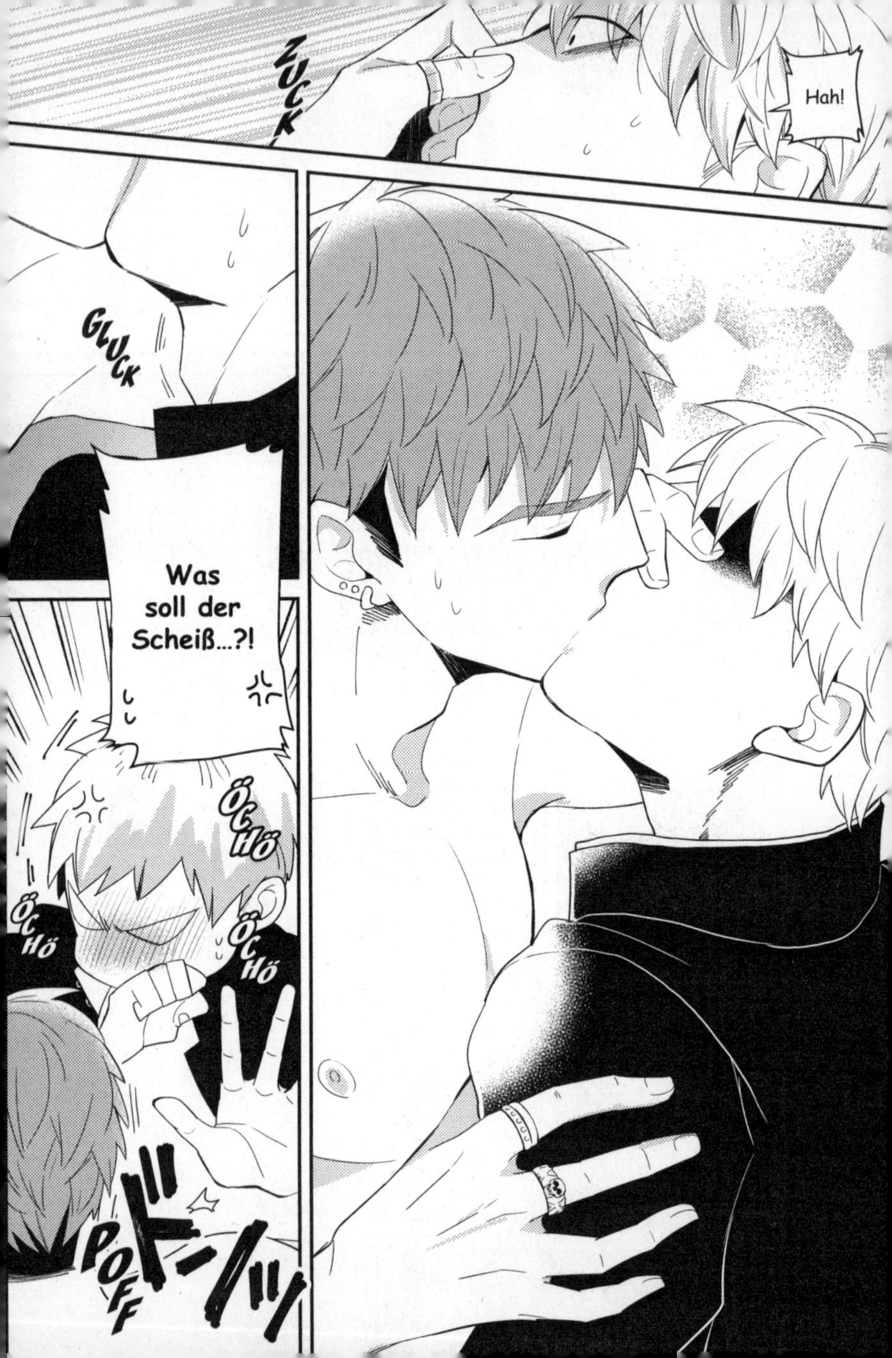
Hah!
ZUCK
GLUCK
Was soll der Scheiß...?!
ÖCHÖ
ÖCHÖ
ÖCHÖ
POFF

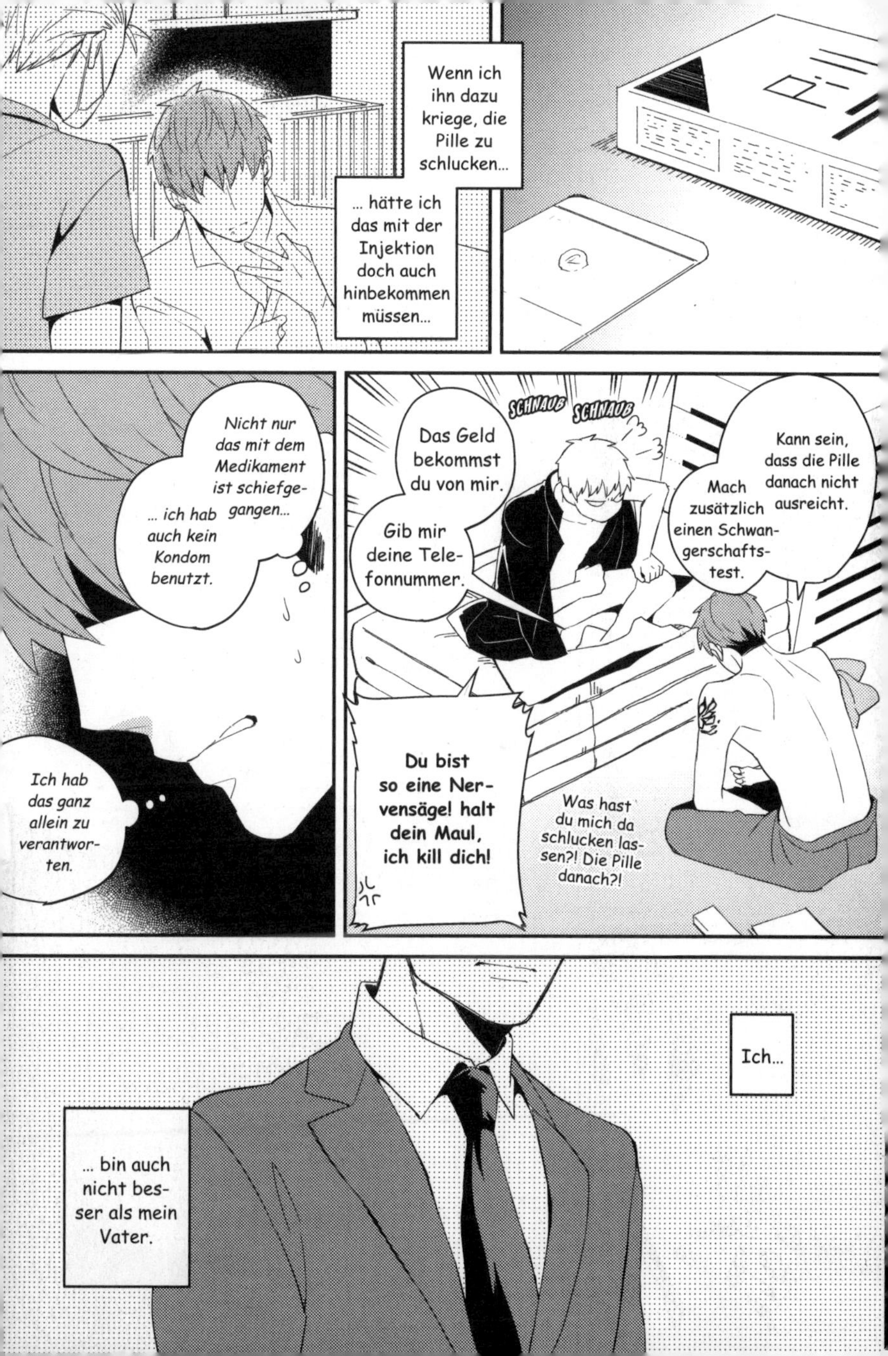
Wenn ich ihn dazu kriege, die Pille zu schlucken...
... hätte ich das mit der Injektion doch auch hinbekommen müssen...
SCHNAUB SCHNAUB
Kann sein, dass die Pille danach nicht ausreicht.
Mach zusätzlich einen Schwangerschaftstest.
Das Geld bekommst du von mir.
Gib mir deine Telefonnummer.
Was hast du mich da schlucken lassen?! Die Pille danach?!
Du bist so eine Nervensäge! halt dein Maul, ich kill dich!
Nicht nur das mit dem Medikament ist schiefgegangen...
... ich hab auch kein Kondom benutzt.
Ich hab das ganz allein zu verantworten.
Ich...
... bin auch nicht besser als mein Vater.

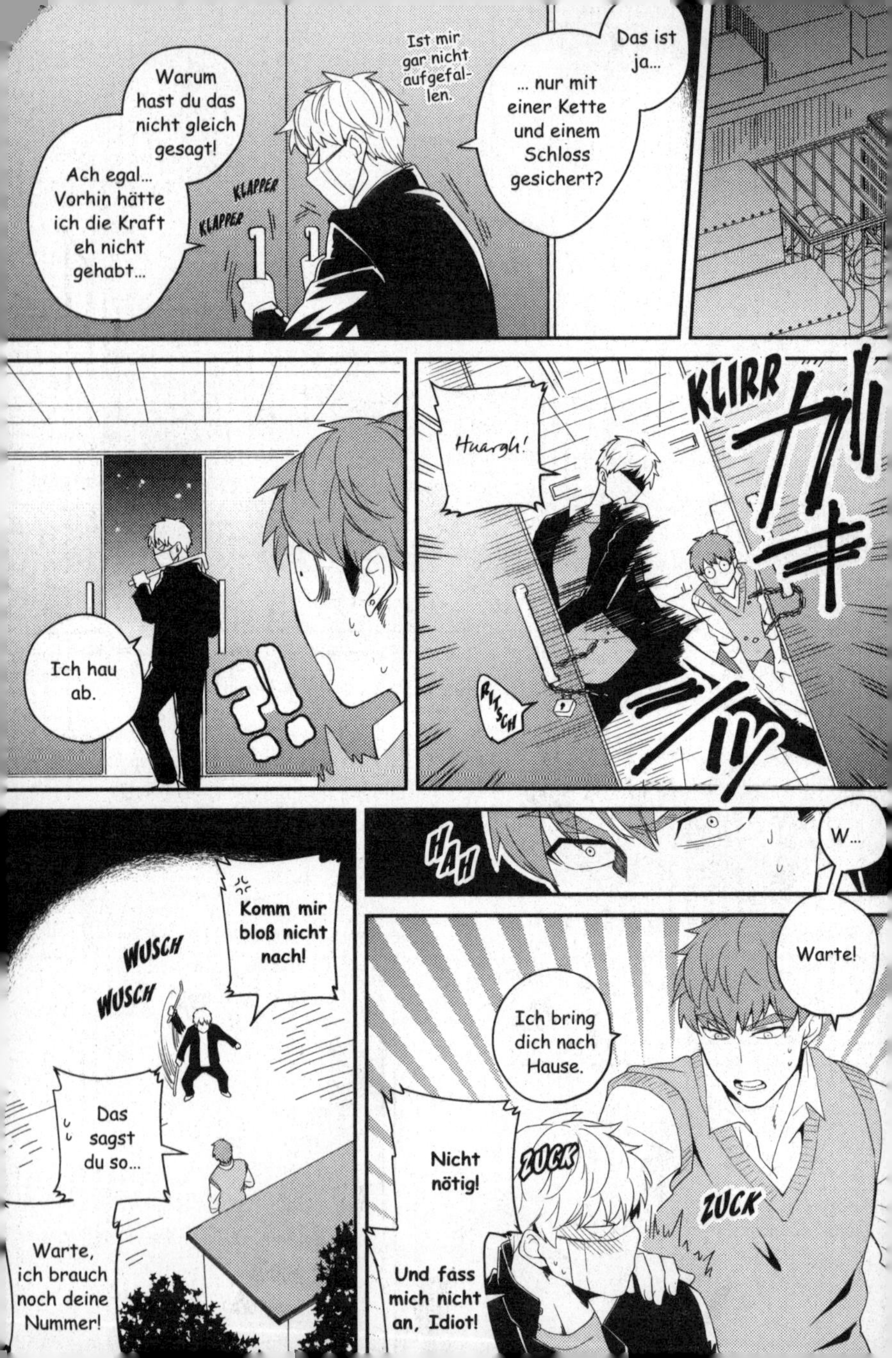
Das ist ja…
… nur mit einer Kette und einem Schloss gesichert?
Ist mir gar nicht aufgefallen.
KLAPPER
KLAPPER
Warum hast du das nicht gleich gesagt!
Ach egal… Vorhin hätte ich die Kraft eh nicht gehabt…
KLIRR
Huargh!
RATSCH
?!
Ich hau ab.
W…
HAH
Warte!
Ich bring dich nach Hause.
ZUCK
ZUCK
Nicht nötig!
Und fass mich nicht an, Idiot!
Komm mir bloß nicht nach!
WUSCH
WUSCH
Das sagst du so…
Warte, ich brauch noch deine Nummer!

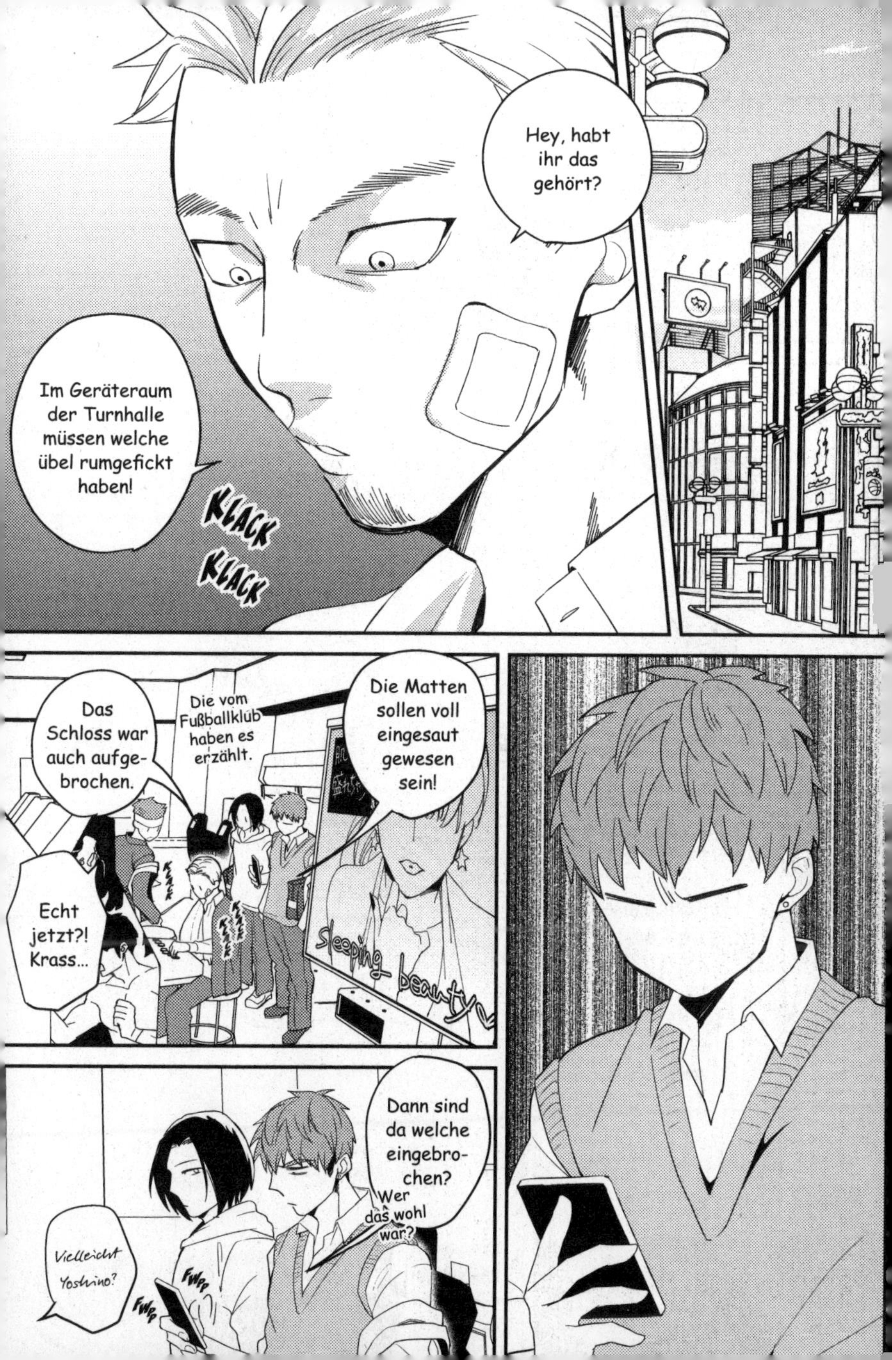
Hey, habt ihr das gehört?
Im Geräteraum der Turnhalle müssen welche übel rumgefickt haben!
KLACK KLACK
Die Matten sollen voll eingesaut gewesen sein!
Die vom Fußballklub haben es erzählt.
Das Schloss war auch aufgebrochen.
Echt jetzt?! Krass...
Sleeping beauty
Dann sind da welche eingebrochen?
Wer das wohl war?
Vielleicht Yoshino?
FWIP
FWIP

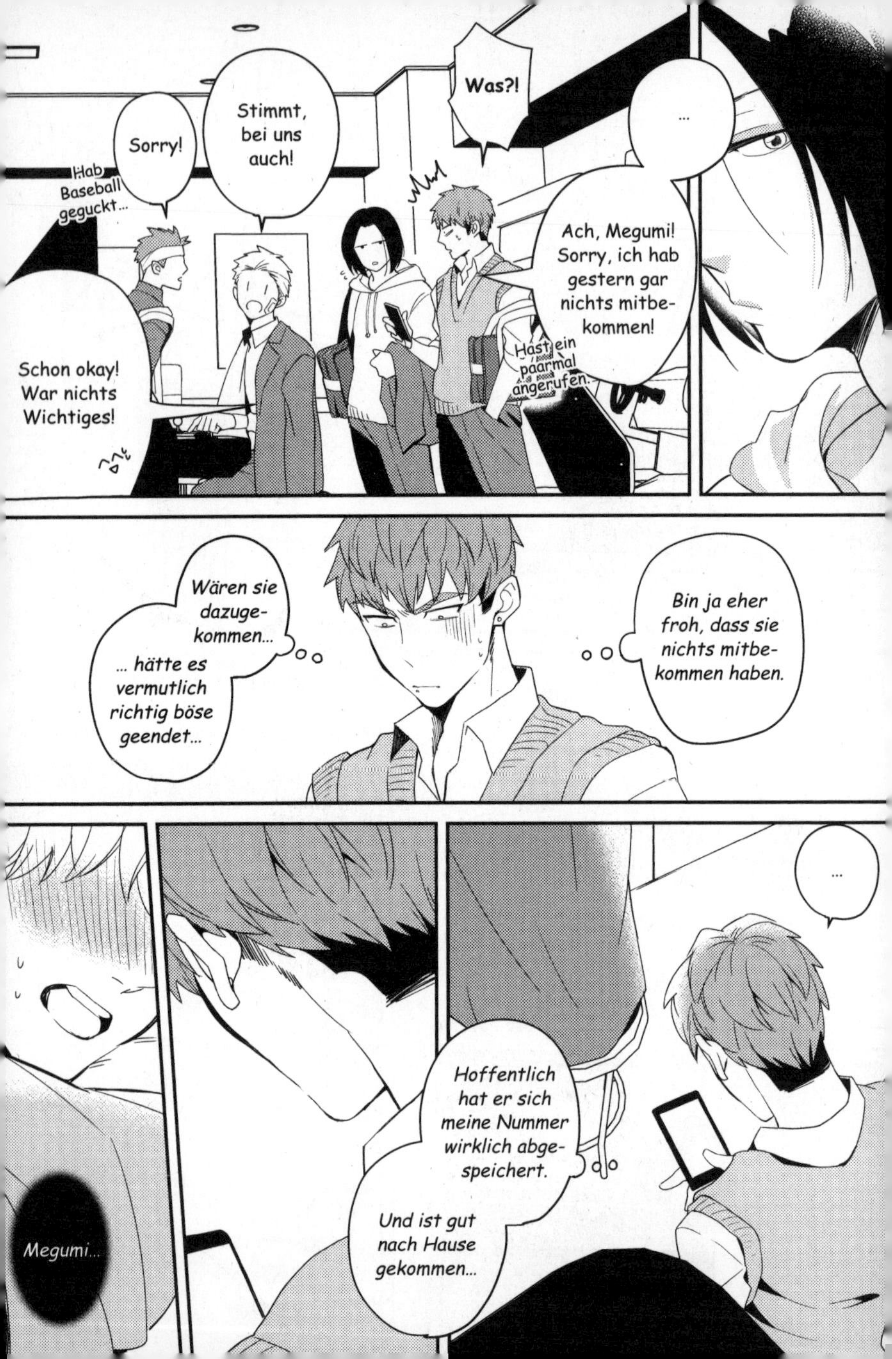
...
Ach, Megumi! Sorry, ich hab gestern gar nichts mitbekommen!
Hast ein paarmal angerufen.
Was?!
Stimmt, bei uns auch!
Sorry!
Hab Baseball geguckt...
Schon okay! War nichts Wichtiges!
Bin ja eher froh, dass sie nichts mitbekommen haben.
Wären sie dazugekommen...
... hätte es vermutlich richtig böse geendet...
...
Hoffentlich hat er sich meine Nummer wirklich abgespeichert.
Und ist gut nach Hause gekommen...
Megumi...

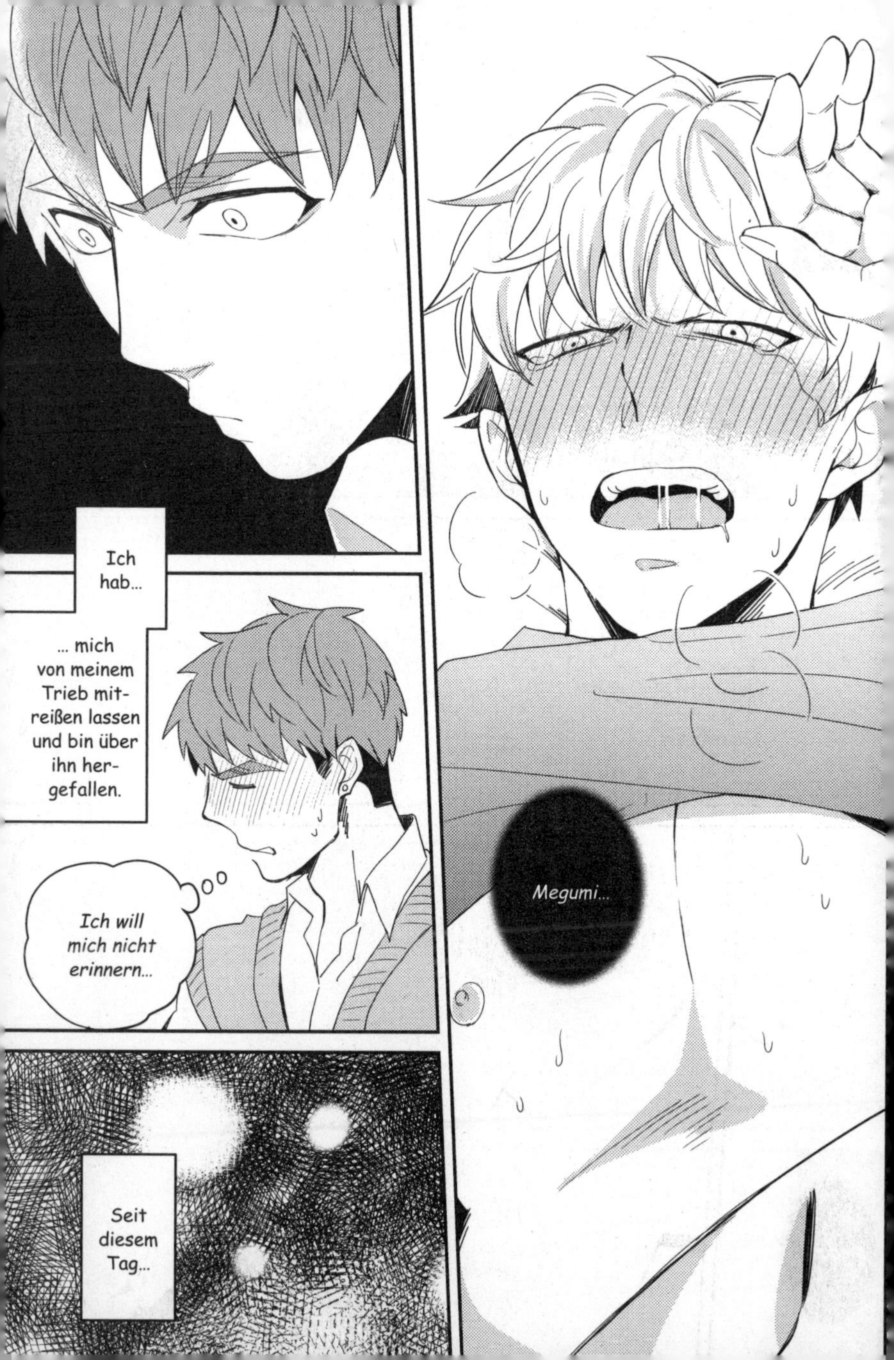
Ich hab...
... mich von meinem Trieb mit-reißen lassen und bin über ihn her-gefallen.
Megumi...
Ich will mich nicht erinnern...
Seit diesem Tag...

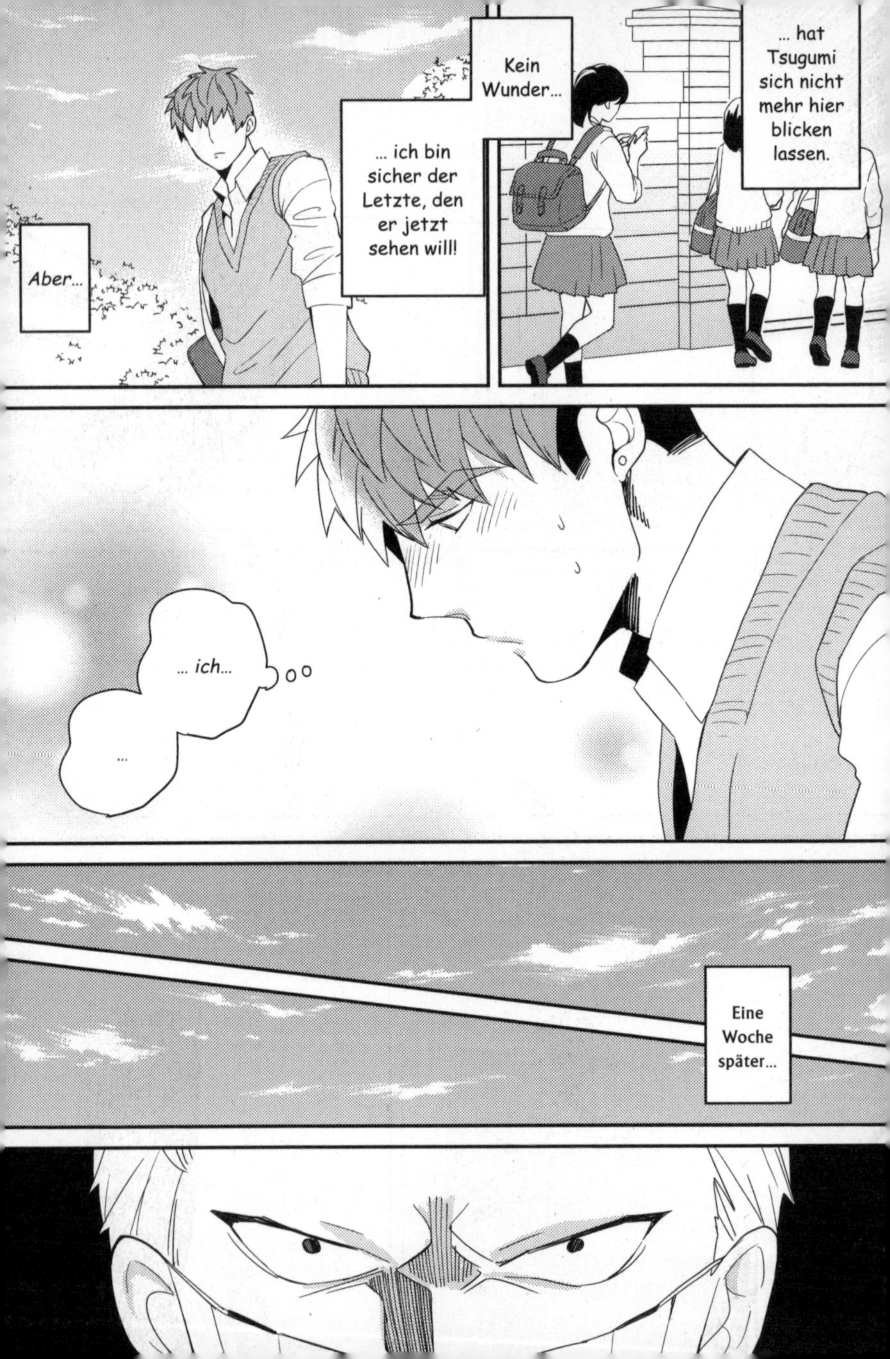
… hat Tsugumi sich nicht mehr hier blicken lassen.
Kein Wunder…
… ich bin sicher der Letzte, den er jetzt sehen will!
Aber…
… ich…
…
Eine Woche später…

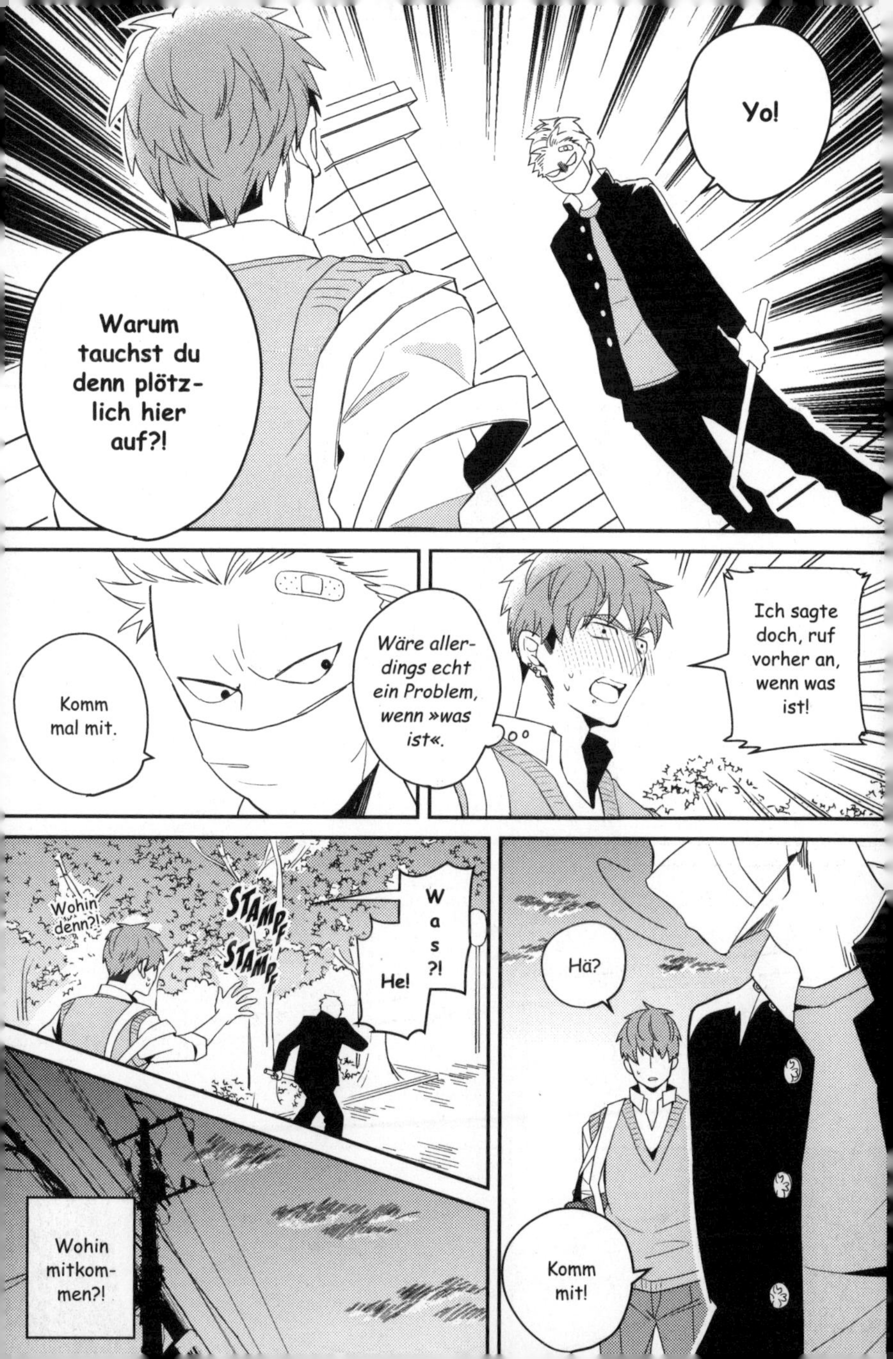
Yo!
Warum tauchst du denn plötzlich hier auf?!
Ich sagte doch, ruf vorher an, wenn was ist!
Wäre allerdings echt ein Problem, wenn »was ist«.
Komm mal mit.
Hä?
Komm mit!
Was?!
He!
STAMPF
STAMPF
Wohin denn?!
Wohin mitkommen?!

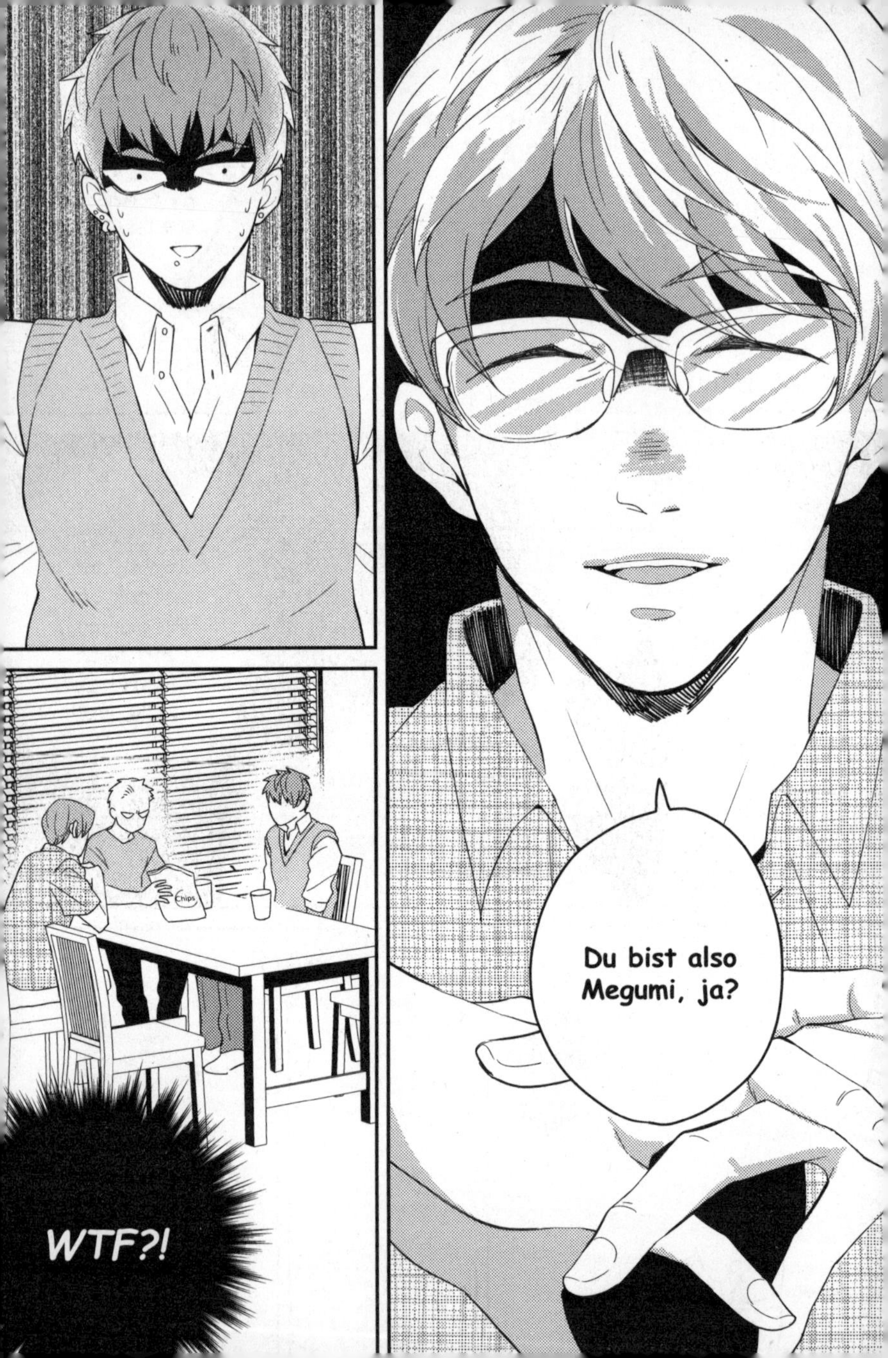
Du bist also
Megumi, ja?
Chips
WTF?!

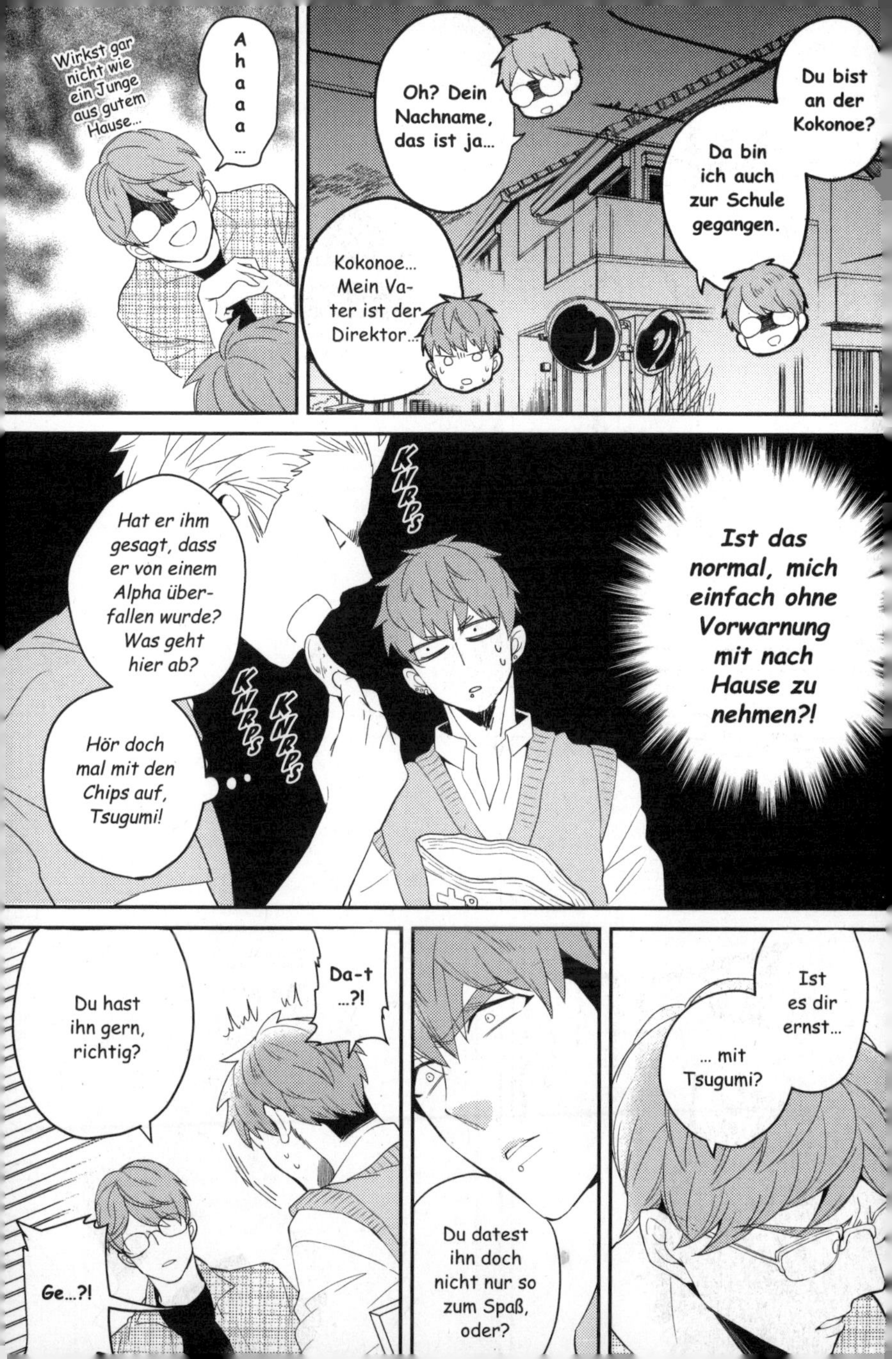
Du bist an der Kokonoe?
Da bin ich auch zur Schule gegangen.
Oh? Dein Nachname, das ist ja…
Kokonoe… Mein Vater ist der Direktor…
Ahaaaa…
Wirkst gar nicht wie ein Junge aus gutem Hause…
Ist das normal, mich einfach ohne Vorwarnung mit nach Hause zu nehmen?!
KNRPS
Hat er ihm gesagt, dass er von einem Alpha überfallen wurde? Was geht hier ab?
KNRPS
KNRPS
Hör doch mal mit den Chips auf, Tsugumi!
Ist es dir ernst…
… mit Tsugumi?
Du datest ihn doch nicht nur so zum Spaß, oder?
Da-t …?!
Du hast ihn gern, richtig?
Ge…?!

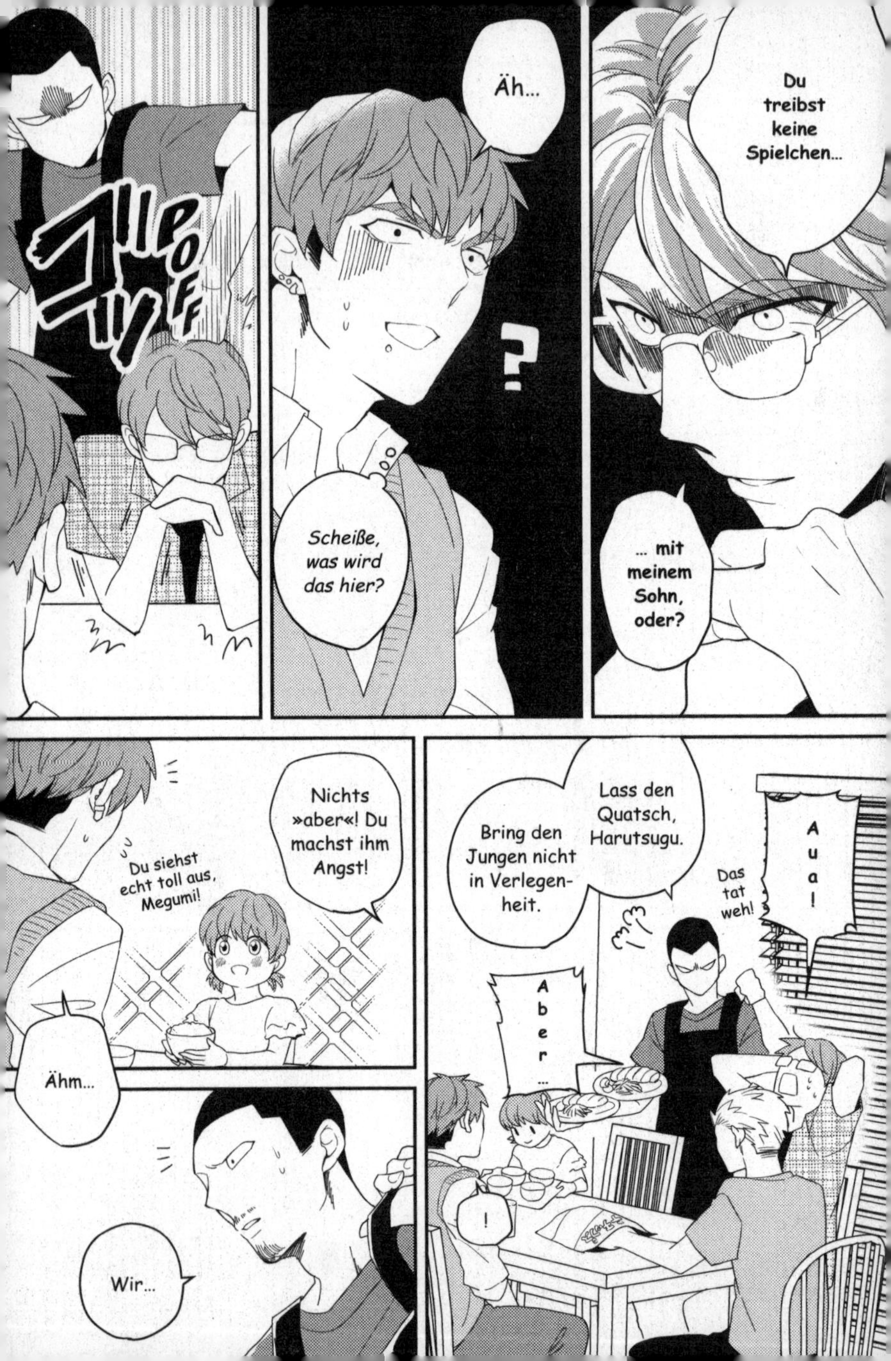
Du treibst keine Spielchen...
... mit meinem Sohn, oder?
Äh...
?
Scheiße, was wird das hier?
POFF
Lass den Quatsch, Harutsugu.
Bring den Jungen nicht in Verlegenheit.
Aua!
Das tat weh!
Aber ...
!
Nichts »aber«! Du machst ihm Angst!
Du siehst echt toll aus, Megumi!
Ähm...
Wir...

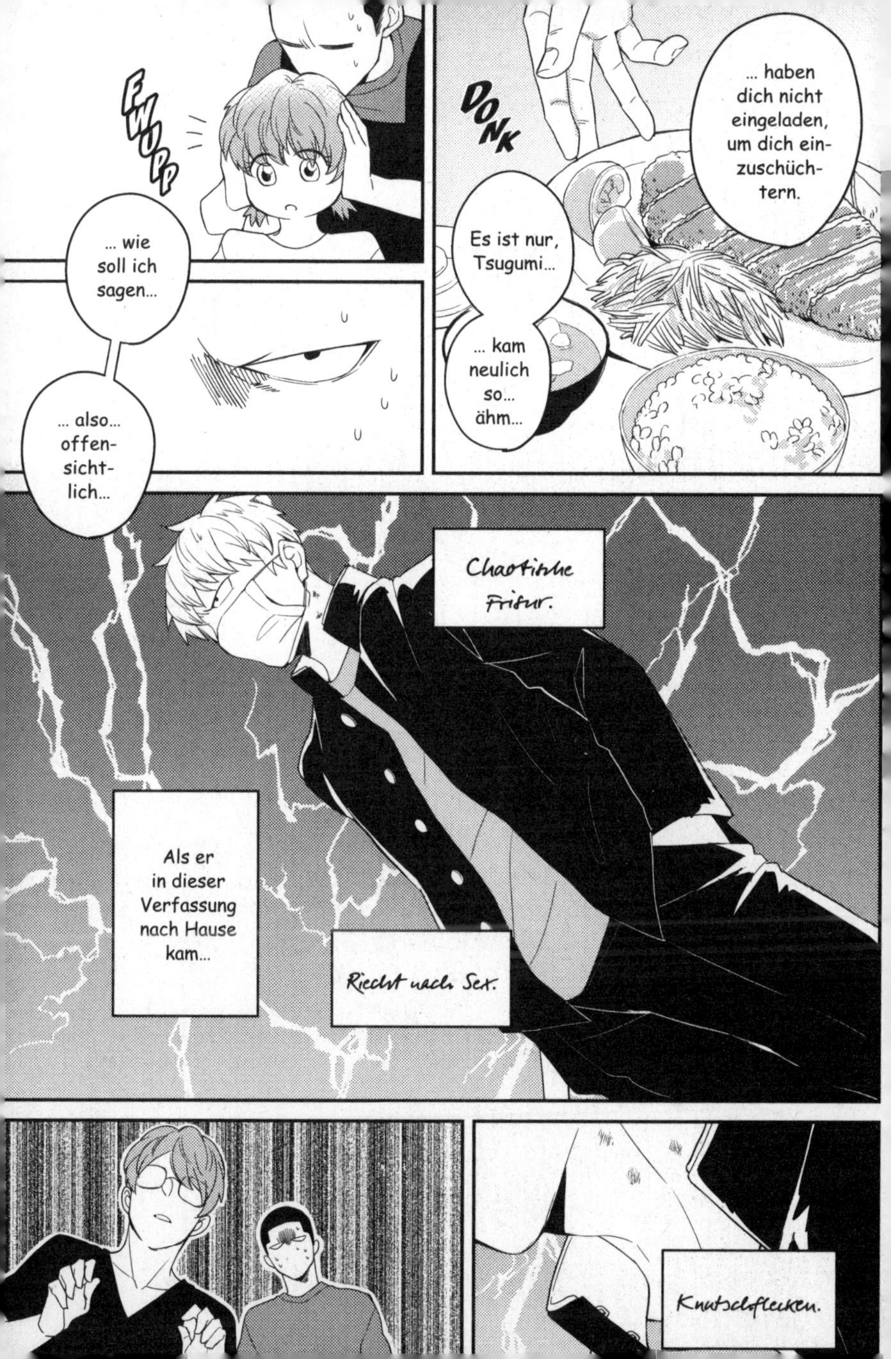
... haben dich nicht eingeladen, um dich einzuschüchtern.
DONK
Es ist nur, Tsugumi...
... kam neulich so... ähm...
FWUPP
... wie soll ich sagen...
... also... offensichtlich...
Chaotische Frisur.
Als er in dieser Verfassung nach Hause kam...
Riecht nach Sex.
Knutschflecken.

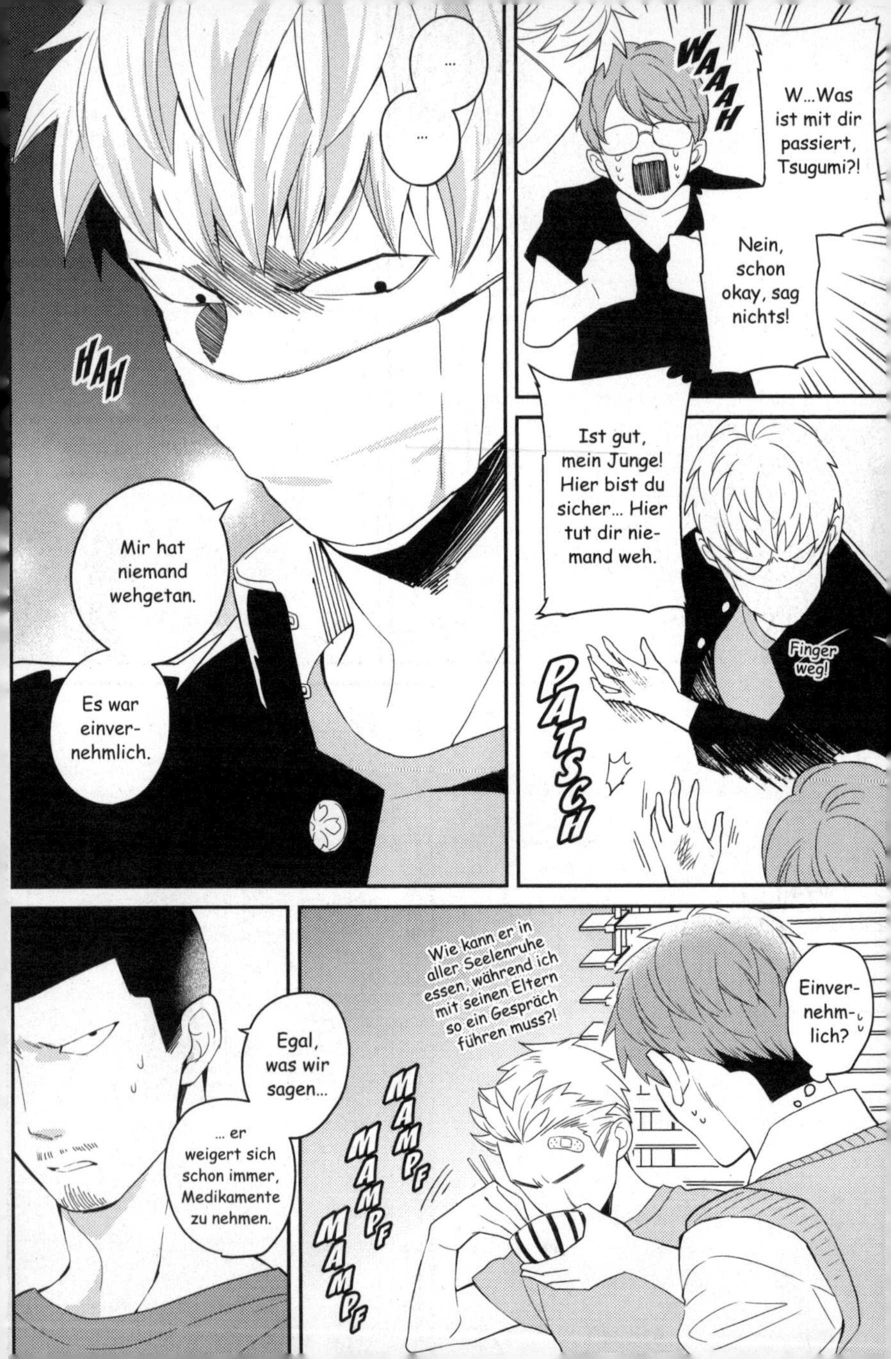

WAAAH
W...Was ist mit dir passiert, Tsugumi?!
Nein, schon okay, sag nichts!
Ist gut, mein Junge! Hier bist du sicher... Hier tut dir niemand weh.
Finger weg!
PATSCH
...
...
HAH
Mir hat niemand wehgetan.
Es war einvernehmlich.
Einvernehmlich?
Wie kann er in aller Seelenruhe essen, während ich mit seinen Eltern so ein Gespräch führen muss?!
MAMPF
MAMPF
MAMPF
Egal, was wir sagen...
... er weigert sich schon immer, Medikamente zu nehmen.

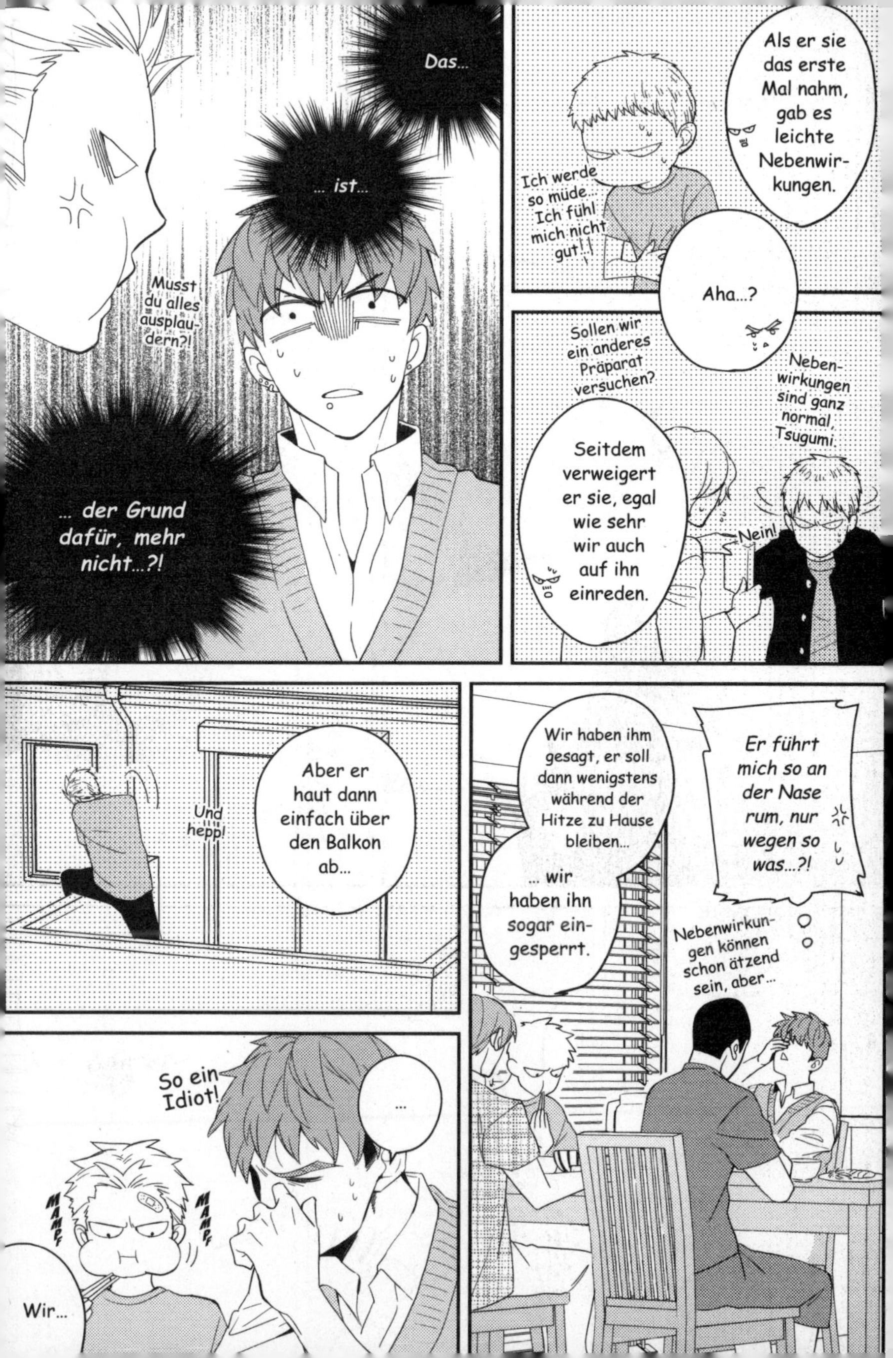
Als er sie das erste Mal nahm, gab es leichte Nebenwirkungen.
Ich werde so müde... Ich fühl mich nicht gut!
Aha...?
Nebenwirkungen sind ganz normal, Tsugumi.
Nein!
Sollen wir ein anderes Präparat versuchen?
Seitdem verweigert er sie, egal wie sehr wir auch auf ihn einreden.
Das...
... ist...
... der Grund dafür, mehr nicht...?!
Musst du alles ausplaudern?!
Wir haben ihm gesagt, er soll dann wenigstens während der Hitze zu Hause bleiben...
... wir haben ihn sogar eingesperrt.
Er führt mich so an der Nase rum, nur wegen so was...?!
Nebenwirkungen können schon ätzend sein, aber...
Aber er haut dann einfach über den Balkon ab...
Und hepp!
...
So ein Idiot!
MAMPF
MAMPF
Wir...

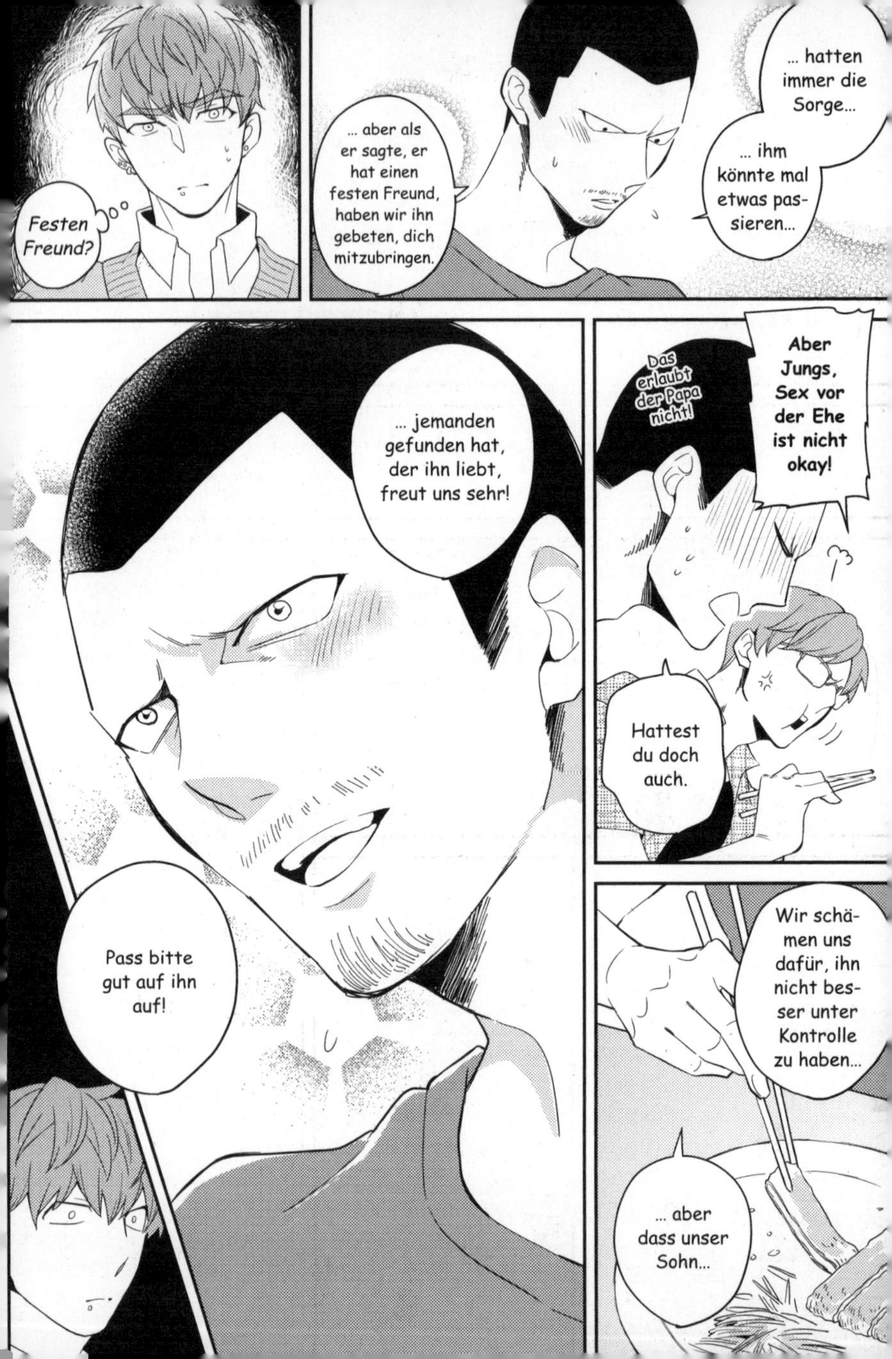

... hatten immer die Sorge...
... ihm könnte mal etwas passieren...
... aber als er sagte, er hat einen festen Freund, haben wir ihn gebeten, dich mitzubringen.
Festen Freund?
Aber Jungs, Sex vor der Ehe ist nicht okay!
Das erlaubt der Papa nicht!
Hattest du doch auch.
Wir schämen uns dafür, ihn nicht besser unter Kontrolle zu haben...
... aber dass unser Sohn...
... jemanden gefunden hat, der ihn liebt, freut uns sehr!
Pass bitte gut auf ihn auf!

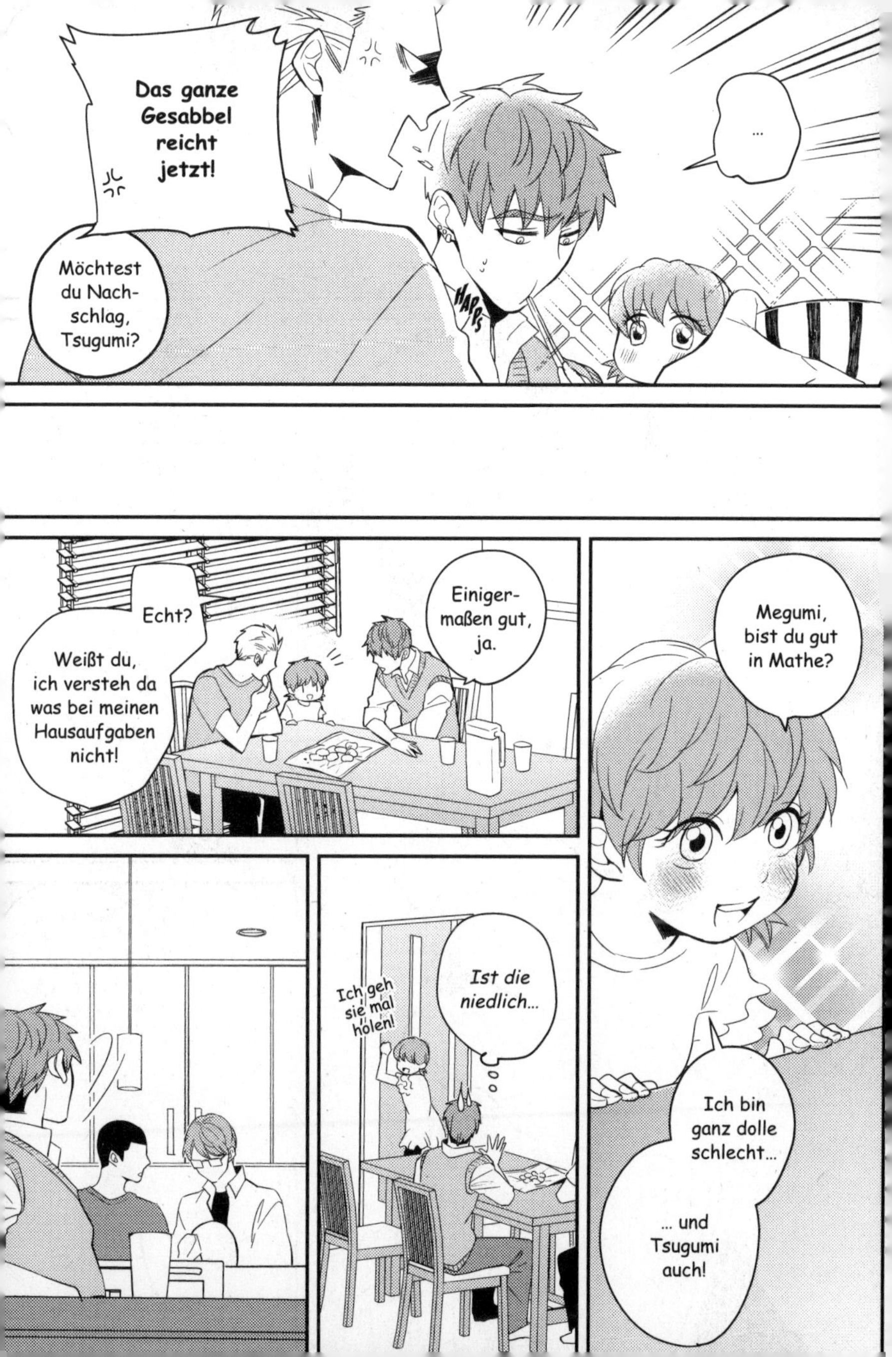
...
Das ganze Gesabbel reicht jetzt!
HAPPS
Möchtest du Nachschlag, Tsugumi?
Megumi, bist du gut in Mathe?
Einiger-maßen gut, ja.
Echt?
Weißt du, ich versteh da was bei meinen Hausaufgaben nicht!
Ich bin ganz dolle schlecht...
... und Tsugumi auch!
Ist die niedlich...
Ich geh sie mal holen!

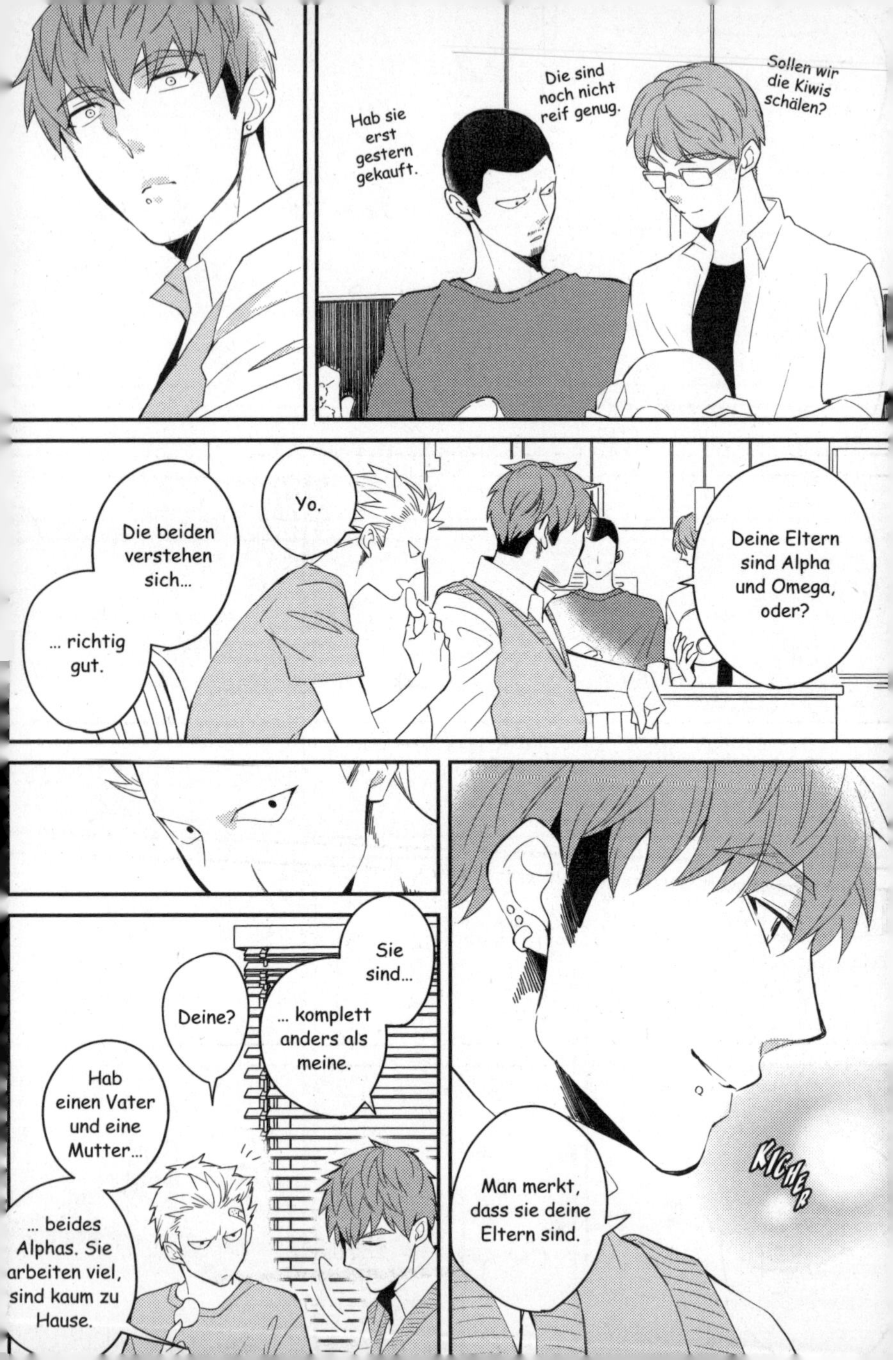

Sollen wir die Kiwis schälen?
Die sind noch nicht reif genug.
Hab sie erst gestern gekauft.
Deine Eltern sind Alpha und Omega, oder?
Yo.
Die beiden verstehen sich...
... richtig gut.
Man merkt, dass sie deine Eltern sind.
KICHER
Sie sind...
... komplett anders als meine.
Deine?
Hab einen Vater und eine Mutter...
... beides Alphas. Sie arbeiten viel, sind kaum zu Hause.

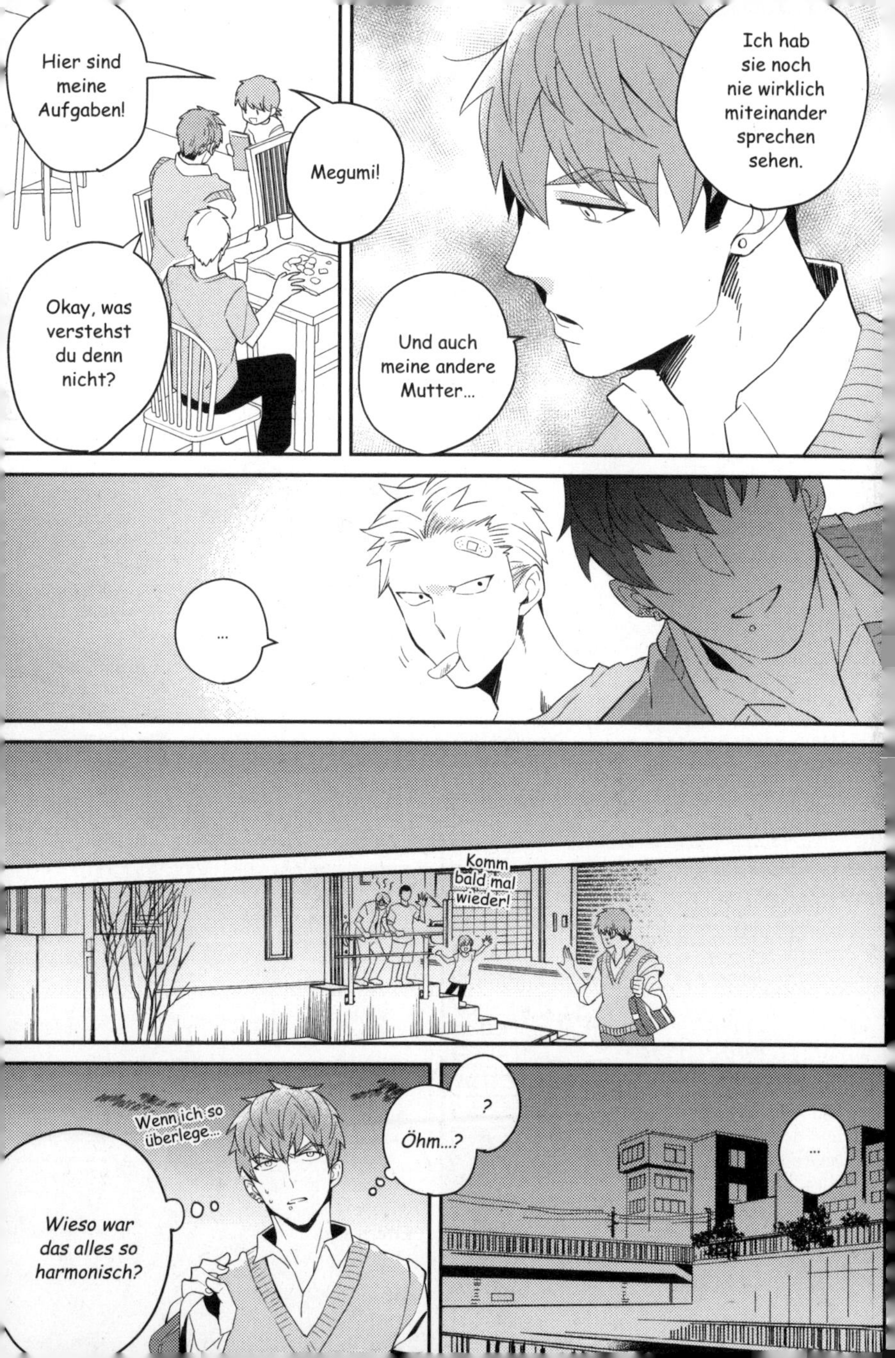
Ich hab sie noch nie wirklich miteinander sprechen sehen.
Und auch meine andere Mutter...
Hier sind meine Aufgaben!
Megumi!
Okay, was verstehst du denn nicht?
...
Komm bald mal wieder!
...
?
Öhm...?
Wenn ich so überlege...
Wieso war das alles so harmonisch?

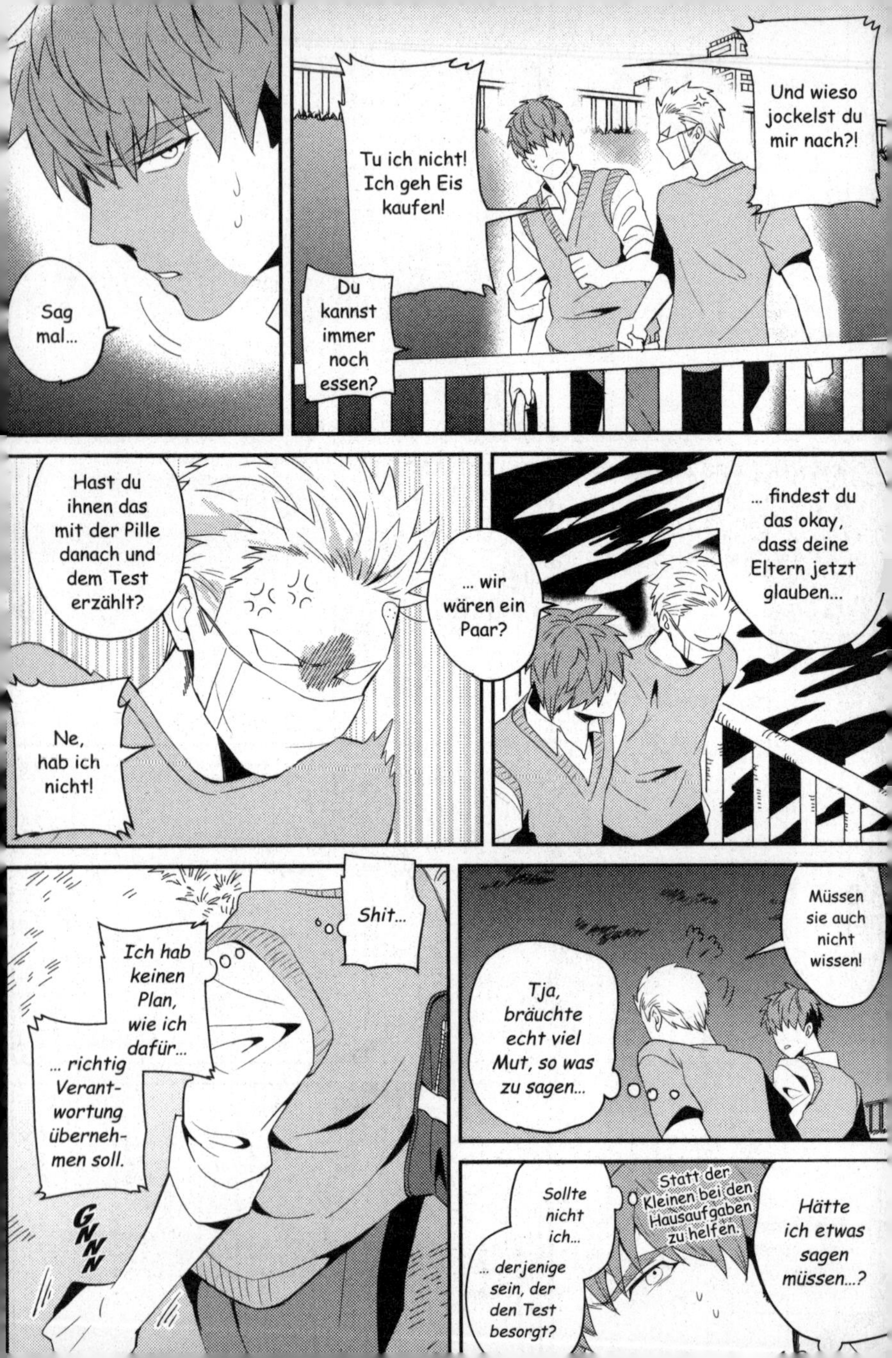
Und wieso jockelst du mir nach?!
Tu ich nicht! Ich geh Eis kaufen!
Du kannst immer noch essen?
Sag mal...
... findest du das okay, dass deine Eltern jetzt glauben...
... wir wären ein Paar?
Hast du ihnen das mit der Pille danach und dem Test erzählt?
Ne, hab ich nicht!
Müssen sie auch nicht wissen!
Tja, bräuchte echt viel Mut, so was zu sagen...
Hätte ich etwas sagen müssen...?
Statt der Kleinen bei den Hausaufgaben zu helfen.
Sollte nicht ich...
... derjenige sein, der den Test besorgt?
Shit...
Ich hab keinen Plan, wie ich dafür...
... richtig Verantwortung übernehmen soll.
GNNN

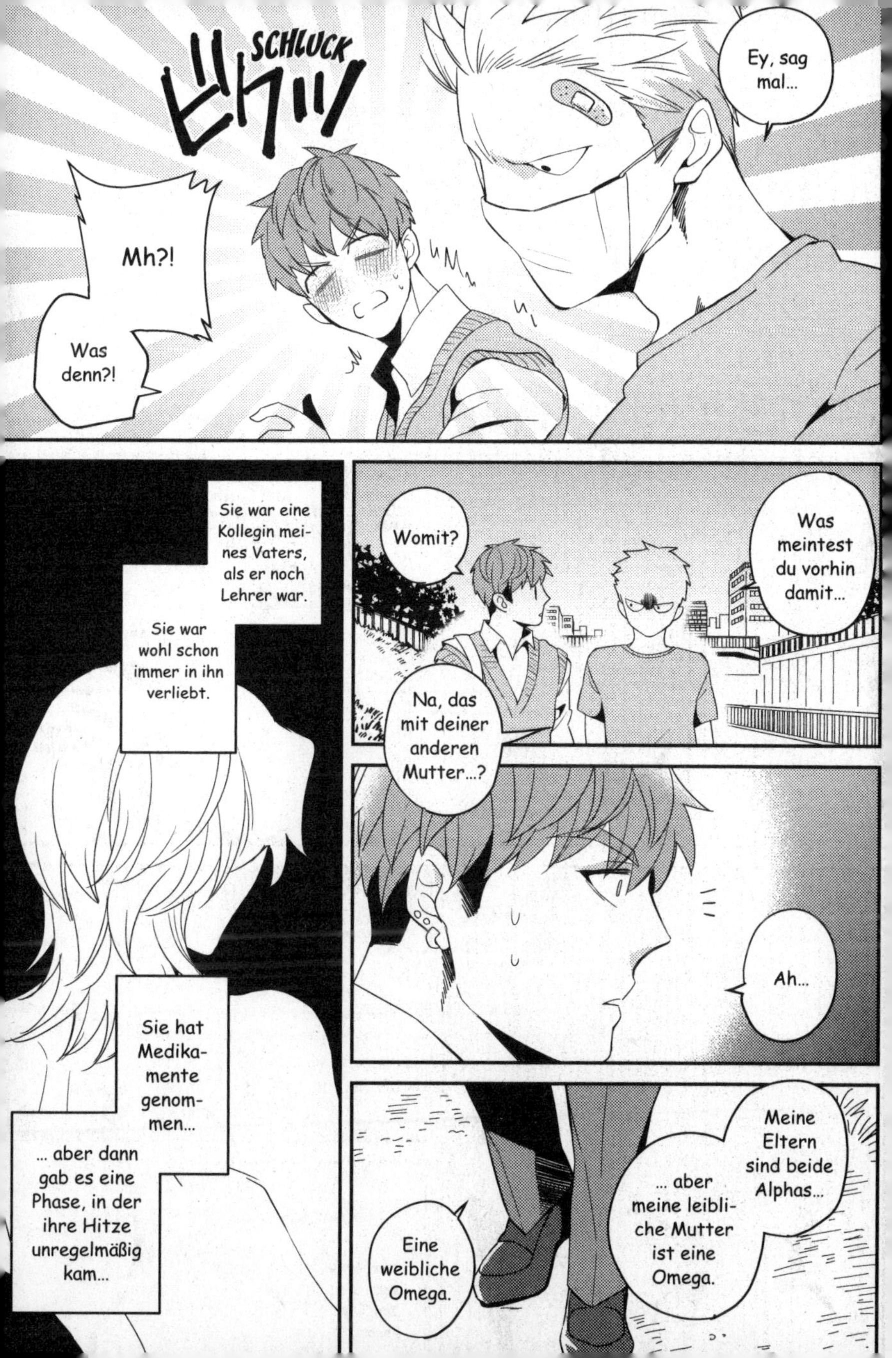
Ey, sag mal...
SCHLUCK
ビクッ
Mh?!
Was denn?!
Was meintest du vorhin damit...
Womit?
Na, das mit deiner anderen Mutter...?
Ah...
Meine Eltern sind beide Alphas...
... aber meine leibliche Mutter ist eine Omega.
Eine weibliche Omega.
Sie war eine Kollegin meines Vaters, als er noch Lehrer war.
Sie war wohl schon immer in ihn verliebt.
Sie hat Medikamente genommen...
... aber dann gab es eine Phase, in der ihre Hitze unregelmäßig kam...

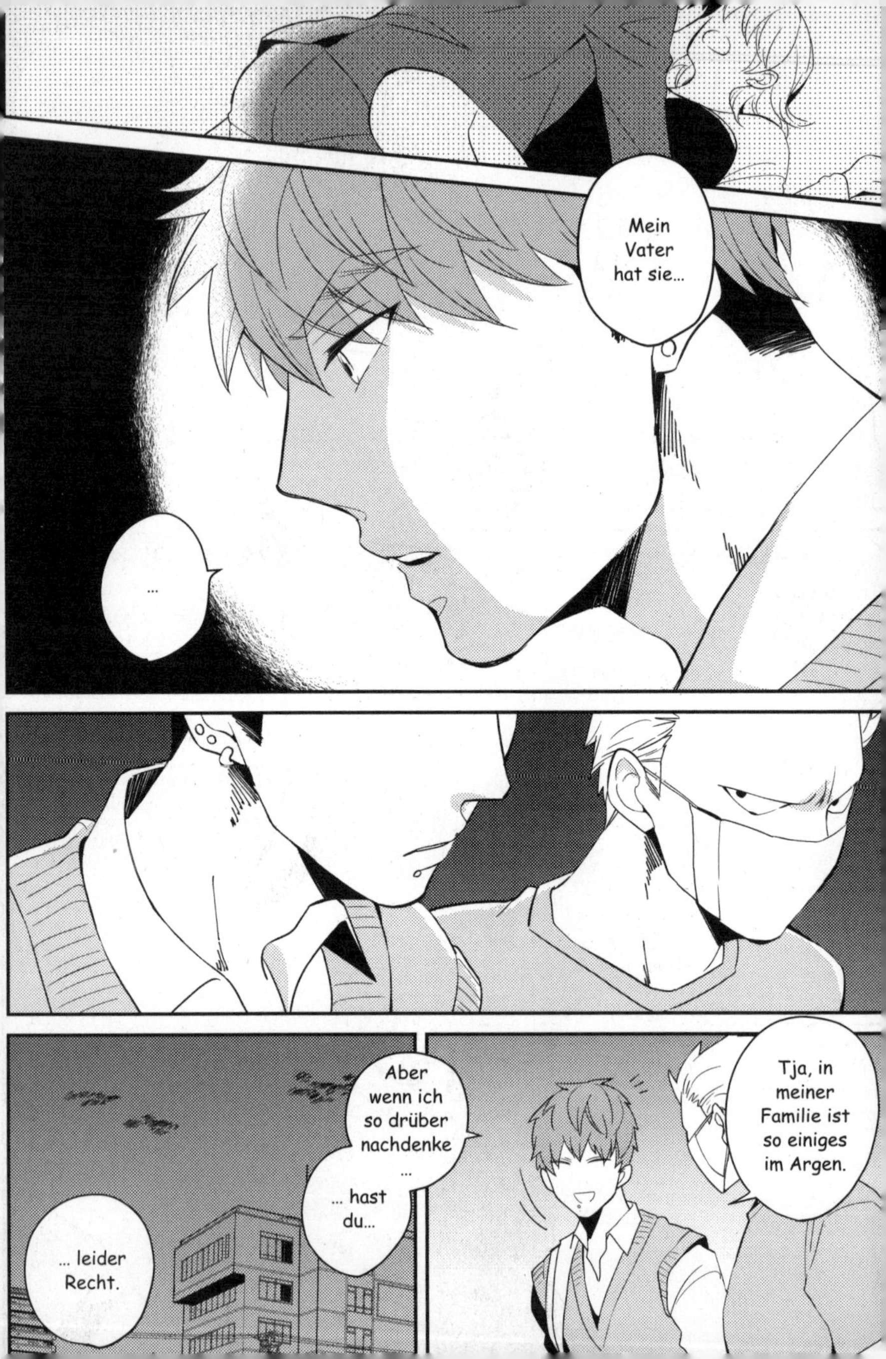
Mein Vater hat sie...
...
Tja, in meiner Familie ist so einiges im Argen.
Aber wenn ich so drüber nachdenke ...
... hast du...
... leider Recht.

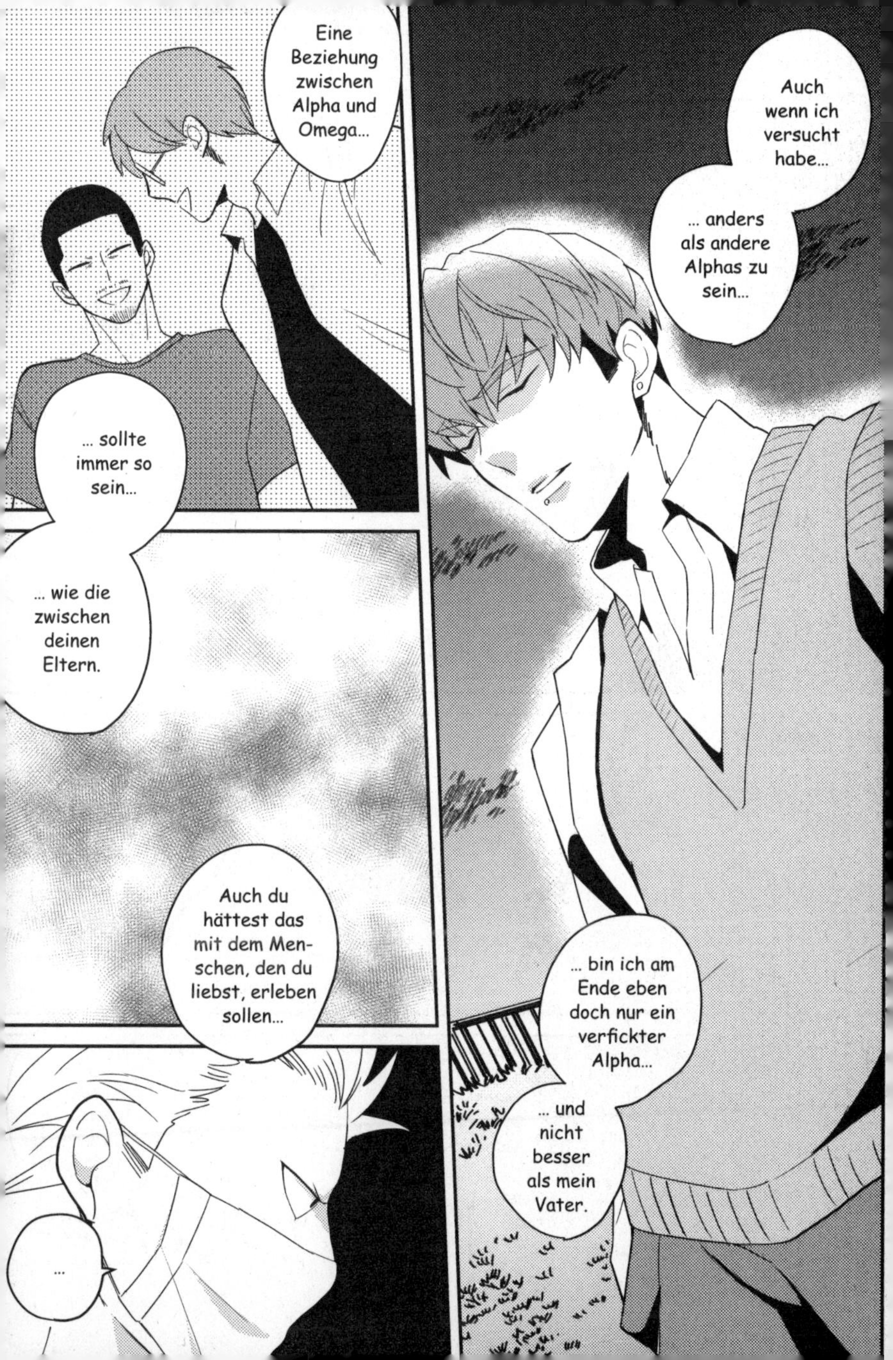

Auch wenn ich versucht habe...
... anders als andere Alphas zu sein...
... bin ich am Ende eben doch nur ein verfickter Alpha...
... und nicht besser als mein Vater.
Eine Beziehung zwischen Alpha und Omega...
... sollte immer so sein...
... wie die zwischen deinen Eltern.
Auch du hättest das mit dem Menschen, den du liebst, erleben sollen...
...

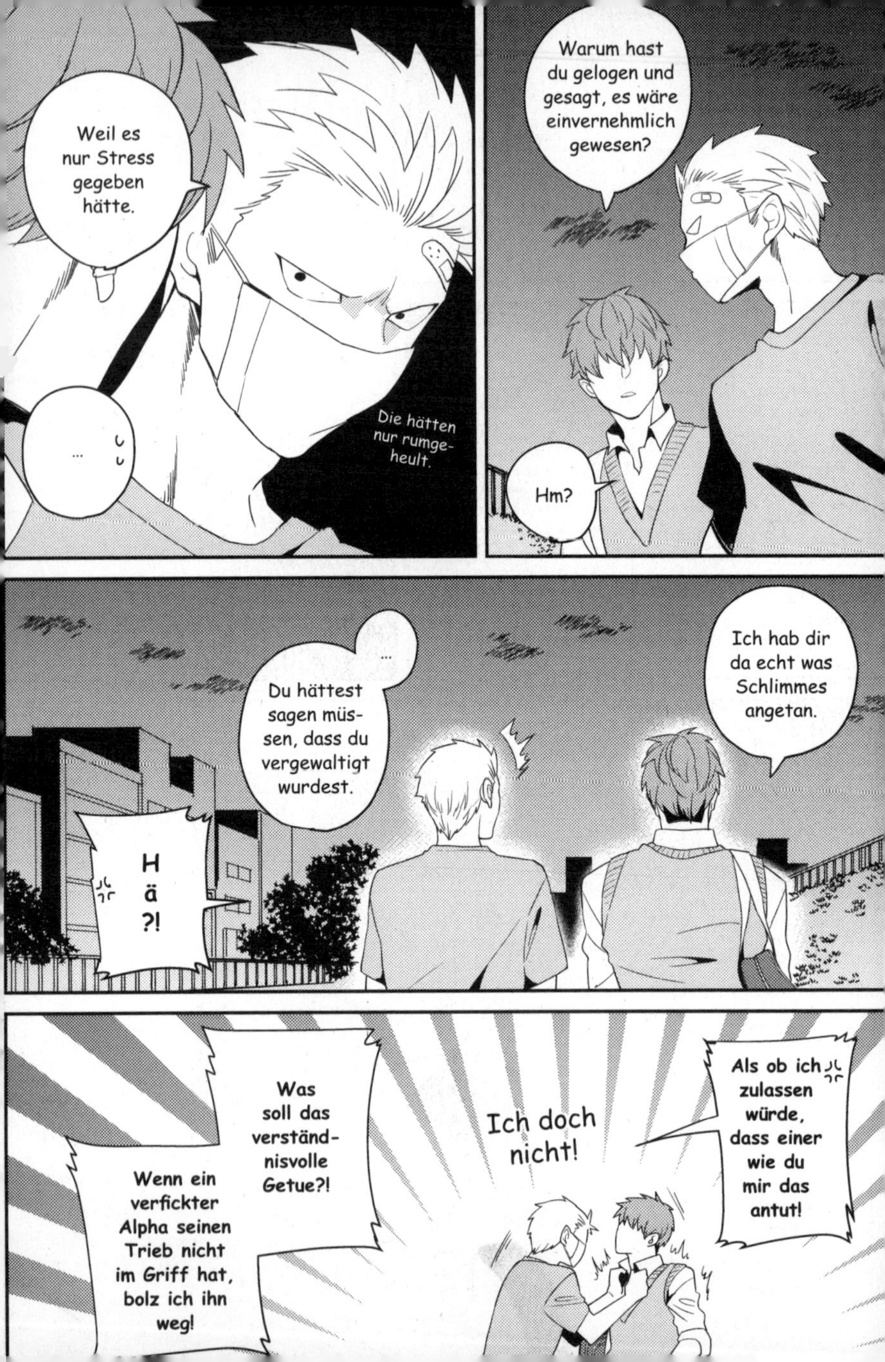
Warum hast du gelogen und gesagt, es wäre einvernehmlich gewesen?
Hm?
Weil es nur Stress gegeben hätte.
...
Die hätten nur rumgeheult.
Ich hab dir da echt was Schlimmes angetan.
... Du hättest sagen müssen, dass du vergewaltigt wurdest.
Hä?!
Als ob ich zulassen würde, dass einer wie du mir das antut!
Ich doch nicht!
Was soll das verständnisvolle Getue?!
Wenn ein verfickter Alpha seinen Trieb nicht im Griff hat, bolz ich ihn weg!

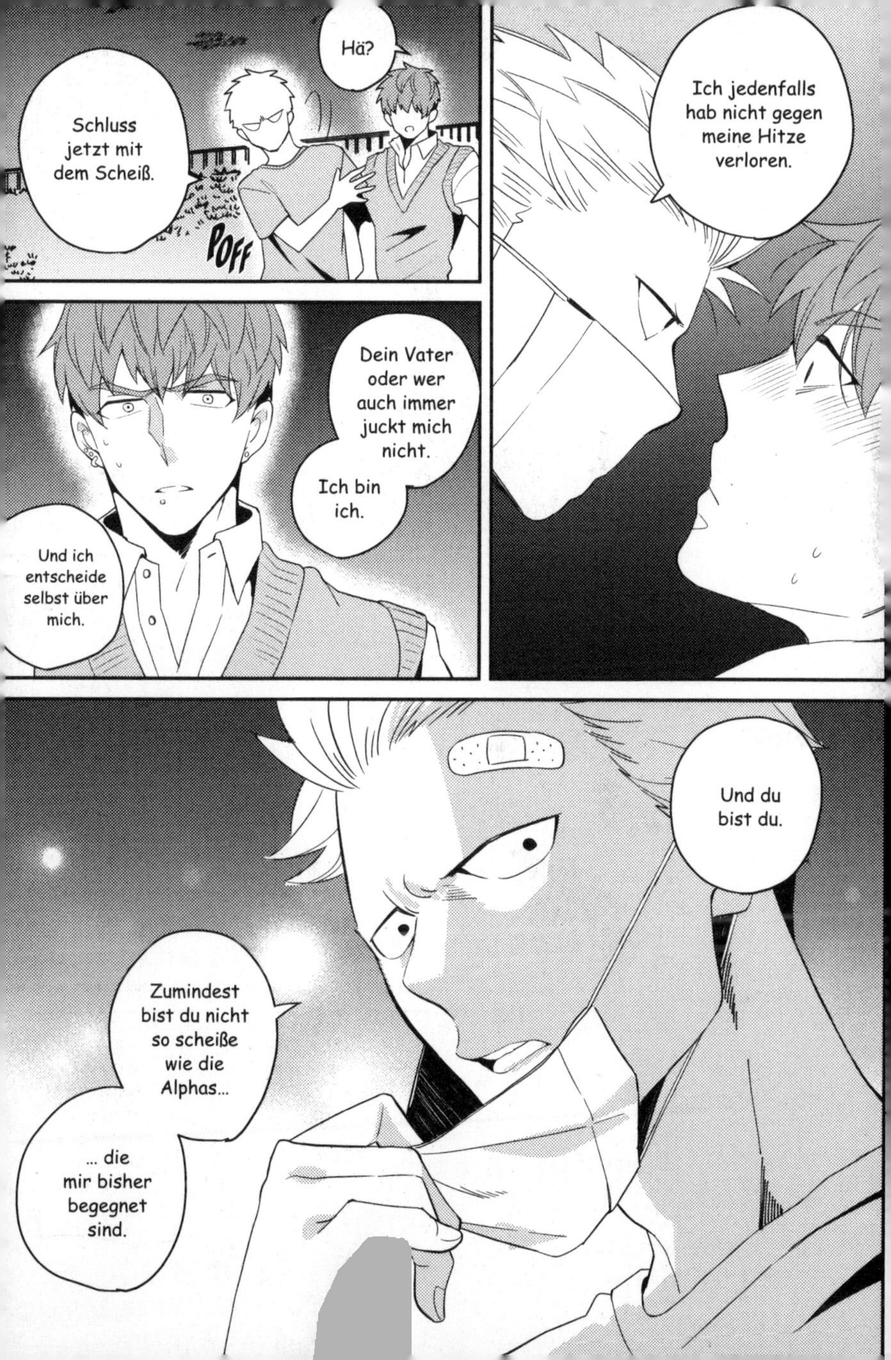
Schluss jetzt mit dem Scheiß.
POFF
Hä?
Ich jedenfalls hab nicht gegen meine Hitze verloren.
Dein Vater oder wer auch immer juckt mich nicht.
Ich bin ich.
Und ich entscheide selbst über mich.
Und du bist du.
Zumindest bist du nicht so scheiße wie die Alphas…
… die mir bisher begegnet sind.

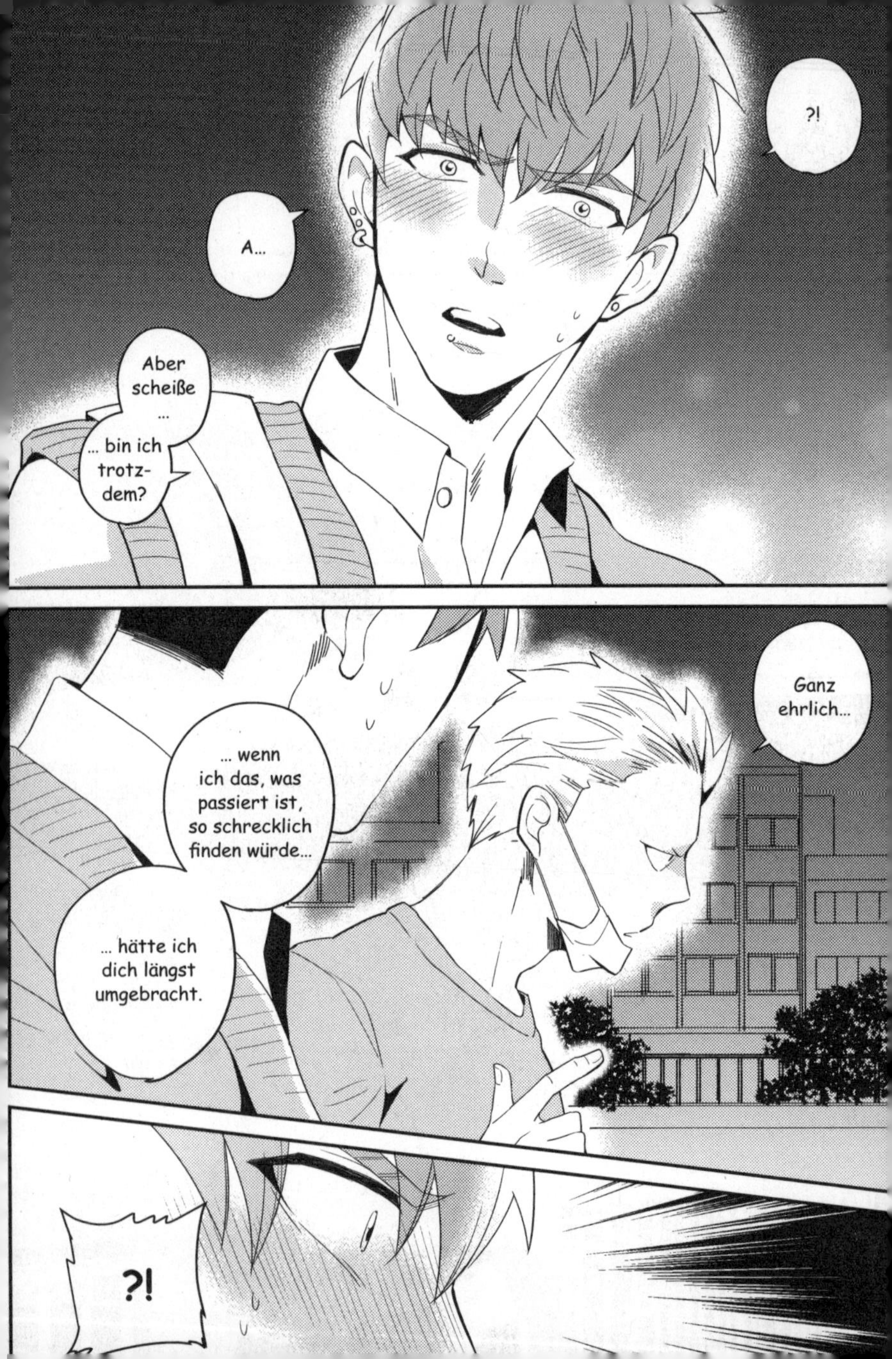
?!
A...
Aber scheiße ...
... bin ich trotz-dem?
Ganz ehrlich...
... wenn ich das, was passiert ist, so schrecklich finden würde...
... hätte ich dich längst umgebracht.
?!

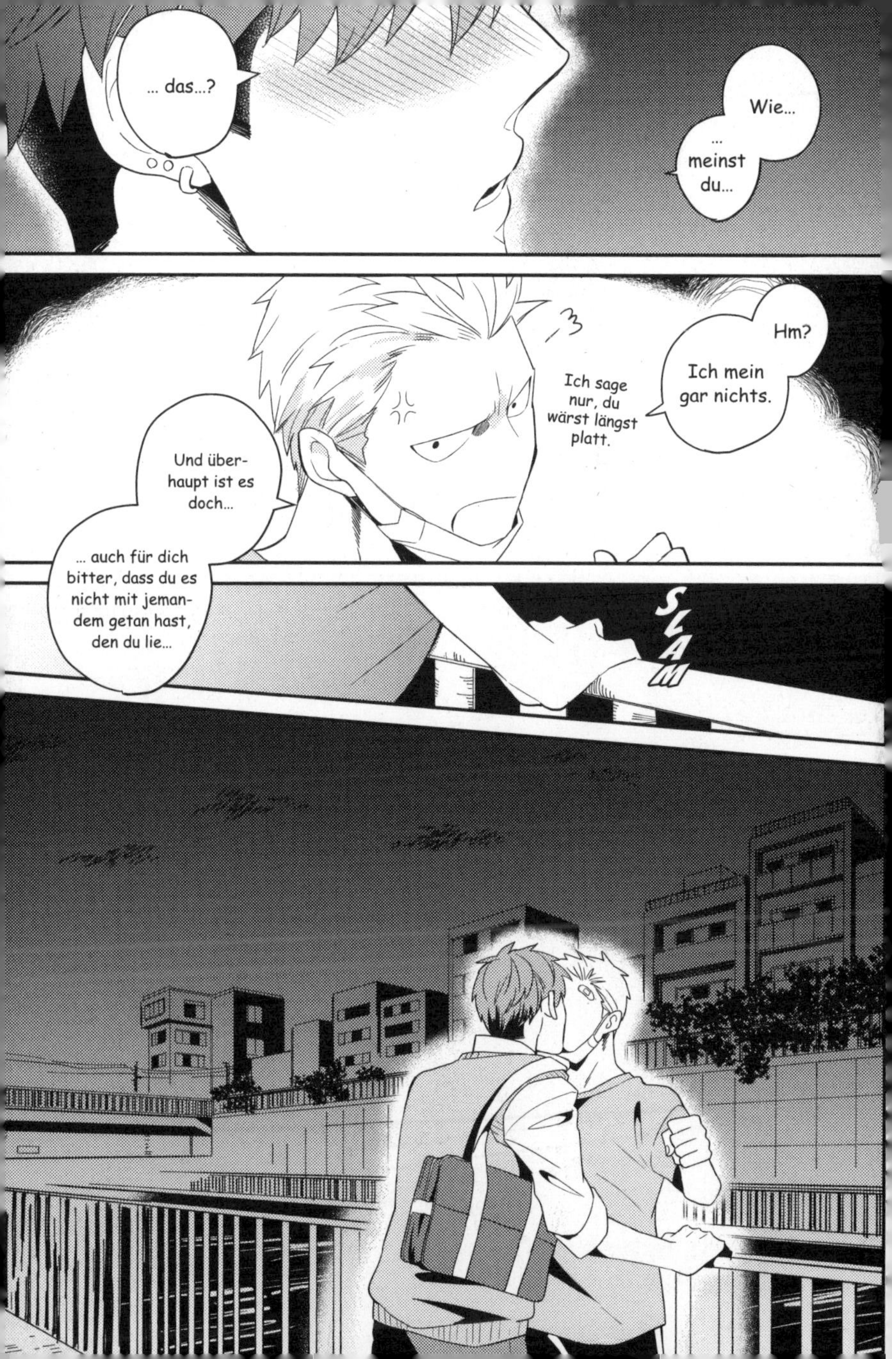

Wie...
... meinst du...
... das...?
Hm?
Ich mein gar nichts.
Ich sage nur, du wärst längst platt.
Und über-haupt ist es doch...
... auch für dich bitter, dass du es nicht mit jeman-dem getan hast, den du lie...
SLAM

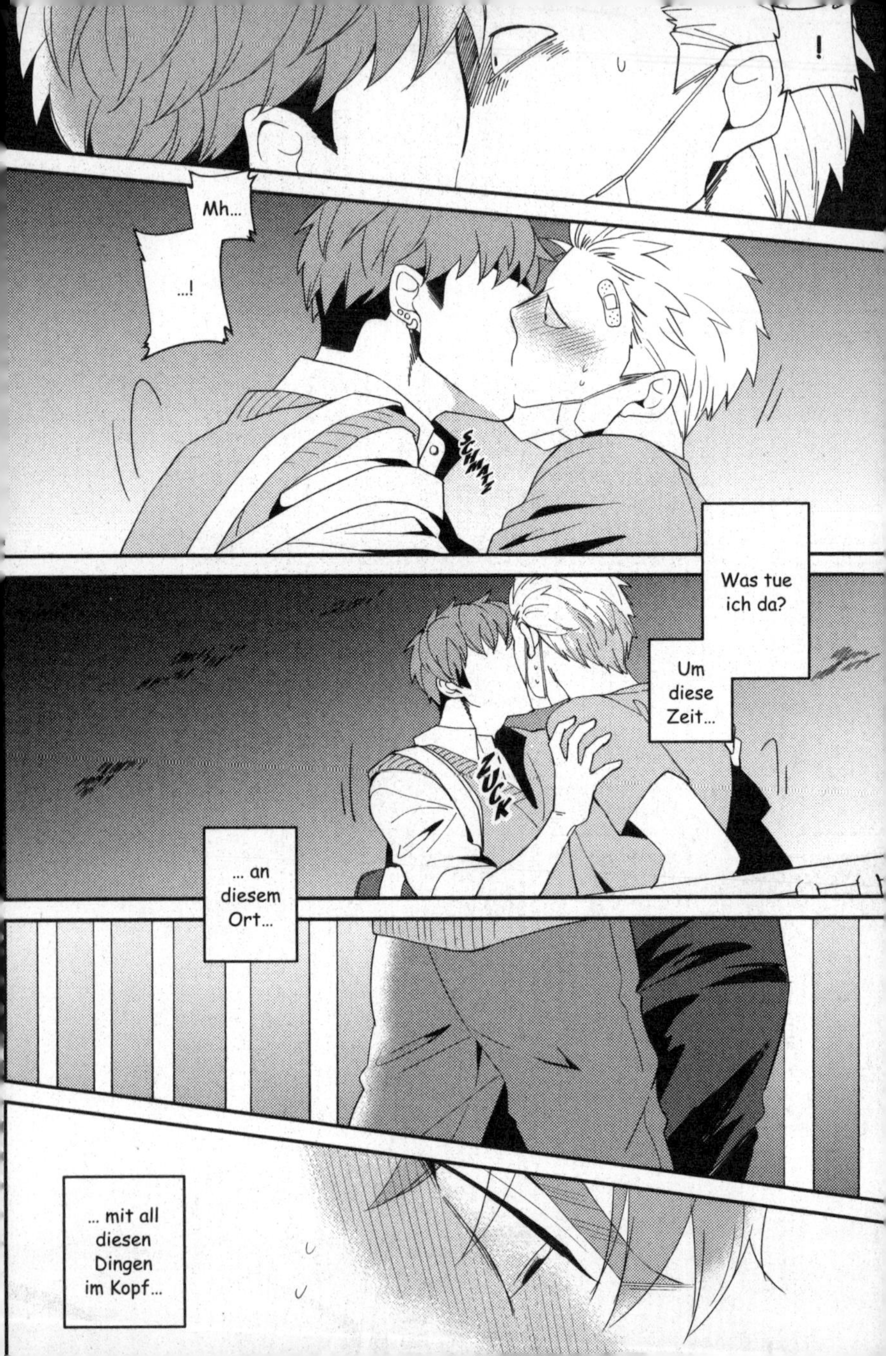
!
Mh...
...!
Was tue ich da?
Um diese Zeit...
ZUCK
... an diesem Ort...
... mit all diesen Dingen im Kopf...

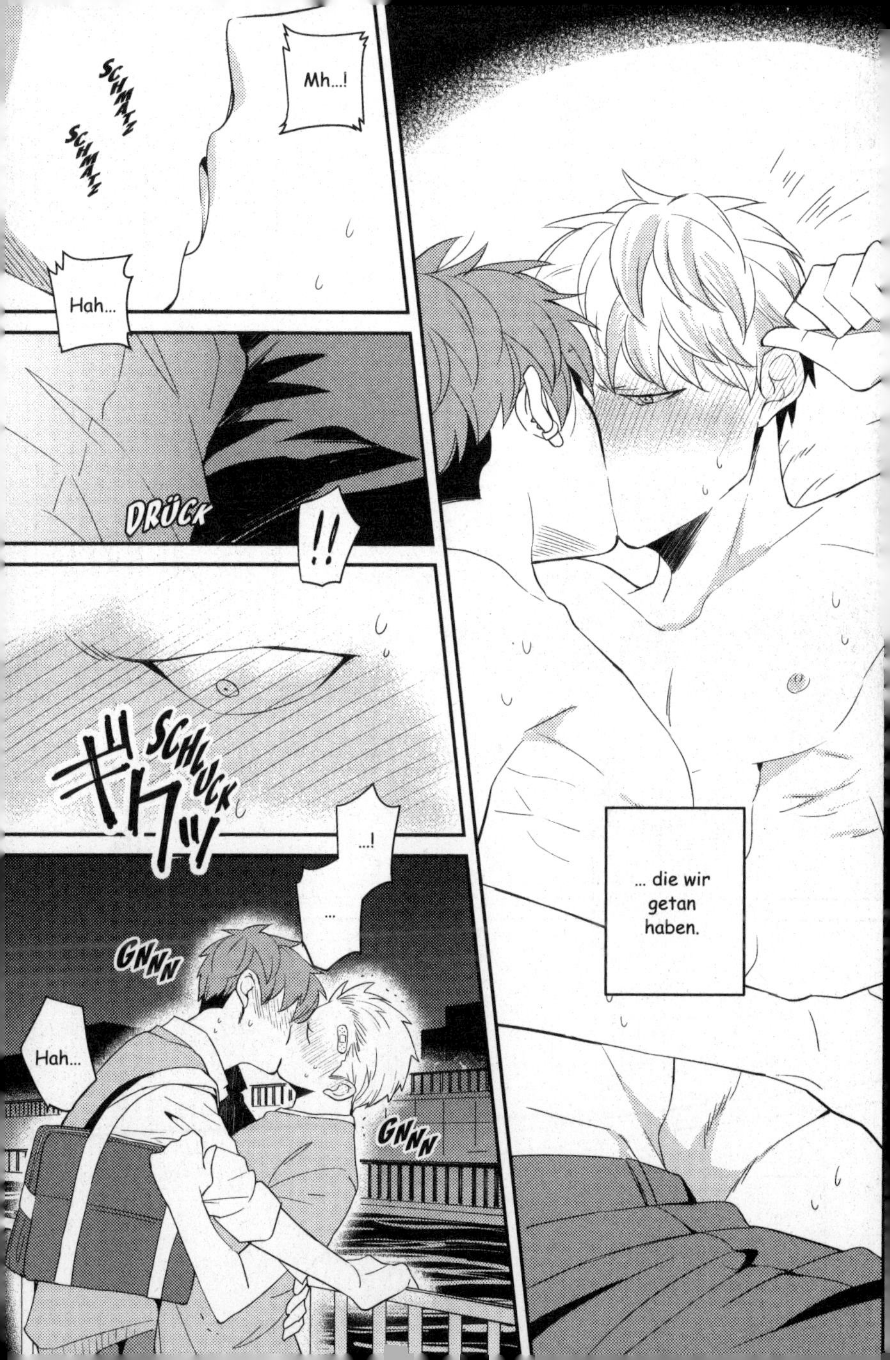
... die wir getan haben.
Mh...!
SCHMATZ
SCHMATZ
Hah...
DRÜCK
!!
SCHLUCK
...!
...
GNNN
Hah...
GNNN

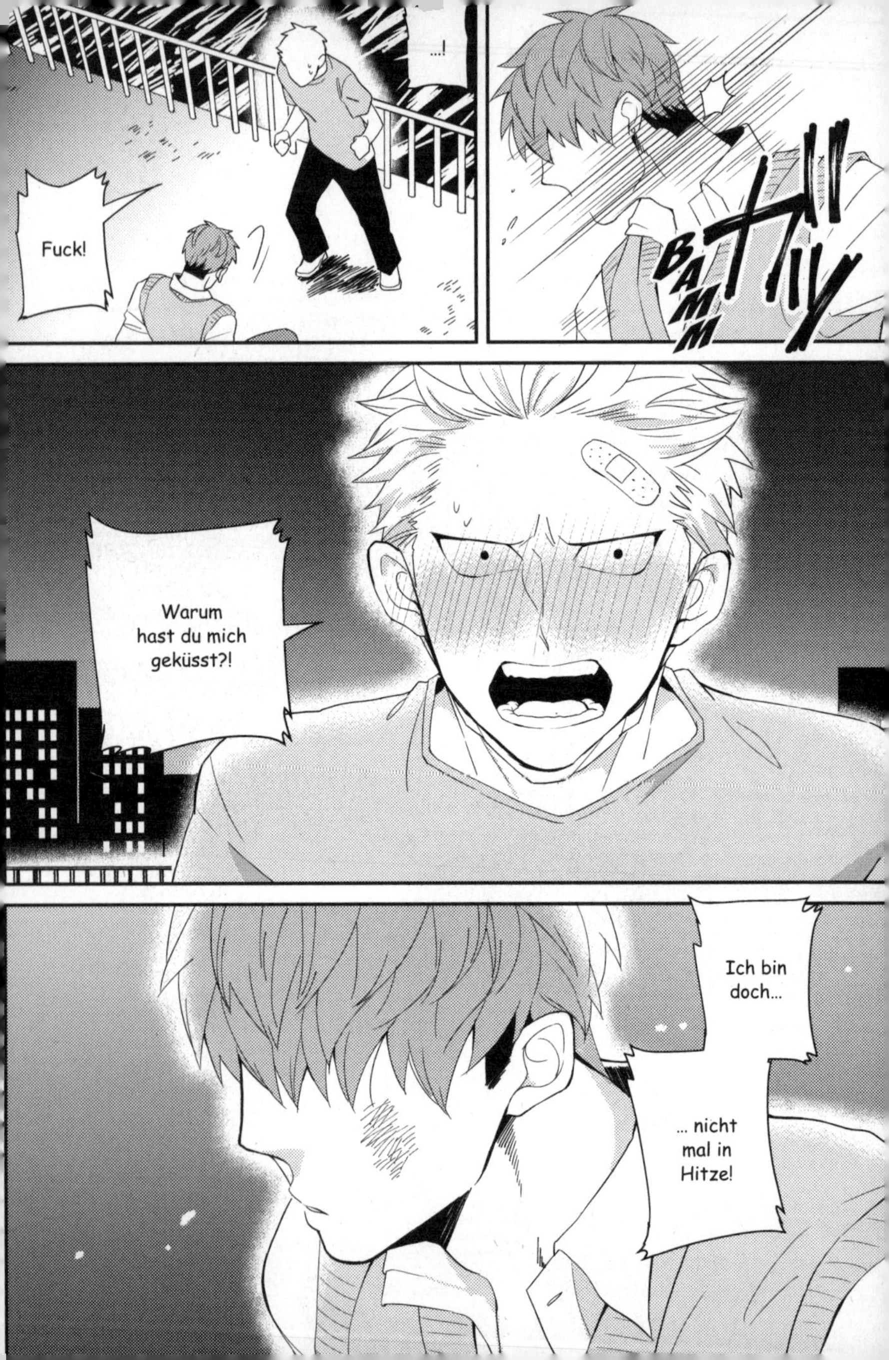
...!
Fuck!
BAMM
Warum hast du mich geküsst?!
Ich bin doch...
... nicht mal in Hitze!

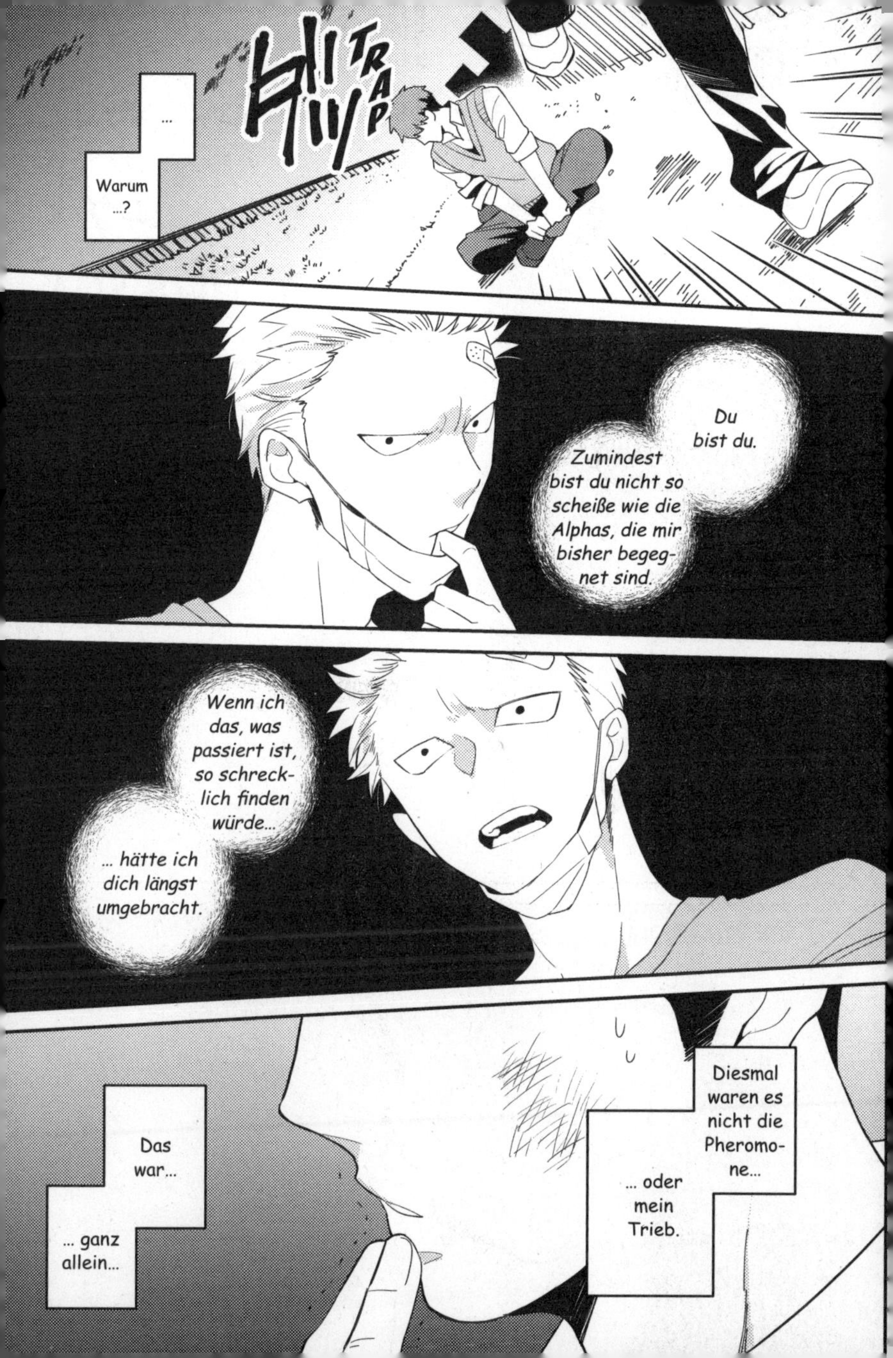
TRAP
...
Warum ...?
Du bist du.
Zumindest bist du nicht so scheiße wie die Alphas, die mir bisher begegnet sind.
Wenn ich das, was passiert ist, so schrecklich finden würde...
... hätte ich dich längst umgebracht.
Diesmal waren es nicht die Pheromone...
... oder mein Trieb.
Das war...
... ganz allein...

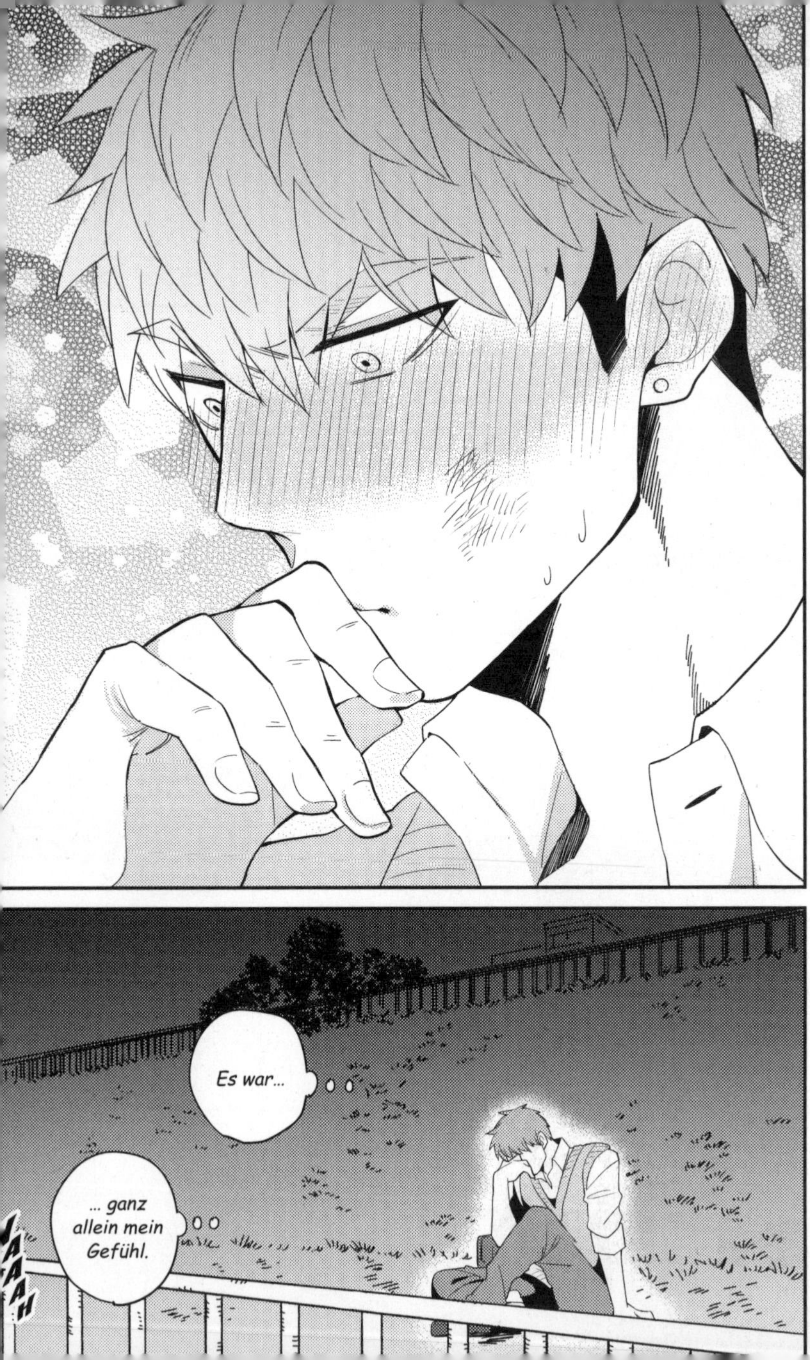
Es war...
... ganz allein mein Gefühl.
AAAH

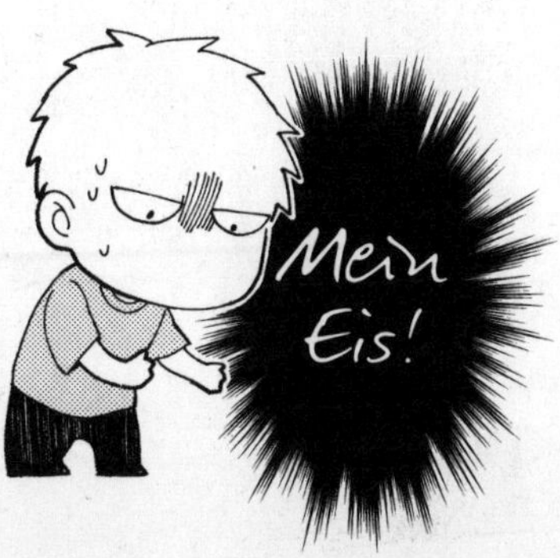
Mein Eis!

MEGUMI & TSUGUMI

ALPHATIER VS. HITZKOPF

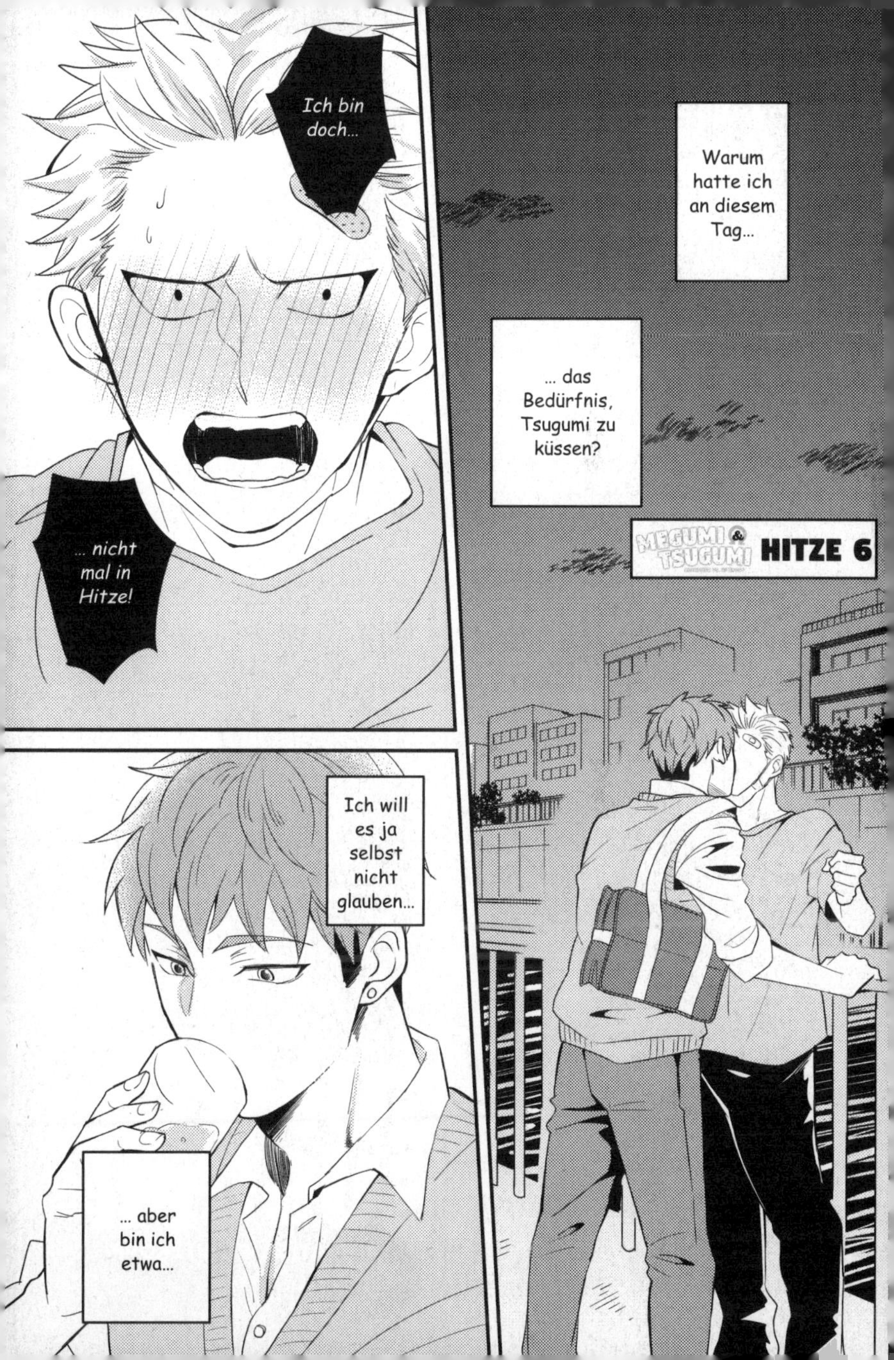
Warum hatte ich an diesem Tag...
... das Bedürfnis, Tsugumi zu küssen?
MEGUMI & TSUGUMI
HITZE 6
Ich bin doch...
... nicht mal in Hitze!
Ich will es ja selbst nicht glauben...
... aber bin ich etwa...

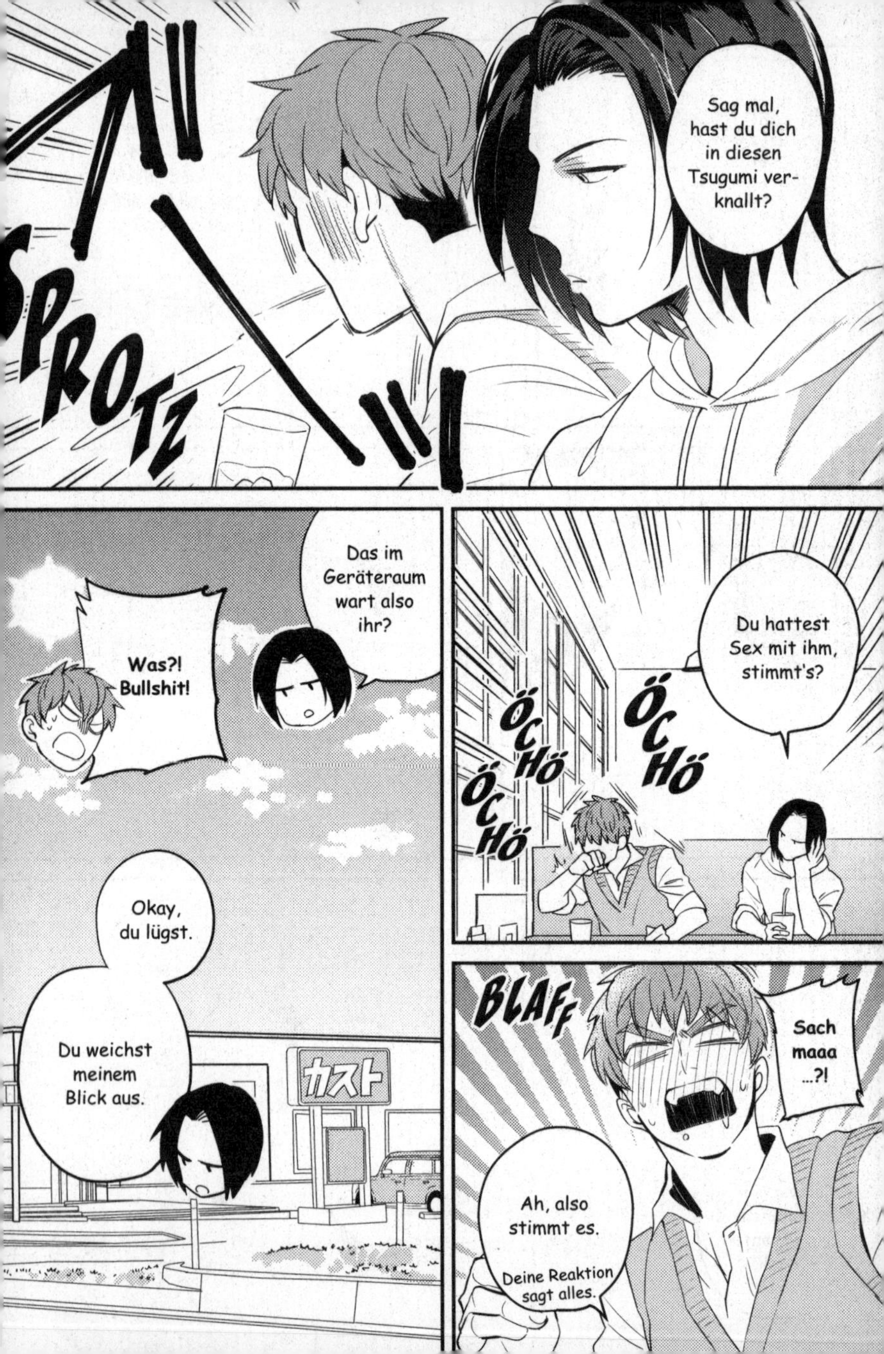
Sag mal, hast du dich in diesen Tsugumi verknallt?
SPROTZ
Du hattest Sex mit ihm, stimmt's?
ÖCHÖ
ÖCHÖ
ÖCHÖ
Sach maaa ...?!
BLAFF
Ah, also stimmt es.
Deine Reaktion sagt alles.
Das im Geräteraum wart also ihr?
Was?! Bullshit!
Okay, du lügst.
Du weichst meinem Blick aus.
カスト

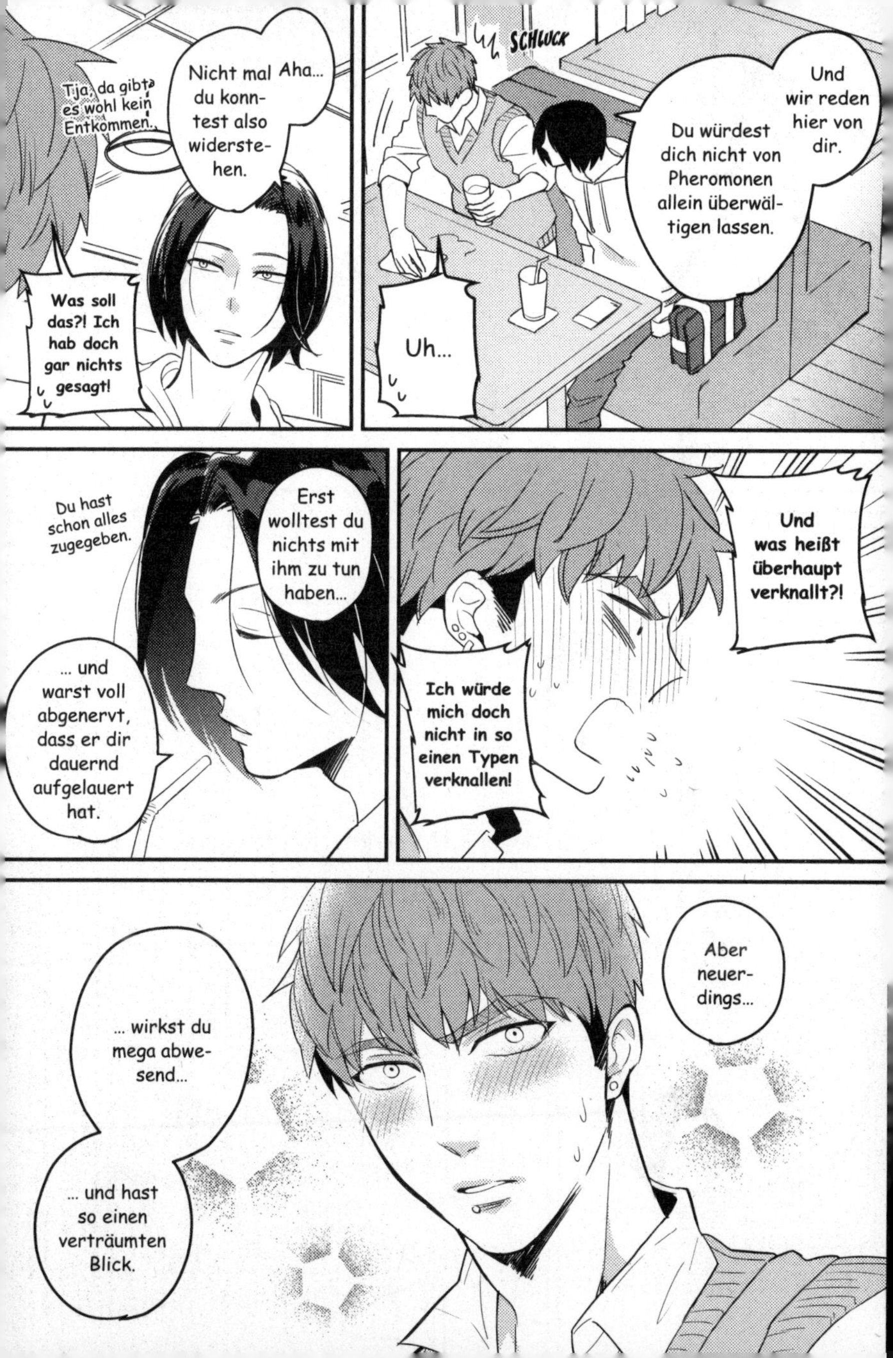

Tja, da gibt's es wohl kein Entkommen.
Nicht mal du konntest also widerstehen.
Aha...
Was soll das?! Ich hab doch gar nichts gesagt!
SCHLUCK
Und wir reden hier von dir.
Du würdest dich nicht von Pheromonen allein überwältigen lassen.
Uh...
Du hast schon alles zugegeben.
Erst wolltest du nichts mit ihm zu tun haben...
... und warst voll abgenervt, dass er dir dauernd aufgelauert hat.
Und was heißt überhaupt verknallt?!
Ich würde mich doch nicht in so einen Typen verknallen!
Aber neuerdings...
... wirkst du mega abwesend...
... und hast so einen verträumten Blick.

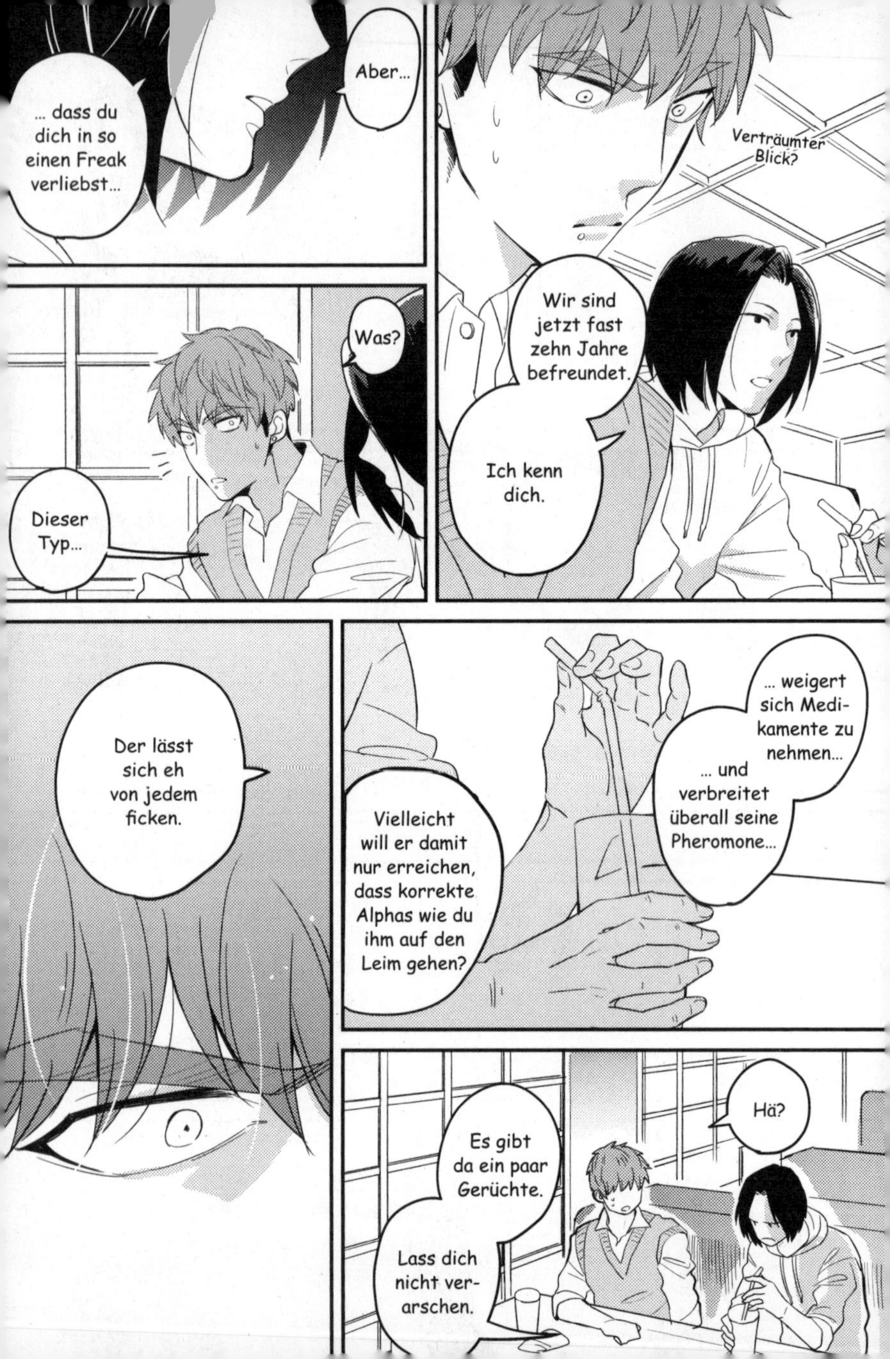

Verträumter Blick?
Wir sind jetzt fast zehn Jahre befreundet.
Ich kenn dich.
Aber...
... dass du dich in so einen Freak verliebst...
Was?
Dieser Typ...
... weigert sich Medikamente zu nehmen...
... und verbreitet überall seine Pheromone...
Vielleicht will er damit nur erreichen, dass korrekte Alphas wie du ihm auf den Leim gehen?
Hä?
Es gibt da ein paar Gerüchte.
Lass dich nicht verarschen.
Der lässt sich eh von jedem ficken.

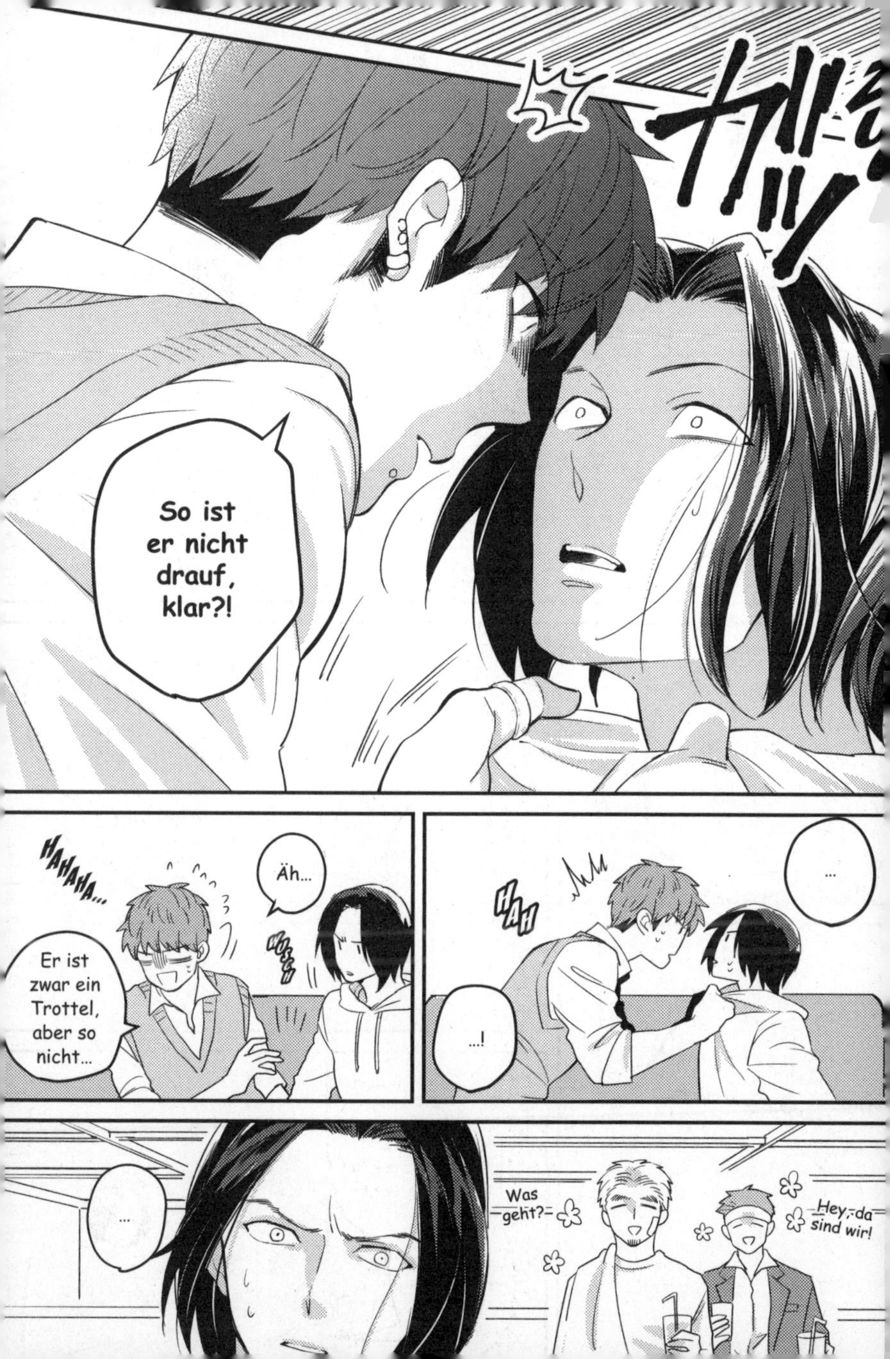

So ist er nicht drauf, klar?!
...
HAH
...!
Äh...
HAHAHA...
WOSCH
Er ist zwar ein Trottel, aber so nicht...
Hey, da sind wir!
Was geht?
...

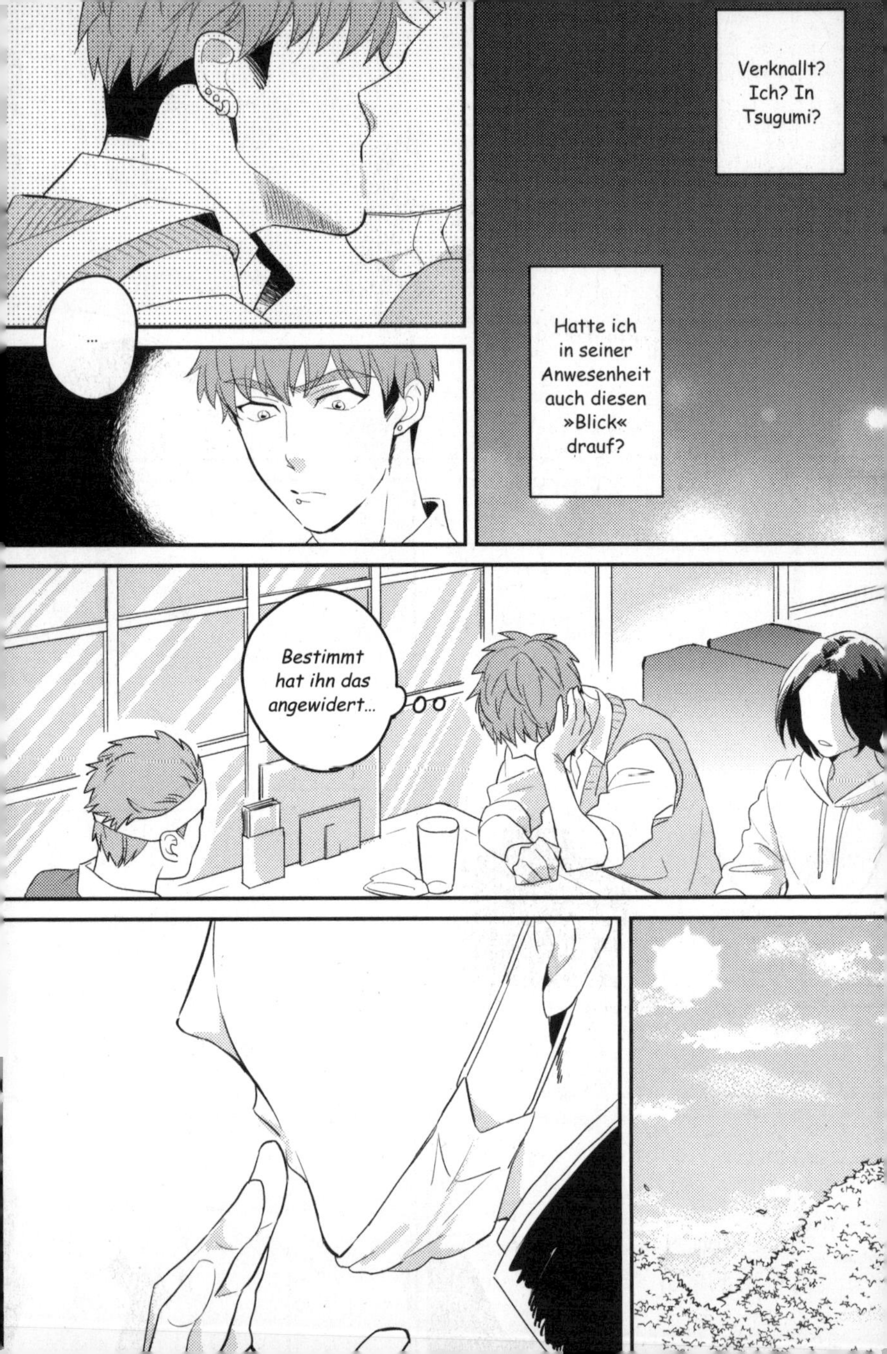
Verknallt? Ich? In Tsugumi?
…
Hatte ich in seiner Anwesenheit auch diesen »Blick« drauf?
Bestimmt hat ihn das angewidert…

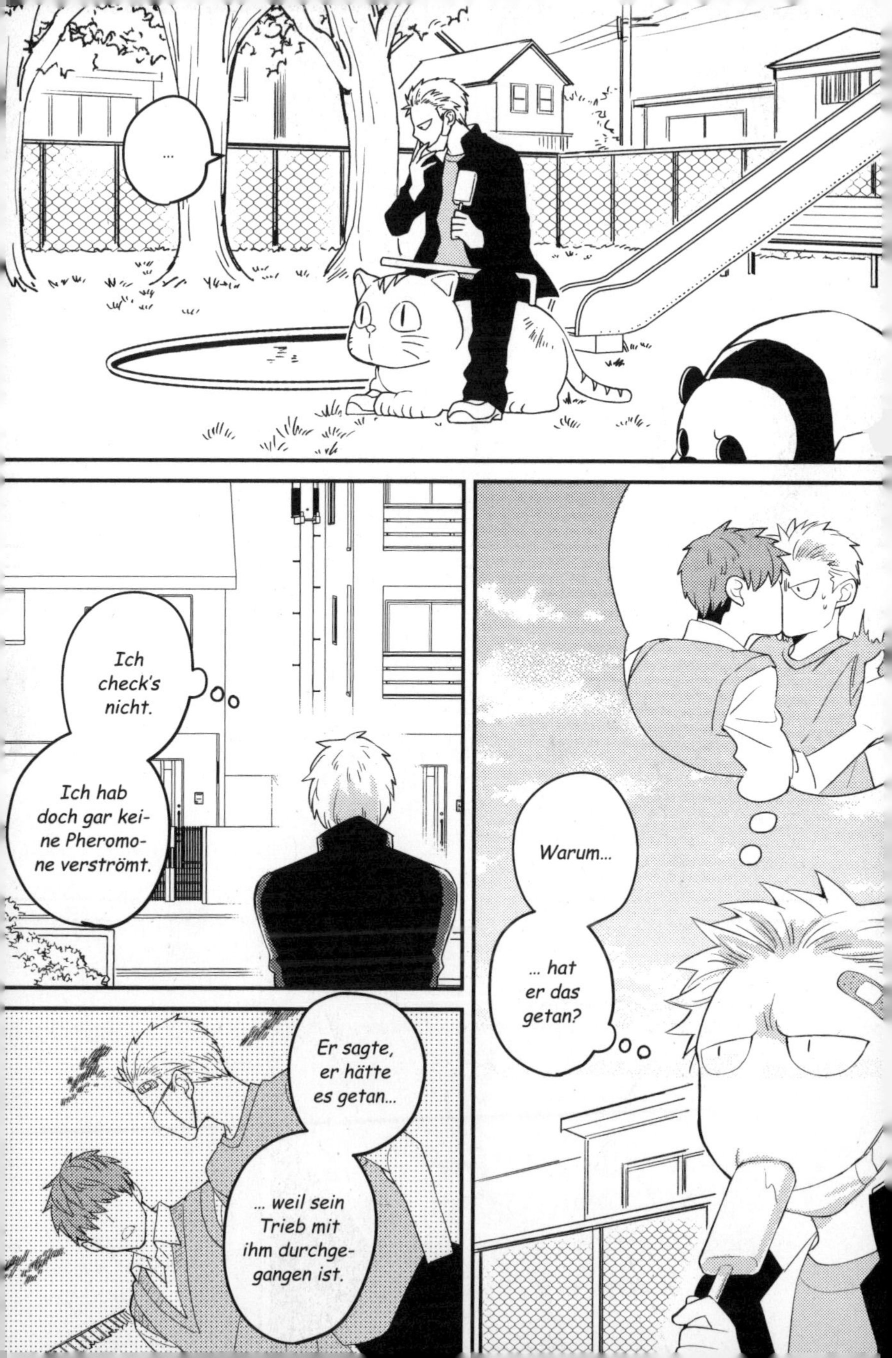
...
Warum...
... hat er das getan?
Ich check's nicht.
Ich hab doch gar keine Pheromone verströmt.
Er sagte, er hätte es getan...
... weil sein Trieb mit ihm durchgegangen ist.

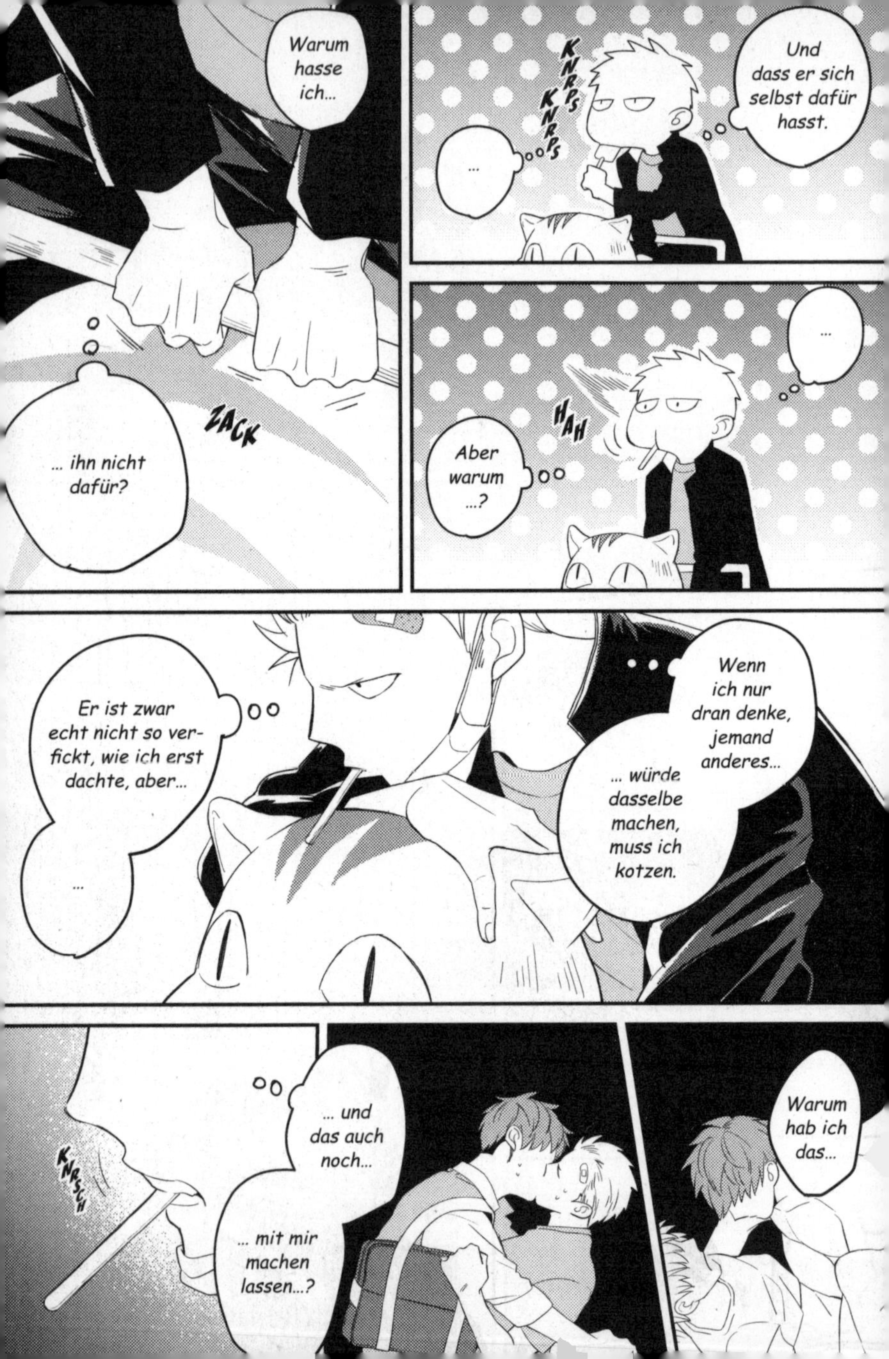
KNRPS KNRPS
Und dass er sich selbst dafür hasst.
...
...
HAH
Aber warum ...?
Warum hasse ich...
ZACK
... ihn nicht dafür?
...
Wenn ich nur dran denke, jemand anderes...
... würde dasselbe machen, muss ich kotzen.
Er ist zwar echt nicht so verfickt, wie ich erst dachte, aber...
...
Warum hab ich das...
... und das auch noch...
... mit mir machen lassen...?
KNRSCH

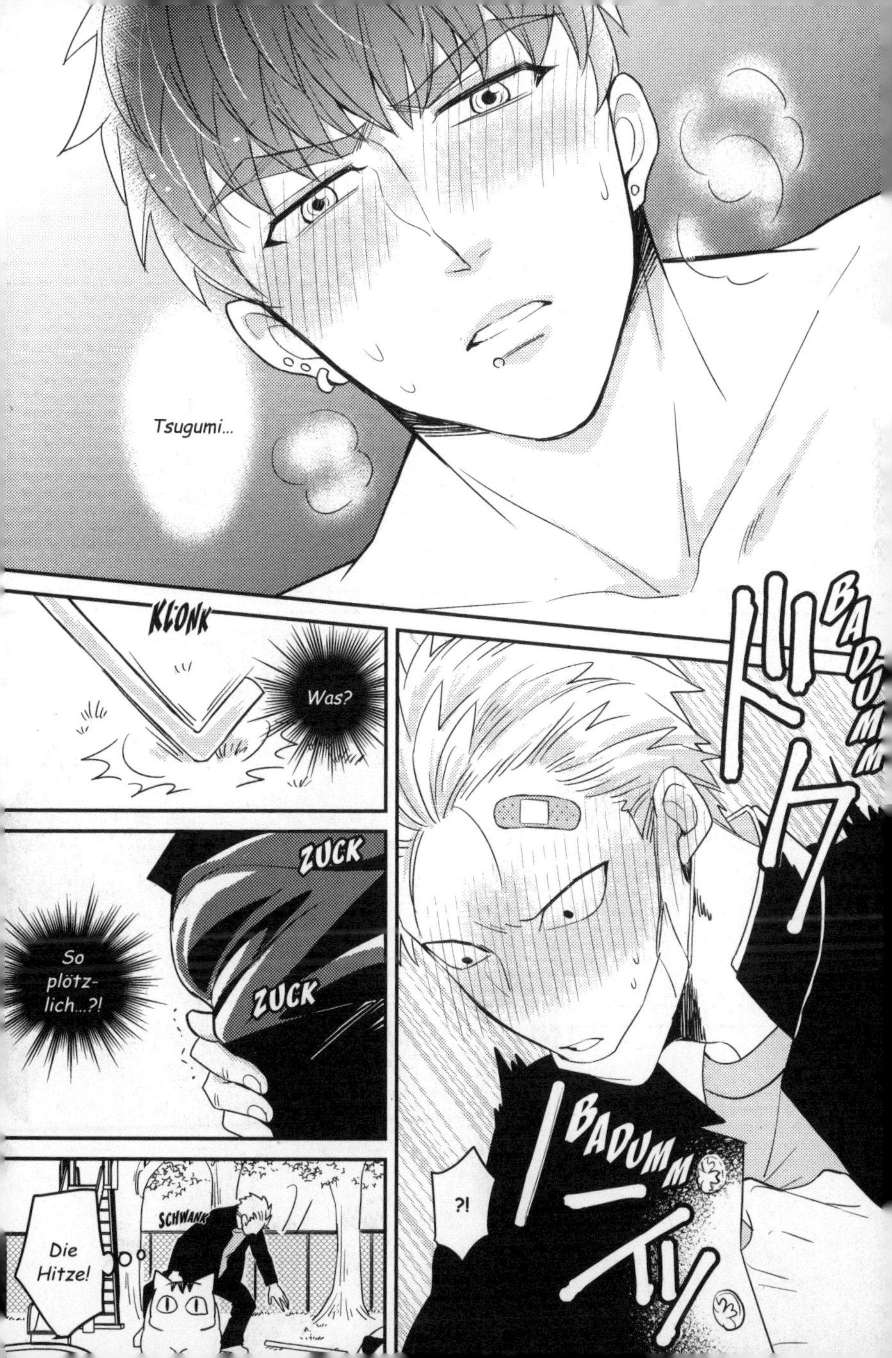
Tsugumi...
BADUMM
BADUMM
?!
KLONK
Was?
ZUCK
ZUCK
So plötz-lich...?!
SCHWANK
Die Hitze!

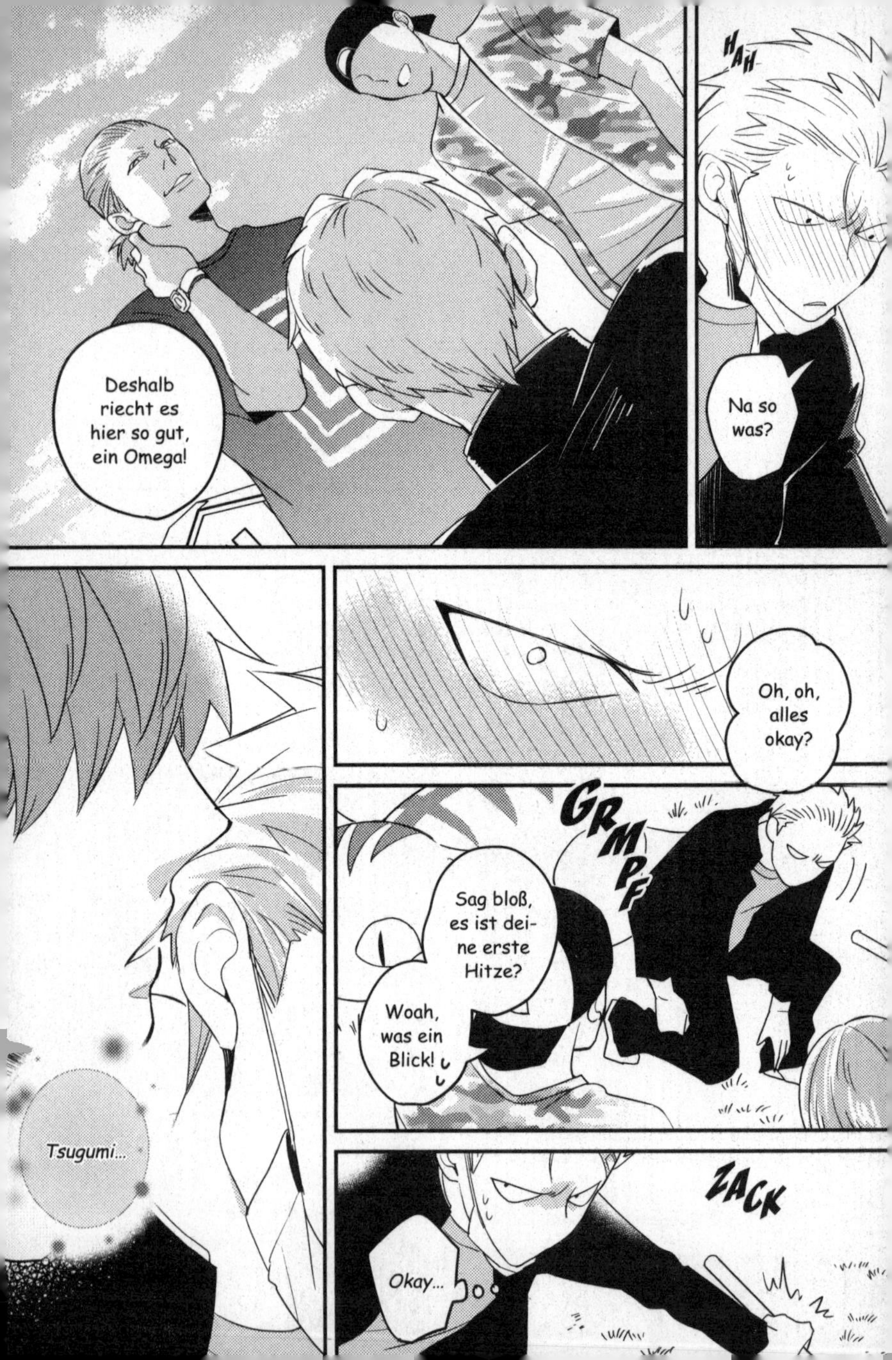
HAH
Na so was?
Deshalb riecht es hier so gut, ein Omega!
Oh, oh, alles okay?
GRMPF
Sag bloß, es ist deine erste Hitze?
Woah, was ein Blick!
ZACK
Okay...
Tsugumi...

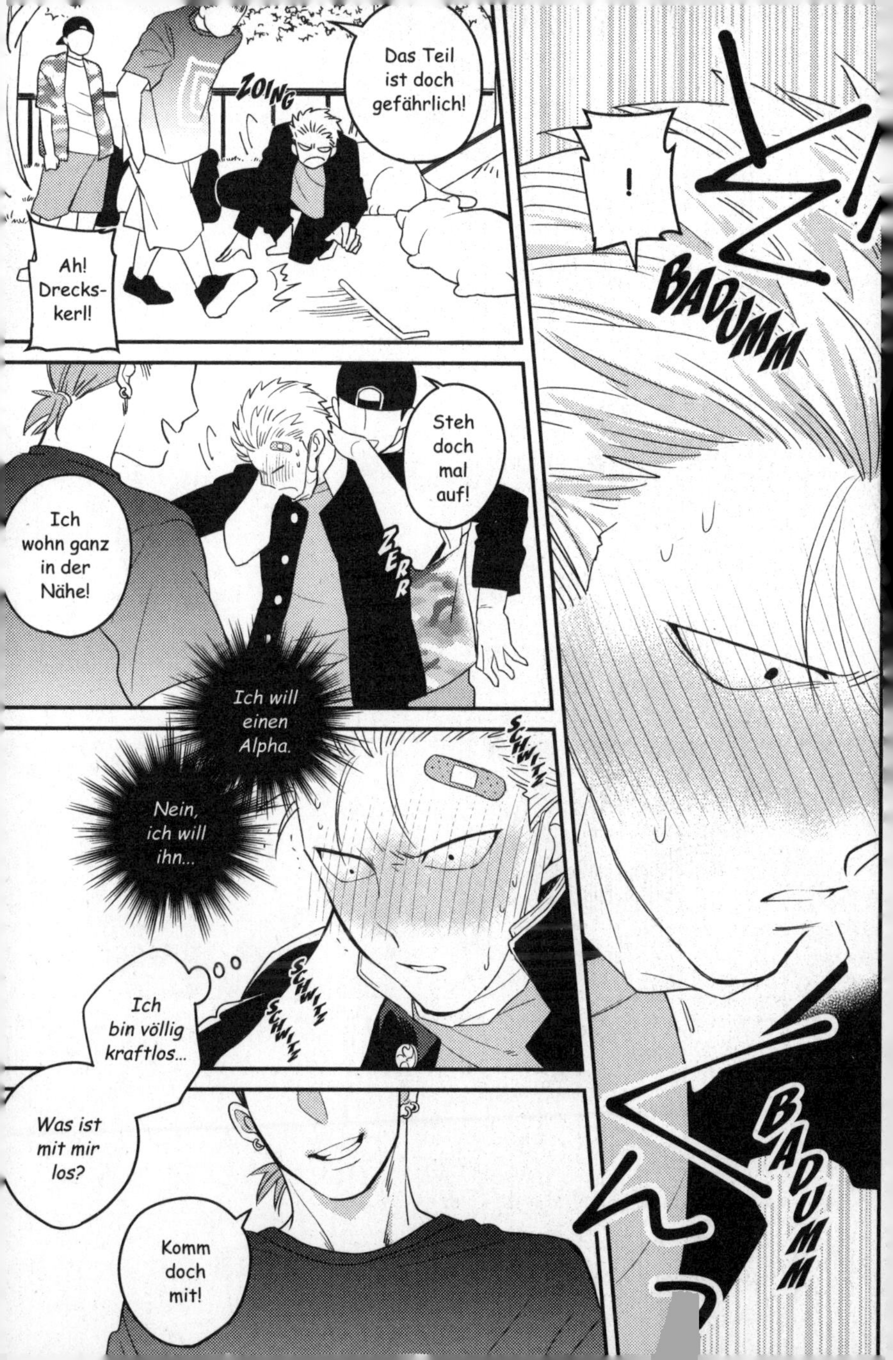
Das Teil ist doch gefährlich!
ZOING
Ah! Drecks-kerl!
Steh doch mal auf!
ZERR
Ich wohn ganz in der Nähe!
Ich will einen Alpha.
Nein, ich will ihn...
SCHWINN
Ich bin völlig kraftlos...
SCHWINN
SCHWINN
Was ist mit mir los?
Komm doch mit!
!
BADUMM
BADUMM

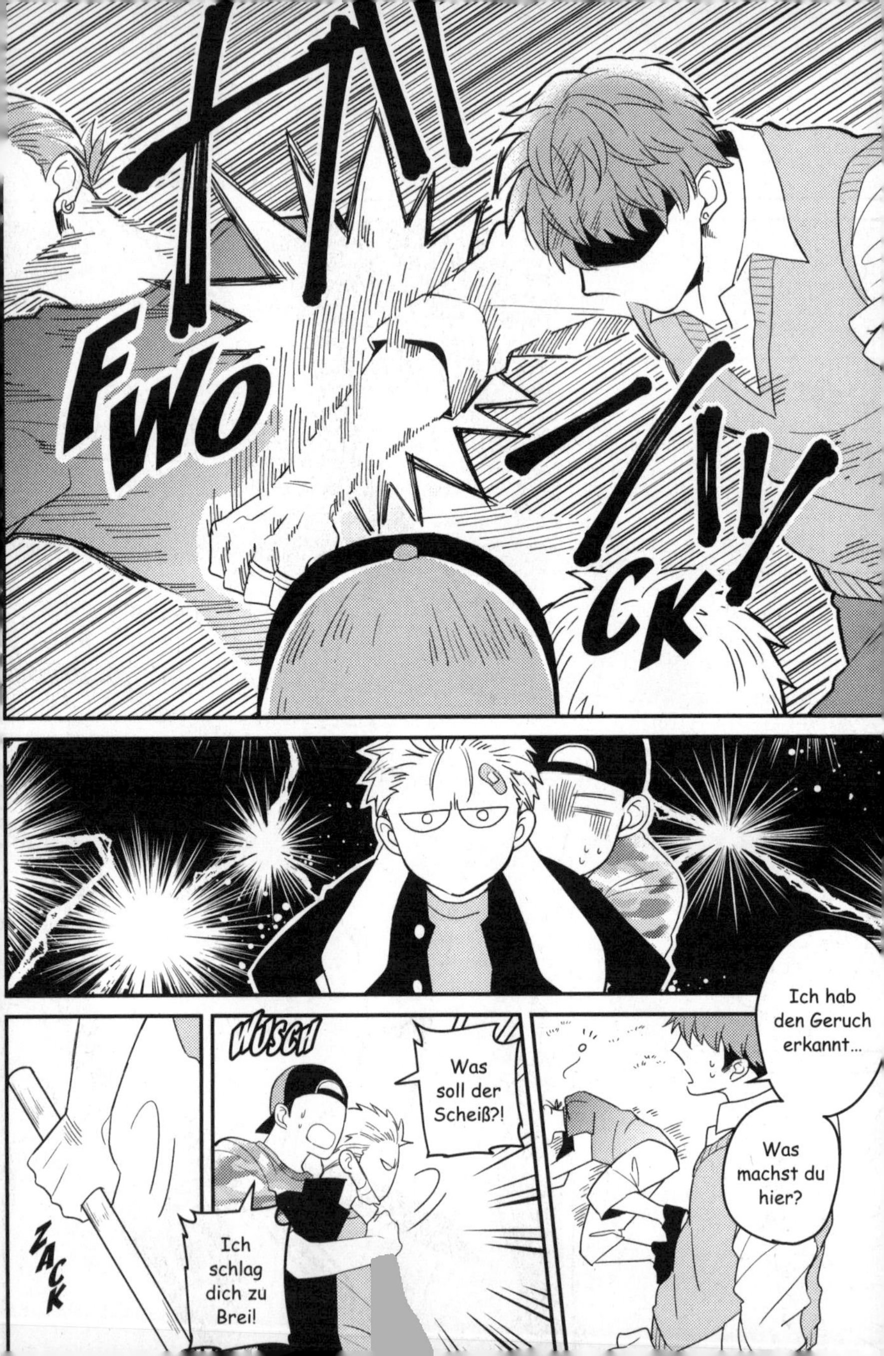
FWO
CK
Ich hab den Geruch erkannt...
Was machst du hier?
WUSCH
Was soll der Scheiß?!
Ich schlag dich zu Brei!
ZACK

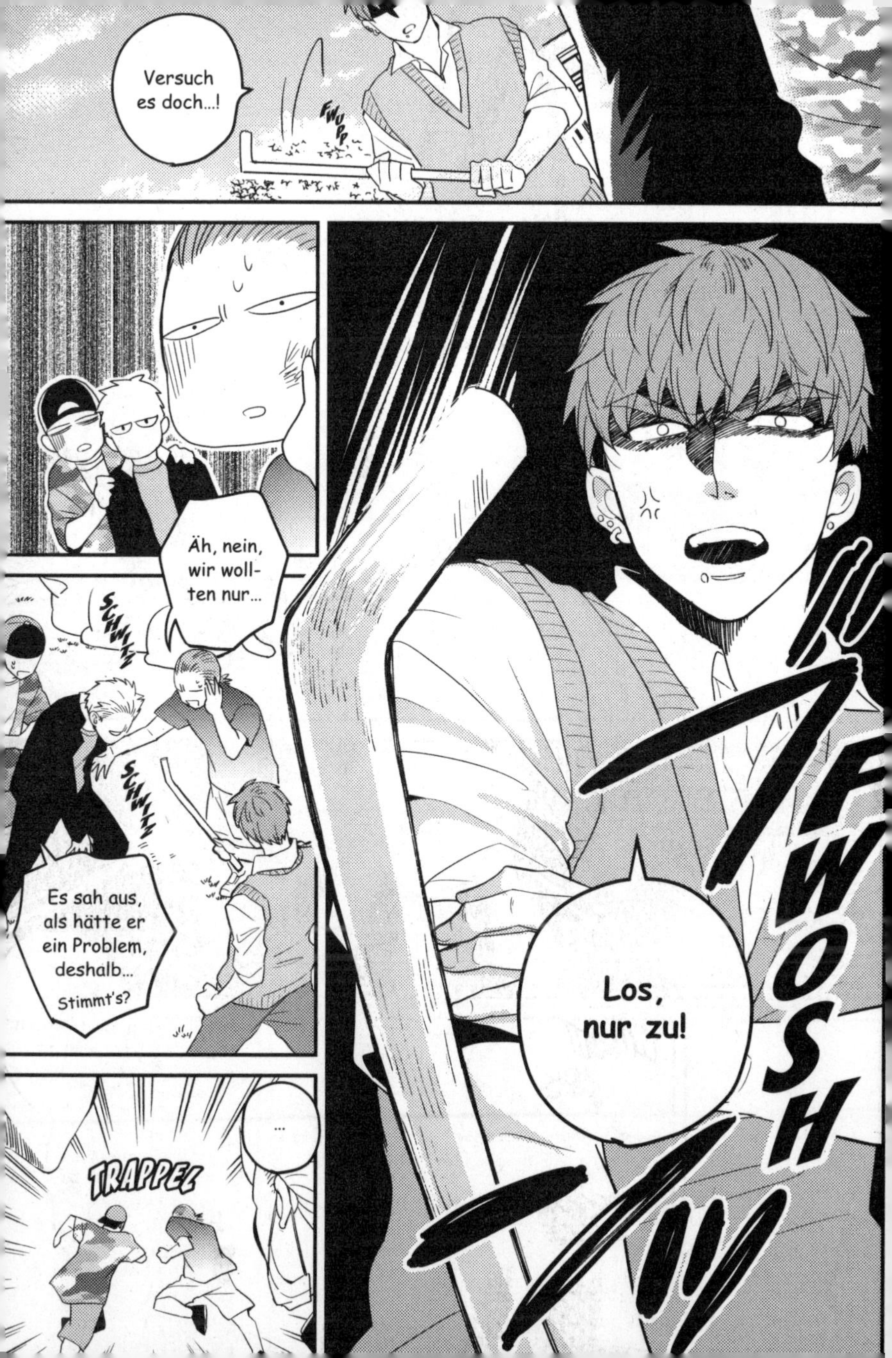

Versuch es doch...!
FWUPP
Los, nur zu!
FWOSH
Äh, nein, wir woll-ten nur...
SCHWIIN
SCHWIIN
Es sah aus, als hätte er ein Problem, deshalb...
Stimmt's?
...
TRAPPEL

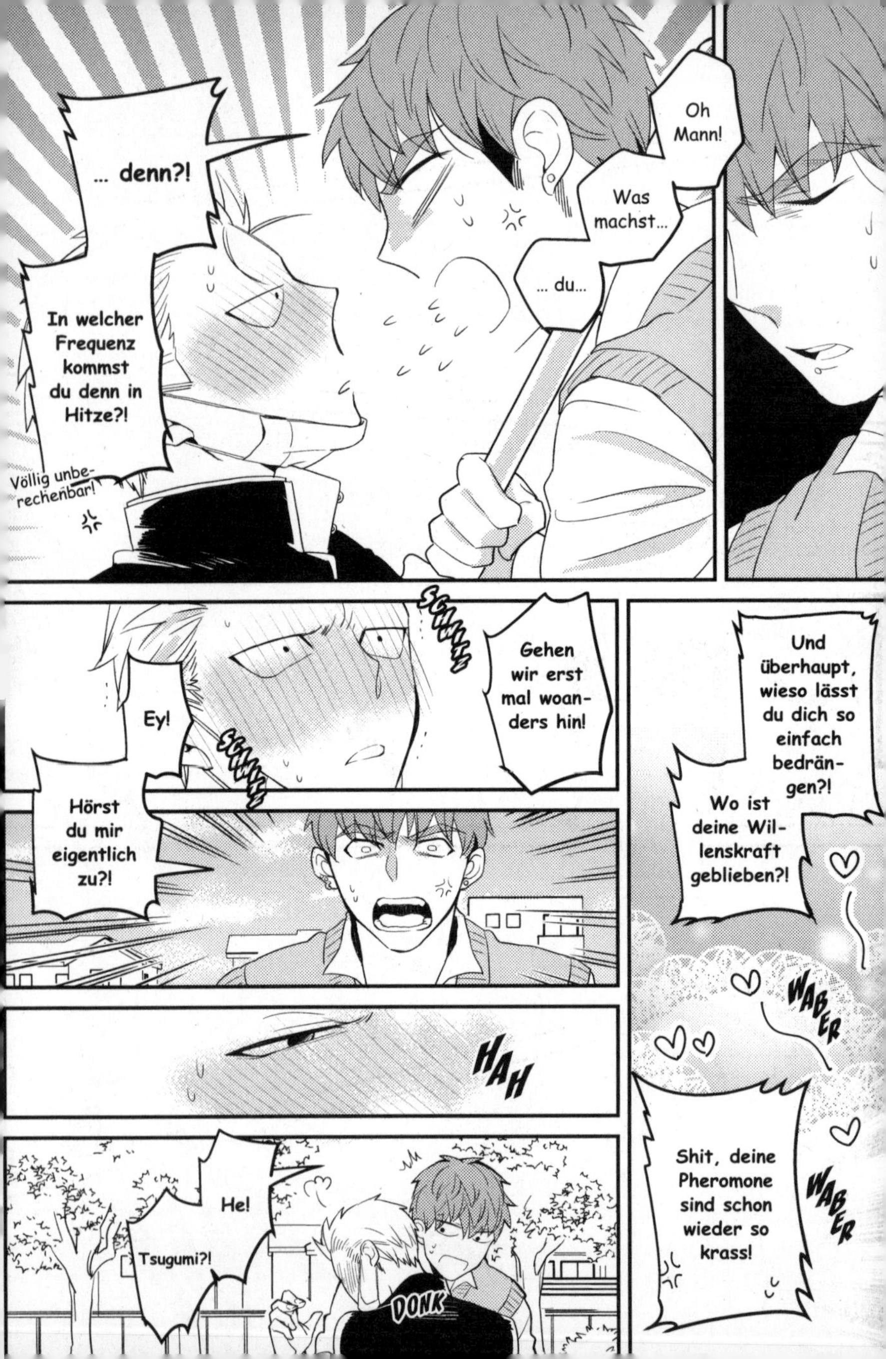
Oh Mann!
Was machst...
... du...
... denn?!
In welcher Frequenz kommst du denn in Hitze?!
Völlig unberechenbar!
Und überhaupt, wieso lässt du dich so einfach bedrängen?!
Wo ist deine Willenskraft geblieben?!
Gehen wir erst mal woanders hin!
Ey!
Hörst du mir eigentlich zu?!
HAH
WABER
WABER
Shit, deine Pheromone sind schon wieder so krass!
He!
Tsugumi?!
DONK

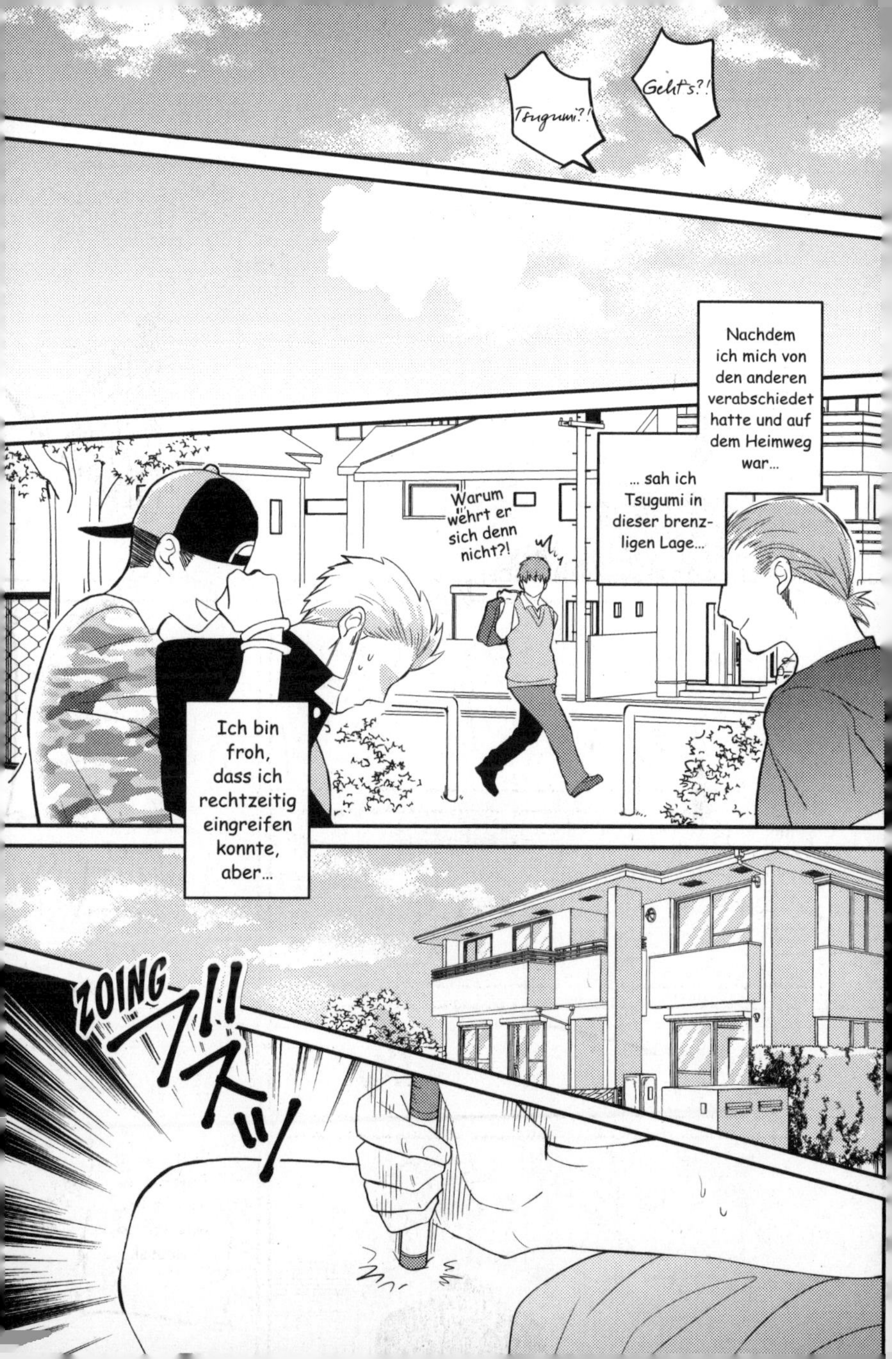
Geht's?!
Tsugumi?!
Nachdem ich mich von den anderen verabschiedet hatte und auf dem Heimweg war...
... sah ich Tsugumi in dieser brenzligen Lage...
Warum wehrt er sich denn nicht?!
Ich bin froh, dass ich rechtzeitig eingreifen konnte, aber...
ZOING

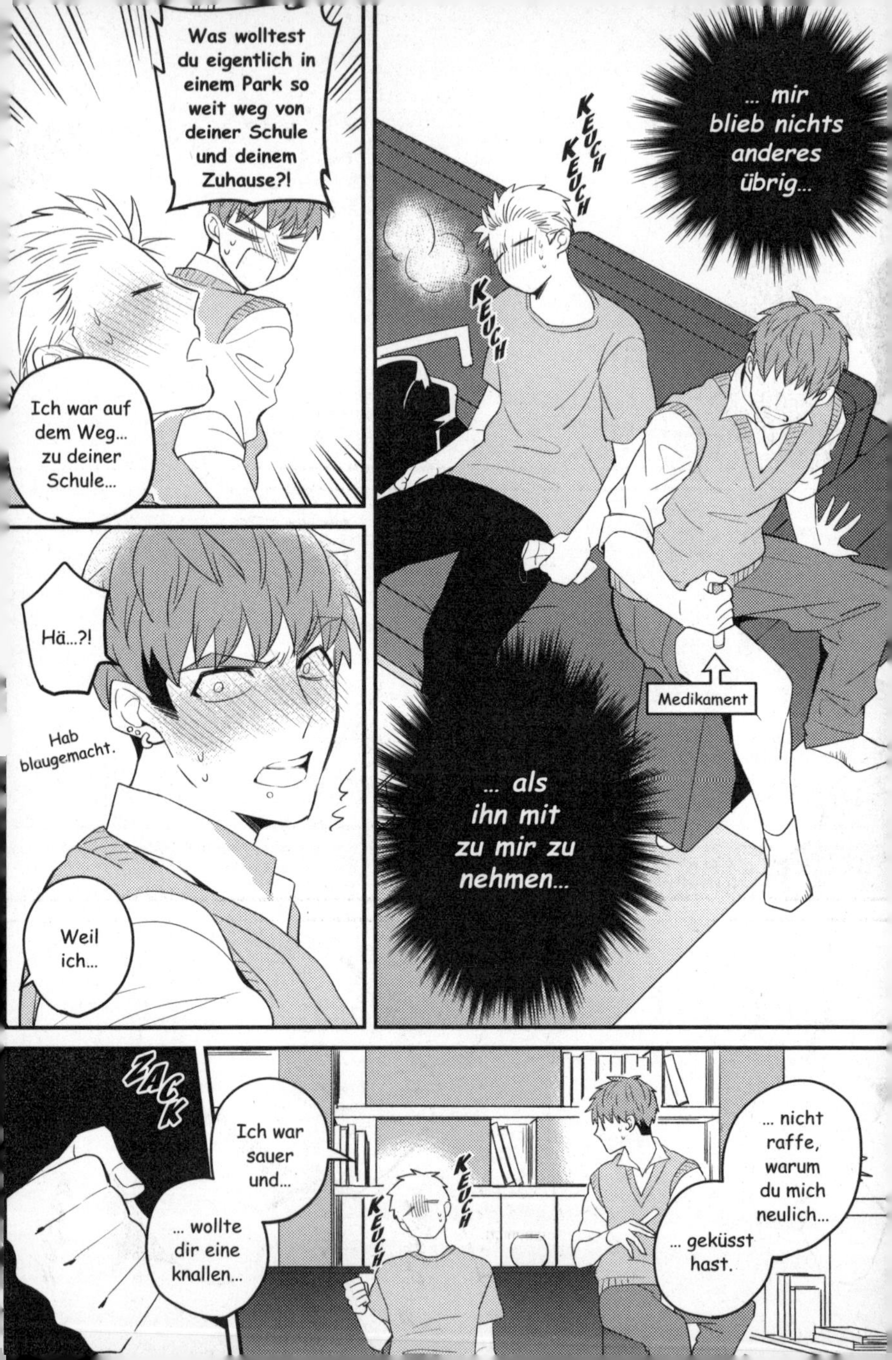
... mir blieb nichts anderes übrig...
KEUCH KEUCH
KEUCH
Medikament
... als ihn mit zu mir zu nehmen...
Was wolltest du eigentlich in einem Park so weit weg von deiner Schule und deinem Zuhause?!
Ich war auf dem Weg... zu deiner Schule...
Hä...?!
Hab blaugemacht.
Weil ich...
... nicht raffe, warum du mich neulich...
... geküsst hast.
KEUCH
KEUCH
Ich war sauer und...
... wollte dir eine knallen...
ZACK

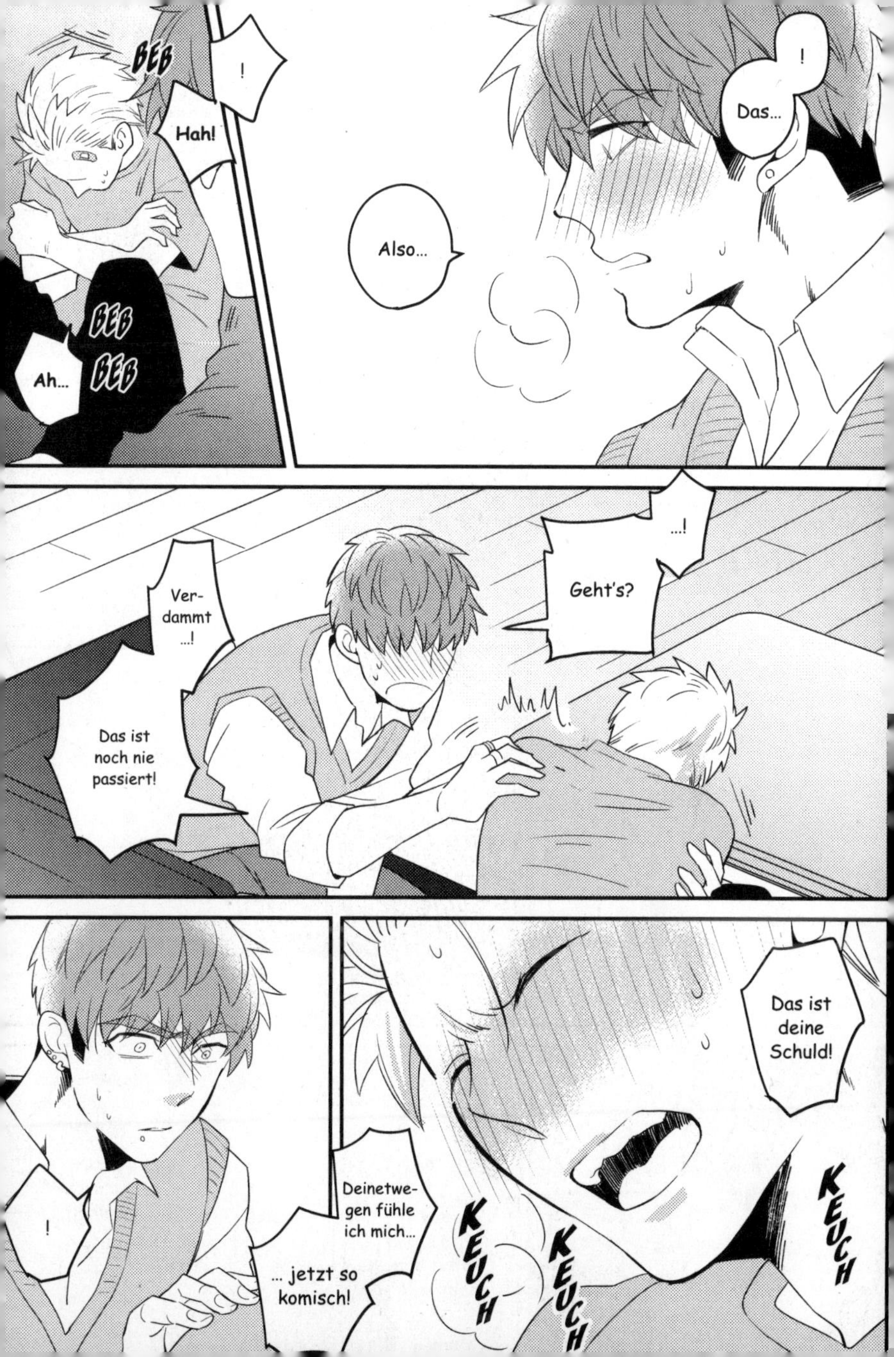

!
Das...
Also...
BEB
!
Hah!
BEB
BEB
Ah...
...!
Geht's?
Ver-
dammt
...!
Das ist
noch nie
passiert!
Das ist
deine
Schuld!
KEUCH
KEUCH
KEUCH
Deinetwe-
gen fühle
ich mich...
... jetzt so
komisch!
!

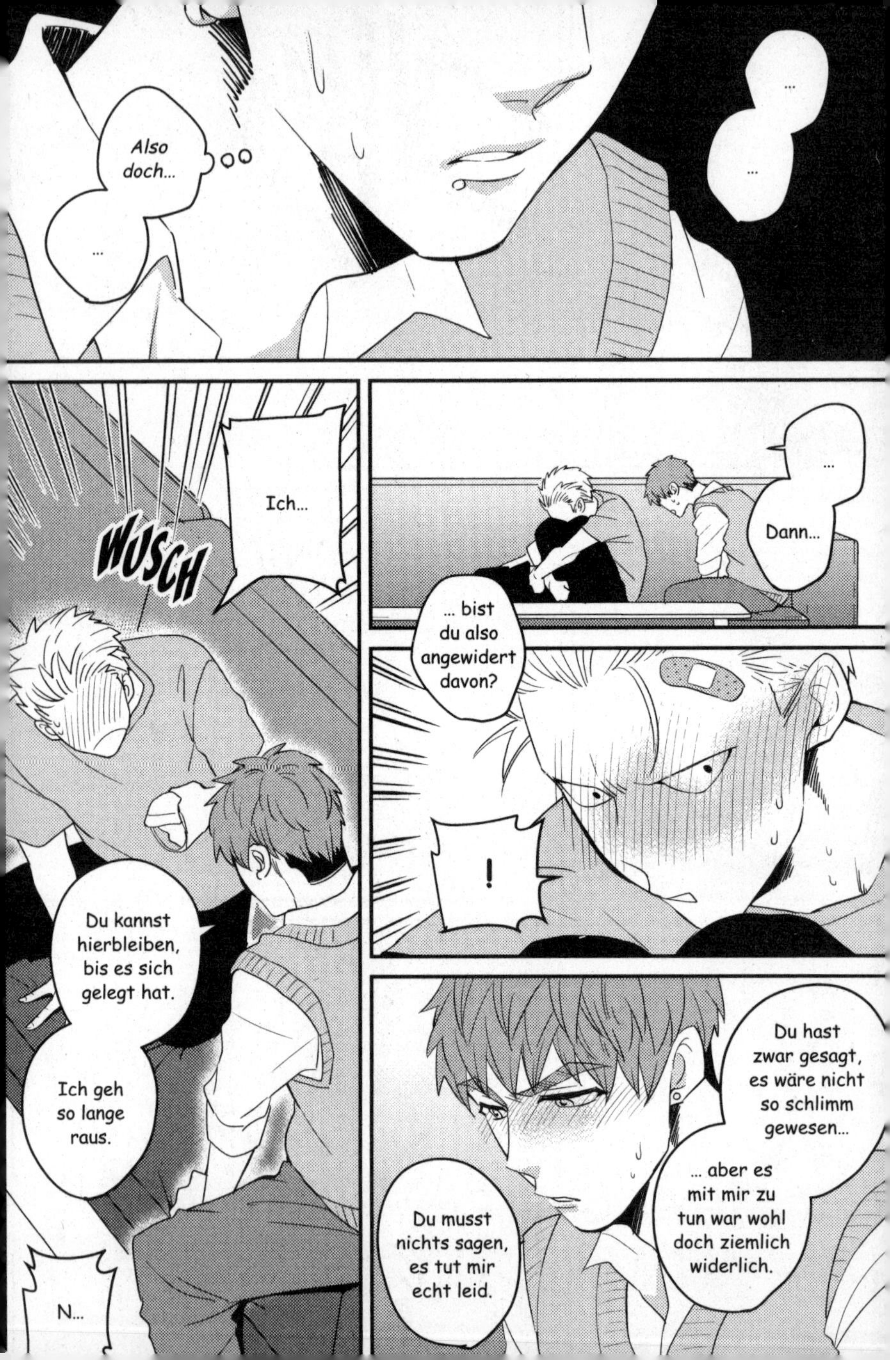
...
...
Also doch...
...
...
Dann...
... bist du also angewidert davon?
!
Du hast zwar gesagt, es wäre nicht so schlimm gewesen...
... aber es mit mir zu tun war wohl doch ziemlich widerlich.
Du musst nichts sagen, es tut mir echt leid.
Ich...
WUSCH
Du kannst hierbleiben, bis es sich gelegt hat.
Ich geh so lange raus.
N...

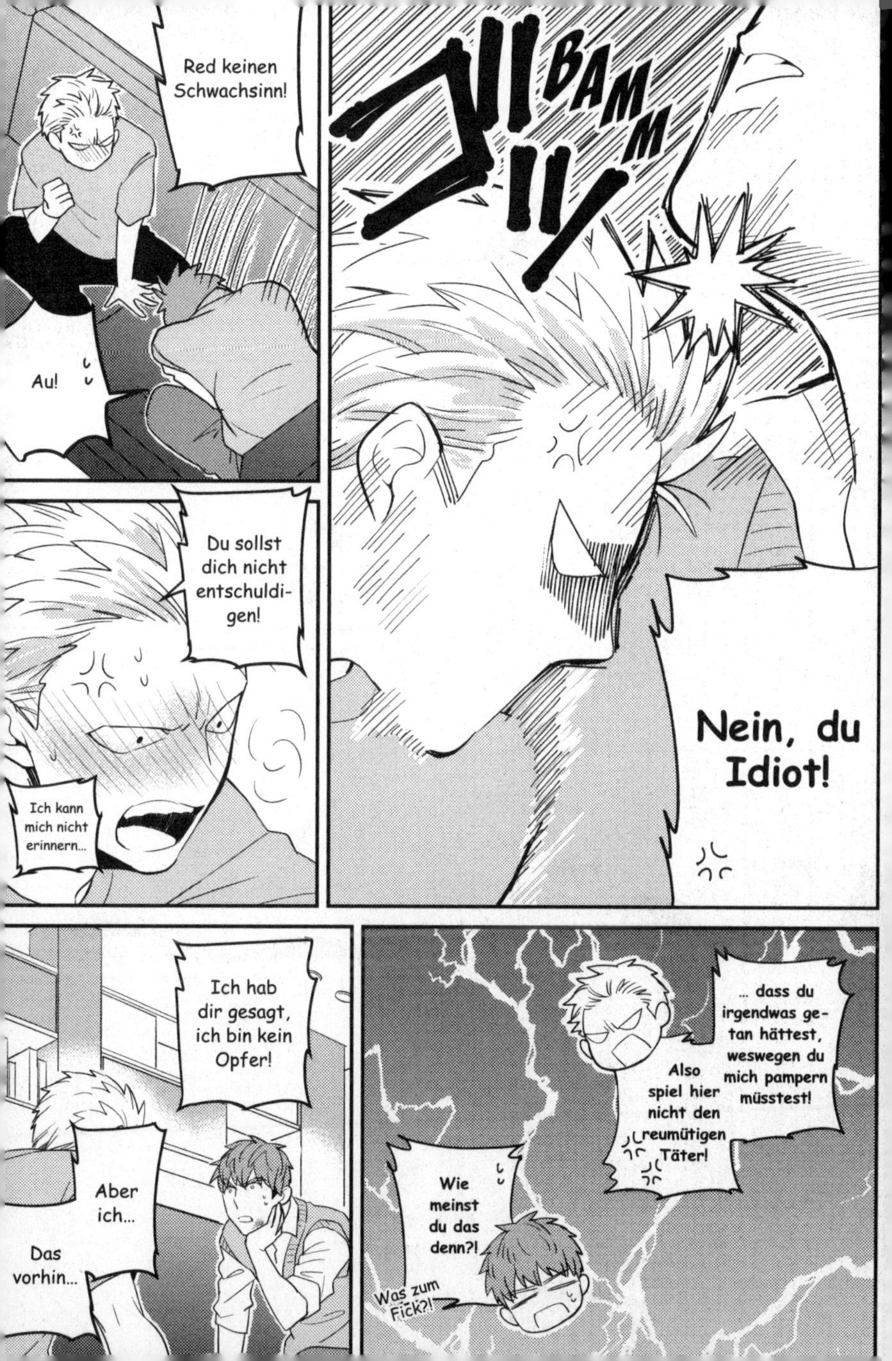
BAMM
Nein, du Idiot!
Red keinen Schwachsinn!
Au!
Du sollst dich nicht entschuldigen!
Ich kann mich nicht erinnern...
... dass du irgendwas getan hättest, weswegen du mich pampern müsstest!
Also spiel hier nicht den reumütigen Täter!
Wie meinst du das denn?!
Was zum Fick?!
Ich hab dir gesagt, ich bin kein Opfer!
Aber ich...
Das vorhin...

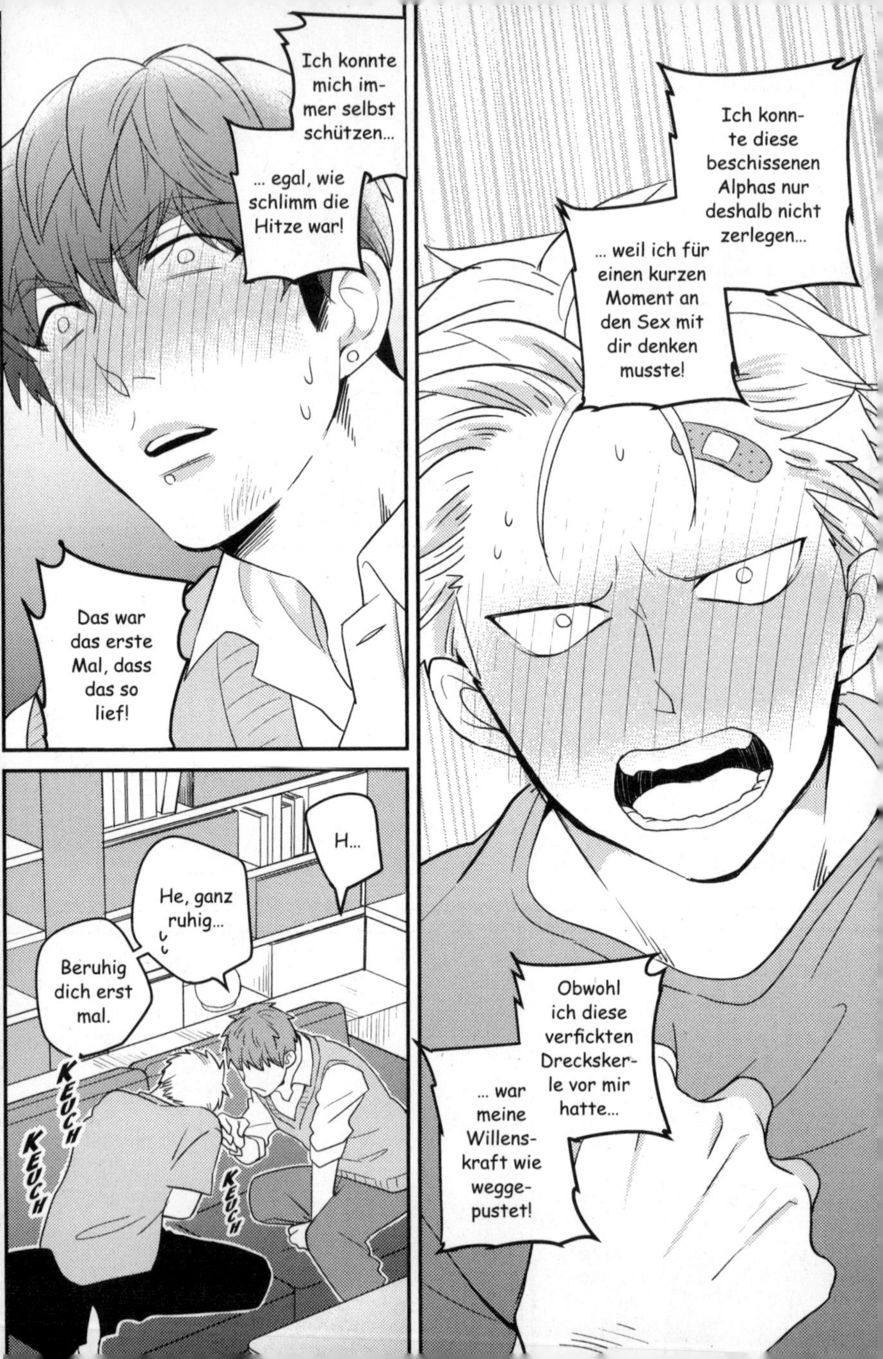
Ich konnte diese beschissenen Alphas nur deshalb nicht zerlegen...
... weil ich für einen kurzen Moment an den Sex mit dir denken musste!
Obwohl ich diese verfickten Dreckskerle vor mir hatte...
... war meine Willenskraft wie weggepustet!
Ich konnte mich immer selbst schützen...
... egal, wie schlimm die Hitze war!
Das war das erste Mal, dass das so lief!
H...
He, ganz ruhig...
Beruhig dich erst mal.
KEUCH
KEUCH
KEUCH

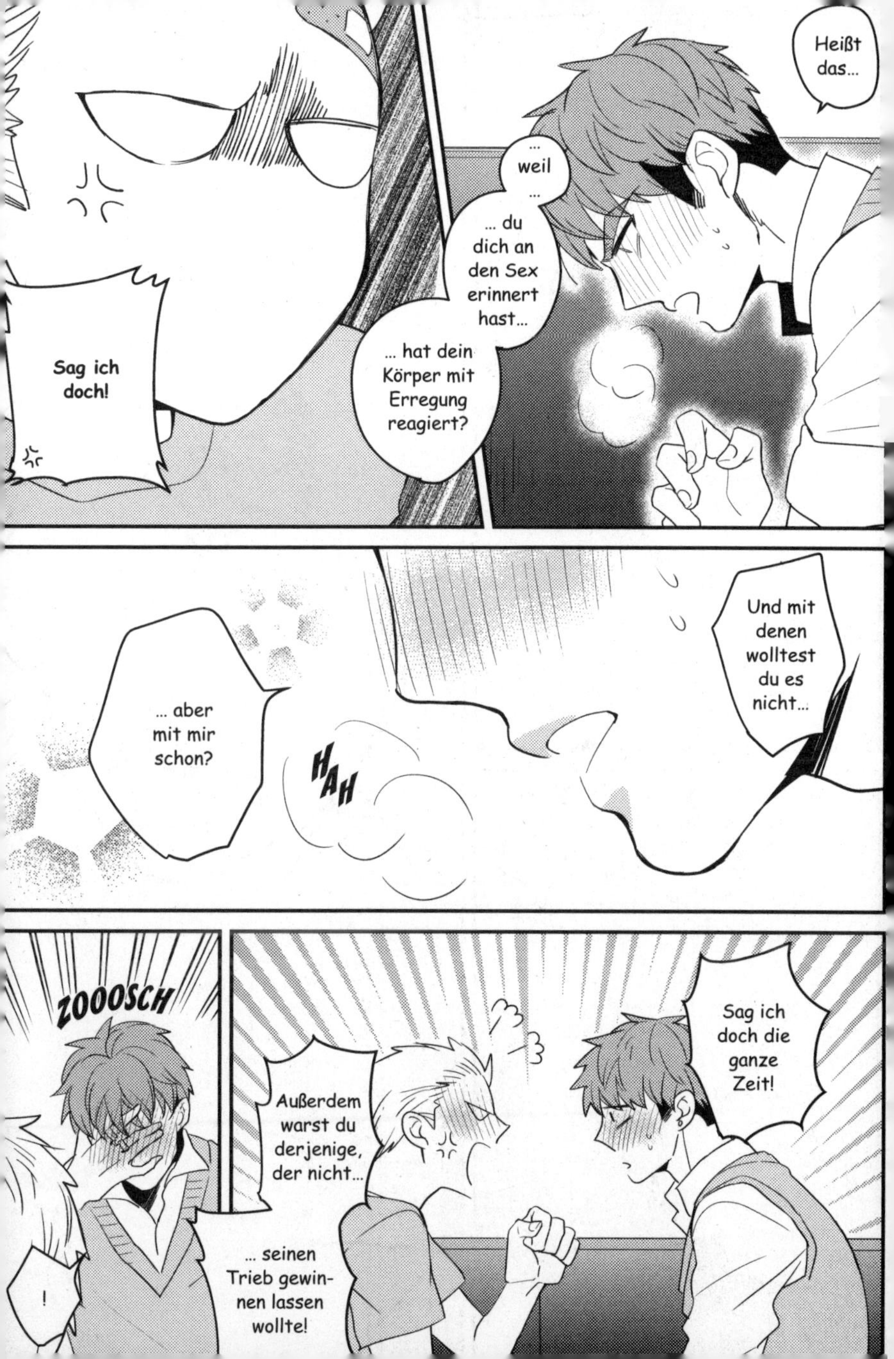
Heißt das...
... weil ...
... du dich an den Sex erinnert hast...
... hat dein Körper mit Erregung reagiert?
Sag ich doch!
Und mit denen wolltest du es nicht...
HAH
... aber mit mir schon?
Sag ich doch die ganze Zeit!
Außerdem warst du derjenige, der nicht...
... seinen Trieb gewinnen lassen wollte!
ZOOOSCH
!

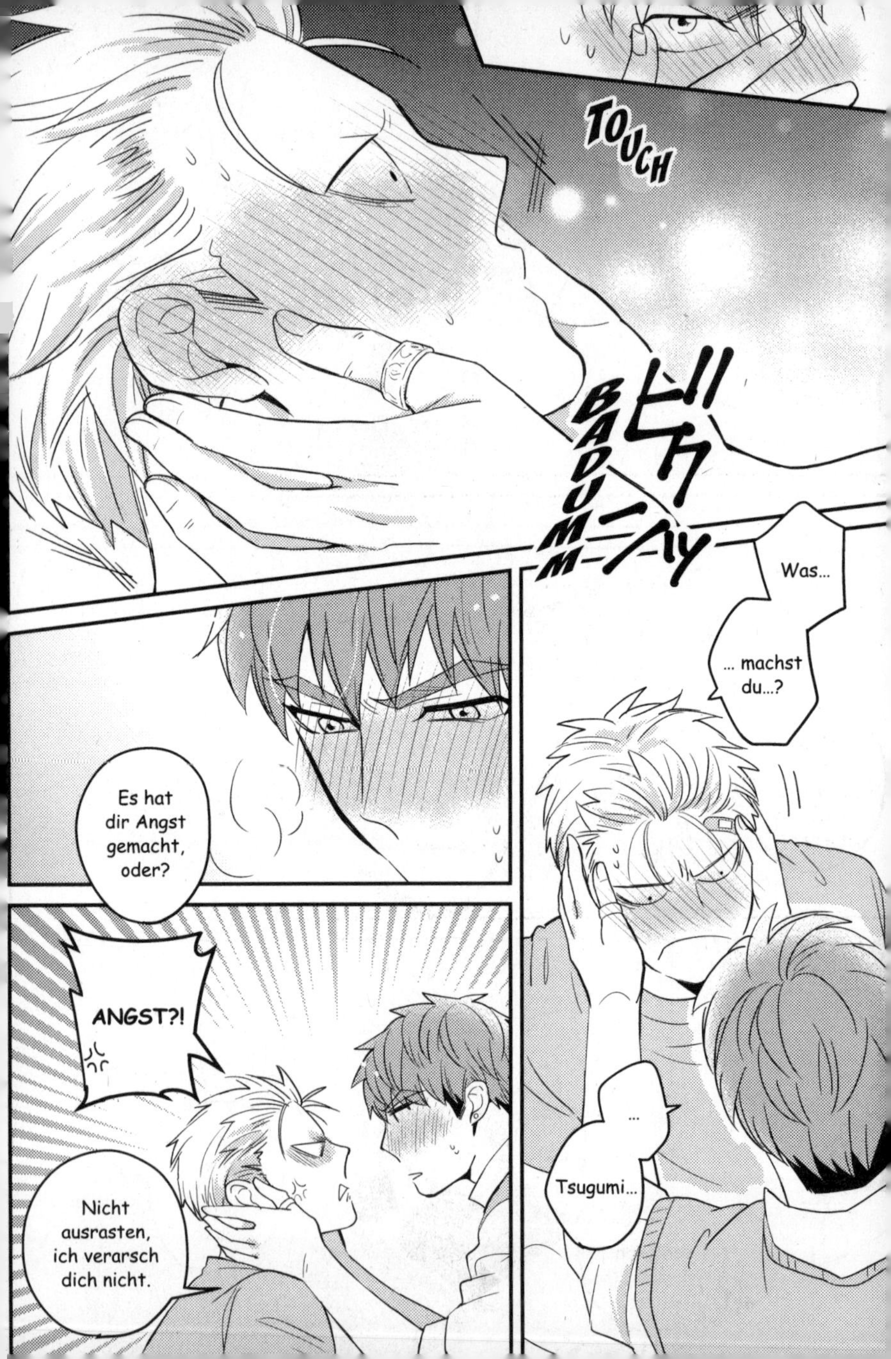
TOUCH
BADUMM
Was...
... machst du...?
Es hat dir Angst gemacht, oder?
...
Tsugumi...
ANGST?!
Nicht ausrasten, ich verarsch dich nicht.

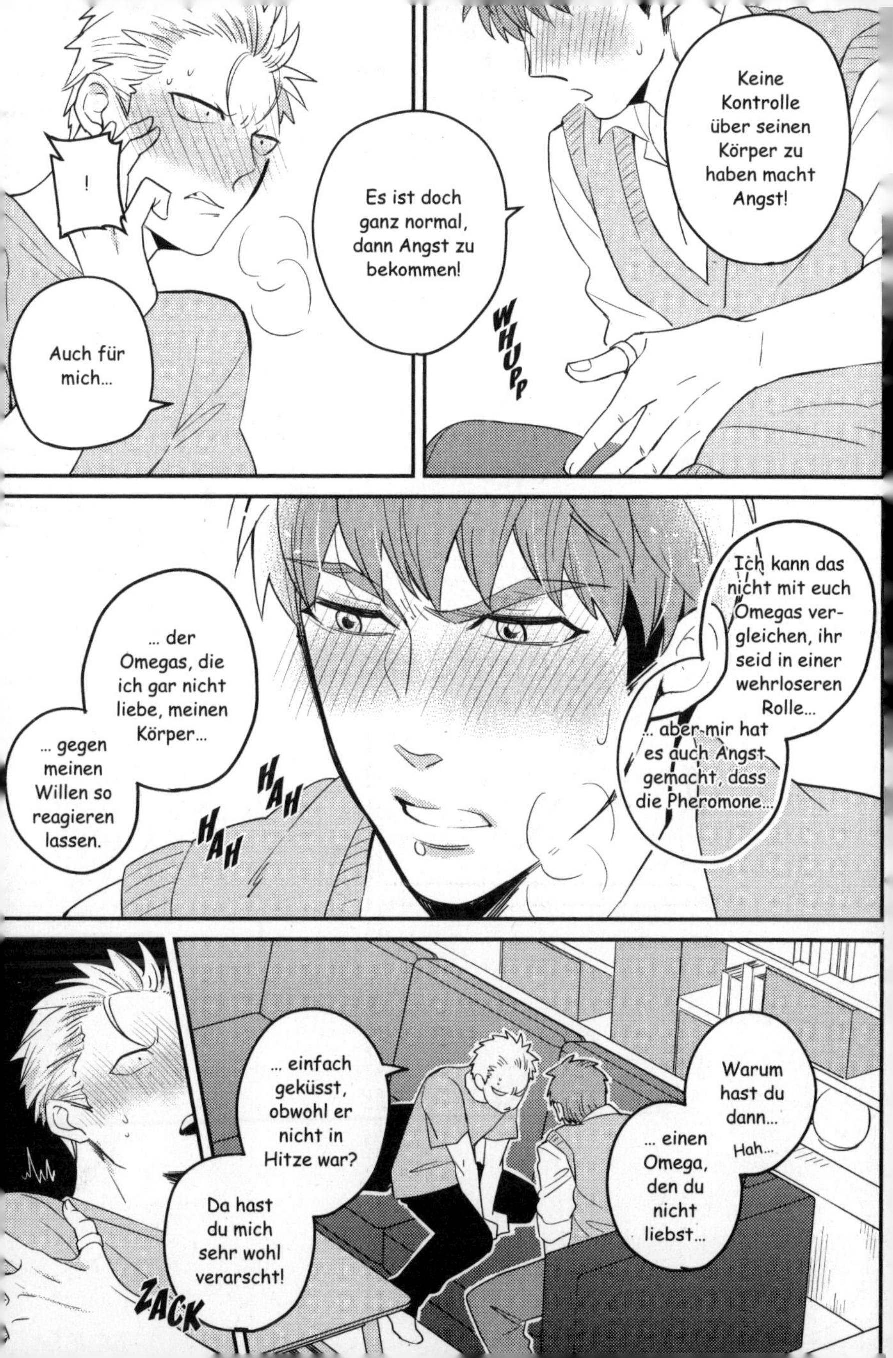
Keine Kontrolle über seinen Körper zu haben macht Angst!
WHUPP
Es ist doch ganz normal, dann Angst zu bekommen!
!
Auch für mich...
Ich kann das nicht mit euch Omegas vergleichen, ihr seid in einer wehrloseren Rolle...
... aber mir hat es auch Angst gemacht, dass die Pheromone...
... der Omegas, die ich gar nicht liebe, meinen Körper...
... gegen meinen Willen so reagieren lassen.
HAH
HAH
Warum hast du dann...
Hah...
... einen Omega, den du nicht liebst...
... einfach geküsst, obwohl er nicht in Hitze war?
Da hast du mich sehr wohl verarscht!
ZACK

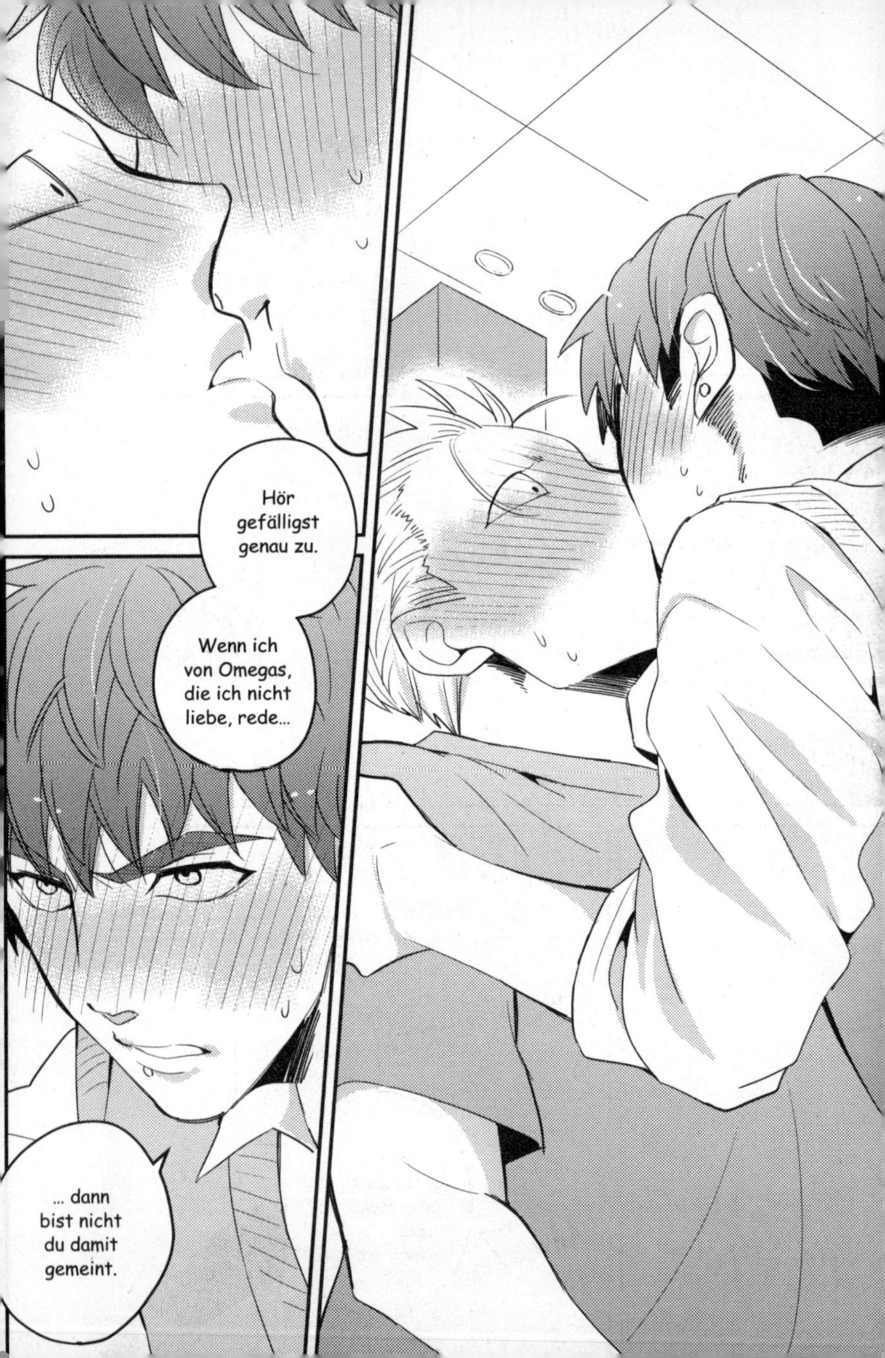
Hör gefälligst genau zu.
Wenn ich von Omegas, die ich nicht liebe, rede...
... dann bist nicht du damit gemeint.

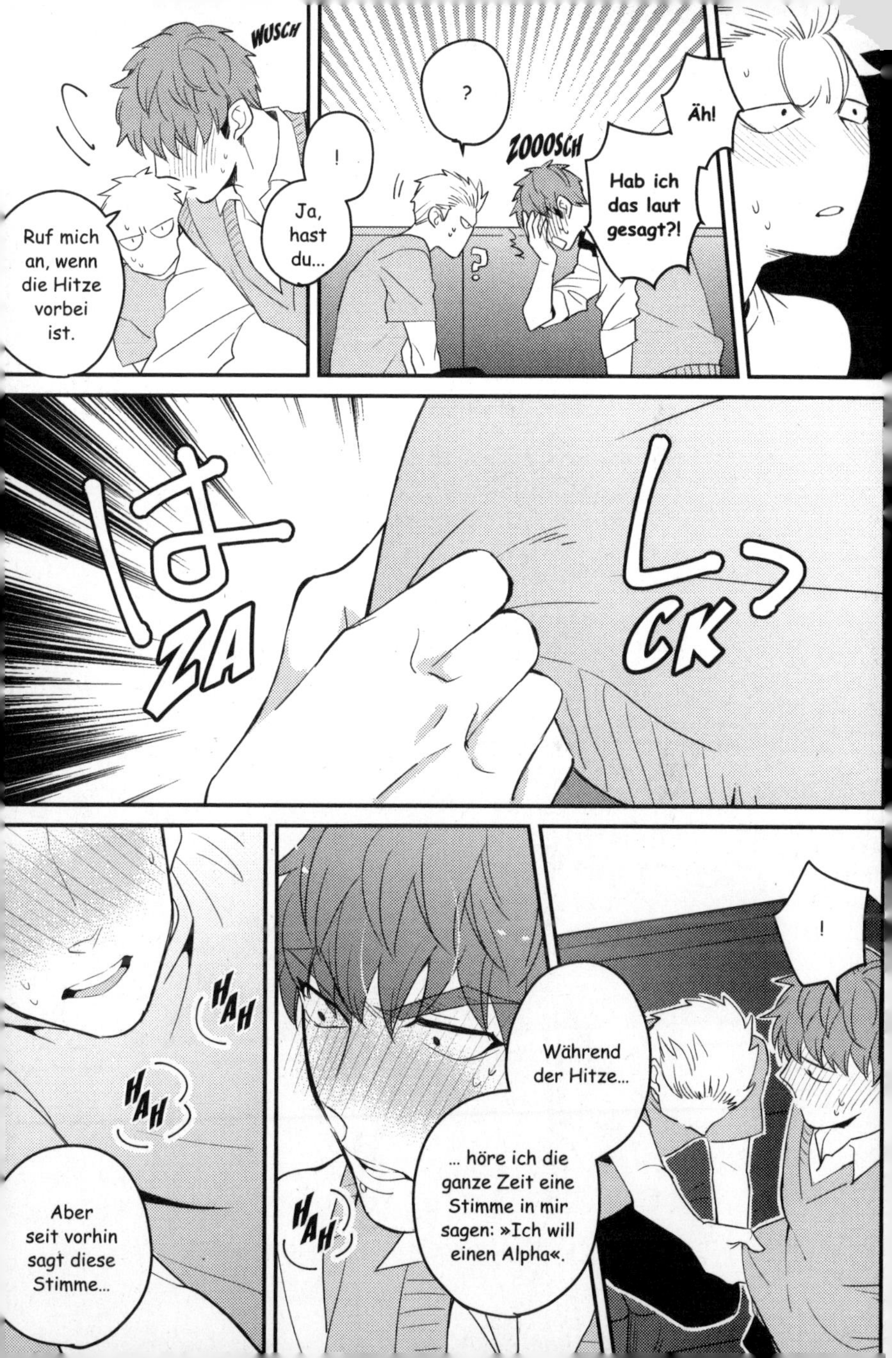
Äh!
Hab ich das laut gesagt?!
ZOOOSCH
?
!
Ja, hast du...
WUSCH
Ruf mich an, wenn die Hitze vorbei ist.
はしっ
ZACK
!
Während der Hitze...
... höre ich die ganze Zeit eine Stimme in mir sagen: »Ich will einen Alpha«.
HAH
HAH
HAH
Aber seit vorhin sagt diese Stimme...

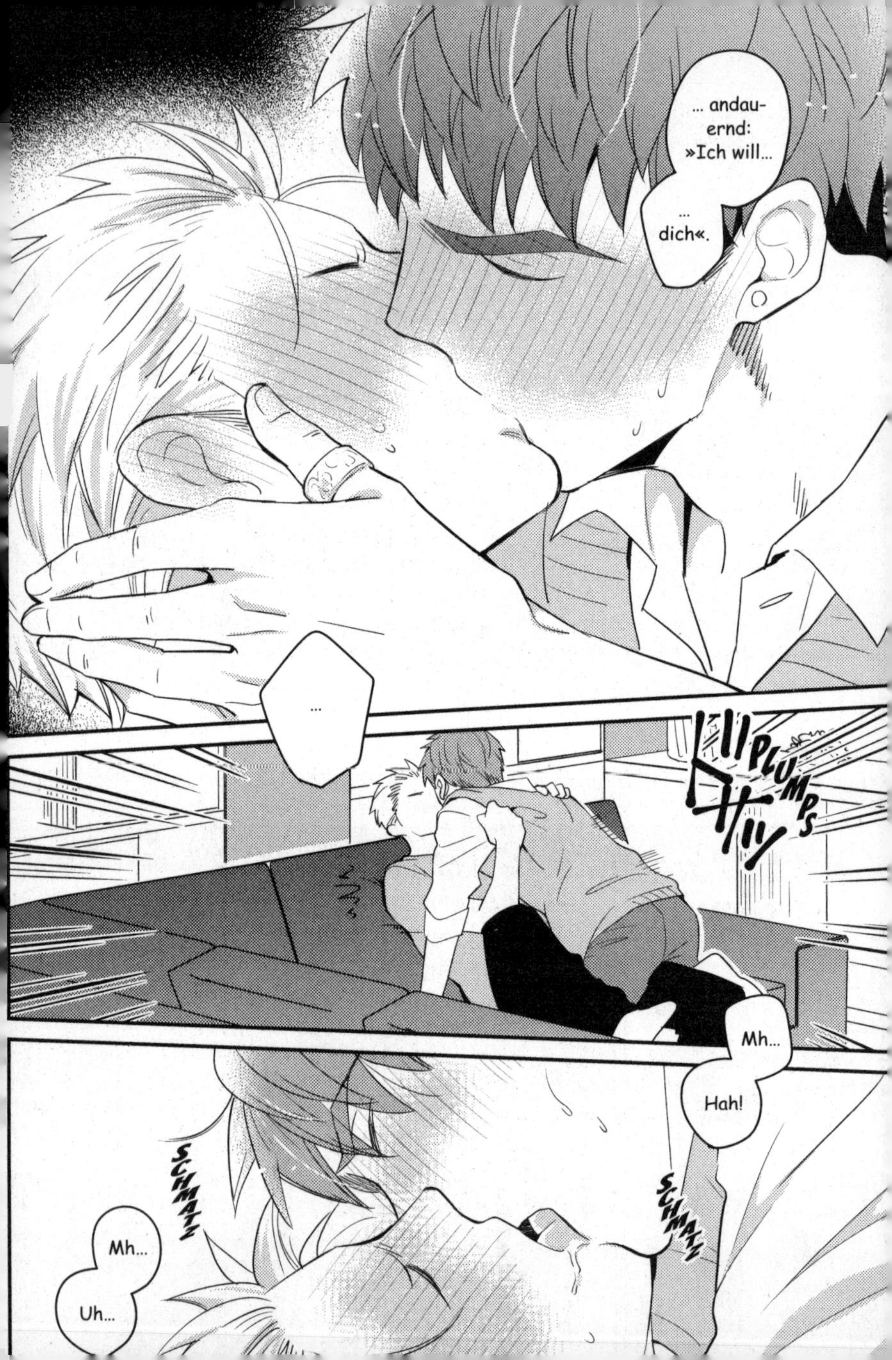
... andauernd: »Ich will...
... dich«.
...
PLUMPS
Mh...
Hah!
SCHMATZ
SCHMATZ
Mh...
Uh...

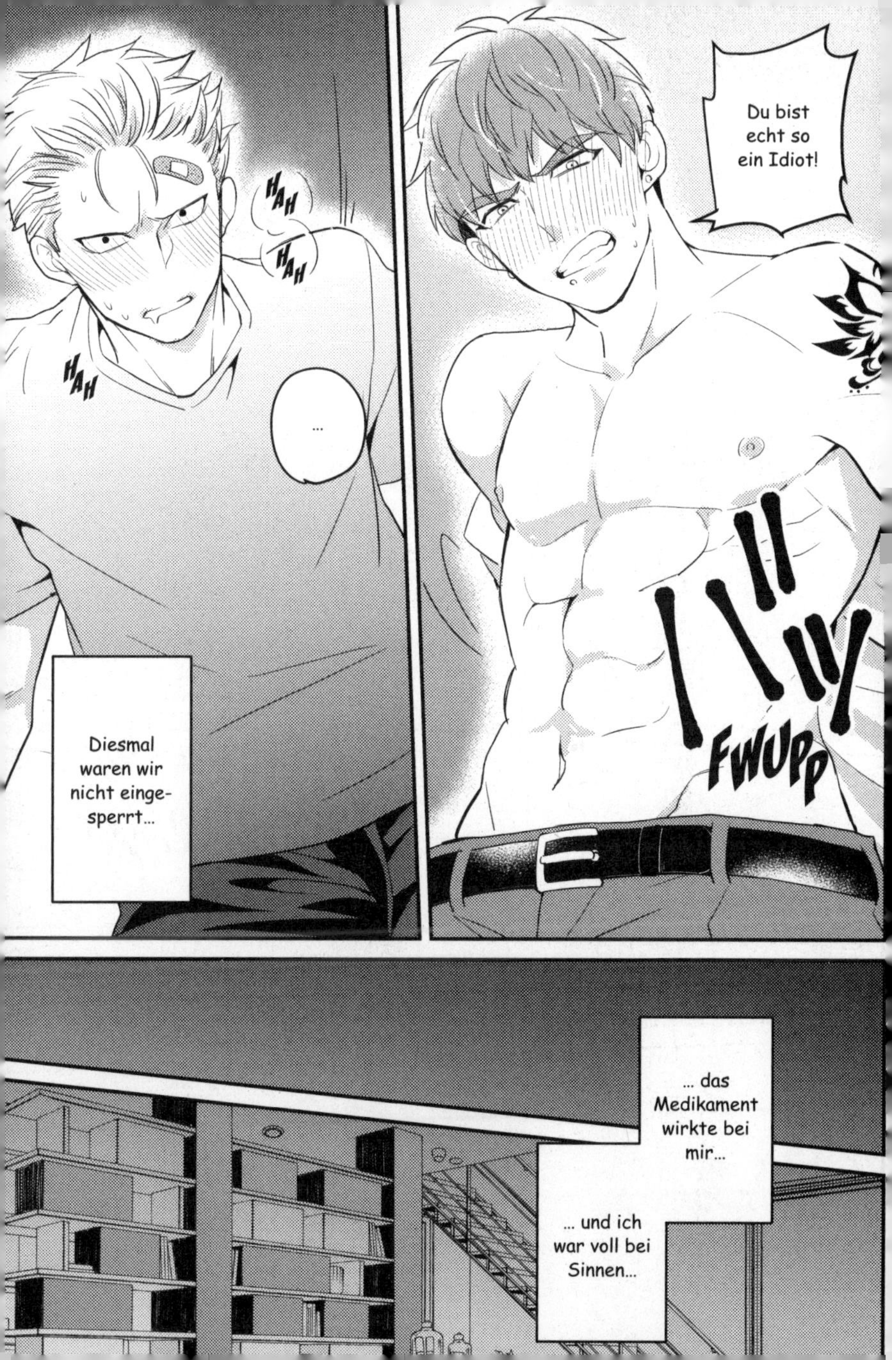
Du bist echt so ein Idiot!
FWUPP
HAH HAH
HAH
...
Diesmal waren wir nicht einge-sperrt...
... das Medikament wirkte bei mir...
... und ich war voll bei Sinnen...

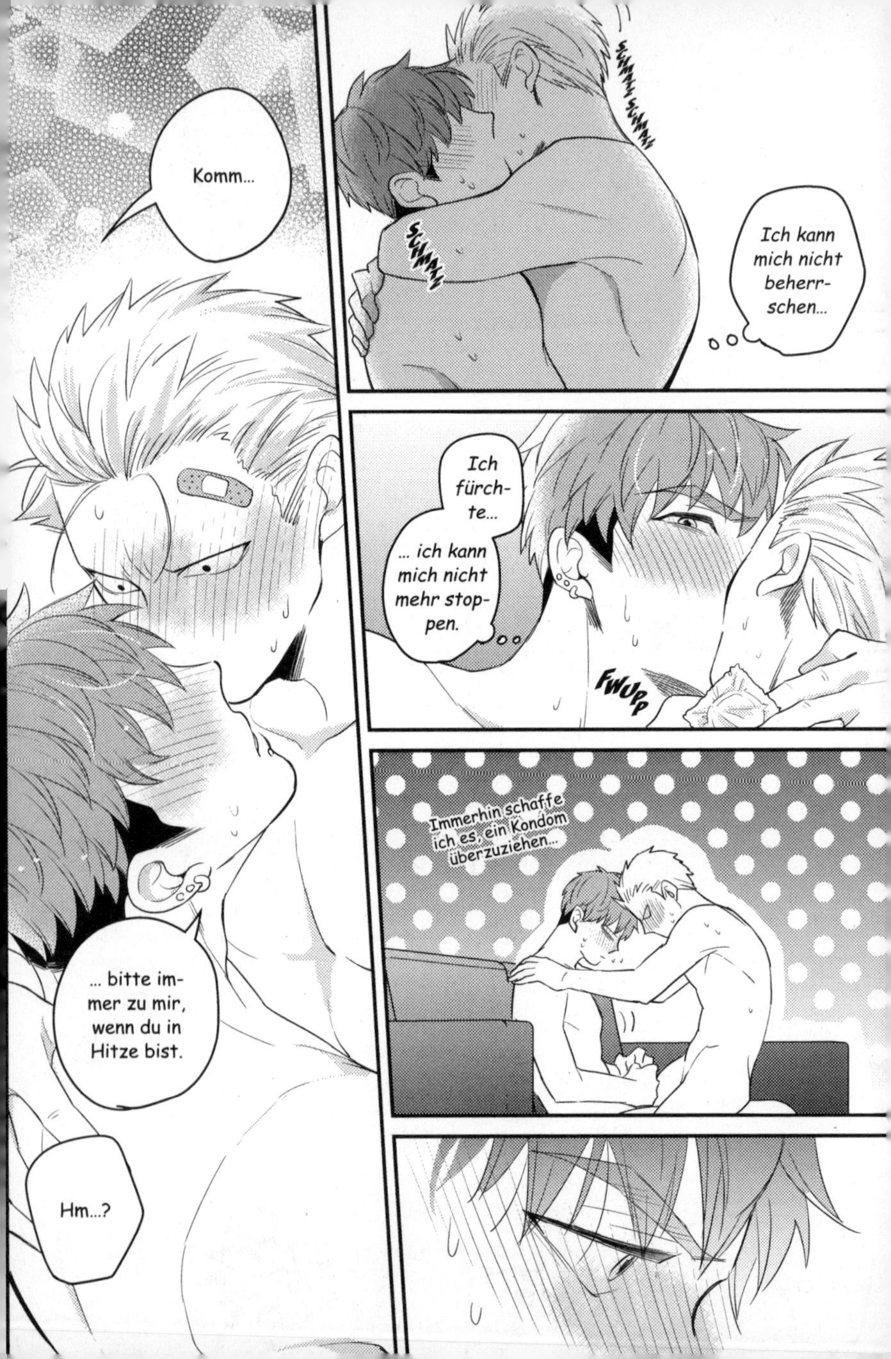
SCHMATZ SCHMATZ
SCHMATZ
Ich kann mich nicht beherr-schen...
Ich fürch-te...
... ich kann mich nicht mehr stop-pen.
FWUPP
Immerhin schaffe ich es, ein Kondom überzuziehen...
Komm...
... bitte im-mer zu mir, wenn du in Hitze bist.
Hm...?

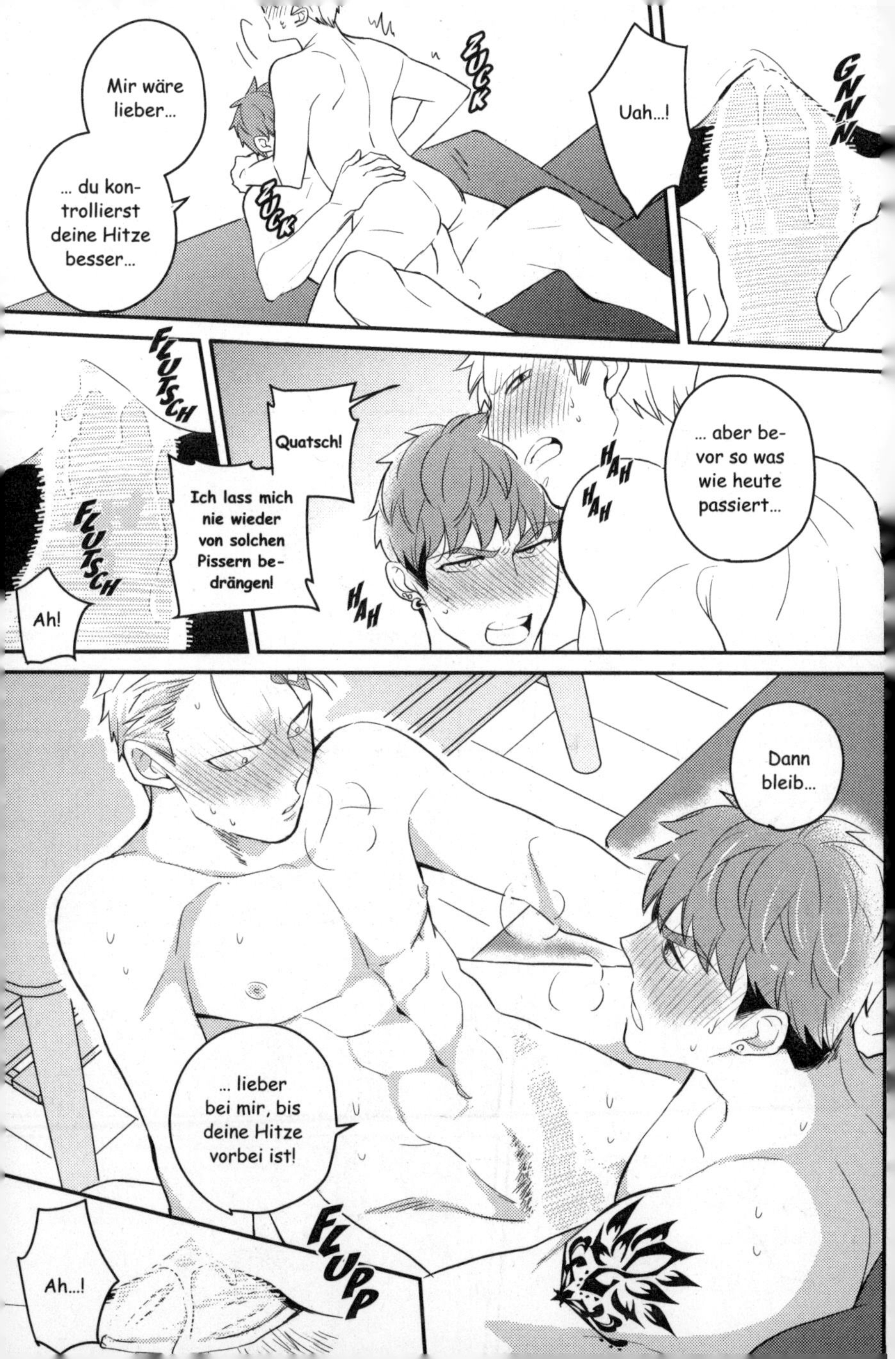
GNNN
Uah...!
ZUCK
ZUCK
Mir wäre lieber...
... du kontrollierst deine Hitze besser...
... aber bevor so was wie heute passiert...
HAH
HAH
Quatsch!
Ich lass mich nie wieder von solchen Pissern bedrängen!
HAH
FLUTSCH
FLUTSCH
Ah!
Dann bleib...
... lieber bei mir, bis deine Hitze vorbei ist!
FLUPP
Ah...!

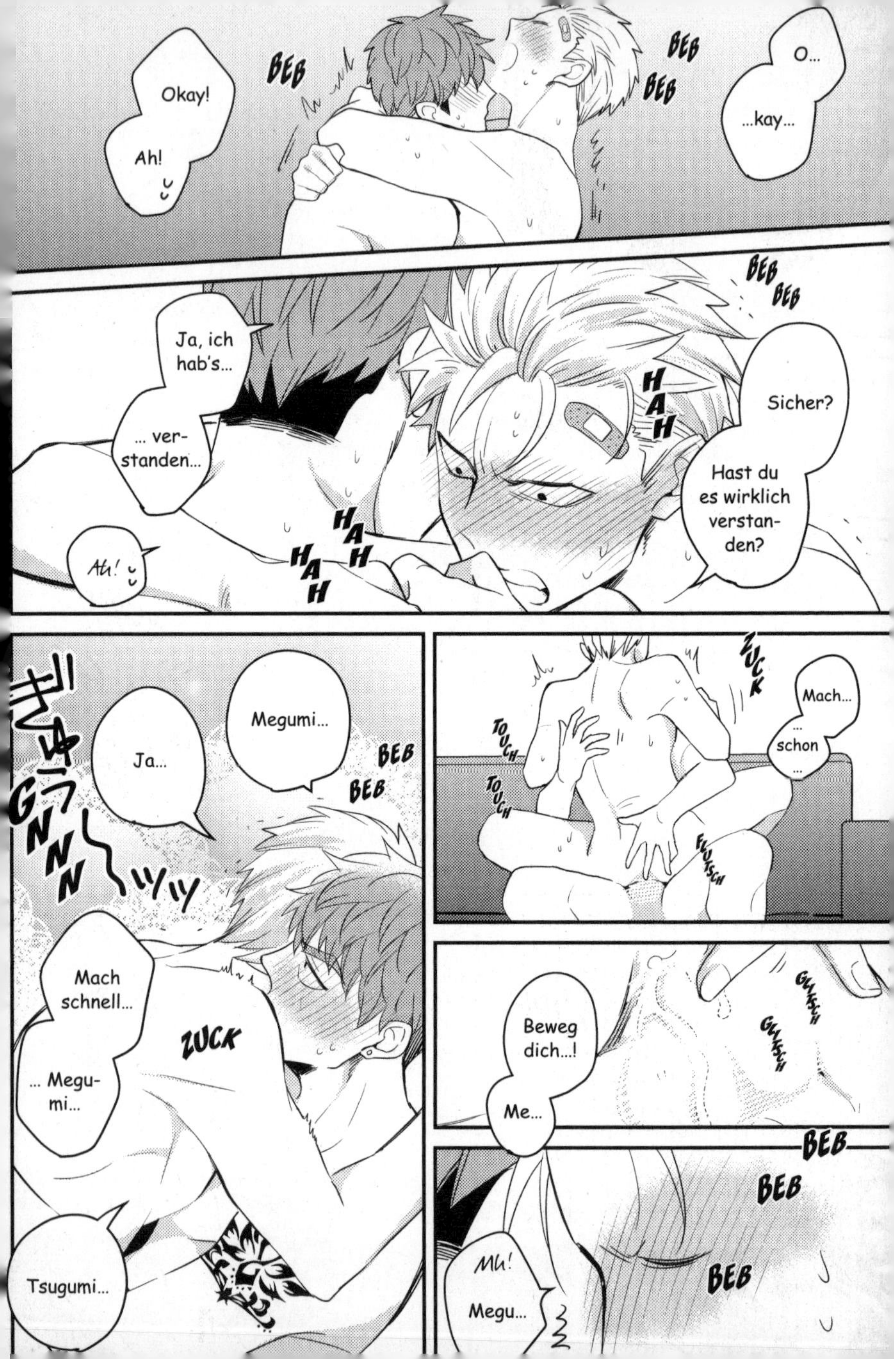

O...
...kay...
BEB
BEB
BEB
Okay!
Ah!
BEB BEB
Sicher?
Hast du es wirklich verstan-den?
HAH
Ja, ich hab's...
... ver-standen...
HAH
HAH
Ah!
ZUCK
Mach...
... schon
...
TOUCH
TOUCH
Beweg dich...!
Me...
BEB
BEB
BEB
Mh!
Megu...
Megumi...
Ja...
BEB
BEB
GNNN
Mach schnell...
... Megu-mi...
ZUCK
Tsugumi...

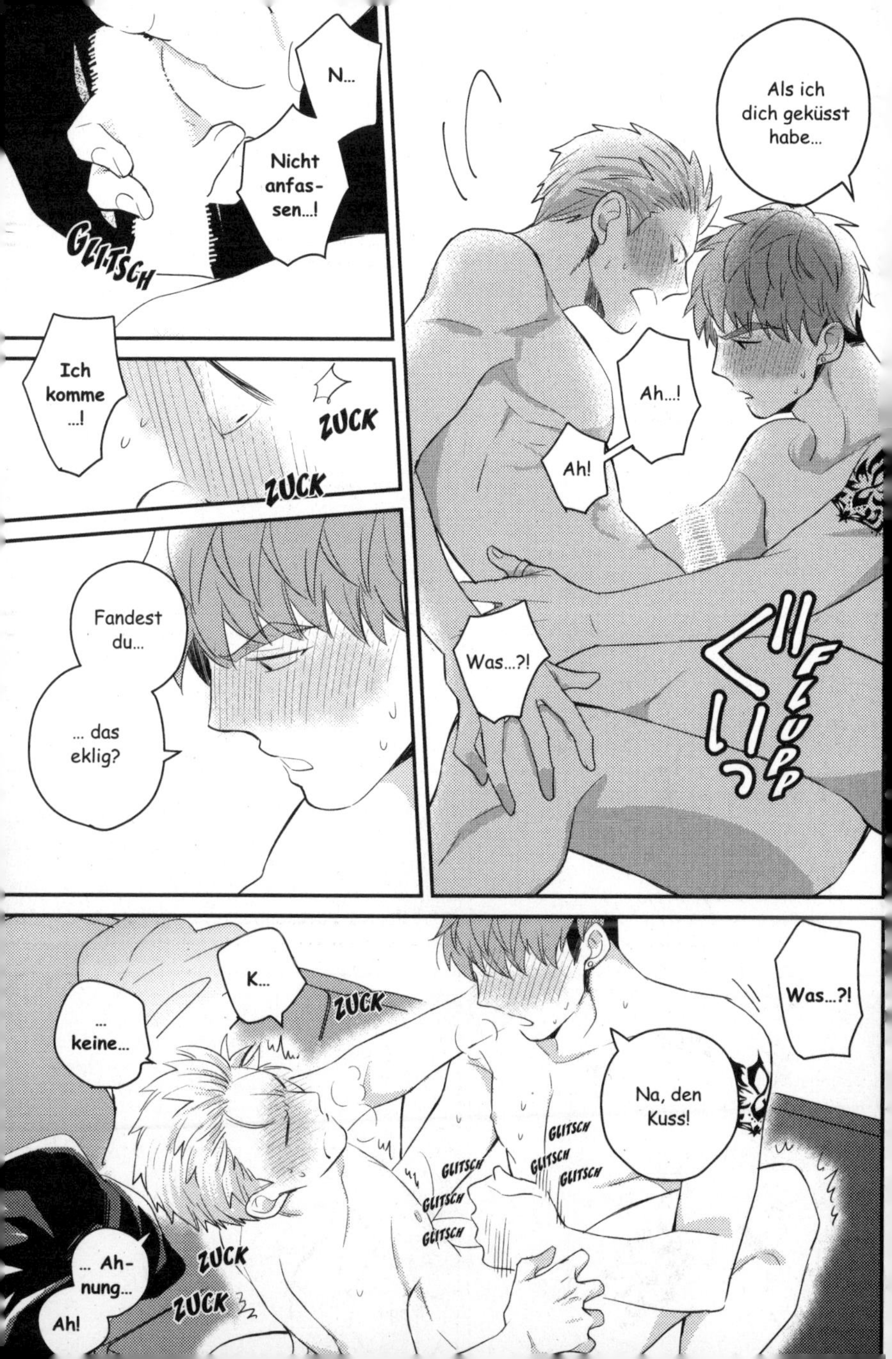
Als ich dich geküsst habe...
Ah...!
Ah!
Was...?!
FLUPP
N...
Nicht anfas-sen...!
GLITSCH
Ich komme ...!
ZUCK
ZUCK
Fandest du...
... das eklig?
Was...?!
Na, den Kuss!
K...
ZUCK
... keine...
GLITSCH
GLITSCH
GLITSCH
GLITSCH
GLITSCH
GLITSCH
... Ah-nung...
ZUCK
ZUCK
Ah!

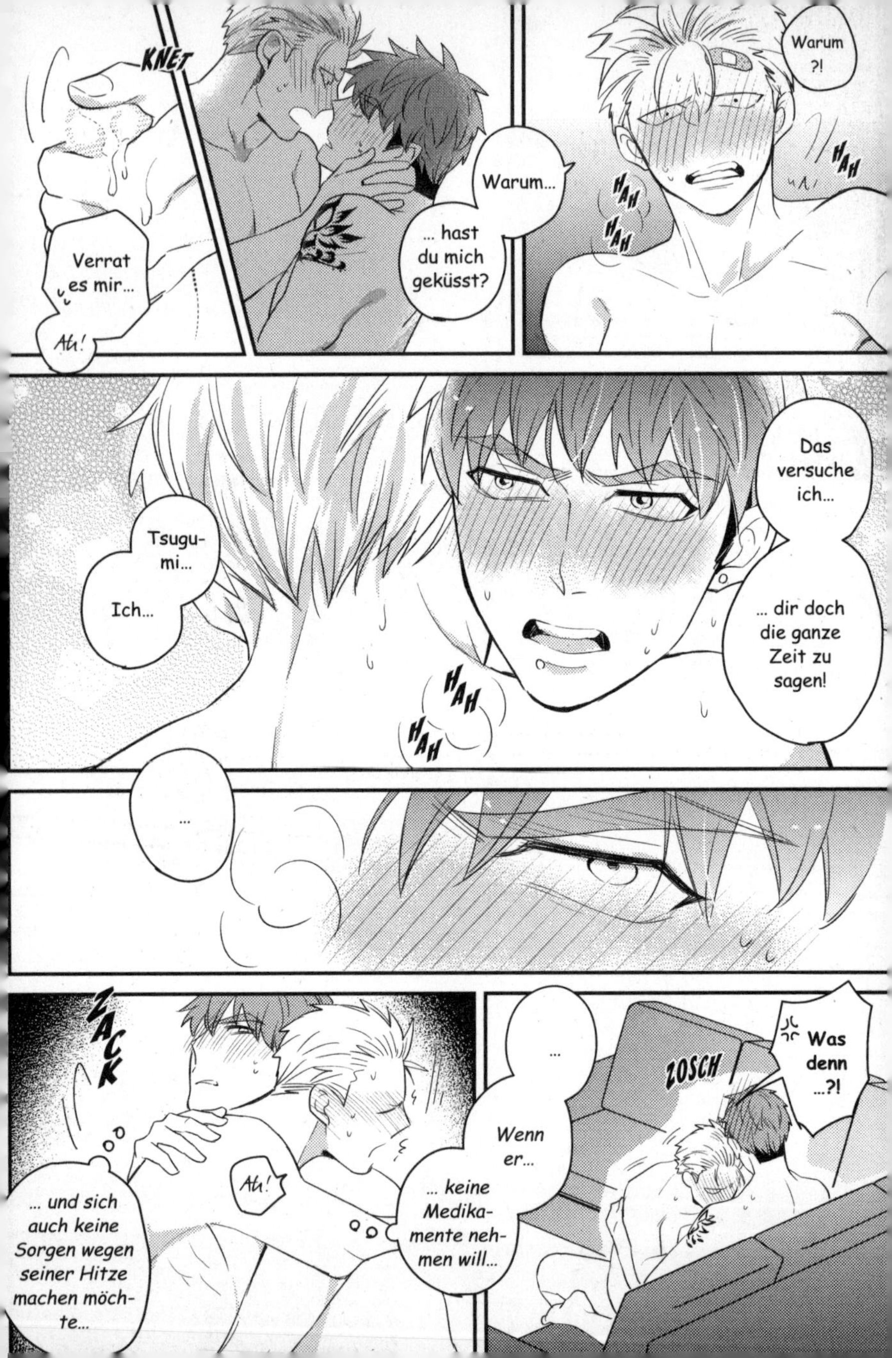
Warum ?!
HAH
HAH
HAH
Warum...
... hast du mich geküsst?
KNET
Verrat es mir...
Ah!
Das versuche ich...
... dir doch die ganze Zeit zu sagen!
HAH
HAH
Tsugumi...
Ich...
...
Was denn ...?!
ZOSCH
...
Wenn er...
... keine Medikamente nehmen will...
Ah!
... und sich auch keine Sorgen wegen seiner Hitze machen möchte...
ZACK

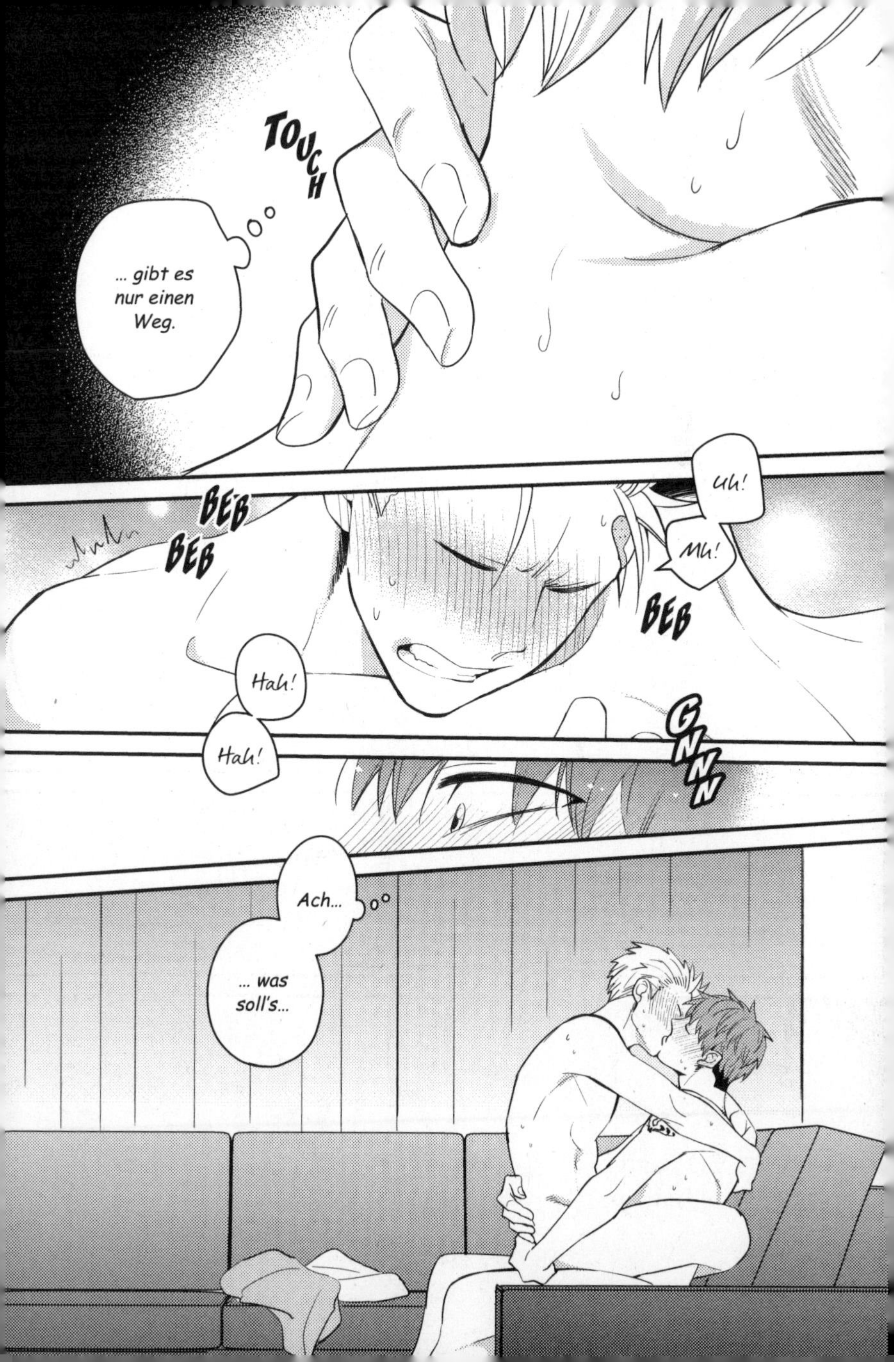
TOUCH
... gibt es nur einen Weg.
Uh!
Mh!
BEB
BEB
BEB
Hah!
Hah!
GNNN
Ach...
... was soll's...

MEGUMI & TSUGUMI

ALPHATIER VS. HITZKOPF

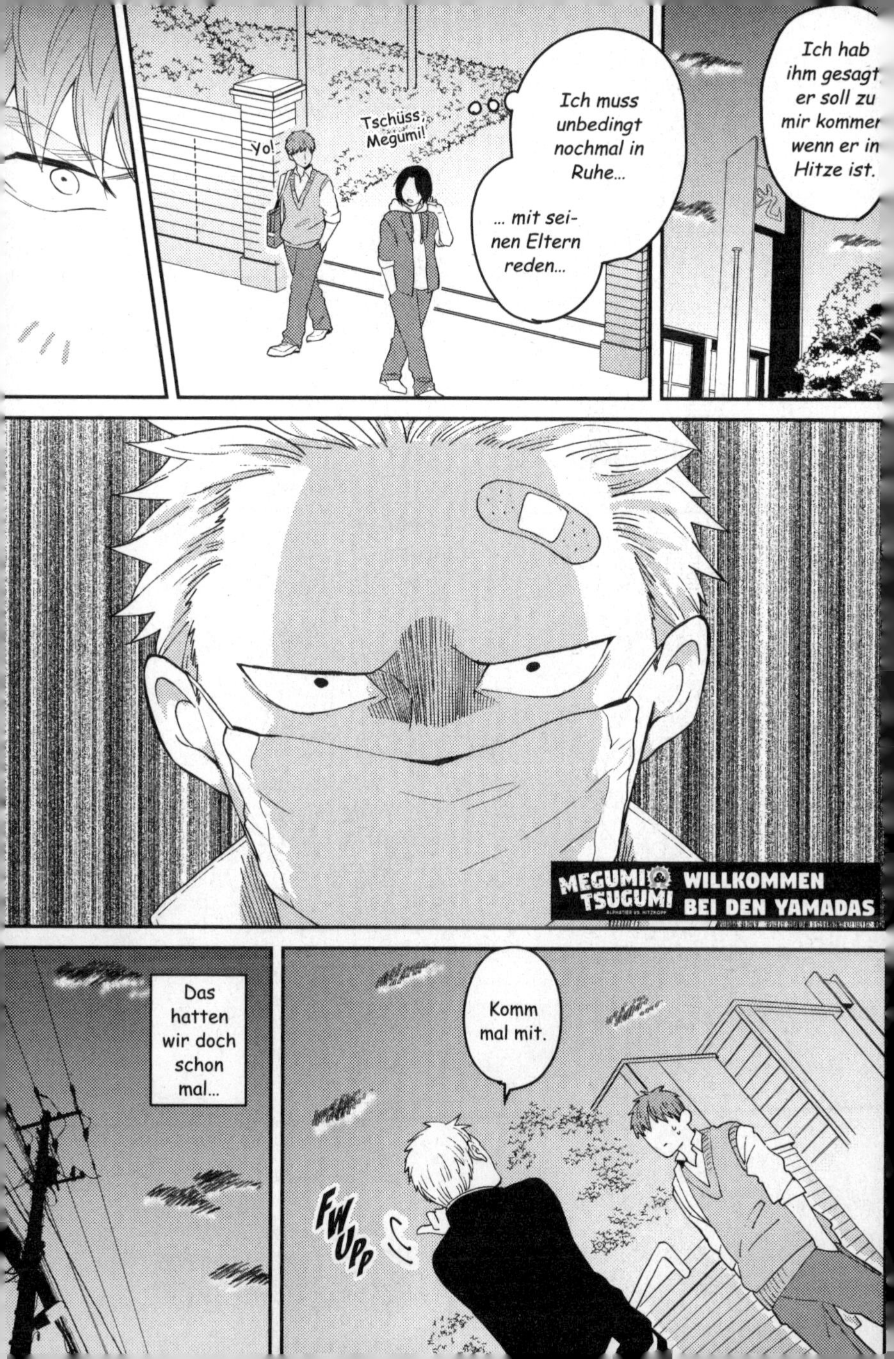

Ich hab ihm gesagt er soll zu mir kommen wenn er in Hitze ist.
Ich muss unbedingt nochmal in Ruhe...
... mit seinen Eltern reden...
Tschüss, Megumi!
Yo!
MEGUMI & TSUGUMI
WILLKOMMEN BEI DEN YAMADAS
Komm mal mit.
Das hatten wir doch schon mal...
FWUPP

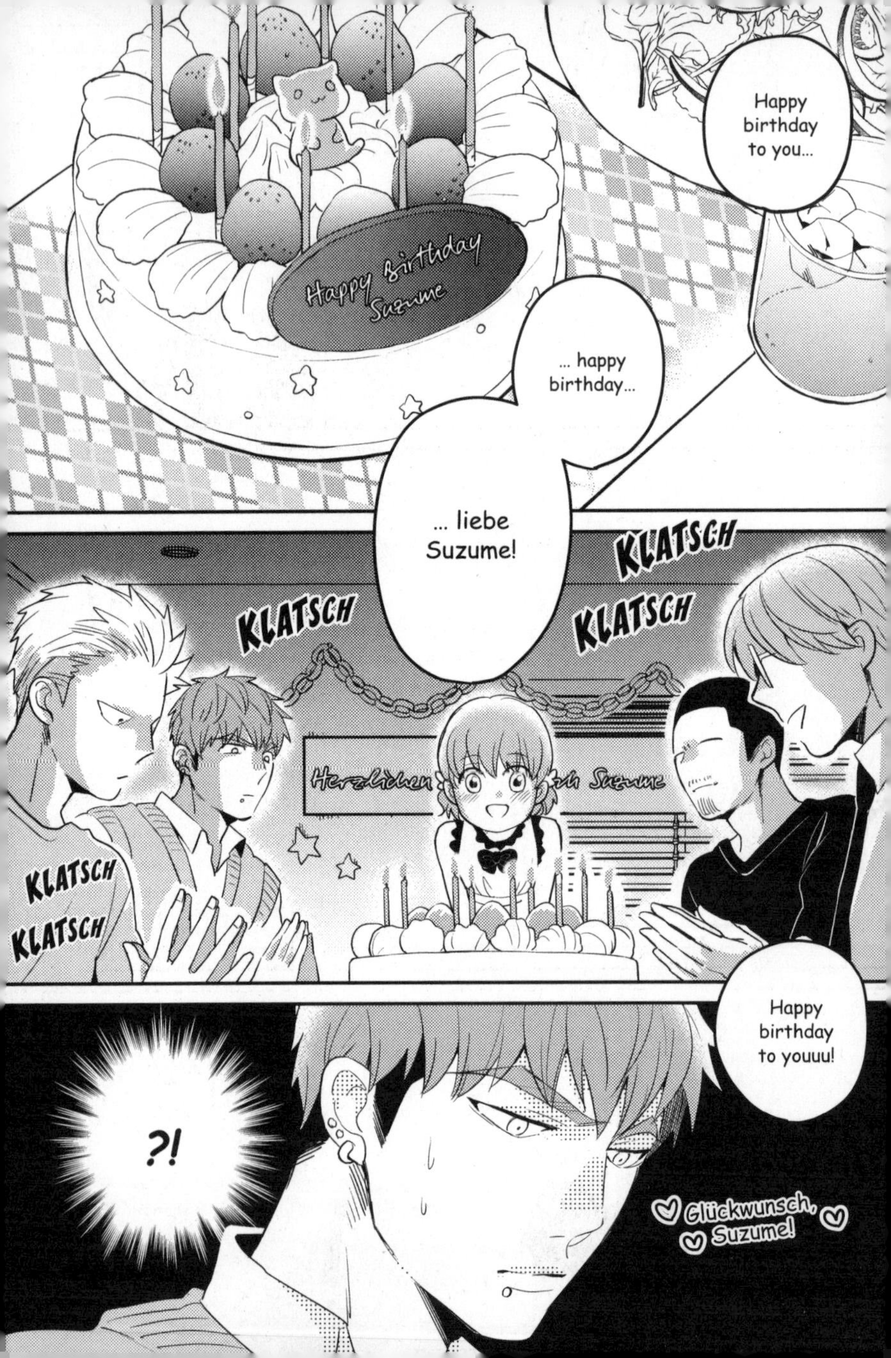
Happy birthday to you...
Happy Birthday Suzume
... happy birthday...
... liebe Suzume!
KLATSCH
KLATSCH
KLATSCH
KLATSCH
KLATSCH
Happy birthday to youuu!
Glückwunsch, Suzume!
?!

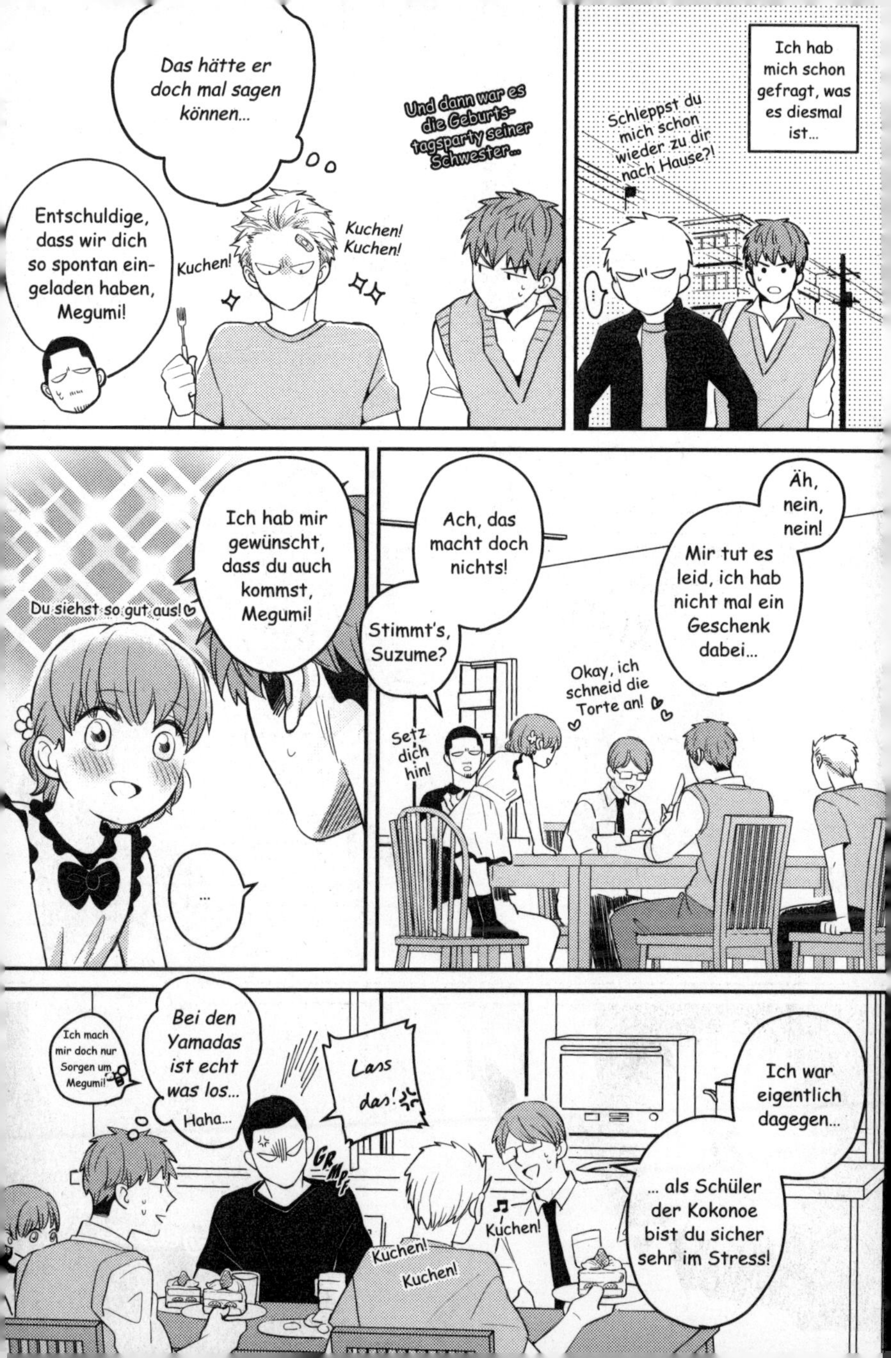
Ich hab mich schon gefragt, was es diesmal ist...
Schleppst du mich schon wieder zu dir nach Hause?!
...
Und dann war es die Geburtstagsparty seiner Schwester...
Das hätte er doch mal sagen können...
Kuchen! Kuchen!
Kuchen!
Entschuldige, dass wir dich so spontan eingeladen haben, Megumi!
Äh, nein, nein!
Mir tut es leid, ich hab nicht mal ein Geschenk dabei...
Ach, das macht doch nichts!
Stimmt's, Suzume?
Okay, ich schneid die Torte an!
Setz dich hin!
Ich hab mir gewünscht, dass du auch kommst, Megumi!
Du siehst so gut aus!
...
Ich war eigentlich dagegen...
... als Schüler der Kokonoe bist du sicher sehr im Stress!
Kuchen!
Kuchen!
Kuchen!
Lass das!
GRMPF
Bei den Yamadas ist echt was los...
Haha...
Ich mach mir doch nur Sorgen um Megumi!

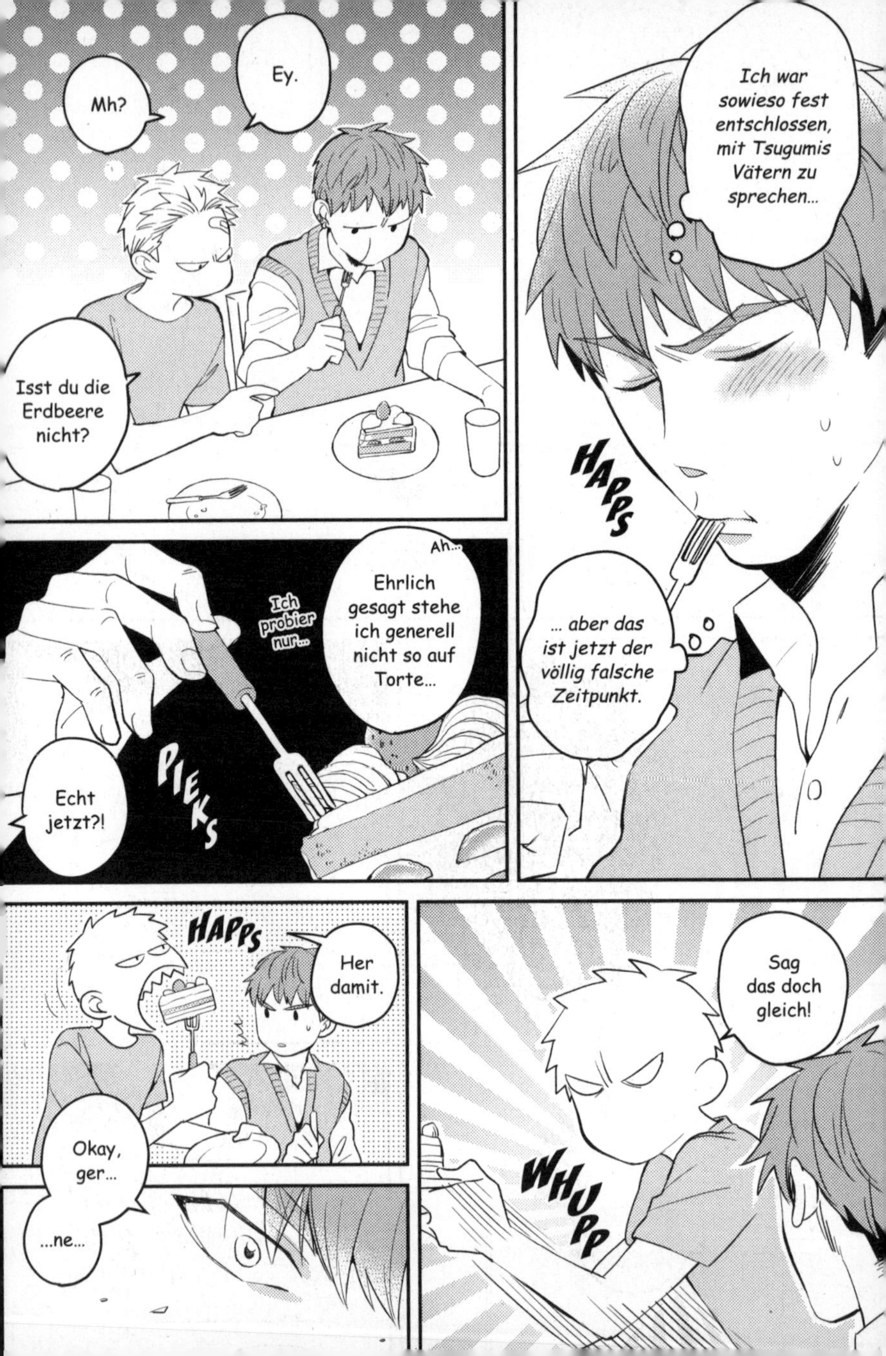

Ich war sowieso fest entschlossen, mit Tsugumis Vätern zu sprechen...
HAPPS
... aber das ist jetzt der völlig falsche Zeitpunkt.
Ey.
Mh?
Isst du die Erdbeere nicht?
Ah...
Ehrlich gesagt stehe ich generell nicht so auf Torte...
Ich probier nur...
PIEKS
Echt jetzt?!
Sag das doch gleich!
WHUPP
Her damit.
HAPPS
Okay, ger...
...ne...

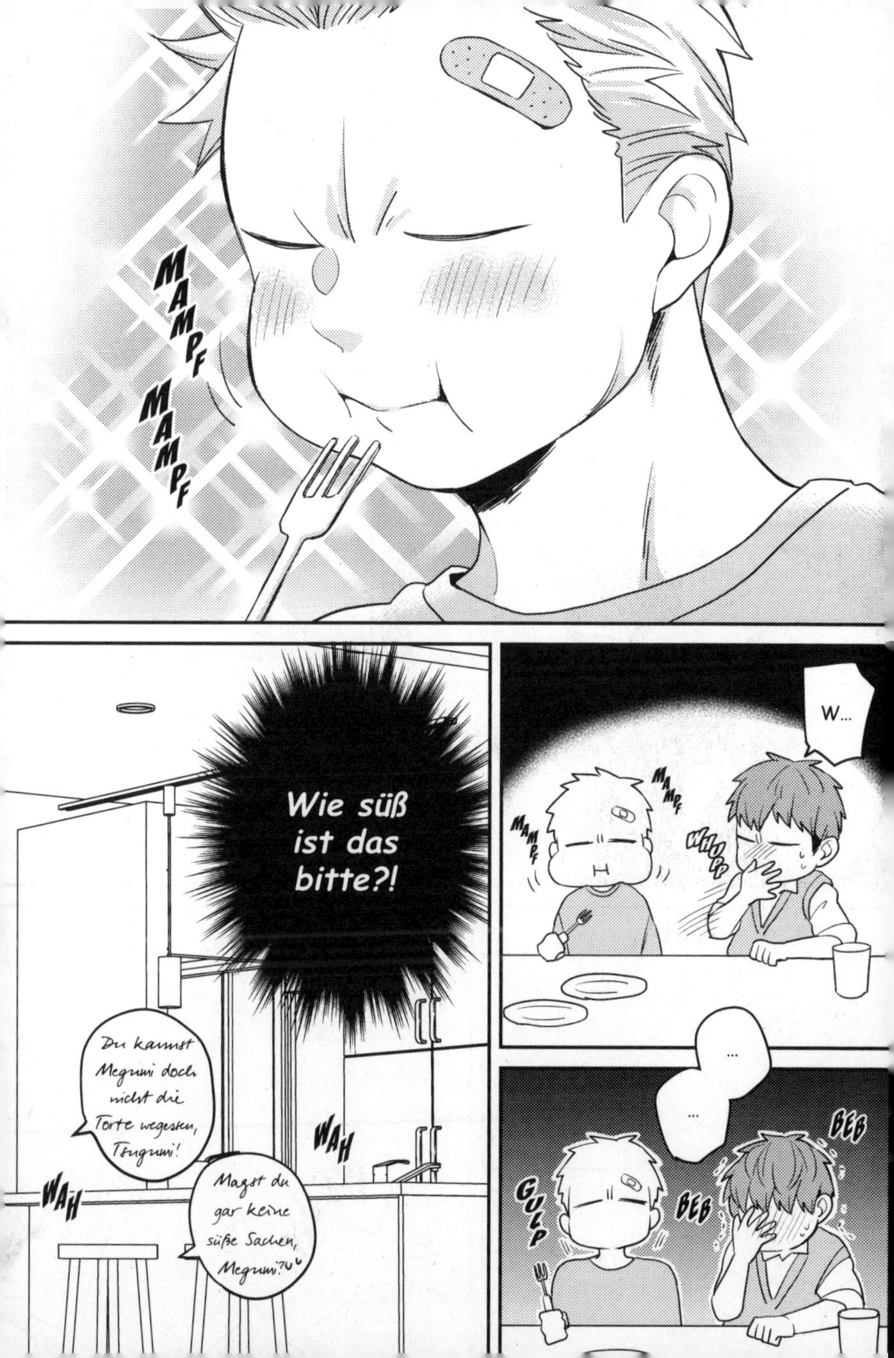
MAMPF MAMPF
W...
MAMPF MAMPF
WHUPP
Wie süß ist das bitte?!
Du kannst Megumi doch nicht die Torte wegessen, Tsugumi!
WAH
WAH
Magst du gar keine süße Sachen, Megumi?
...
...
BEB
BEB
GULP

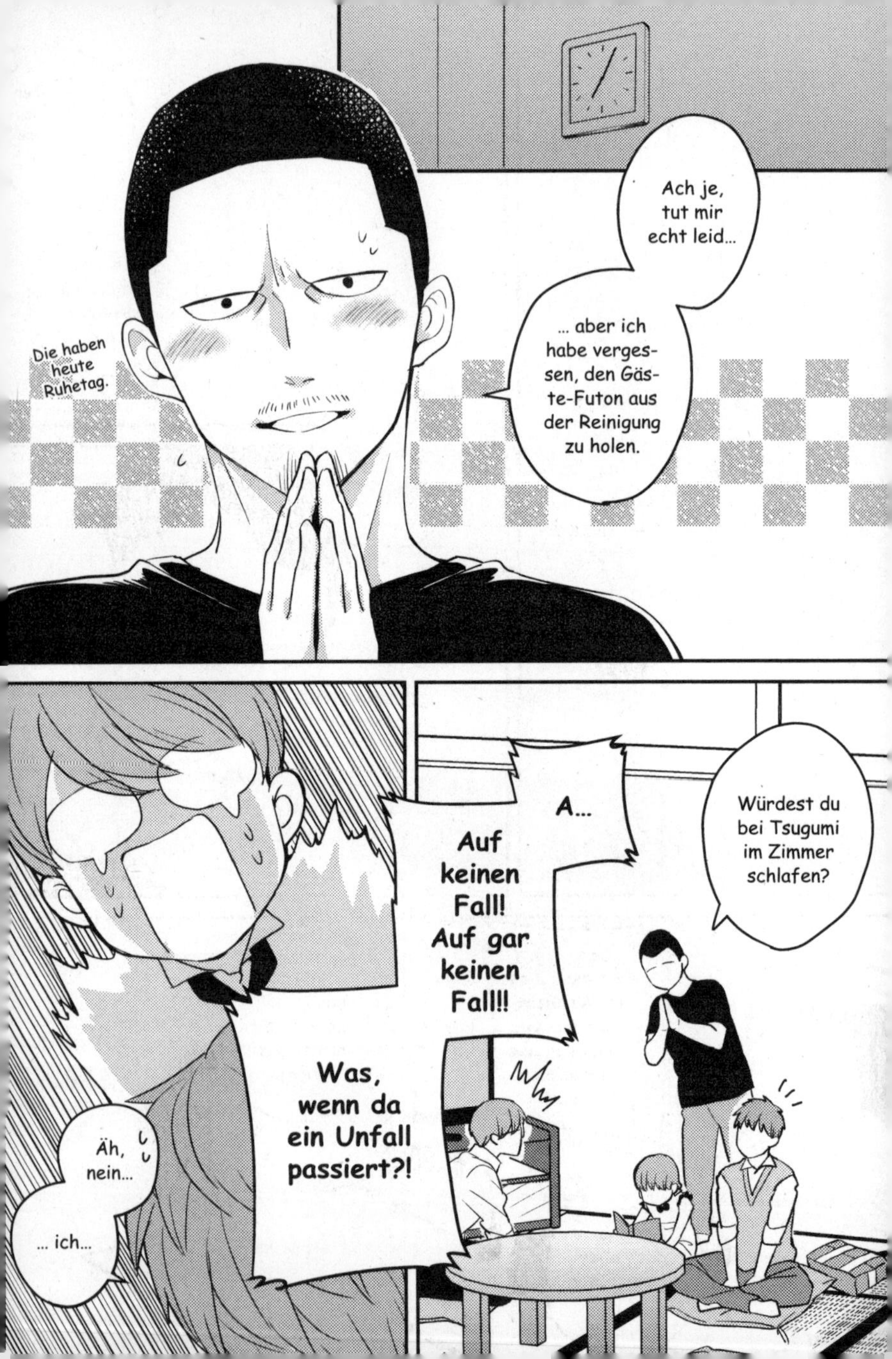
Ach je, tut mir echt leid...
... aber ich habe vergessen, den Gäste-Futon aus der Reinigung zu holen.
Die haben heute Ruhetag.
Würdest du bei Tsugumi im Zimmer schlafen?
A... Auf keinen Fall! Auf gar keinen Fall!!
Was, wenn da ein Unfall passiert?!
Äh, nein...
... ich...

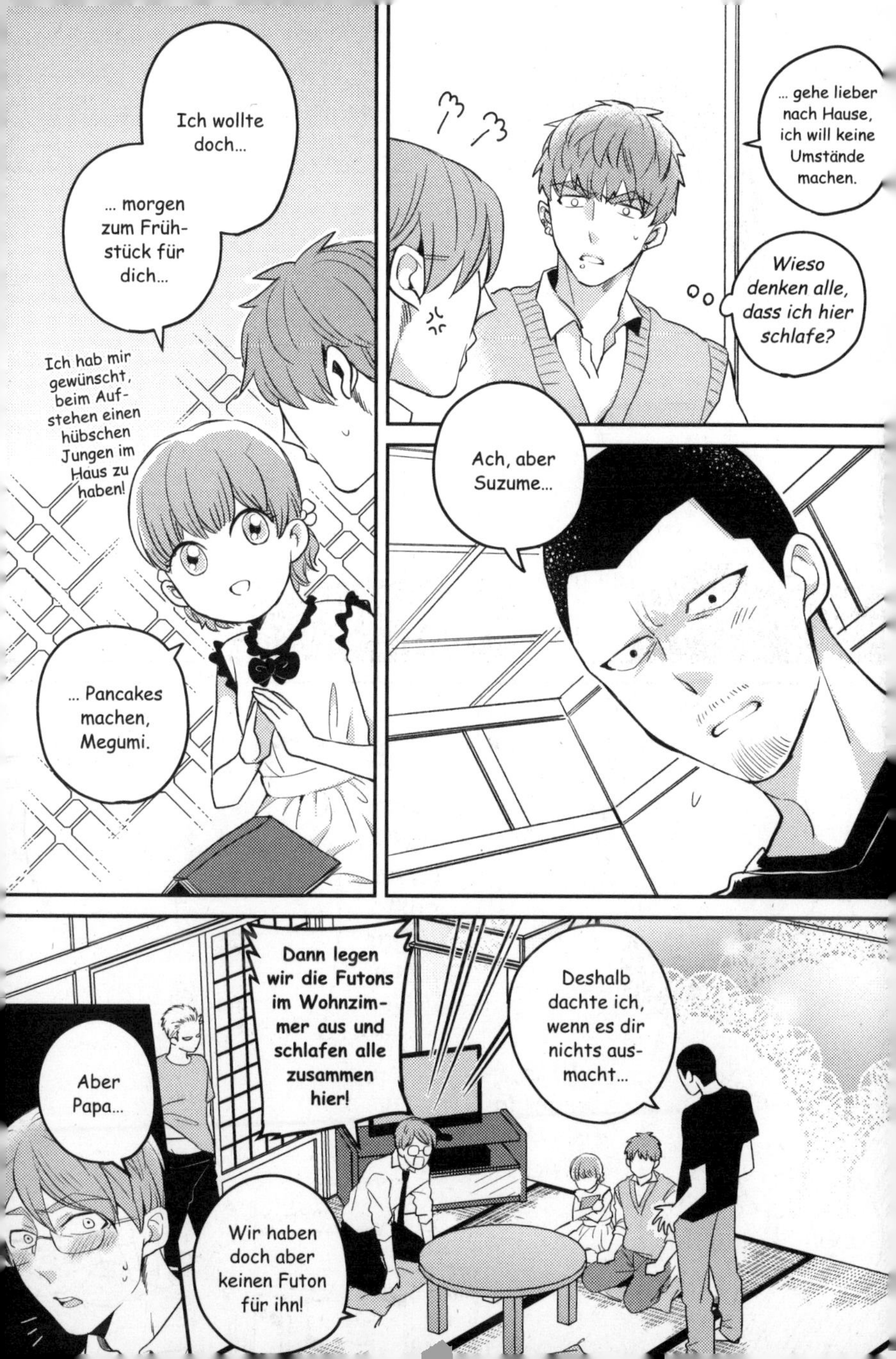

... gehe lieber nach Hause, ich will keine Umstände machen.
Wieso denken alle, dass ich hier schlafe?
Ach, aber Suzume...
Ich wollte doch...
... morgen zum Frühstück für dich...
Ich hab mir gewünscht, beim Aufstehen einen hübschen Jungen im Haus zu haben!
... Pancakes machen, Megumi.
Deshalb dachte ich, wenn es dir nichts ausmacht...
Dann legen wir die Futons im Wohnzimmer aus und schlafen alle zusammen hier!
Aber Papa...
Wir haben doch aber keinen Futon für ihn!

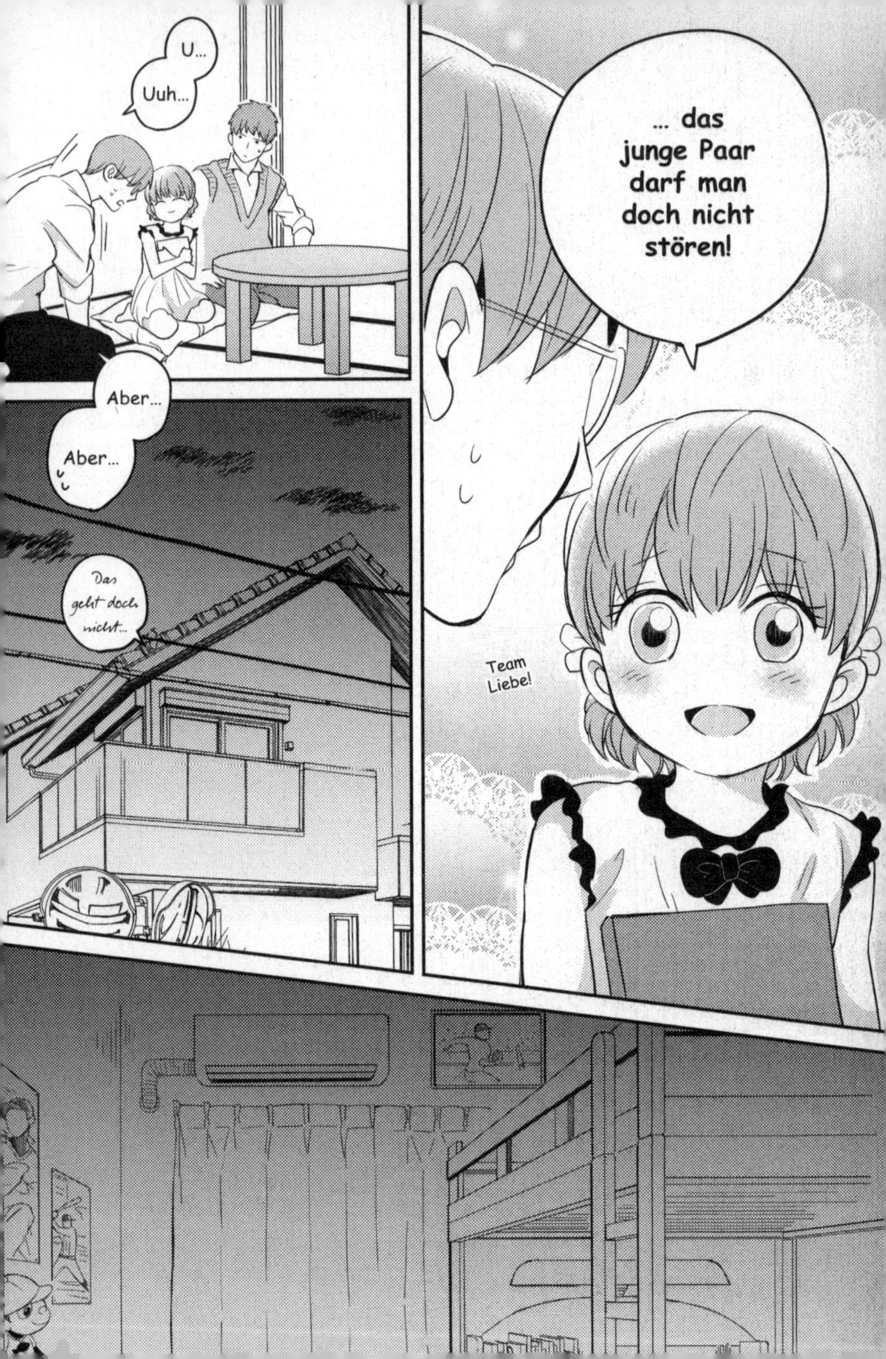
... das junge Paar darf man doch nicht stören!
Team Liebe!
U...
Uuh...
Aber...
Aber...
Das geht doch nicht...

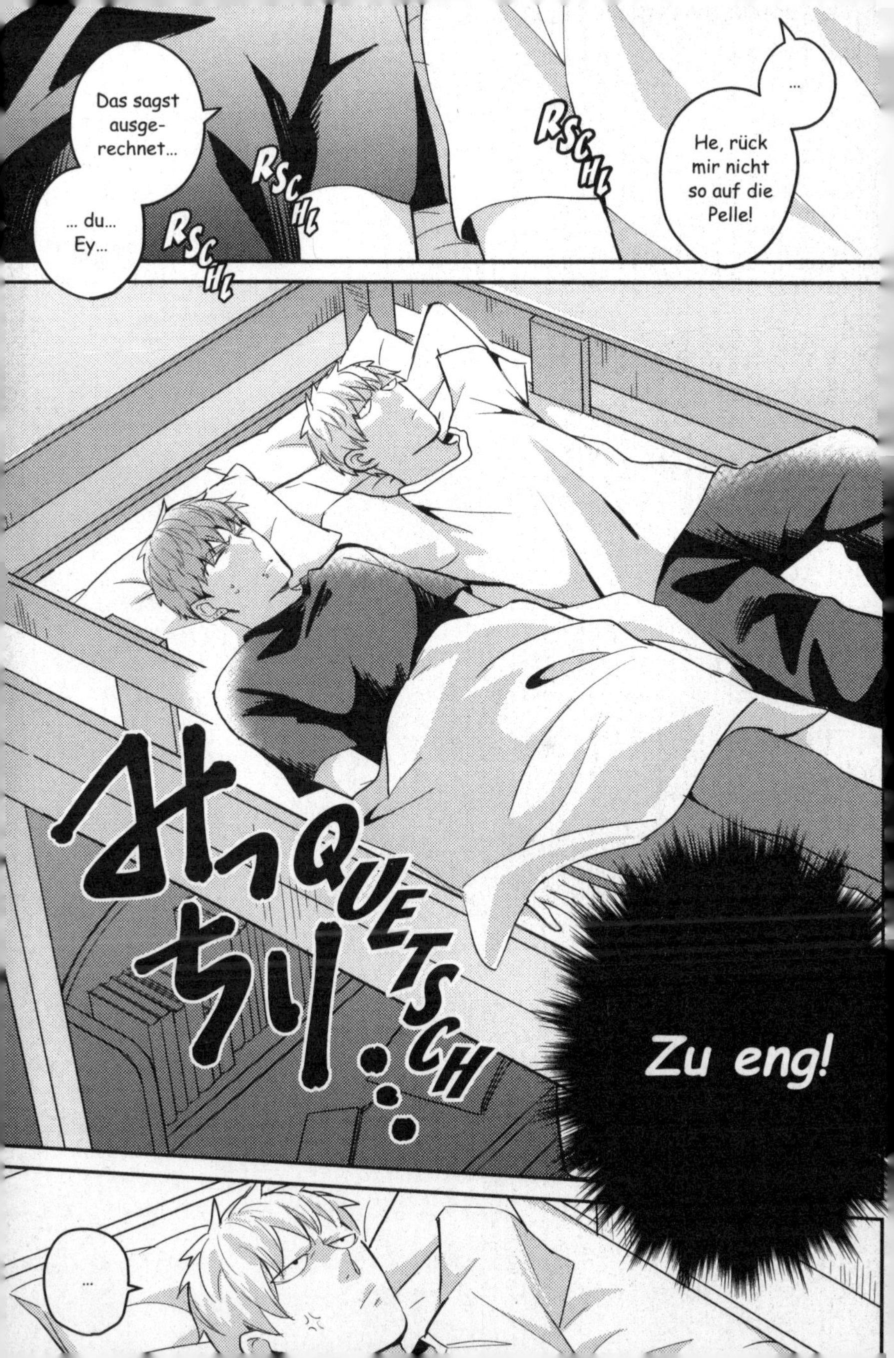
...
He, rück mir nicht so auf die Pelle!
RSCHL
Das sagst ausge-rechnet...
... du... Ey...
RSCHL
RSCHL
QUETSCH
Zu eng!
...

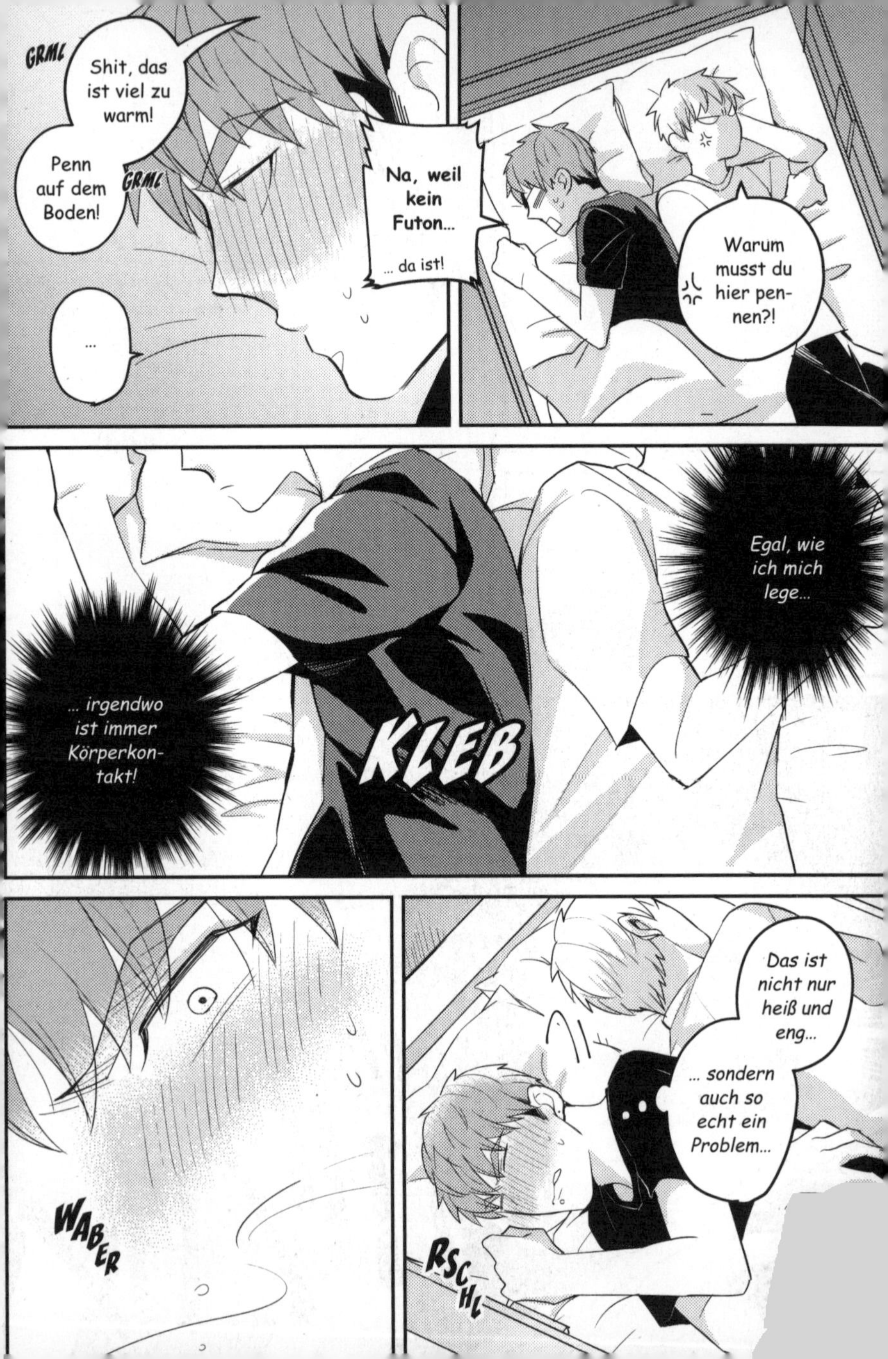
Warum musst du hier pen-nen?!
Na, weil kein Futon...
... da ist!
GRML
Shit, das ist viel zu warm!
Penn auf dem Boden!
GRML
...
Egal, wie ich mich lege...
... irgendwo ist immer Körperkon-takt!
KLEB
Das ist nicht nur heiß und eng...
... sondern auch so echt ein Problem...
RSCHL
WABER

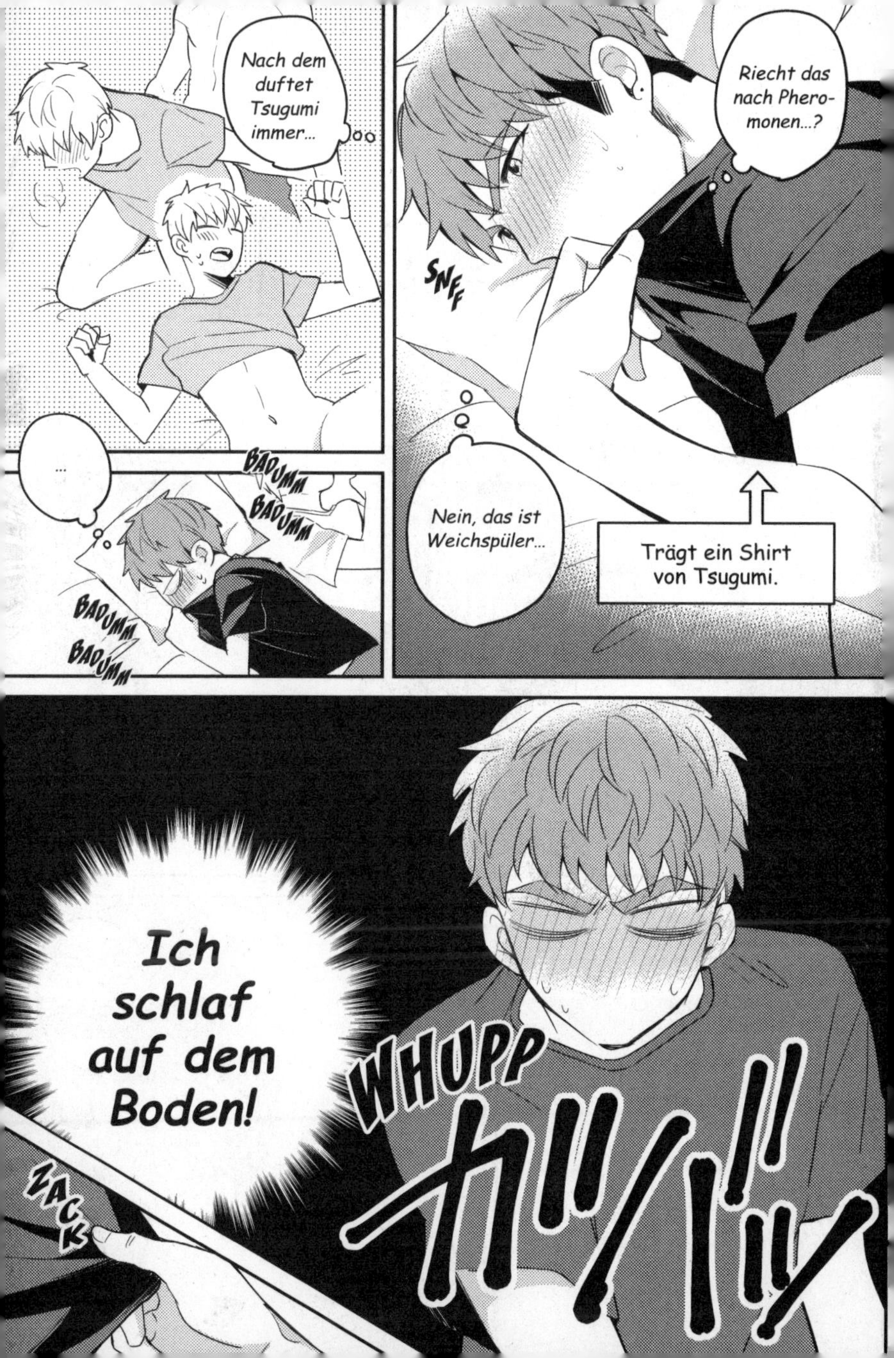
Riecht das nach Phero-monen...?
SNFF
Trägt ein Shirt von Tsugumi.
Nein, das ist Weichspüler...
Nach dem duftet Tsugumi immer...
...
BADUMM
BADUMM
BADUMM
BADUMM
Ich schlaf auf dem Boden!
WHUPP
ZACK

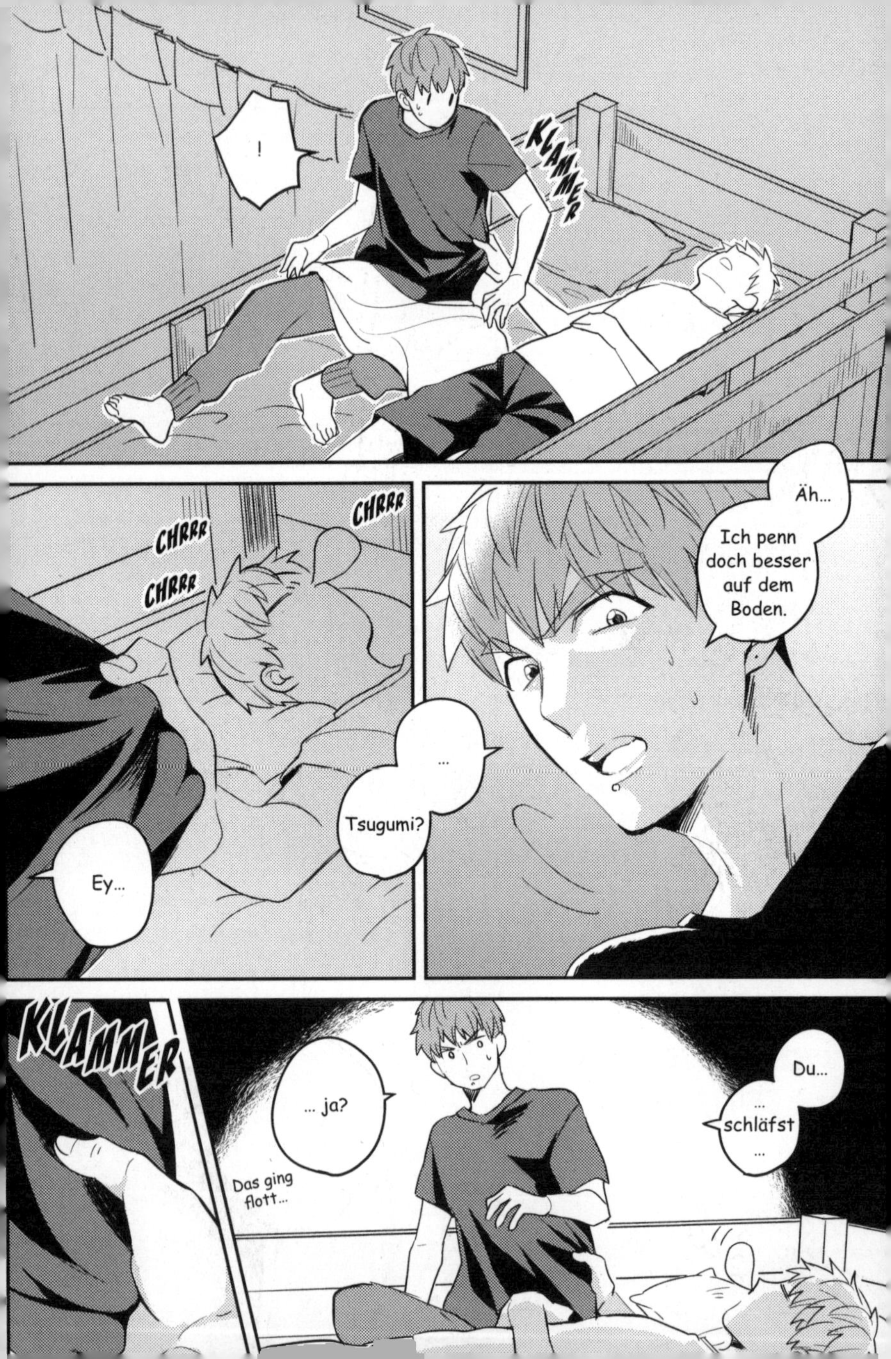

!
KLAMMER
Äh...
Ich penn doch besser auf dem Boden.
CHRRR
CHRRR
CHRRR
...
Tsugumi?
Ey...
Du...
... schläfst ...
... ja?
Das ging flott...
KLAMMER

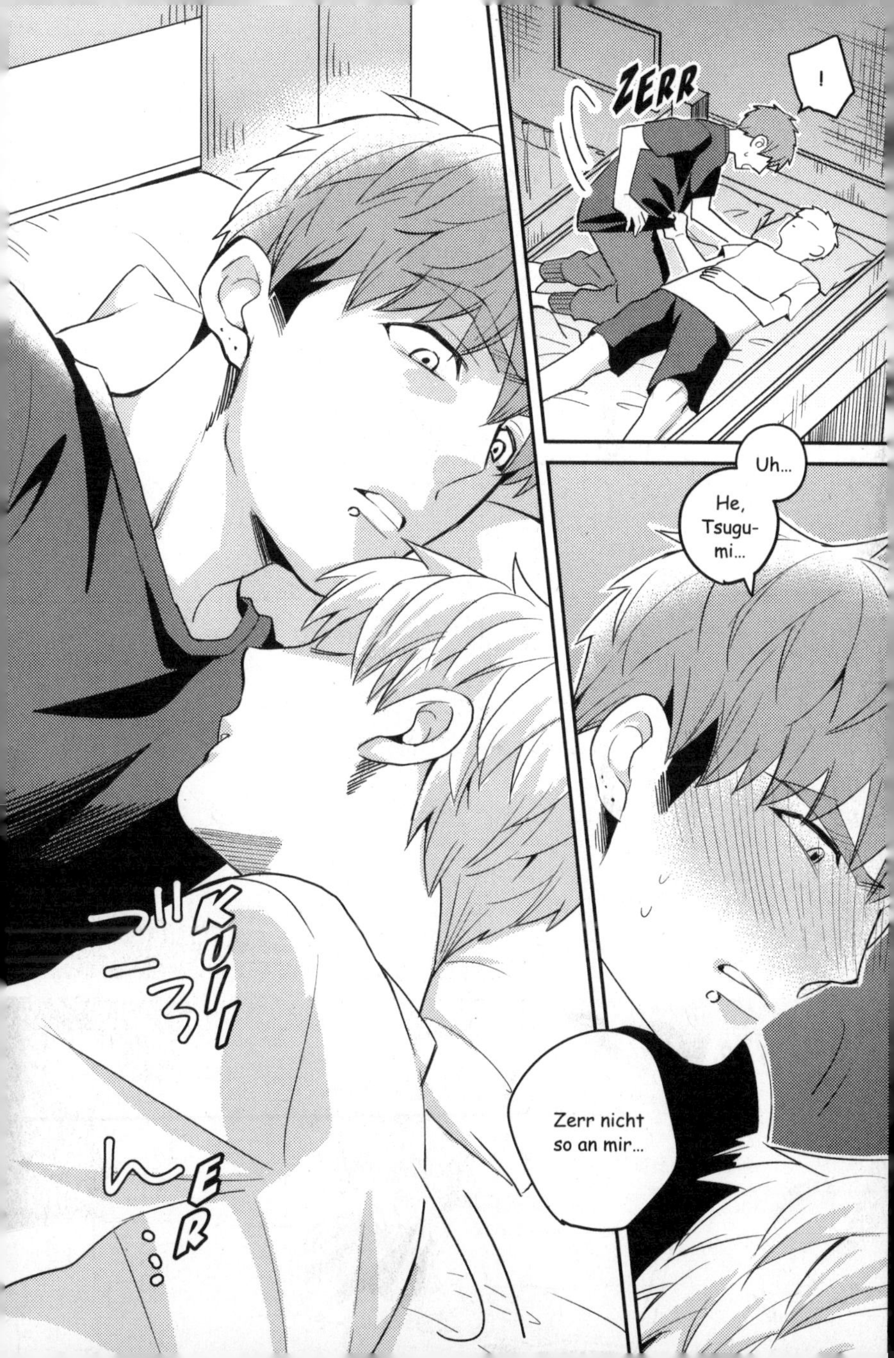
ZERR
!
Uh...
He, Tsugu-mi...
Zerr nicht so an mir...
KUII
ER

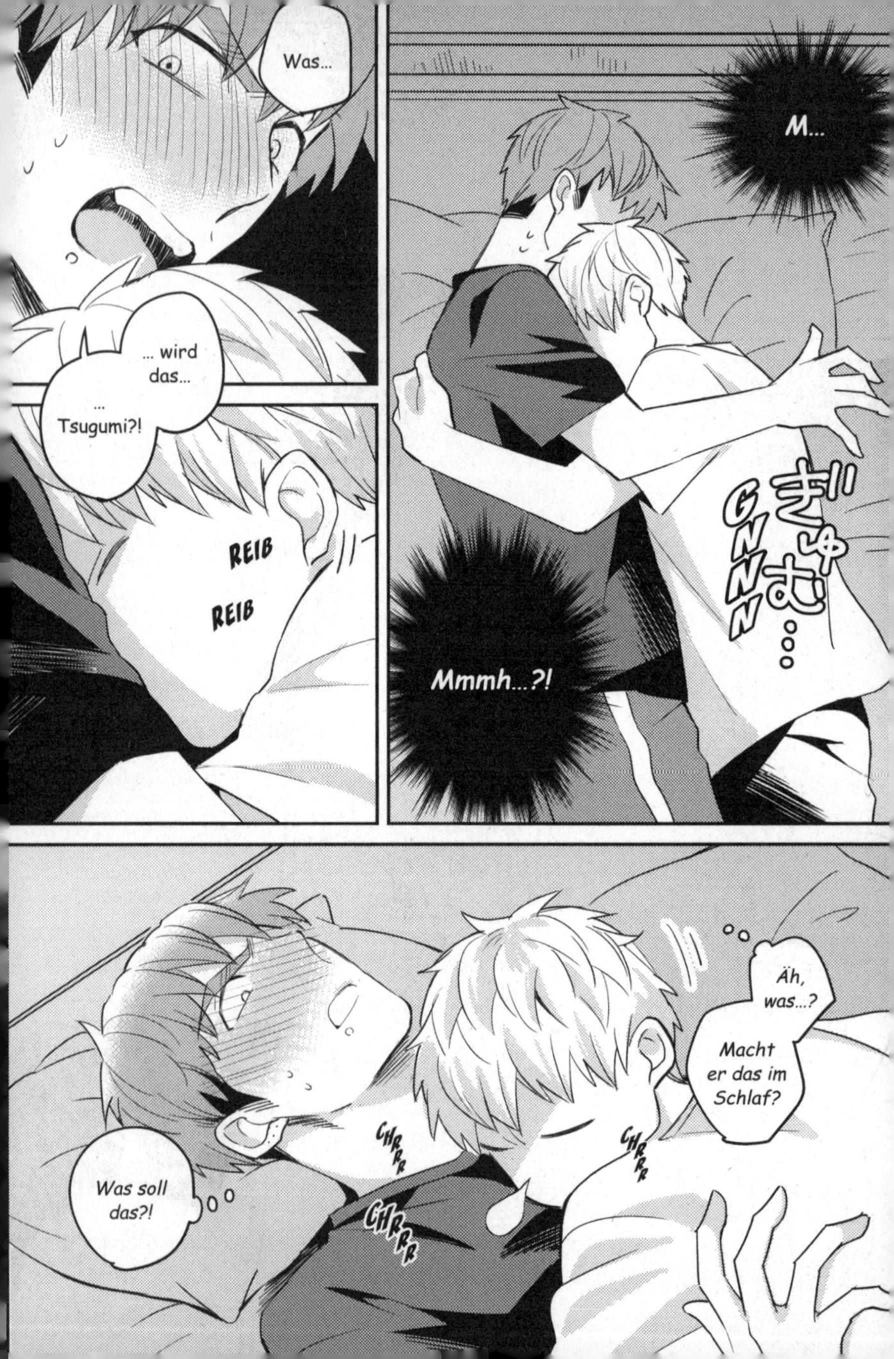
M...
ぎゅむ…
GNNN
Mmmh...?!
Was...
... wird das...
... Tsugumi?!
REIB
REIB
Äh, was...?
Macht er das im Schlaf?
CHRRR
CHRRR
Was soll das?!
CHRRR

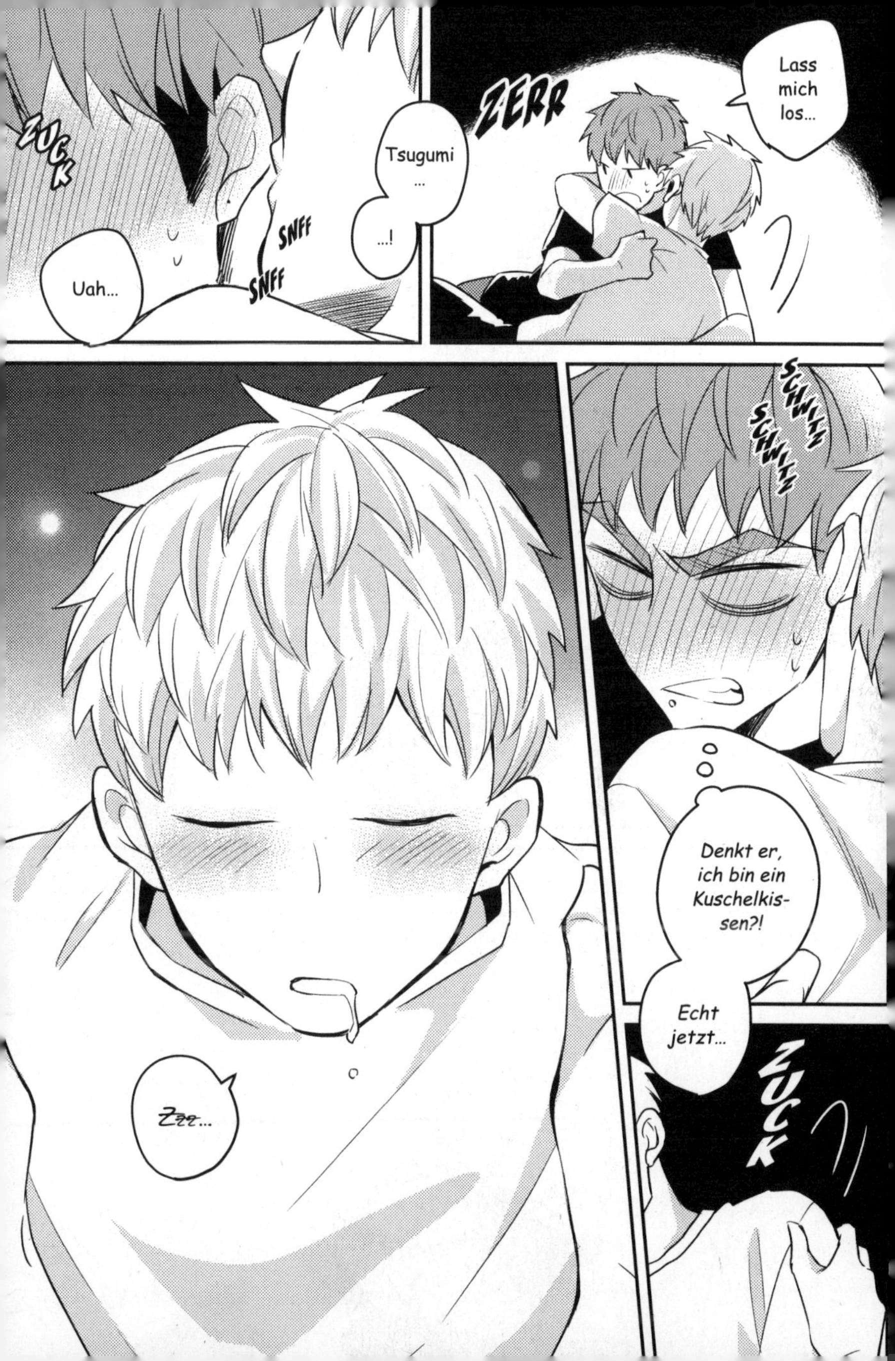

Lass mich los...
ZERR
Tsugumi ...
...!
ZUCK
SNFF
SNFF
Uah...
SCHWITZ
SCHWITZ
Denkt er, ich bin ein Kuschelkis-sen?!
Echt jetzt...
ZUCK
Zzz...

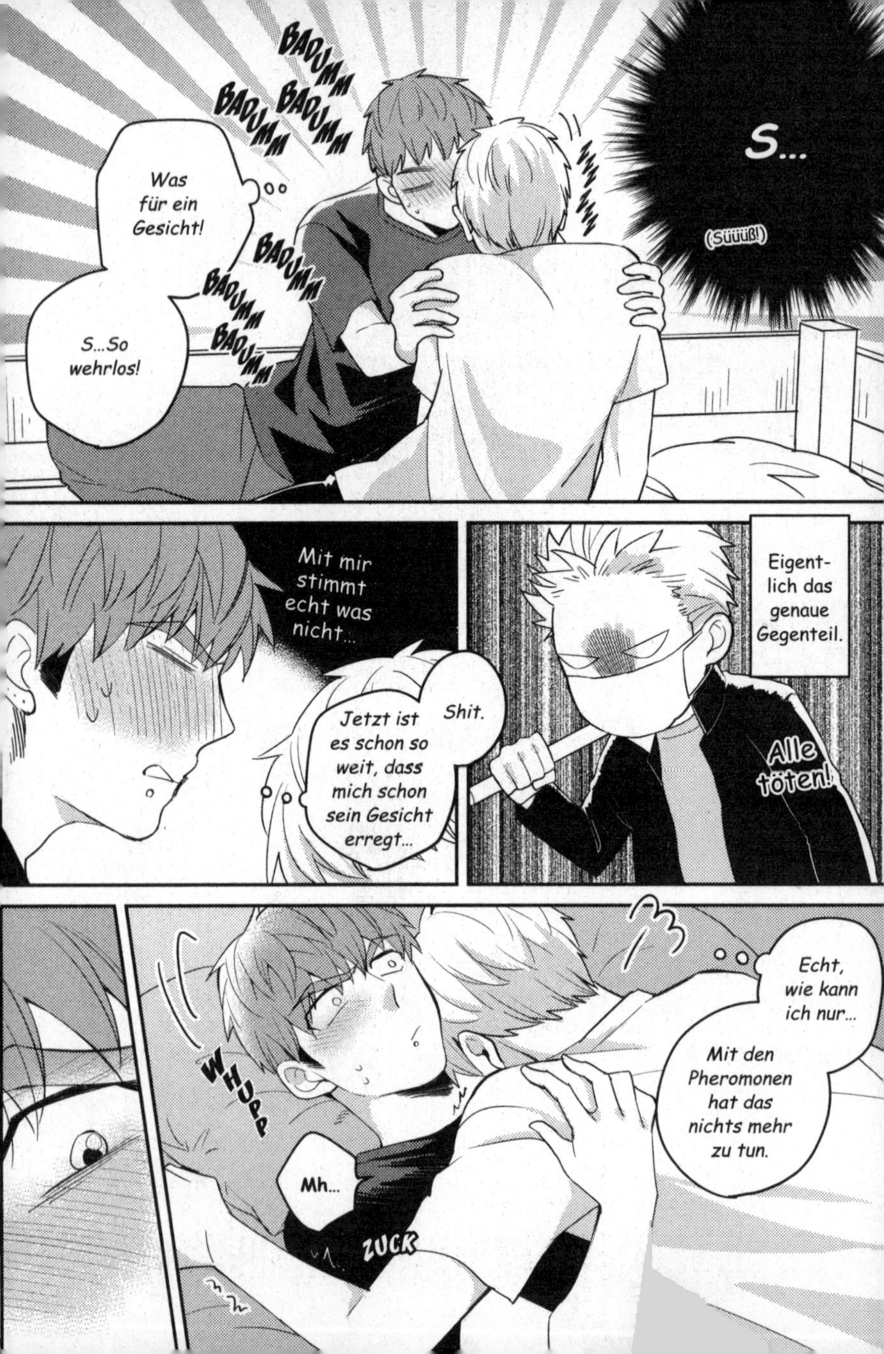
S...
(Süüüß!)
BADUMM BADUMM BADUMM
Was für ein Gesicht!
BADUMM BADUMM BADUMM
S...So wehrlos!
Eigentlich das genaue Gegenteil.
Alle töten!
Shit.
Jetzt ist es schon so weit, dass mich schon sein Gesicht erregt...
Mit mir stimmt echt was nicht...
Echt, wie kann ich nur...
Mit den Pheromonen hat das nichts mehr zu tun.
WHUPP
Mh...
ZUCK

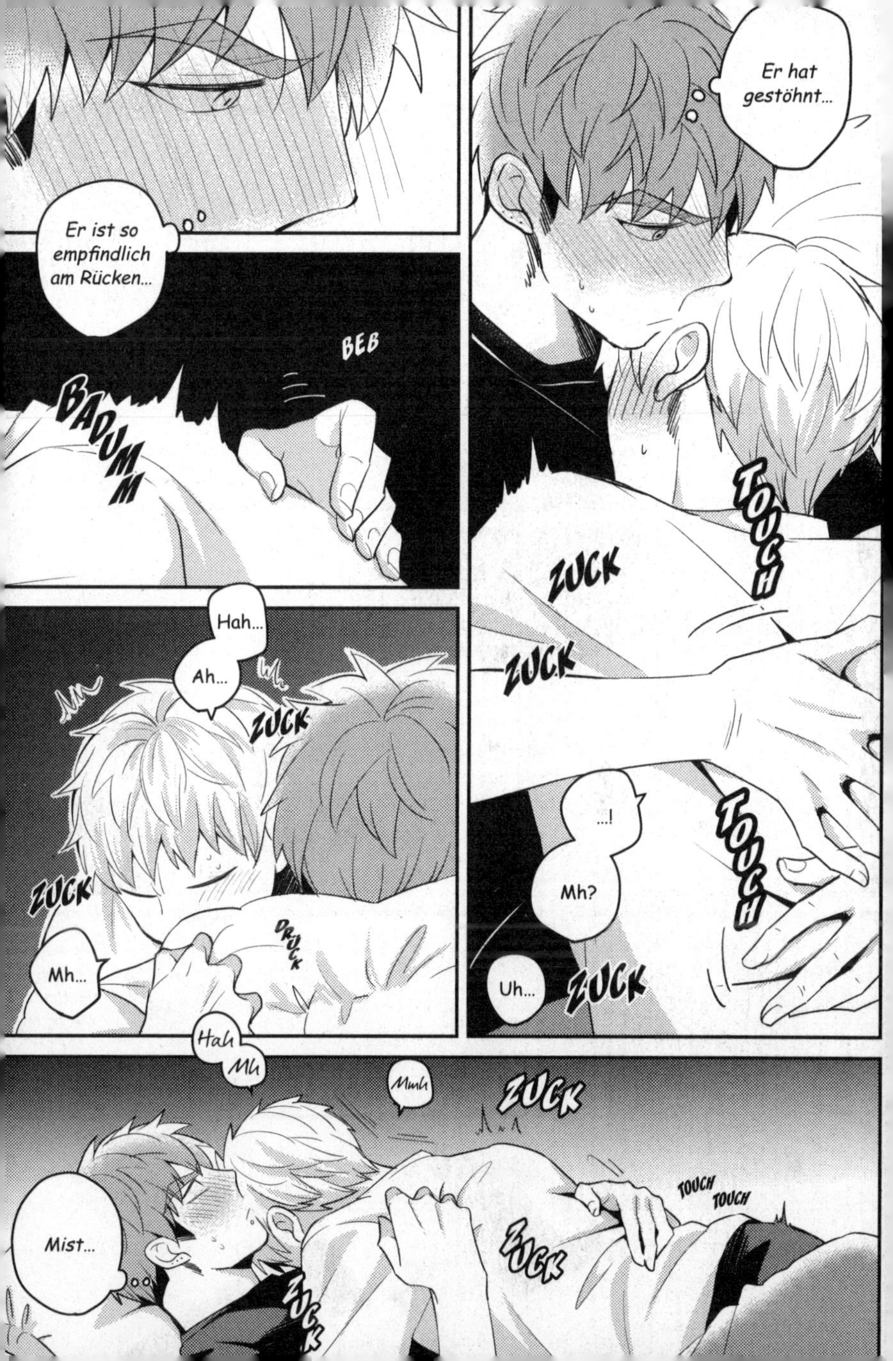
Er hat gestöhnt...
Er ist so empfindlich am Rücken...
BEB
BADUMM
TOUCH
ZUCK
ZUCK
TOUCH
...!
Mh?
Uh...
ZUCK
Hah...
Ah...
ZUCK
ZUCK
DRÜCK
Mh...
Hah
Mh
Mmh
ZUCK
TOUCH
TOUCH
ZUCK
ZUCK
Mist...

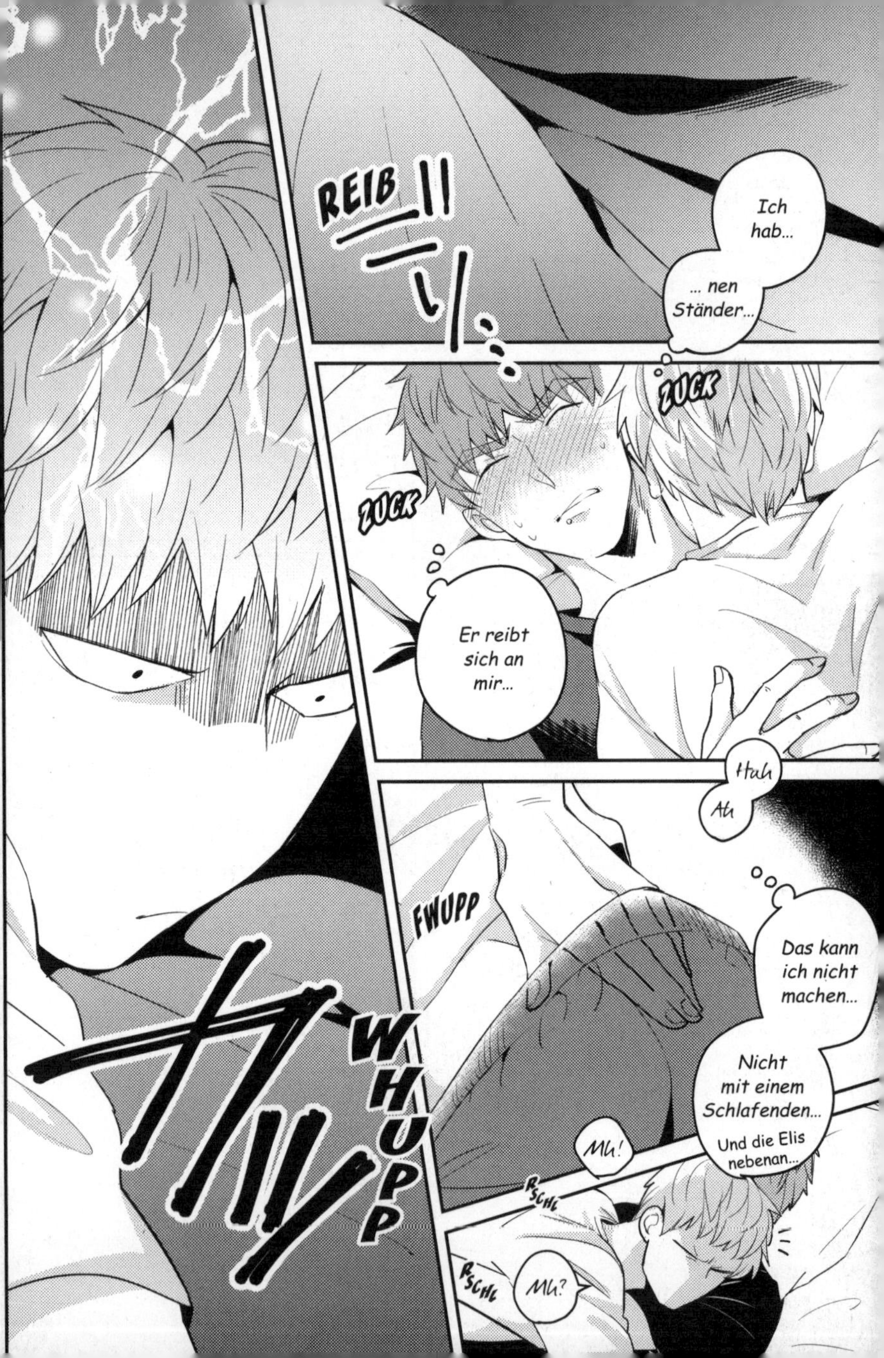
REIB
Ich hab...
... nen Ständer...
ZUCK
ZUCK
Er reibt sich an mir...
Hah
Ah
FWUPP
Das kann ich nicht machen...
Nicht mit einem Schlafenden...
Und die Elis nebenan...
Mh!
RSCHL
RSCHL
Mh?
WHUPP

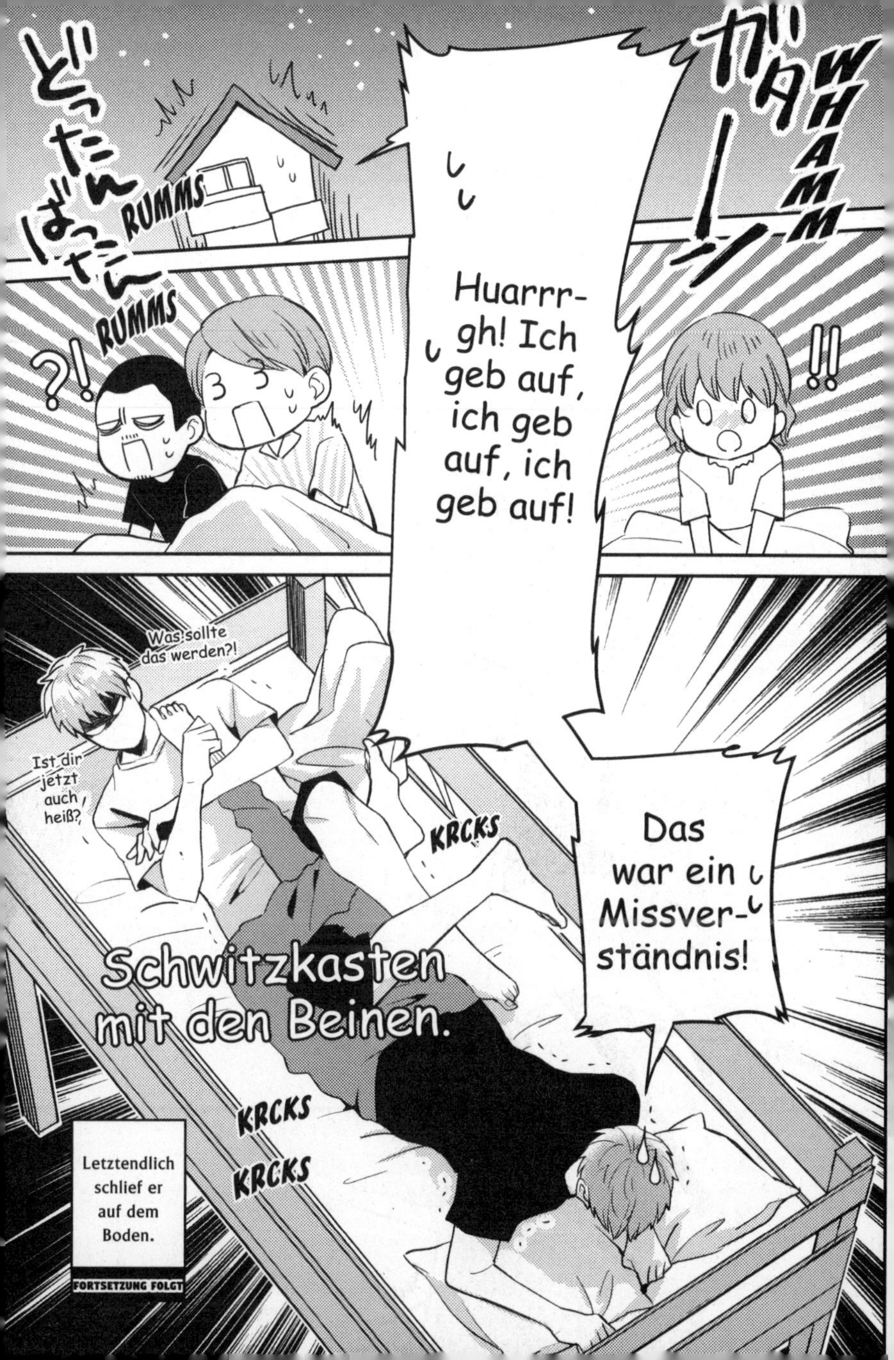

ガターン
WHAMM
どったんばったん
RUMMS
RUMMS
?!
!!
Huarrr-gh! Ich geb auf, ich geb auf, ich geb auf!
Das war ein Missverständnis!
Was sollte das werden?!
Ist dir jetzt auch heiß?
KRCKS
Schwitzkasten mit den Beinen.
KRCKS
KRCKS
Letztendlich schlief er auf dem Boden.
FORTSETZUNG FOLGT

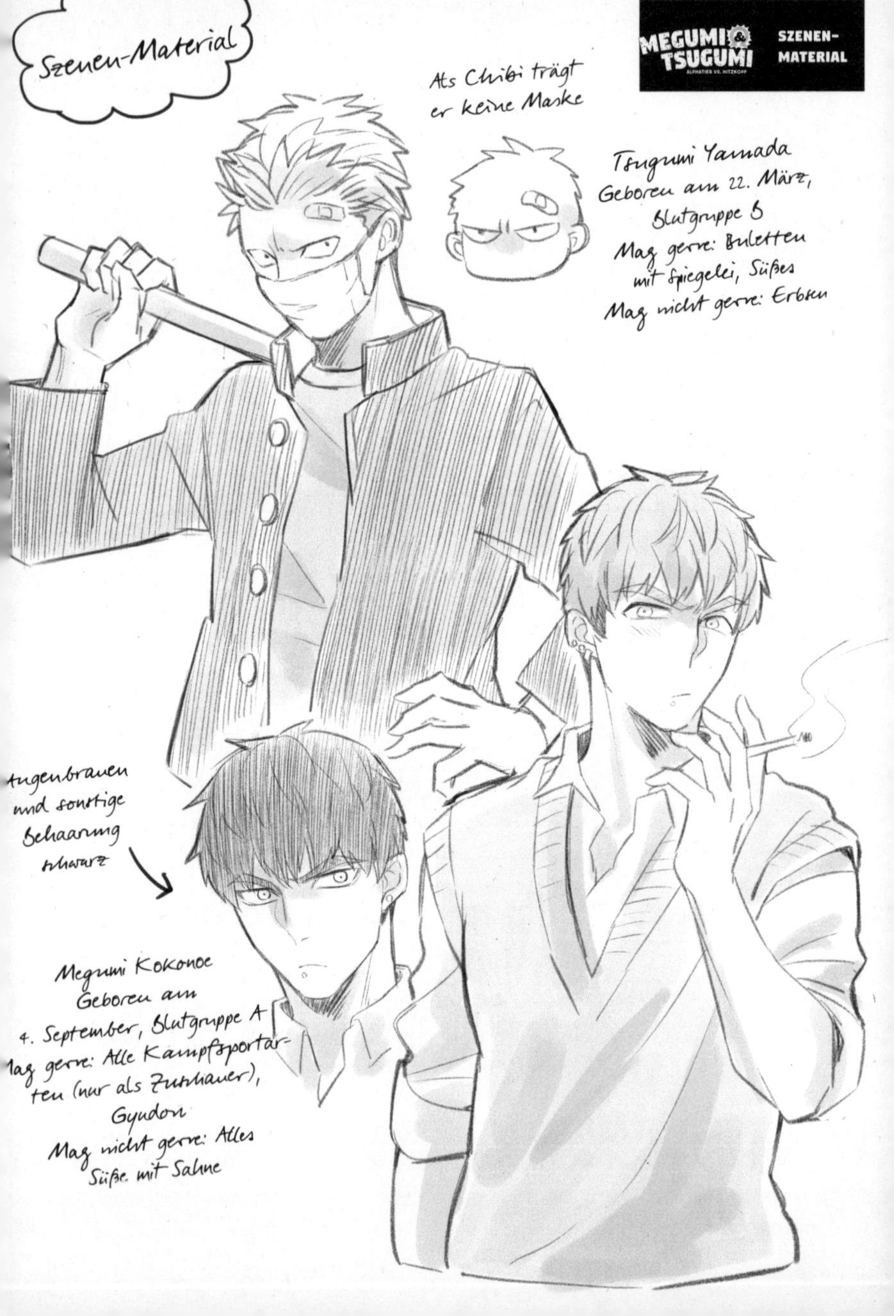
Szenen-Material
Als Chibi trägt er keine Maske
Tsugumi Yamada
Geboren am 22. März,
Blutgruppe B
Mag gerne: Buletten mit Spiegelei, Süßes
Mag nicht gerne: Erbsen
Augenbrauen und sonstige Behaarung schwarz
Megumi Kokonoe
Geboren am 4. September, Blutgruppe A
Mag gerne: Alle Kampfsportarten (nur als Zuschauer), Gyudon
Mag nicht gerne: Alles Süße mit Sahne

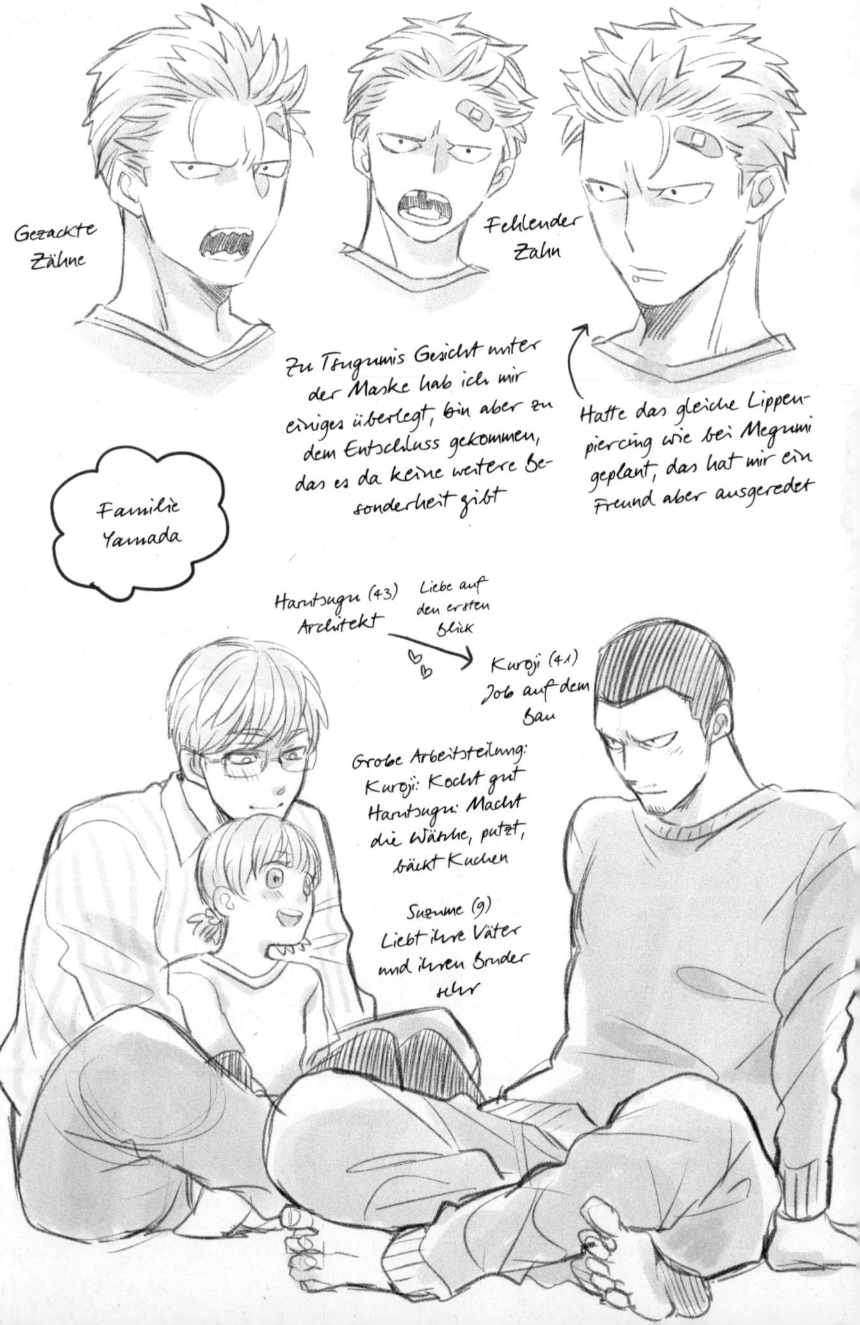
Gezackte Zähne
Fehlender Zahn
Zu Tsugumis Gesicht unter der Maske hab ich mir einiges überlegt, bin aber zu dem Entschluss gekommen, das es da keine weitere Besonderheit gibt
Hatte das gleiche Lippenpiercing wie bei Megumi geplant, das hat mir ein Freund aber ausgeredet
Familie Yamada
Harutsugu (43) Architekt
Liebe auf den ersten Blick
Kuroji (41) Job auf dem Bau
Grobe Arbeitsteilung:
Kuroji: Kocht gut
Harutsugu: Macht die Wäsche, putzt, bäckt Kuchen
Suzume (9) Liebt ihre Väter und ihren Bruder sehr

MEGUMI & TSUGUMI

ALPHATIER VS. HITZKOPF

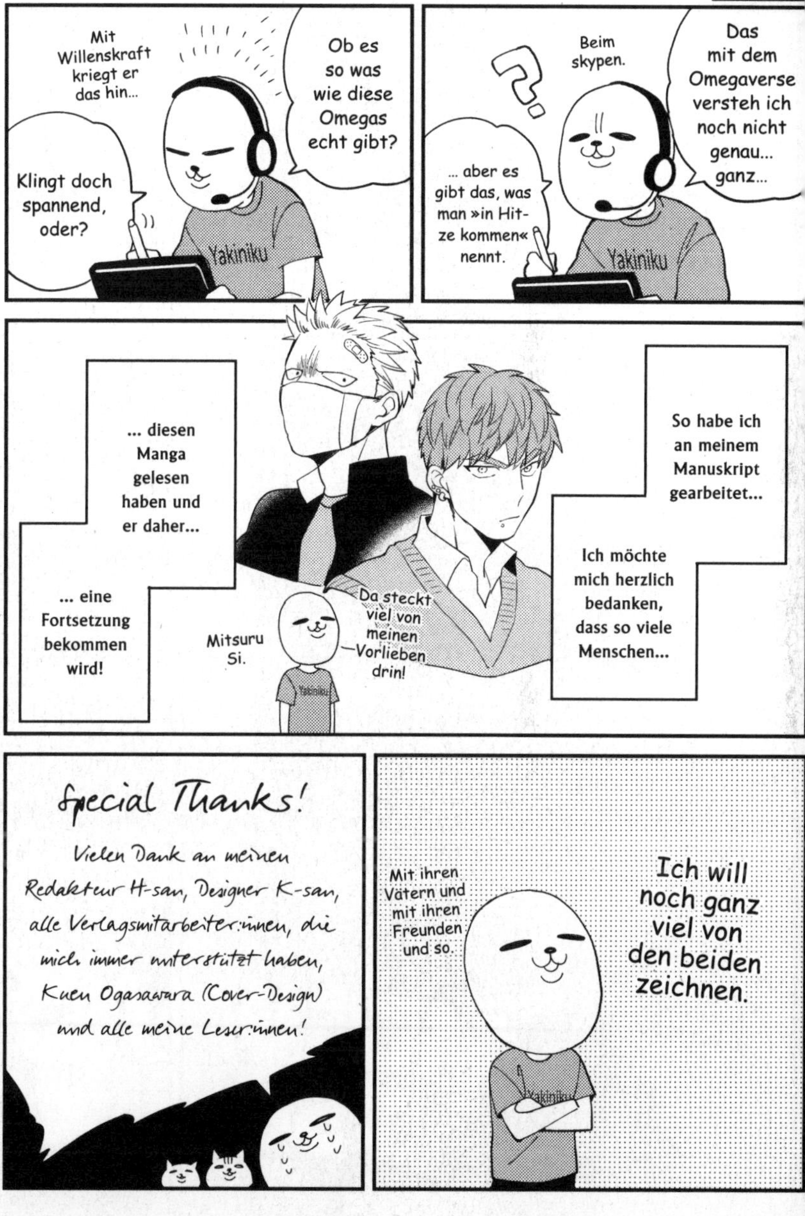
Das mit dem Omegaverse versteh ich noch nicht genau... ganz...
Beim skypen.
... aber es gibt das, was man »in Hitze kommen« nennt.
Ob es so was wie diese Omegas echt gibt?
Mit Willenskraft kriegt er das hin...
Klingt doch spannend, oder?
So habe ich an meinem Manuskript gearbeitet...
Ich möchte mich herzlich bedanken, dass so viele Menschen...
Da steckt viel von meinen Vorlieben drin!
Mitsuru Si.
... diesen Manga gelesen haben und er daher...
... eine Fortsetzung bekommen wird!
Ich will noch ganz viel von den beiden zeichnen.
Mit ihren Vätern und mit ihren Freunden und so.
Special Thanks!
Vielen Dank an meinen Redakteur H-san, Designer K-san, alle Verlagsmitarbeiter:innen, die mich immer unterstützt haben, Kuen Ogasawara (Cover-Design) und alle meine Leser:innen!

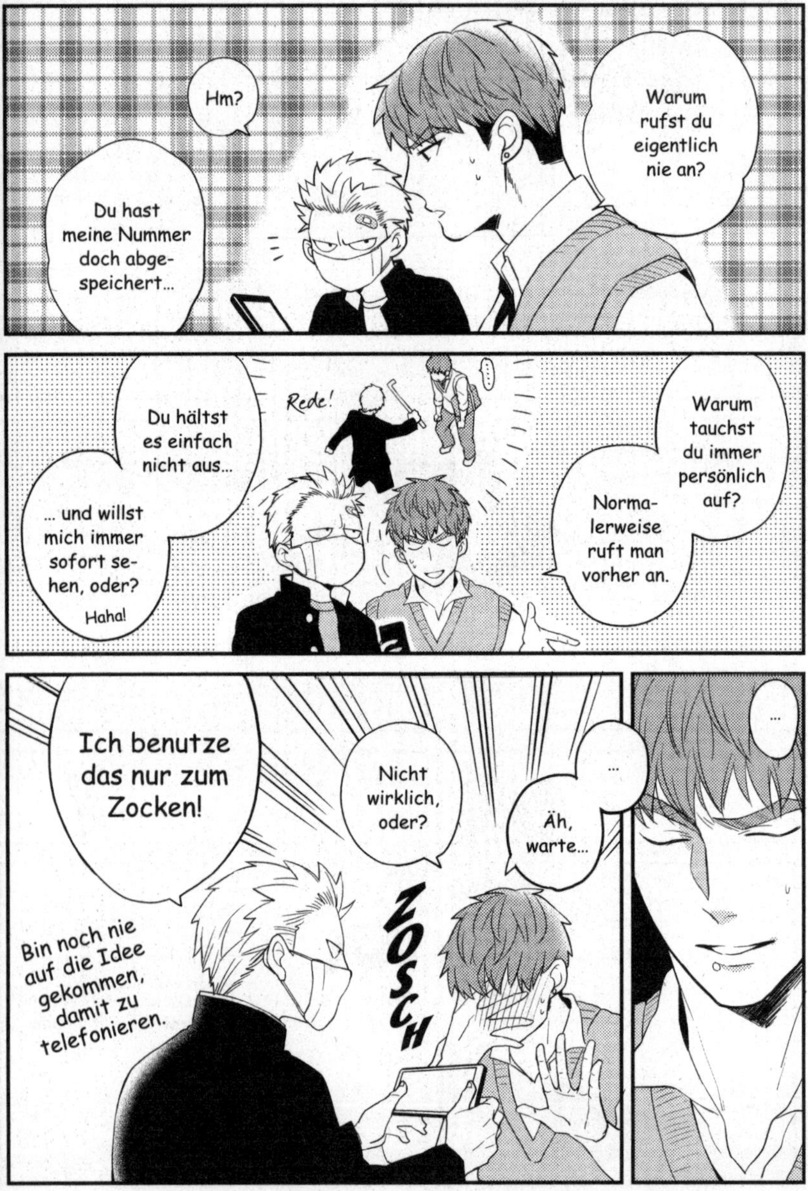
Warum rufst du eigentlich nie an?
Hm?
Du hast meine Nummer doch abgespeichert...
Warum tauchst du immer persönlich auf?
Normalerweise ruft man vorher an.
Rede!
Du hältst es einfach nicht aus...
... und willst mich immer sofort sehen, oder?
Haha!
...
...
Äh, warte...
Nicht wirklich, oder?
ZOSCH
Ich benutze das nur zum Zocken!
Bin noch nie auf die Idee gekommen, damit zu telefonieren.

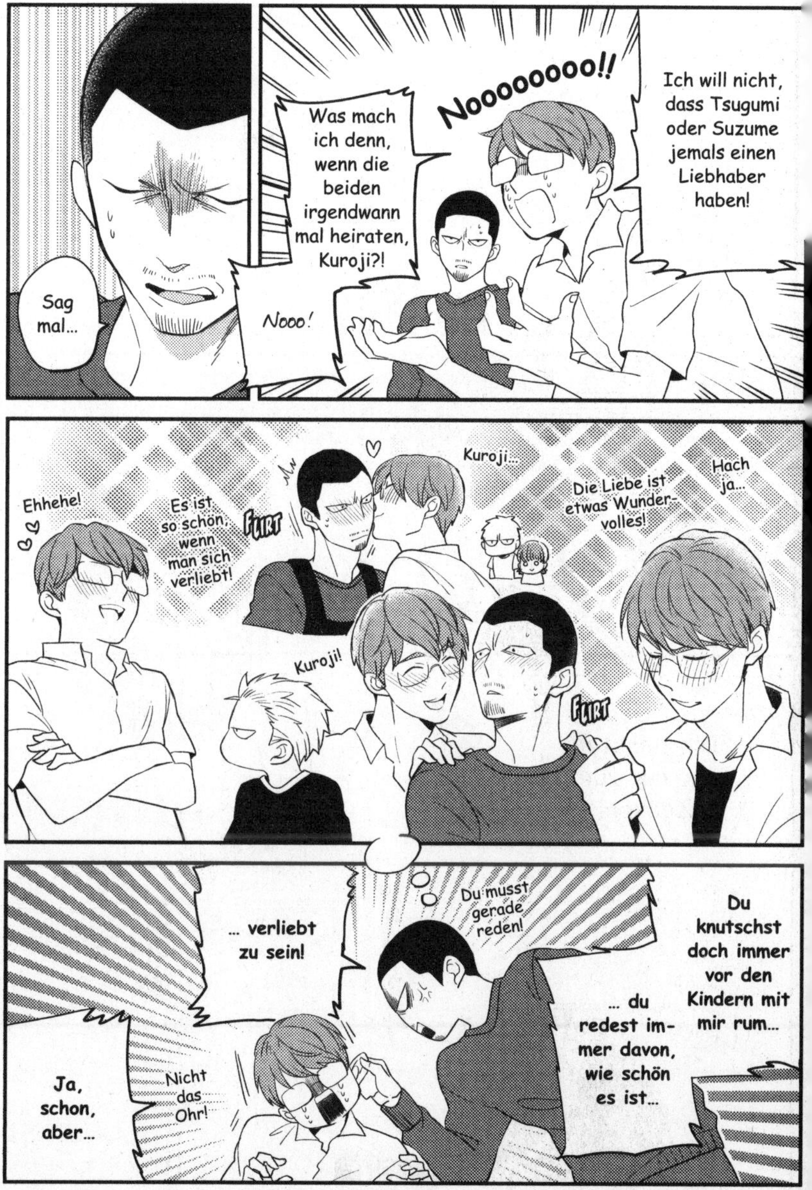
Ich will nicht, dass Tsugumi oder Suzume jemals einen Liebhaber haben!
Noooooooo!!
Was mach ich denn, wenn die beiden irgendwann mal heiraten, Kuroji?!
Nooo!
Sag mal...
Hach ja...
Die Liebe ist etwas Wundervolles!
Kuroji...
FLIRT
Es ist so schön, wenn man sich verliebt!
Ehhehe!
FLIRT
Kuroji!
Du knutschst doch immer vor den Kindern mit mir rum...
... du redest immer davon, wie schön es ist...
Du musst gerade reden!
... verliebt zu sein!
Nicht das Ohr!
Ja, schon, aber...

YUKO INARI

10th

Drei Freunde,
eine Liebe

DOPPELT VERLIEBT IN DEN BESTEN FREUND…

Take und Umeko sind seit ihrer Kindheit befreundet. Da Take schweres Asthma hat, fehlt er oft an der Schule und hat aufgrund seines Außenseiterstatus eine emotionale Mauer um sich gezogen. Selbst Umeko, die sich immer aufopfernd um ihn kümmert, wird nicht besonders nett von ihm behandelt. Doch als auf der Oberschule der fröhliche und beliebte Macchan in das Leben der beiden tritt, ändert sich mit einem Mal alles: Seine positive Art lässt erobert ihre Herzen im Sturm. Während die drei nach außen hin wie eine unzertrennliche Dreierclique wirken, merken sowohl Take als auch Umeko, dass sie sich in Macchan verliebt haben… Aber ist es wirklich wert, dafür die Freundschaft zu riskieren?

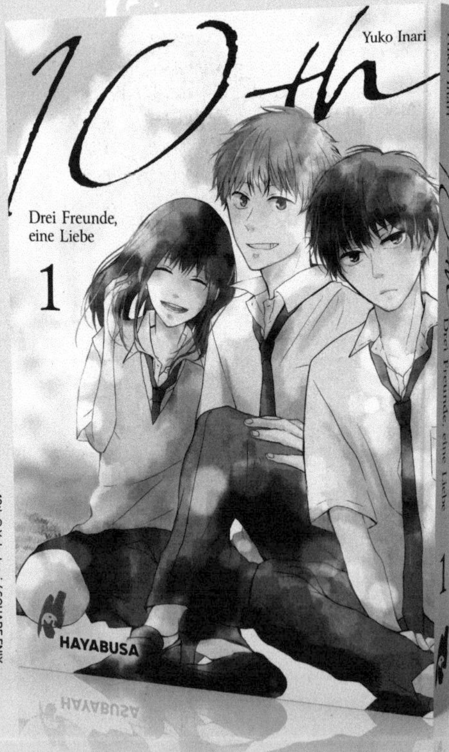

vorläufiges Cover

BAND 1 MIT EDLER POSTKARTE – nur in der Erstauflage!

Romance • ab 14 Jahren
Großtaschenbuch • sw/vierfarbig
ca. 226 Seiten • 12,5 x 18 cm
In drei Bänden abgeschlossen!

HAYABUSA
www.hayabusa-manga.de

hayabusa_manga

my genderless boyfriend

TAMEKOU

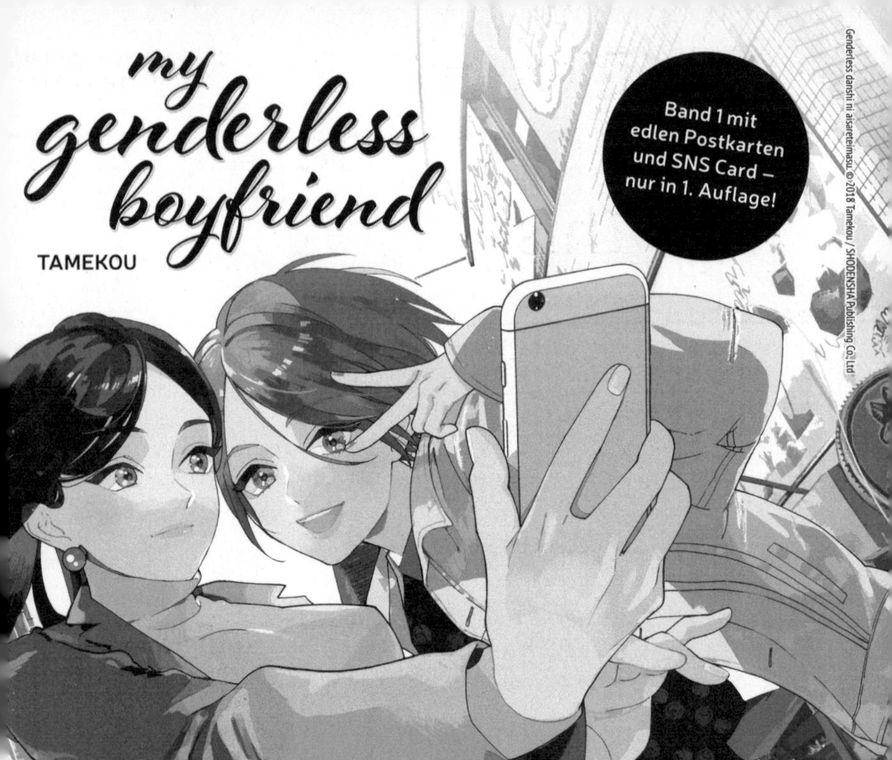

Ein kunterbunter Feelgood-Manga über ein bezauberndes Pärchen, das sich über alle Geschlechterklischees hinwegsetzt! Meguru hat ein Händchen für alles, was kawaii ist! Wenn der Influencer mit dem farbenfrohen Genderless Style Make-up- oder Modetipps postet, kann er sich vor Likes kaum retten. Doch obwohl er sein halbes Leben mit seinen Followern teilt, wissen sie nichts von seiner großen Liebe, der hart arbeitenden Mangaredakteurin Wako. Wird es seinem Image schaden, wenn seine Fans erfahren, dass ihr Idol schon vergeben ist?

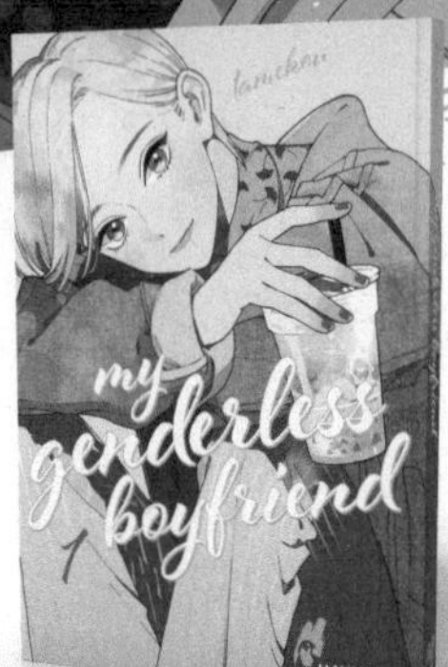

hayabusa_manga

hayabusa-manga.de

HAYABUSA

There is no Future in This Love

BINGO MORIHASHI & SUWARU KOKO

BE YOURSELF!

Yuji Mase ist Student und lebt im Tokyo der frühen 1980er Jahre. Yuji schleppt zwei Geheimnisse mit sich: Zum einen hegt er tiefe Gefühle für seinen langjährigen Freund Masaki, und zum anderen lebt Yuji in einem falschen Körper. Ein Körper, der nicht seiner ist, der ihn anwidert… Eines Tages lässt Yujis Schwester ein Kleid in seiner Wohnung liegen, er kann nicht widerstehen und zieht es an – Der vorsichtige Beginn einer Wandlung, denn Yujis größte Sehnsucht ist es, eine Frau zu sein.

Eine berührende Liebesgeschichte um die Frage: »Wer bin ich?«

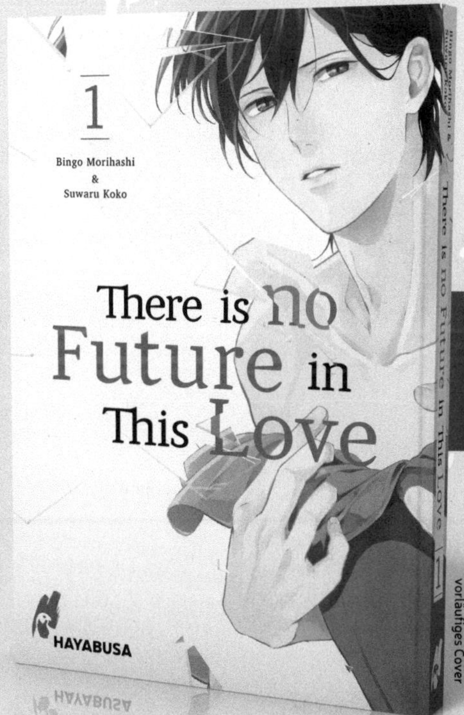

BAND 1 MIT EDLER POSTKARTE – nur in der Erstauflage!

Slice of Life • ab 14 Jahren
Softcover • sw/vierfarbig
ca. 178 Seiten • 14,5 x 21 cm
In zwei Bänden abgeschlossen!

HAYABUSA

www.hayabusa-manga.de

hayabusa_manga

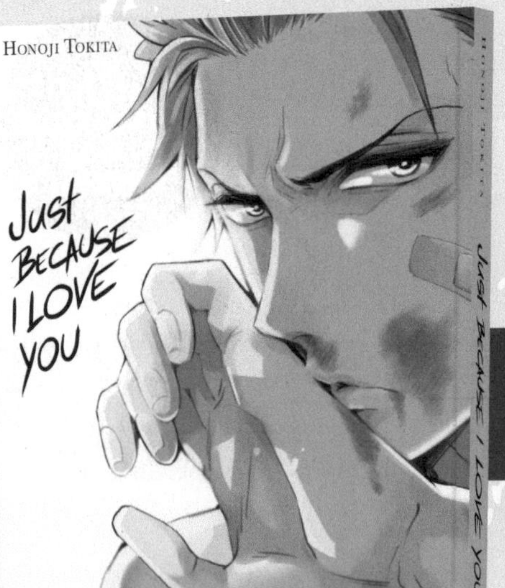

vorläufiges Cover

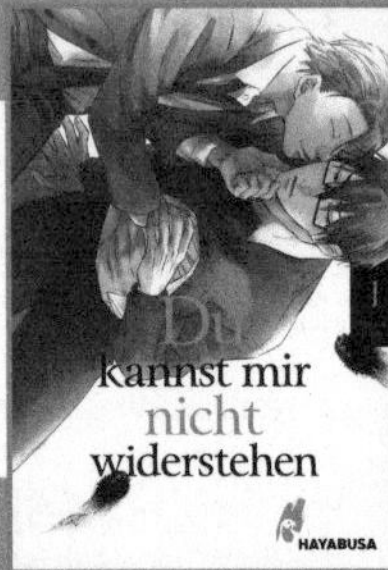

Du
kannst mir
nicht
widerstehen
HAYABUSA

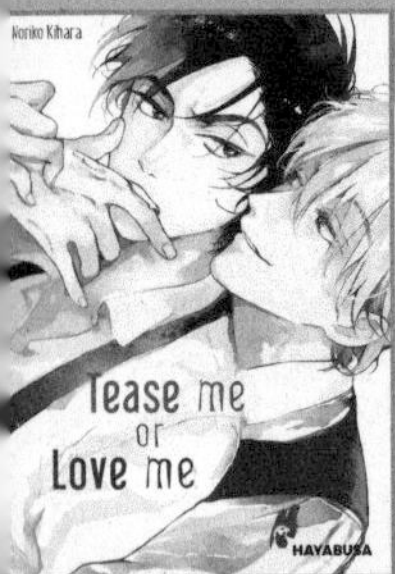

Noriko Kihara
Tease me
or
Love me
HAYABUSA

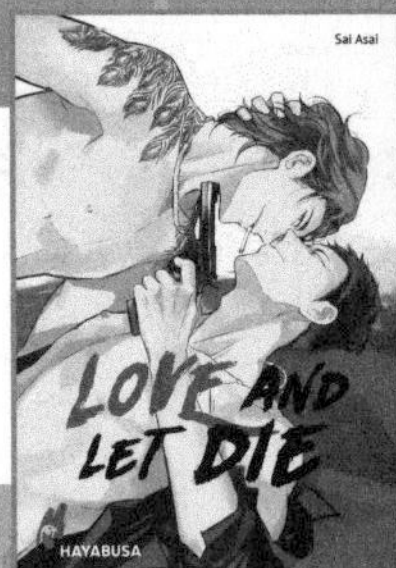

Sai Asai
LOVE AND
LET DIE
HAYABUSA

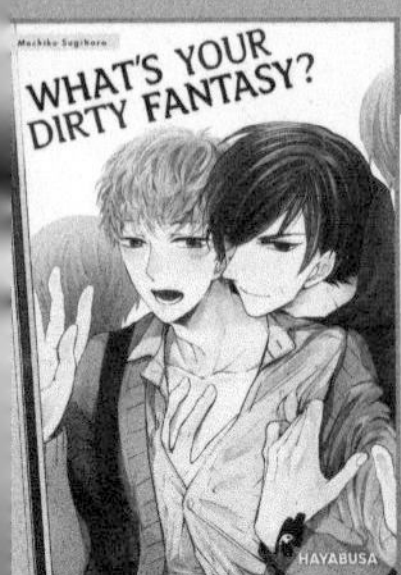

WHAT'S YOUR
DIRTY FANTASY?
HAYABUSA

BOYS LOVE

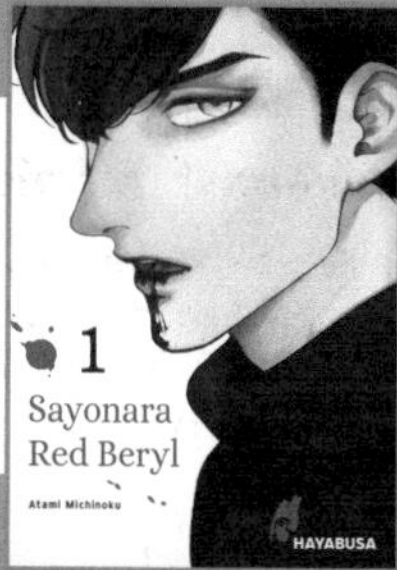

Sayonara Red Beryl *von Atami Michinoku*

Japan im Jahr 1968: Nachdem der Vampir Kazushige ihm das Leben gerettet hat, fühlt Akihiko sich immer wieder zu dem mysteriösen Mann hingezogen. Noch nie hat er so intensive Gefühle für jemanden empfunden...

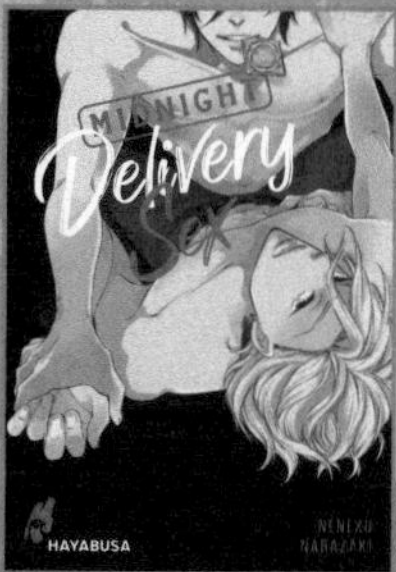

Midnight Delivery Sex *von Neneko Narazaki*

Der begehrte Nachtclub-Host Masafumi landet regelmäßig mit seinen Kundinnen im Bett – doch Spaß hat er daran schon länger nicht mehr. Mit dem Callboy Ryo lernt er eine ganz neue Art von Lust kennen... die Nächte in Tokyo werden heiß!

I Didn't Mean to Fall in Love *von Minta Suzumaru*

Erst zu seinem 30. Geburtstag traut sich ein attraktiver Geschäftsmann, in einer Schwulenbar erste sexuelle Erfahrungen zu sammeln. Doch er hat nicht damit gerechnet, dass der forsche Student Rou sein Herz erobern würde...

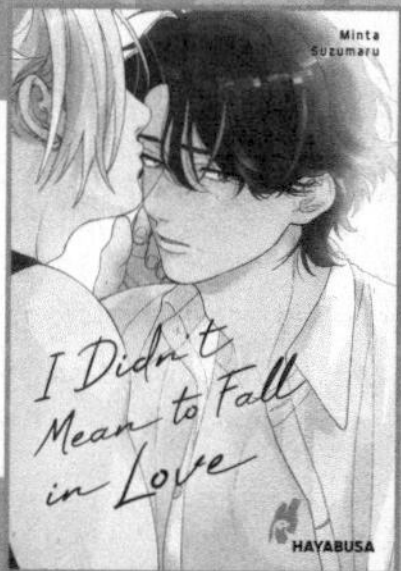

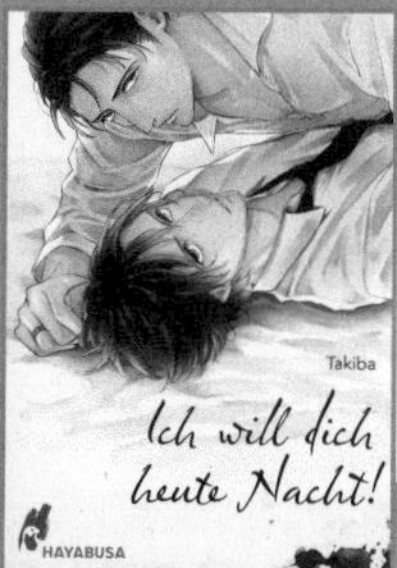

Ich will dich heute Nacht! *von Takiba*

Nach einem längeren Auslandsaufenthalt kehrt Kanzaki in seine alte Firma zurück und trifft dort auf einen neuen Mitarbeiter, der seinem alten Liebhaber wie aus dem Gesicht geschnitten ist. Zufall oder Schicksal?

hayabusa_manga

MEGUMI & TSUGUMI

ALPHATIER VS. HITZKOPF

ist eine japanische Serie, die originalgetreu von »hinten« nach »vorne« und von rechts nach links gelesen wird! Schlagt das Buch also »hinten« auf und blättert Seite für Seite nach »vorne« weiter!
Auch die Bilder und Sprechblasen werden von rechts oben nach links unten gelesen, wie es in der Grafik gezeigt wird! Wir wünschen gute Unterhaltung!

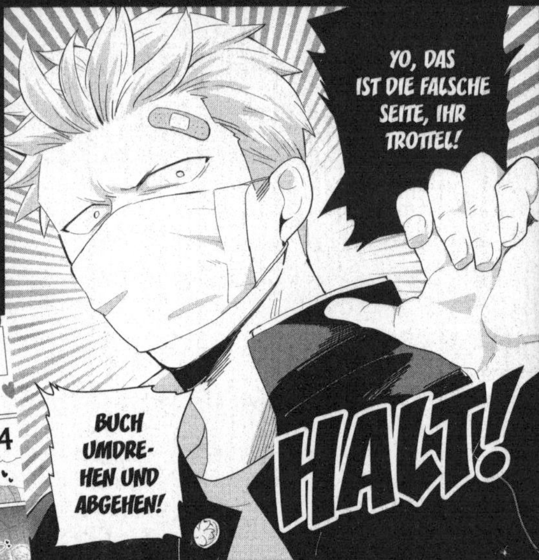

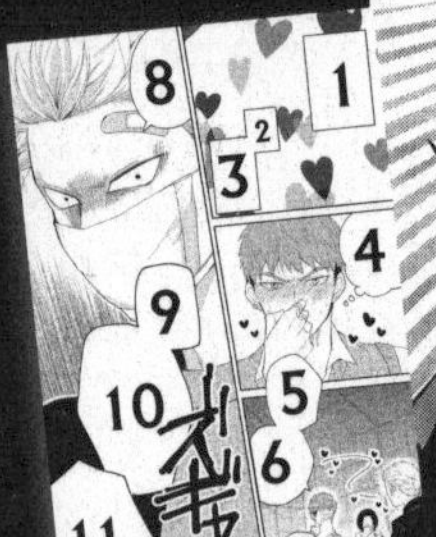

HAYABUSA
Carlsen Verlag GmbH · Hamburg 2021
Aus dem Japanischen von Dorothea Überall
Megumi to Tsugumi vol. 1

Originally published in Japan in 2018 by TAKESHOBO CO., LTD., Tokyo.
German translation rights arranged with TAKESHOBO CO., LTD., Tokyo, with TOHAN CORPORATION, Tokyo.
Redaktion: Germann Bergmann
Herstellung: Maria Niemann

ISBN: 978-3-551-62161-0